实践法理学的现象解释体系

Interpretative Framework of Practical Jurisprudence

Faquan

童之伟 著

中国社会科学出版社

图书在版编目（CIP）数据

实践法理学的现象解释体系／童之伟著 . —北京：中国社会科学出版社，2024.4

ISBN 978-7-5227-3299-2

Ⅰ.①实… Ⅱ.①童… Ⅲ.①法学—研究—中国 Ⅳ.①D920.0

中国国家版本馆 CIP 数据核字（2024）第 057755 号

出 版 人	赵剑英
责任编辑	许　琳
责任校对	苏　颖
责任印制	郝美娜

出　　版	中国社会科学出版社
社　　址	北京鼓楼西大街甲 158 号
邮　　编	100720
网　　址	http://www.csspw.cn
发 行 部	010-84083685
门 市 部	010-84029450
经　　销	新华书店及其他书店
印刷装订	北京君升印刷有限公司
版　　次	2024 年 4 月第 1 版
印　　次	2024 年 4 月第 1 次印刷
开　　本	710×1000　1/16
印　　张	23.75
插　　页	2
字　　数	390 千字
定　　价	138.00 元

凡购买中国社会科学出版社图书，如有质量问题请与本社营销中心联系调换
电话：010-84083683
版权所有　侵权必究

序

　　法现象解释体系建设是中国哲学社会科学话语体系建设这个巨大综合性工程下的重要子项目，它本身涉及多个组成部分。本书讨论的重点，是中国法学现象解释体系的学术部分，主要涉及支撑它的整个范畴（或概念）体系中的基本范畴。作为法现象解释体系的框架结构，法学基本范畴不可能只有一个，必然是由若干重要法学概念组成的群。而既然是一个群，其"成员"的地位、作用一般是会有差异的。所以，法学基本范畴的"成员"通常可做诸如"核心范畴和其他基本范畴"之类的区分，甚至还可区分为核心范畴、基础性范畴和其他基本范畴三个层次。

　　我国自古以来基本上实行制定法制度，汉语法学总体上一直是与制定法制度传统相适应的。所以，较之主要与判例法制度相适应的经验主义法学，汉语法学，尤其是当代在马克思主义哲学指导下的汉语法学，方法上往往更看重理性，更重视通过把握法现象后面对其起决定性作用的因素来认识该法现象本身，也更强调解释法现象的系统性。我之所以把自己提出的当代汉语法现象解释体系定位于实践法理学，是因为能代表这个现象解释体系的基本范畴，是从中国当代法律实践（当代中国法律体系及其实施过程）展现的最重要法现象中抽象出来的，尤其是其中的"权利""权力""法权""权""剩余权"。它们与"义务""法（或法律）"一起，构成实践法理学的"5+1+1"基本范畴体系。这七个重要概念（或名词）在指称范围上穷尽了中外今古的全部财产、全部利益和与它们对应的法内法外全部现象，为我国法学对古往今来的各种法现象做利益分析、财产分析奠定了比较可靠的学理的基础。

　　"一门科学提出的每一种新见解都包含这门科学的术语的革命。"术语的革命对于法学来说就是法现象解释体系的革命。① 就法学而言,其中的"新见解"与"术语的革命"之间的上述客观联系,反推也能成立:某种法学如果上百年没有发生术语的革命或核心范畴、基础性范畴一如既往,那么,这种法学百年来肯定没有产生过值得关注的新见解。但正如本书正文部分用详实证据反复展示的,当代汉语法学的核心范畴或基础性范畴,仍然是清末和民国时期承袭自日语法学的和化的"权利""权利义务"。② 这说明百年来汉语法学在学术核心层次确实没有取得进步,尽管它在核心范畴及相应基础性命题之外形成了一些新概念和新命题。

　　应该着重说明的是,实践法理学虽然主要基于现代中国法律体系、法律实践和古今汉语来形成自己的基本范畴群,但它们同对应名词在法律体系和各种法学教科书中的含义都是多少有些不同的,这无可避免。因此,如果我简单照搬现行法律体系、法律生活中的术语并运用这些术语,就会使自己局限于这些术语所表达的观念的较狭小范围。恰恰相反,本书确定实践法理学的七个基本范畴,既是以现代中国法律体系、汉语文化传统和现代汉语为基础和依托,又把它们作为中国和世界法律史的一个发展阶段的理论所使用的术语看待,是两方面兼顾的结果。③ 所以,它们与既有的汉语基础性法学教科书中的核心范畴、基本范畴不同,它们要么是全新的概念,如权、法权、剩余权,要么是按以上体系化要求重新确定过指称范围和实质(或本质、内容)的概念,如权利、权力、义务、法(或法律)。因此,这七个基本概念虽然继承了传统汉语法学的积极成果、借鉴了外语法学的有益成分,但作为一个整体无疑是民族

---

① [德] 恩格斯:《资本论》英文版序言,《马克思恩格斯文集》第 5 卷,人民出版社 2009 年版,第 32 页。

② 这里的"权利",严格说来,是未经翻译的 19 世纪末、20 世纪上半叶一度使用过的日语法学的"权利"概念。在近现代,日语"权利"与汉语"权利"是两个含义根本不同的概念,前者的指称范围不仅是个人权利,还包括各种公共权力,后者的指称范围单纯指个人权利,不包括任何公共权力,但这两个不同概念都以"权利"这个双汉字名词做载体。历史上的汉语法学未经翻译直接引进属于和制汉语范围的"權利"概念,造成了对不包括任何公共权力的汉语"权利"概念的冲击和"权利"一词的含义混乱。在今天看来,这实际上是一个原本可以避免的错误,避免方式是用一个可指称权利权力共同体的汉语名词(如"法权")翻译作为和制汉语的"权利"一词。

③ 如此安排所依托的原理,可参见 [德] 恩格斯《资本论》英文版序言,《马克思恩格斯文集》第 5 卷,人民出版社 2009 年版,第 33 页。

的、本土的、提出者有自主知识产权的法的一般理论的基础性框架。

我做实践法学一般理论研究已30余年,虽然是断断续续的。入法学圈之前,我原本在武汉大学法学院下属的政治学系从事政治制度的教学与研究,1991年转而跟随何华辉先生做宪法学研究。我与法的一般理论结缘,正是在这个阶段。当时我的博士论文选题确定的专题是国家结构形式研究。在论文写作过程中,我试图寻求可指引联邦制、单一制比较研究的法的一般理论框架,第一次正面与统领我国法学基础性教科书近百年的"权利""权利义务"概念和相关基础性命题相遇。经数月多方面的调查性阅读,我确信指称范围包括各种公共权力的"权利"一词,完全不是基于当代中国的法律体系和法律实践中的现象抽象出来的法学概念,与我国宪法、法律文本规定的权利完全是两码事,也不是现代汉语所能容纳的名词。它不仅丝毫无助于法的权利与法的权力的区分、辨识,还会加重两者混淆的程度。而且,常识、逻辑和学术感觉都不允许我削足适履、将我国宪法规定的"一切权力""国家权力"及其具体存在形式(如公共机关的"职权""权限"等)强说成"权利"以求得与20世纪上半叶已在汉语法学入门型教科书中通行的"权利义务"学说在字面上实现对接。于是,我决心初步开发自己的法的一般理论,当时的具体做法的要点是,坚持使用指称范围不包括任何公共权力的汉语的"权利"一词,同时证明权利权力从根本上看是一个共同体或统一体,并将其称为"社会权利"。[①] 后来,高邻徐国栋教授对我说,"社会权利"的"社会"二字压缩而不是扩大了"权利"概念的外延,不是指称权利权力共同体或统一体的适当名词。对此,我深以为然,其实,那也是此前我心中一直存在的隐忧。经反复考虑,我决定从此将权利权力共同体或统一体改称"法权",并简要解说为"法所确认、保护的各种权"的简称。它与此前汉语先后出现过但最终废弃的"法权"一词,特别是"文化大革命"期间批判过的"资产阶级法权",尽管词形相同,但在内容上完全没有关系。

1997年,我受聘担任中南政法学院(后来是中南财经政法大学)的法理学教授和学科带头人,专门从事法的一般理论的教学和研究。随后我花半年时间读完了该校图书馆尘封的全部基础性法学读物,尤其是

[①] 童之伟:《国家结构形式论》(第二版),北京大学出版社2016年版,第27—218页。

1949年前出版、书名通常为《法学通论》的各种法学教科书。其间我惊讶地发现，此前十余年和当时被作为发明创新看待和讲述的法理学全部基础性范畴和大多数基础性命题，都存在于1949年前出版的法学入门型教科书中。我知道，任何时候公开说出这方面的事实，都会引起一些学界同行的不快。但为了法的一般理论的进步，我还是决心选择诚实地说出真实情况，同时尽可能将其放在特殊历史条件下理解。

清末和民国时期，基础性法学教科书在总体上呈现出以下六个特点：（1）它们事实上几乎全部都是以"权利"或"权利义务"为核心范畴的，罕见有例外；后来人们谈论的"基石范畴"一词，只是对这些教科书中"权利"或"权利义务"实际学术地位的描述；（2）"法学是权利之学"或"法学是权利义务之学"，都是20世纪上半叶法学界的通说，且两种提法的实际含义差别很小；（3）这些"权利"在指称范围上既包括各种个人权利，也包括各种公共权力；（4）缺乏近现代汉语中历来指称范围排斥各种公共权力的汉语的"权利"概念和与其对应、对称的"权力"概念；（5）这些法学入门型出版物大都记载了"法以权利为本位"的提法和相关理论阐述，其中的"权利"的指称范围包括各种公共权力；（6）那时与"权利本位"的提法、理论并存的，还有"社会本位""义务本位"等提法和相应理论阐释。

清末和民国时期，法学基础性教科书的以上六个特点让我确信，那种指称范围包括各种公共权力的"权利"，包括"权利义务"这个词组中的"权利"，是先于当代中国法律体系和法律实践的存在，且实际上不能兼容于现代汉语，我国法学的现象解释体系到了需要基于现代中国法律体系、法律实践和现代汉语予以更新的时候了。所以，我于20—21世纪之交在这方面发表了系列论文。① 但在此后不久，因为受聘机构和工作岗位的变化，我一度停止了在法的一般理论方面的探索，直到21世纪20年代中期才得以恢复。

我恢复法的一般理论研究后，更全面地搜集了19世纪下半叶和20世纪上半叶的法理学文献资料，重点是近代日语法学和清末、民国时期

---

① 其中有代表性的是：《论法理学的更新》，《法学研究》1998年第6期；《再论法理学的更新》，《法学研究》1999年第2期；《法律关系的内容重估和概念重整》，《中国法学》1999年第6期；《权利本位说再评议》，《中国法学》2000年第6期；《法权中心的猜想与证明》，《中国法学》2001年第6期。

汉语法学的文献资料。这让我得以更深入地探究汉语中"权""权利""权力""义务"等基础性概念的起源和"身世",获得了诸多新认识。其中特别值得本书提出的有三点:(1)呈现在清末和民国时期法学基础性教科书的前述六个特点,并不是其内生和自发形成的,而是基本全面承袭此前和当时日语法学相应记载的结果。在承袭过程中,那时的汉语法学不仅没有形成自己的新东西,还事实上基本失去了19世纪60年代在中国形成的、中国本土意义上的那种指称范围不包括任何公共权力的"权利"概念。(2)被20世纪上半叶汉语法学承袭的日语法学的六个特点中,大多数源于19世纪的西语法学,尤其是德语、法语法学,但有些是日语法学在引进外语法学后促其发生变异的结果。不仅指称各种个人权利,还用以指称各种公共权力的和化的"权利"和相应的"权利义务"概念,就是日语法学在引进德语、法语法学名词"recht""droit"和汉语的"权利"后,通过促其变异后形成的、作为和制汉语身份的名词。这个本书称之为"和化权利"的"权利"一词,指称范围既不同于德语名词"recht"、法语名词"droit",也不同于汉语名词"权利",尽管它的词形与引进时的汉语的"权利"完全相同。(3)中国本土意义上的、指称范围不包括任何公共权力的"权利"概念正在回归当代汉语法学,但成就主要限于汉语法学研究领域;在当代汉语法学教学领域,处于核心范畴地位的还是和化的"权利""权利义务"。"汉语权利"应该全面回归汉语法学,但同时应吸收"和化权利"的有益成分,做到洋为中用。

从2018年秋到2023年夏接近5年的时间里,我除了搜集、研究和消化近代日语法学和清末、民国时期汉语法学文献资料外,还学习了一些经济学、财政学课程,并在此基础上研究当今世界各国尤其是我国基本经济制度下财产与权利、权力、剩余权、法权、权的关系,完成了我生平第二本法的一般理论作品,即本书。本书的前半部分基于"5+1+1"基本范畴群形成了实践法理学现象解释体系的具体构想。为增强这个现象解释体系的法现象解释力,本书后半部分倾力论证了公共财产转化为权力假说和个人财产转化为权利假说,并以法权曲线为工具动态地展示了权利率、权力率与法权值三者间的关系。本书的每一章,原本都是一篇评论性或研究性论文,在过去五年中,其中的主要论点都曾被作者分解为不同论题以讲座、讨论的形式在线上线下接受过对其有兴趣的政法院校师生和法律从业人员的批评、挑战。所以，呈现在读者面前的这本书中的主要论点，都是反复推敲、几经修订后的表述。

需要说明的是，本书所说的中国法律实践，主要指现当代中国法律体系及其实施过程。但是，其中的"实施"，不是自然主义的，而应是符合宪法规定和宪法精神的行为，即并非以法律的名义不论怎么做都算中国的法律实践，而是指以符合宪法规定和精神落实法律各项规定的活动。因此，"法律实践"不包括可能出现的以法律的名义进行但最终证明实际上与宪法的规定和精神不相符合，应予纠正的一些做法。

我自觉是"饭碗"意识比较淡漠的人，因而也希望法学各个二级学科的学者，特别是法理学者若有兴趣和闲暇浏览本书时，尽量淡化"饭碗"意识。王利明教授有一番话说得很好："现在不少法律人将法学学科内部的划分当成一种真理，或者视为一种封闭性的知识。甚至有人演变成了饭碗法学理论，认为教民法的人不能染指行政法，行政法教授也不能把手伸到民法领域。这种现象已经严重阻碍了法学知识的发展，乃至整个法学教育体制的创新。"[1] 近20年来，我常被人定位为宪法学者，因此研究法的一般理论可能被认为是越界。但我不这样看问题，这不仅因为我曾经是中南财经政法大学法理学的学科带头人，更因为法的一般理论应该是所有法律学者都应该关注和做贡献的公域。

法学理论对法律世界的现象，尤其是本国法律体系及其实施过程中出现的现象必须有足够解释力，否则难免在相应程度上沦为空谈。我提出和阐释以法权说为重心的汉语实践法理学现象解释体系，只是立足现当代中国基本情况，运用中国既有资源优势促成一种超越历史上一度盛行于日语法学的和化的"权利""权利义务"及相应基础性命题的法现象解释体系的尝试。我相信，这种现象解释体系转换的法学意义，相当于科学史上日心说取代地心说。受作者阅历和学力所限，书中错谬在所难免。真诚期待读者不吝质疑、批评，我会随时做相应解释、回应或纠正错谬。

童之伟
2024年3月6日于广州

---

[1] 王利明：《被"饭碗"严重束缚的中国法律人》，人大重阳公众号，2021年10月8日，2023年8月31日访问。

目　　录

第一章　"汉语权利"向"和化权利"的变异和回归 …………（1）
　一　"汉语权利"的确立及其进入日语法学初期的主流地位 …（3）
　二　"和化权利"在日语法学中的出现和发展定型　………（9）
　三　"和化权利"返流汉语法学和清末、民国对它的承袭　…（17）
　四　当代汉语法学沿用"和化权利"的情况　………………（24）
　五　回归"汉语权利"，吸纳"和化权利"　…………………（31）

第二章　变迁中的当代中国法学核心范畴 ……………………（38）
　一　以"和化权利"或"权利义务"做核心范畴的
　　　传统定位及其获认同范围　………………………………（39）
　二　以权利权力为重心之认识倾向的形成和发展　…………（48）
　三　考虑核心范畴定位宜超越权利义务和权利权力　………（55）
　四　几点小结　…………………………………………………（64）

第三章　实践法理学现象解释体系的初步构想 ………………（67）
　一　当代汉语法理学基本范畴的改进方向　…………………（68）
　二　实践法理学选定基本的法现象的标准和范围　…………（75）
　三　实践法理学从"权"入手的法现象认识方略　…………（82）
　四　实践法理学现象解释体系的展开方式　…………………（86）

第四章　法学基本研究对象与核心范畴再思考 ………………（96）
　一　清末民初汉译日语法学教材现象解释体系的核心………（97）
　二　民国时期法学沿用"和化权利"为核心范畴的情况　……（102）

第五章 再论汉语实践法理学的现象解释体系 ……………… (127)
- 一 集中体现当代中国法律实践的语言符号 ……………… (128)
- 二 从核心范畴看现有法现象解释体系脱离法律实践之情状 ……………………………………………………… (133)
- 三 回归法律实践是法现象解释体系创新最基本的要求 …… (144)
- 四 形成良好学风和"百花齐放、百家争鸣" ……………… (153)

前面部分（第四章续）
- 三 "和化权利"作为核心范畴在当代汉语法学中的复兴 … (106)
- 四 作为法学核心范畴的"和化权利"与当代法律实践 …… (110)
- 五 汉语法理学核心范畴应然的选择依据和范围 ………… (118)
- 六 几点小结 ……………………………………………… (120)

第六章 从尊重传统到反映当代法律实践 ……………………… (155)
- 一 汉语实践法理学的由来 ………………………………… (157)
- 二 引领实践法理学形成现象解释体系的"绝对方法" …… (159)
- 三 实践法理学以"权"和"法权"担纲的根据 ………… (168)
- 四 继续推进"5+1+1"基本范畴体系 …………………… (173)
- 五 实践法理学现象解释体系的相对优势和正当性 ……… (174)
- 六 简要的小结 …………………………………………… (181)

第七章 权利、权力、义务概念合理程度的衡量标准 ………… (182)
- 一 马克思恩格斯笔下的权利、权力、义务 ……………… (183)
- 二 马克思恩格斯的法学基本概念观 ……………………… (188)
- 三 衡量法学基本概念合理程度的通用尺度 ……………… (192)
- 四 运用三个尺度助推汉语法学基本范畴的更新 ………… (201)

第八章 当代公共财产生成权力的机理 ………………………… (213)
- 一 单纯型国家的公产体量及其向权力的转化 …………… (216)
- 二 复合型国家激增的公产与权力体量的关系 …………… (219)
- 三 两种形态公产在权力生成过程中的地位差异 ………… (223)
- 四 公共预算中集体最终消费支出生成的权力 …………… (232)
- 五 公共预算中个人最终消费支出生成的权力 …………… (241)

六　几点小结 …………………………………………… (247)

第九章　当代我国财产与权力权利之关系 ……………… (252)
　　一　我国国有财产及其权力生成路径 ………………… (254)
　　二　我国个人财产及其权利生成路径 ………………… (263)
　　三　证成财产向权利、权力转化假说须回应的理论问题 …… (274)

第十章　权力率、权利率与法权曲线 …………………… (286)
　　一　实践法理学视角下的拉弗曲线 …………………… (288)
　　二　拉弗曲线与法权分配的相关性 …………………… (291)
　　三　表达权力率/权利率与法权关系的法权曲线 ……… (294)
　　四　法权曲线标准图形的技术特征 …………………… (298)
　　五　标准图形揭示的权力率权利率与法权关系原理 …… (300)
　　六　与不同权力率/权利率对应的法权曲线 …………… (303)
　　七　对法权曲线的进一步阐释和总结 ………………… (312)

第十一章　对实践法理学现象解释体系商榷意见的综合回应 …… (323)
　　一　法权概念必要而适当，舍此别无更好选择 ……… (324)
　　二　义务重要性低于权利权力的判断符合客观实际 …… (326)
　　三　权利权力识别新标准有巨大理论优势 …………… (327)
　　四　权力一词的外延控制在实在法限度内更合理 …… (334)
　　五　确立权和剩余权概念是名与实相一致的要求 …… (336)
　　六　对权利权力的财产内容的认识有待继续深入 …… (339)
　　七　几点小结 …………………………………………… (342)

参考文献 …………………………………………………… (348)

后　记 ……………………………………………………… (360)

Contents

**Chapter Ⅰ The Variation and Regression of the Chinese
"权利" to the Japanese Once Used "権利"** ············ (1)

Ⅰ. The Establishment of the Chinese "权利" and Its Mainstream Status in Early Japanese Jurisprudence ················ (3)

Ⅱ. The Emergence and Development of the Japanese Once Used "権利" in Japanese jurisprudence ················ (9)

Ⅲ. The Return of the Japanese Once Used "権利" to China and Its Inheritance by Legal Science in the Late Qing Dynasty and the Republic of China Era ················ (17)

Ⅳ. The Use of the Japanese Once Used "権利" in Contemporary Chinese Jurisprudence ················ (24)

Ⅴ. Regressing to the Chinese "权利" and Absorbing the Japanese Once Used "権利" ················ (31)

Chapter Ⅱ The Core Category of Contemporary Chinese Jurisprudence in Transition ················ (38)

Ⅰ. The Traditional Positioning of the Japanese Once Used "権利" or "権利義務" as the Core Category and the Extent to Which This View Is Recognized ················ (39)

Ⅱ. The Formation and Development of Cognitive Tendencies Focusing on Right and Power ················ (48)

Ⅲ. The Choice of Core Categories Should Go beyond Right, Duty, and Right and Power ················ (55)

Ⅳ. Chapter Summary ……………………………………… (64)

Chapter Ⅲ Preliminary Conception of the Interpretative Framework of Practical Jurisprudence ……………… (67)

Ⅰ. The Improvement Direction of the Basic Category of Contemporary Chinese Jurisprudence ……………… (68)

Ⅱ. Criteria and Scope for Selecting Basic Legal Phenomena in Practical Jurisprudence ……………………………… (75)

Ⅲ. The Strategy of Understanding Legal Phenomenon from "Quan" in Practical Jurisprudence ………………… (82)

Ⅳ. How the Interpretative Framework of Chinese Practical Jurisprudence Unfolds …………………………………… (86)

Chapter Ⅳ Rethinking the Basic Object of Study and the Core Category of Jurisprudence ……………………… (96)

Ⅰ. The Core of the Discourse System of Japanese Jurisprudence Textbooks Translated into Chinese in the Late Qing Dynasty and the Early Republic of China ……………… (97)

Ⅱ. During the Republic of China Era, Jurisprudence inherited and adapted Japanese Once Used "権利" as the Core Category …… (102)

Ⅲ. The Revival of the Japanese Once Used "権利" as the Core Category in Contemporary Chinese Jurisprudence ………… (106)

Ⅳ. The Japanese Once Used "権利" as the Core Category of Jurisprudence and Contemporary Legal Practice ………… (110)

Ⅴ. The Appropriate Basis and Scope to Select the Core Category of Chinese Jurisprudence ……………………… (118)

Ⅵ. Chapter Summary ……………………………………… (120)

Chapter Ⅴ Another Discussion on the Interpretative Framework of Chinese practical Jurisprudence ……………… (127)

Ⅰ. Linguistic Symbols That Embody Contemporary Chinese Legal Practice …………………………………………… (128)

II. Looking at the Disconnection between the Existing Interpretative Framework and Legal Practice from the Perspective of Core Categories ……………………………………………… (133)

III. Returning to Legal Practice is the Most Basic Requirement for Innovations in the Jurisprudence Interpretative Framework …… (144)

IV. Form a Good Academic Style and "Let a Hundred Flowers Bloom and a Hundred Schools of Thought Contend" ………… (153)

Chapter VI From Respecting Tradition to Reflecting Contemporary Legal Practice ……………………………… (155)

I. The Origin of Chinese Practical Jurisprudence ………………… (157)

II. The "Absolute Method" That Leads Practical Jurisprudence to Form the Interpretative Framework ……………………………… (159)

III. The Foundation for Using "Quan" and "Faquan" as the Main Pillars of Practical Jurisprudence ………………………………… (168)

IV. Continue to Promote the 5+1+1 Basic Category System ……… (173)

V. The Comparative Advantage and Legitimacy of the Practical Jurisprudence Interpretative Framework ……………… (174)

VI. Chapter Summary ……………………………………………… (181)

Chapter VII A Measure of the Reasonableness of Concepts of Right, Power, and Duty ……………………………… (182)

I. Rights, Powers and Duties in the Works of Marx and Engels ………………………………………………………………… (183)

II. Marx and Engels' Views on the Basic Concepts of Jurisprudence ……………………………………………………… (188)

III. General Metrics to Measure the Appropriate Degree of the Basic Concept of Jurisprudence ………………………………… (192)

IV. Use Three Standards to Promote the Renewal of Basic Categories of Jurisprudence ……………………………………… (201)

Chapter Ⅷ The Mechanism by Which Contemporary Public Property Generates Power …………… (213)

Ⅰ. The Size of Public Property in a Simple Country and Its Transformation into Power ……………………………… (216)

Ⅱ. The Relationship between the Proliferation of Public Property and the Amount of Power in Composite Countries ………………………………………………… (219)

Ⅲ. The Difference in Status of the Two Types of Public Property in the Power Generation Process ……………… (223)

Ⅳ. The Power Generated by Collective Final Consumption Expenditure in Public Budget ………………………… (232)

Ⅴ. The Power Generated by Individual Final Consumption Expenditure in Public Budget ………………………… (241)

Ⅵ. Chapter Summary ………………………………………… (247)

Chapter Ⅸ The Relationship between Property, Power and Right in Contemporary China ……………………… (252)

Ⅰ. The Path of Transforming China's State Property into Powers ………………………………………………………… (254)

Ⅱ. The Path of Transforming Personal Property into Rights in China ……………………………………………… (263)

Ⅲ. Theoretical Issues That Need to Be Answered to Prove the Hypothesis of the Transformation of Property into Rights and Powers ………………………………………… (274)

Chapter Ⅹ Power Rate, Right Rate and Faquan Curve ………… (286)

Ⅰ. Laffer Curve from the Perspective of Practical Jurisprudence ……………………………………………… (288)

Ⅱ. The Correlation between Laffer Curve and the Distribution of Faquan ………………………………………… (291)

Ⅲ. Faquan Curve Representing the Relationship between Power Rate or Right Rate and Faquan ……………………… (294)

Ⅳ. Technical Characteristics of the Standard Graph of
Faquan Curve ·· (298)
Ⅴ. The Principles of the Relationship between Power Rate,
Right Rateand Legal Power Revealed by the
Standard Graph ·· (300)
Ⅵ. Faquan Curves Corresponding to Different Power Rates and
Right Rates ·· (303)
Ⅶ. Further Explanation and Summary of Faquan Curve ············· (312)

Chapter Ⅺ Responses to Critical Comments on the Discourse of Practical Jurisprudence ·· (323)

Ⅰ. The Concept of Faquan is Necessary and Appropriate with No
Better Alternative ·· (324)
Ⅱ. The Judgment That Duty Is Not as Important as Right and
Rower Conforms to Objective Reality ······································ (326)
Ⅲ. The New Standard for Identifying Right and Power Has
Immense Theoretical Advantages ··· (327)
Ⅳ. It Is More Reasonable to Limit the Extension of the Concept of
Power to the Scope of Positive Law ··· (334)
Ⅴ. The Creation of Quan and Residual Quan Is Based on the
Requirement That Name and Reality Be Consistent ················ (336)
Ⅵ. The Understanding of the Property Nature of Right and
Power Needs to Be Further Deepened ····································· (339)
Ⅶ. Chapter Conclusions ··· (342)

Selected Bibliography ·· (348)

Postscript ··· (360)

第一章 "汉语权利"向"和化权利"的变异和回归[①]

[**导读**]

"汉语权利"指的是在中国本土形成并融入现代汉语、指称范围不包括任何公共权力的"权利"一词。"和化权利"指汉语的"权利"一词进入日语法学后发生变异、指称范围包括各种公共权力的"权利"一词,后者严格地说属于未经翻译的日语。"汉语权利"诞生于19世纪60年代的中国,随后进入日语法学并保持了20余年的主流地位。"和化权利"出现于日语法学的时间大体在19世纪90年代,经过与"汉语权利"的竞争,到20世纪初完成了定型化,同时开始返流中国。"汉语权利"与返流中国的"和化权利"也有过竞争,但势单力薄,无法抗衡"和化权利"的大潮,不仅尽显弱势,甚至近乎被遗忘。清末和民国时期的汉语法学全面承袭了以和化的"权利"为核心的现象解释体系,包括与之相匹配的"权利义务""公权""私权"等概念。"和化权利"在当代汉语法学研究领域影响日渐式微,但在法学基础理论教学领域仍处在主流地位。和化的"权利"概念反映了人们对汉语意义的权利和权力特殊关系的认识,其有一定的合理性,但它相对于汉语权利来说有些无法克服的弊病,其中主要是脱离当代中国法律体系、法律实践,缺乏现实基础,与现代汉语也不能兼容。因此,在"权利"一词的使用上,当代汉语法学应全面回归"汉语权利",同时吸纳"和化权利"的合理成分,形成以法权为核心,包括权利、

[①] 本章原文以《"汉语权利"向"和化权利"的变异和回归》为标题刊载于《学术界》2023年第11期。在用和文汉读法无法理解日语法学文献一些关键部分时,笔者常常得到江利红教授的帮助,特此致谢。

权力、权、剩余权、义务、法（或法律）在内的七个基本概念组成的本土化基本范畴群，为形成民族的、现代的和面向未来的汉语法学现象解释体系打下学理基础。

阅读本章要特别留意，从覆盖范围看，在实践法理学出现前的汉语法学基础性出版物中，只有"和化权利"或和化的"权利义务"概念才能充任法的一般理论的核心范畴，"汉语权利"或汉语的"权利义务"只能限于民商法学范围。所以，所有处于法的一般理论而并非仅民商法学之核心范畴地位的"权利"或"权利义务"，必然是"和化权利"或和化的"权利义务"。

在论及和制汉语这种日语载体时，有学者提出，词语如同江河之水总是川流不息，时而"从这个国家流入那个国家"，时而"又从那个国家流回这个国家。"① 在中日之间，"权利"这个名词就是如此。但"权利"只是载体或躯壳，其指称对象一直在变化。"汉语权利"不是学术概念，只是本章为方便读者辨识而给予外延或指称对象覆盖范围仅限于个人（自然人和法人）的法的权利、不包括任何公共权力的"权利"概念（或名词）的称谓。这种"权利"之所以被称为"汉语权利"，是因为它自19世纪中叶在中国本土诞生以来，经中国社会的广泛使用，不仅融入了现代汉语，还被当代中国以宪法为根本的法律体系采用，表现为各种法律文本中的"基本权利"和其他"权利"。"和化权利"也不是学术概念，同样是本章为方便读者辨识而给予外延或指称范围既包括个人权利，又包括各种公共权力的那种"权利"概念（或名词）的称谓。"和化权利"是"汉语权利"一词传入日语法学后，其指称范围发生从不包含任何公共权力到包含各种公共权力的基因层面变异后的产物。"和化权利"亦可称为"和制权利"，即和制汉语中的"权利"一词，实际上属于以变异方式形成的日语名词，只是与"汉语权利"共用一种汉字载体而已。查明"汉语权利"与"和化权利"的联系、差别和两者间内容的流动史，让汉语法学中仍在使用中的"和化权利"全面回归"汉语权利"，同时妥善安置"和化权利"，对于当代汉语法学乃至中国法律实践都有巨大的进步意义。为说清这个道理，特撰此章。本章所说的公共权力，是"每一个国家里都存在"的公共

---

① 李玉麟：《回归中国的和制汉语词汇》，《北京第二外国语学院学报》1997年第1期。

强制力,"构成这种权力的,不仅有武装的人,而且还有物质的附属物,如监狱和各种强制设施"。"为了维持这种公共权力,就需要公民缴纳费用——捐税。"①

一 "汉语权利"的确立及其进入
日语法学初期的主流地位

"汉语权利",指的是在中国本土形成并在汉语中传播开来、指称范围不包括任何公共权力的"权利"一词。古汉语中原本只有"权",后来权字先是在与西语的交流中形成并定位于"权力"(如英文 power、authority)的含义。到 1842 年魏源《海国图志》刊行,权这个单汉字名词开始包容"权利"(如英文 right)的含义,即兼指现代汉语意义上的权利和权力含义。1864 年丁韪良汉译、刊刻《万国公法》时原则上也是用"权"同时表述权利、权力两种含义,但他觉得很不妥,于是有时在对应于 right 的"权"字后加上一个"利"字,以区别于与 power 对应的"权"字,因而在汉语中首次就出现了"权利"一词。"权利"一词在汉语中出现,其目的或初衷就是为了与权力相区分,因而其指称范围是完全排斥公共权力的。② 对此,丁韪良在 1877 年回忆做这个艰难选择时说得很清楚。他说,《万国公法》英文底本"原文内偶有汉文所难达之意,因之用字往往似觉勉强。即如一权字,书内不独指有司所操之权,亦指凡人理所应得之分,有时增一利字,如谓庶人本有之权利云云。此等字句初见不入目,屡见方知为不得已而用之也。"③ 汉译《万国公法》一书使用"权利"一词达 80 次左右。④ "权利"这个汉语名词是 1865 年随《万国公法》一书进入日本

---

① [德]恩格斯:《家庭、私有制和国家的起源》,《马克思恩格斯选集》(第 4 卷),人民出版社 2012 年版,第 187、188 页。
② 童之伟:《"权"字向中文法学基础性范畴的跨越》,《法学》2021 年第 11 期。
③ [美]吴尔玺:《公法便览》,[美]丁韪良译,北京同文馆 1877 年刊印本之影印本,见丁韪良在"自序"之外所写"凡例",第 2 页。
④ 惠顿(ホウィートン)『万国公法』(6 卷),丁韪良[ほか漢訳],開成所翻刻[西周訓点],1865 年,京都大学附属図書館影印本。使用"权利"一词的次数系做文本转换后电脑统计的结果,显示数为 83 次。

的。这本书在1865年由东京开成所按中文版原版翻刻发行，权利一词随之在日语法学界开始传播。3年后"权利"一词进入日本著名法学家的话语结构，加藤弘藏（又名加藤弘之）和津田真道开始规模化使用"权利"一词。他们都是在地地道道的"汉语权利"意义上使用的，其指称范围不包括任何公共权力。①

对于"权利"作为翻译引进的汉语法学新名词，这里有必要做两点说明。(1) 我国文献古籍中虽有权和利放一起的情况，但并非一个名词，放在一起含义也与近现代汉语、汉语法学的"权利"一词不同。如荀子在讲了贤达之人应具备的修养后说，"是故权利不能倾也，群众不能移也，天下不能荡也。"②其中的权和利只是分别表述权势、利财两个单字名词的权宜性连用，并不是一个双字名词，与近现代法学的权利一词没有多少关系。(2) 丁韪良虽是美国人，但他做翻译时创造的"权利"应该算汉语、汉语法学的贡献。丁韪良很年轻就来中国，在中国生活了62年，去世后葬在中国。他学习中国文化，长期定居中国，担任清廷的公职，领取清廷的俸禄，可谓标准的"美裔华人"。再说，用当代中国和其他绝大多数国家的法律标准，他担任清廷教育文化官员职务时翻译的《万国公法》应该算职务作品，著作权属于中国政府。更主要的是，"权利"一词是因应当时中国社会发展的需要、在中国社会经济背景和文化环境下形成的学术产品。

近现代汉语和汉语法学中的"权利"一词，直接为了与"权"字中的公共权力含义相区分的目的而生，而且一个半世纪以来在汉语中的使用，也是持续和严格地与权力一词相区分的。中国当今最大型的权威性汉语辞典《辞海》和最常用的《新华字典》（第11版）对"权利"的解说，都将其严格区分于权力。在这些最有代表性的汉语字典中，权利在指称范围上完全排斥任何公共权力的具体存在形式。③ 这是自1864年起形成的宝贵汉语传统之一，也是标准的现代汉语用法。汉语中权利与权力严格区分的使用标准可从中华人民共和国成立以来包括《共同纲领》这部临时宪法在

---

① 加藤弘藏『立憲政體略』，東京谷三樓，1868，眾議院図書館影印本，10—11页；津田真一郎（又名津田真道）『泰西國法論』卷一，東京開成所，1868，2b、20a、20b页。
② 《荀子·君道》，见蔡尚思主编《诸子百家精华》（上），湖南教育出版社1992年版，第80页。
③ 辞海编辑委员会：《辞海》，上海辞书出版社2019年版，第3571页。

内的中国历部宪法和现行法律体系的全部相关用语中得到印证：法律位阶不同的所有这些法文件都尽可能严格区分权利与权力，在平行、对称的意义上使用权利、权力，从不使用外延包括各种公共权力的权利一词。另外，近10年的文献资料显示，中华人民共和国成立以来通过的中共历届全国代表大会报告、《中国共产党章程》和各项决议的全部相关用语，都严格区分权利与权力，不使用内容包括各种公共权力的权利一词。① 以下表述方式可谓我国法律体系在这方面状况的典型例证："规范司法权力运行""完善权力监督制约机制""保障党员权利"；"党员享有下列权利"，干部要"正确行使人民赋予的权力"；② "牢固树立有权力就有责任、有权利就有义务观念。"③

为了辨识方便，有必要把以上内容或指称范围不包括任何公共权力、与权力一词严格区分的权利概念称为"汉语权利"，以区分于权利一词进入日本后发生基因变异后形成的、内容或指称范围包括各种公共权力的和化的"权利"概念，并按实事求是原则将后者以"和化权利"相称。"汉语权利"与"和化权利"虽然指称范围有部分重叠，但它们完全是两个彼此独立的概念，只不过两个不同概念共用"权利"这个汉字书写形式而已。不论从"汉语权利"角度看还是从中国法律制度角度看，"和化权利"都不是汉语所指的权利，而是汉语所指称的权利权力共同体或统一体。由于书写形式相同而生混淆，以致在当代汉语法学中，"汉语权利"与作为清末、民国法学遗存的"和化权利"实际上处于并存和竞争状态，尤其在各种法学入门型教科书中。就指称范围而言，"和化权利"等同于汉语实践法理学的"权"或"法权"一词。因此，"汉语权利"只是"和化权利"中或大或小的一部分，两者的比例结构，完全取决于法权结构中权利率或权力率的高低及其变化。④

和制外来语是日语词汇的重要组成部分，一般可分和制汉语和和制西

---

① 在现代汉语中，当人们将"人民"做国民全体理解时或与"敌人"相对称确认"人民权利"时，这种本源性权利在理论上是可以包括公共权力的，但罕见使用。
② 依次参见《中国共产党第二十次全国代表大会文件汇编》，人民出版社2022年版，第35、54、101页。
③ 《中共中央关于全面推进依法治国若干重大问题的决定》，人民出版社2014年版，第27页。
④ 童之伟：《权利率、权力率与法权曲线：以拉弗曲线为起点的法理探索》，《法学评论》2023年第5期。

语,和制汉语是用汉字创造的日语词汇,但具有汉字本身所没有的新词义。有学者在谈到清末民初汉译引进日语法律新名词时总结道:"近代中文法律新名词多从日语翻译而来,且大多直接借用和制汉语的书写形式,其辗转形成的轨迹是西方法律词语的跨语际实践过程"。其中,"一些和制汉语法律新名词虽然今天看来是原封不动地进入了中文之中,但它们实际上曾遭到过修改或抵制,只不过这种努力最后被证明是徒劳的。"[1] 以上这段话是针对汉语引进和制汉语法律新名词而言的,也几乎在同等程度上反映了日语法学引进汉语法学名词后,被引进的汉语名词,其中特别是"权利"在日语法学中的真实际遇。就实际情况而言,汉语的"权利"一词进入日语法学后经历了由一个最初不包括任何公共权力的"权利",演变成一个包括各种公共权力的"权利"的和化过程。这事实上是以隐蔽的方式再造一个全新的权利概念,所以,这个再造出来的权利概念实际上是和化的"权利",但为避免读者望文生义产生误解,本章才将其称为和化权利。和化权利虽然也可以用以指称汉语权利,但此时它实际上是以汉语的权利和权力共同体的逻辑身份在指称法的权利,就像它以这种身份同时指称各种公共权力一样。

近现代日语法学直接引进汉译西语法学名词的情况罕见,但"权利"恰好是其中之一,这在中日两国法史学界是众所周知的例子。汉语的"权利"一词1865年随《万国公法》从中国流传到日本,从日语法学角度看,它当然是一个外来词。汉语的"权利"一词进入日语法学后的最初20余年基本上维持了它的初始含义。但到19世纪与20世纪之交,尤其到20世纪初,"汉语权利"实际上被修改得失去了"自我",最后竟至于完全违背了它的初衷,指称范围包括了各种公共权力,成了地地道道和制的"权利"。"汉语权利"转变为"和化权利",经历了二三十年时间,有一个从量变到质变的逐步积累过程。"汉语权利"向"和化权利"转变的外在标志或特征非常清楚,那就是:"汉语权利"本身是不包含任何公共权力的权利概念,但在进入日语法学的社会文化环境后,各种公共权力由少到多,逐步进入"权利"的指称范围,直到最后国家或社会的全部公共权力都进入了这种"权利",以至于它成了指称范围包括一国或一社会的全部

---

[1] 屈文生:《和制汉语法律新名词在近代中国的翻译与传播》,《学术研究》2012年第11期。

个人权利和全部公共权力的名词。这种外延包括一国全部法的权利、法的权力的"权利"概念，在理论上、逻辑上与"汉语权利"是完全不同的概念。"和化权利"把"汉语权利"按其"初衷"排斥在自身指称范围之外的各种法的权利，分阶段从少到多，最后全部招纳到了"权利"外延覆盖的范围内，从而在日语法学范围内彻底消除了汉语1864年创造的权利一词的学术进步意义。其实，这不仅是汉语的权利一词进入日语法学的遭遇，也是英语的 right、法语的 droit 和德语的 recht 在被译为日语名词"权利"后的遭遇。因为，任何西语语种都没有一个指称范围包括全部公共权力和个人权利的名词，尽管在使用的历史上两者常常纠缠不清。所以，和化的"权利"是非常独特的概念，它的字形是"权利"而指称范围除法的权利外还包括各种法的权力。从这个角度看，"权利"一词的和化，直接看是相对于汉语的，但实际上也是相对于所有外来语的。差别只在于，和化权利似乎没出现过返流西语法学的情况，但它返流汉语法学的情势历史上曾经汹涌澎湃，而且影响深远。

现有文献资料表明，自1865年传入日语法学到整个19世纪80年代，"汉语权利"在日语法学中基本没有发生变异，维持了它自身的存在，即处于与权力概念平行并与其相对称的位置。从19世纪末日语法学有代表性学者在60年代后期到80年代的论著看，他们都是严守汉语意义上的权利与权力分际的。如日本著名法学家加藤弘之（又名加藤弘藏）在1868年发表的《立宪政体略》一书，虽还没有启用"权力"一词，但实际上已经有明确的权利与权力区分意识。为了实质上区分汉语权利与实际上存在、但当时还没有名称的未来"权力"，他在运用权利一词的同时，先后用了"大权柄""立法权柄""施政权柄""司律权柄"来与汉语的"权利"形成对称。在这本书中，加藤弘之已经将权利区分为"公权"和"私权"，但公权中只有国民参与公共事务之权，如选举权和被选举权，没有后来"和化权利"中包括的国家对个人行使之权。[①] 这里，"权柄"与后来的"权力"在日语法学中指的都是公共权力，只不过权柄是"乳名"，"权力"是学名或正式名称而已。在稍后刊行的《国体新论》一书中，加藤弘之开始有规模地使用"权力"一词以取代"权柄"，从而形成了汉语意义上的权利与权力对称使用的局面，完全不存在

---

① 加藤弘藏『立憲政體略』，东京谷三楼，1868，众议院图书馆影印本，25—27页。

将权力放在权利一词指称范围之内的和化的"权利"倾向。①

到19世纪80年代初,对于汉语意义上的权利与权力的关系,加藤弘之提出了一种在那时以及此后的日语法学界都相当有代表性的理解。按这种理解,权利与权力不仅是严格区分、相互独立的,而且权力是权利义务的来源和落实权利义务的保障者。此说的要点是:没有什么天赋人权,享有权力、权利的结果归根结底是生存竞争决定的;他赞成德国学者耶林的看法,即权力生于自然的生存竞争,先有权力而后来才从中派生出权利;权利是强权者为谋求自己的真正利益而对权力做自我限制、使之正中适度的产物;俗儒不懂这个道理,以为权利与权力完全对立,以为权利天授;以为权利是正物、权力是恶物,这纯属本末倒置;通常的情况是生存竞争的优胜者获得权力,然后用权力为民众设定权利义务,并且保证所设定之权利义务的落实;竞争的优胜者如果是个人,形成君主政体,如果是民众,则形成民主政体。② 可见加藤弘之的理论中完全没有和化权利的影子。

日本近代另一著名法政学者福泽谕吉也是在努力区分权利与权力的基础上使用"权利"一词的,没有将公共权力放进权利一词指称范围内的倾向。如福泽谕吉的《分权论》一书,虽主要讨论"权力""政权""治权"的划分,但他是在权利、权力分际较清楚的情况下讨论"权利"的。③ 在《通俗民权论》中,福泽谕吉一开篇就感慨"近年来诸如权利、权限、权力、权理、国权以及民权之类的词语频繁出现在一些著作和翻译书中",感到在中国和日本过去很少见到这些词语像当下的那种用法,一般人很难懂。他写道,如果个人有权利,那么一村一町、一郡一县也应当有权利,郡县集中起来的国家应当有国家的权利。民权是人民拥有的"一分"权,国权是作为一个独立国家拥有的"一分"权。但总体看,他是将民权作为个人权利、国权作为公共权力看待的。④ 不过,在《通俗国权论》中,他实际上把权力视为守护家庭、国家遵从自己的意志不容许他人干涉之集体的力,故在他看来,一家有一家之权力,一国有一国之权力,如果受外力

---

① 加藤弘之『國體新論』,稲田佐兵衛,1875,国立国会図書館影印本,1—31頁。
② 加藤弘之『人權新說』,山城屋左兵衛,1882,国立国会図書館影印本,63—75頁。
③ 福沢諭吉『分権論』,慶應義塾出版社,1877,国立国会図書館影印本,1—111頁,重点参照18、43、58—59頁、92頁。
④ 福沢諭吉『通俗民權論』,慶應義塾出版社,1878,国立国会図書館影印本,3、6頁,总体参照1—117頁。

侵犯，应不客气地给予打击。① 这些话语表明，他努力区分权利权力，虽没有区分清楚，但并无将权力视为权利组成部分的定见。

一般来说，法学入门型基础性教材应该是最能反映其所使用的时代居主流地位的社会阶层基本的法观念的。笔者能查找到的 19 世纪 80 年代后期的一种日语法学基础性教材显示，那个时期"汉语权利"在日语法学中处在主流地位，"和化权利"还没有出现。这部教材给权利下的定义是："法律上的权利是指依赖国家的承认和帮助，能够排除他人可能的钳制得以实现自己利益的能力。"② 显然，国家在这个定义中是处于权利主体之外的。读者可以从中看到加藤弘之守持的权力观和权利义务观的影响。从全书看，这部教材明显区分了权利与权力，权利、权力两个概念是平行使用的，即："权利"指臣民之权，"权力"指主权者、国家政权机构或官员之权；"权利"虽分公权、私权，但公权只指个人参与公共事务之权利，如"选举权被选举权等"，不包括主权者、国家公共机构或官员之权力及其具体表现"职权""权限"。该教材对权中"公权""权力"的论述极少，似乎 95% 以上的篇幅论述的是"权利"中的私权。③

以上日语法学著作和基础性教材表明，在明治宪法（《大日本帝国宪法》1889 年 2 月 11 日颁布，1890 年 11 月 29 日施行）之前，汉语的"权利"一词整体上维持了它进入日语法学时的地位和影响。

二 "和化权利"在日语法学中的出现和发展定型

19 世纪末 20 世纪初的日本，以明治宪法和明治维新为标志，处在一个蓬勃向上的时期，各国竞相影响日本，日本也主动学习各国先进的东西，包括法学。日本学习引进外国法学，形式上的中心是如何理解法律，内容上的中心应该是如何理解权利和权力。在这个过程中，"汉语权利"

---

① 福沢諭吉『通俗国権論』，慶應義塾出版社，1878，国立国会図書館影印本，10—12 頁。
② 牧児馬太郎『法学通論』，博文館，1889，国立国会図書館影印本，70 頁。
③ 牧児馬太郎『法学通論』，博文館，1889，国立国会図書館影印本，67—245 頁，直接引语见 90—91 頁、238—239 頁。

与"西语权利"(如拉丁语 jus 或 ius、德语 recht、法语 droit、英语 right),客观上处在竞争状态。综合地看,那无疑是一个"汉"弱"西"强的大背景,很不利于"汉语权利"维持其自身的存在和影响力。在不同西语语种的"法律""权利"概念、观念的竞争中,英语法学与德语、法语法学比较,那时前者并不占优势,倒是后者略有优势。碰巧的是,在有影响的西语语种中,只有英语法学的法律(law)和权利(right)是分别由两个单词表述的,而拉丁语、德语、法语甚至还有其他至少十多个语种都是以同一个名词表述法律和权利两种现象。同时表述法律和权利的名词,拉丁语是 jus、德语是 recht、法语是 droit 等,这些语言区分法律和权利不能靠词形,只能根据不同上下文。

上述拉丁语、德语、法语的背景,不仅使得这些国家的国民自身,也很自然地使得从这些语言中学习法学的人们产生这样的感觉或受到这样的提示:法律与权利是同一枚硬币的两个侧面,法律即权利,权利即法律;权力是法律授予的,包含在法律之中,是法律的一部分,因而也是权利的一部分;法学是研究法律的学问,因而也是研究权利的学问,反之亦然。19 世纪末 20 世纪初日本有影响的法律学者的话,可以算对这个判断提供了证据。法学教授织田万写道:"自德国大家拉伊普尼克以法学为权利之学问,于是权利之观念,遂为法律上最紧要之事";"权利者依于法律所许容对于他人而有之,行为之限界也";他还引用德国人莱布尼茨的话说:"法律之学是权利之学。在西洋诸国,法律和权利大抵使用同一词语。盖法律为权利之外表,权利为法律之内容,二者有内外之别,但其本质同一"。[①] 另一位法律学者也说:"德国人莱布尼茨将法学定义为权利之学问,耶林著书《权利竞争论》,指明了应尊重权利的原因。至此,对法学的观念从正义转变成了权利"。[②] "魔鬼在细节中",汉语的"权利"变异为和化的"权利",最初与日语法学对 recht 的不恰当理解和翻译密切相关。简单地说,就是日语法学相关学者将本应与汉语"权利"互译的 recht 理解成了指称对象包括公共权力的另类"权利",这另类"权利"就是和化权利或和化的"权利"。而实际上德语的 recht 根本没有和化的"权利"一词的意思。

[①] 織田萬『法學通論』,有斐閣,1902,国立国会图书馆影印本,147、190 页。该自然段的引文参照了该书商务印书馆 1913 年汉语版刘崇佑译本的对应文字。

[②] 飯島喬平『法學通論』,早稻田大學出版部,1905 年,国立国会館图书影印本,194 页。

从我所能寻获的文献看,"汉语权利"向"和化权利"变异和转型,是从19世纪80年代开始的,而且是渐进的。易言之,各种公共权力是逐渐进入日语"权利"一词的指称范围,成为其所包含的两方面内容之一的。还原"汉语权利"向"和化权利"转型的过程,最好的方式不是详细剖析各种略有差别的权利定义,而是直接看权利一词的指称范围(或权利概念的外延)的变化。我们不妨以19世纪末20世纪初一些有代表性法学家编撰的基础性法学教材为主要剖析对象来做说明。

"法学通论"是19世纪末20世纪上半叶日语法学基础性教科书通常采用的名称,这种教科书19世纪末我只见到很少几种,进入20世纪后种类才多了起来。除前引牧儿马太郎的之外,我读到的其中另一种是当年著述颇丰的法学家织田万撰写的,刊行于1894年。织田万的《法学通论》的内容明显有别于牧儿马太郎的《法学通论》的地方之一,是开始将公共权力置于"权利"一词的指称范围之中,虽然只是初步的,不引人注目。其具体做法,是将权利依次分为四类:对世权与对人权;人身权与财产权;第一权与第二权;公权与私权。在他论述"权利"的8页篇幅中,只在"公权"部分有一句话提到了国家对个人的公权,即国家为了维护安宁秩序对个人行使的"正当的权力"。[①] 在这本书中,作者基本上是按"汉语权利"的标准解说权利概念的,只是这一句话是例外,但正是这句简单的话,表明作者运用权利一词开始离开"汉语权利",走向"和化权利"。如果没有更早例证的话,这就是日语法学告别"汉语权利"走向"和化权利"的开端和重要一步。

织田万1895年出版的《日本行政法论》一书反映了作者正在向"和化权利"大步迈进的情况。在该书的第1编第9章"官吏的权利及义务"部分,作者将国家行政机关享有的各种公共权力都放在"权利"一词的指称范围之内,通常具体称为"职权",有些情况下,特别是讲到地方官所享有的公共权力时称"权限"。其具体表述方式是多样化的,如"国务大臣的职权""行政上的职权""宪法上的职权""各省大臣的普通职权""最高的监督权",行政命令、指令、训令发布权,"各省大臣的特殊职权""内阁的职权""各省的权限""主任大臣的权限""枢密院的职权""权

[①] 織田萬『法學通論』,和仏法律学校,1894,国立国会図書館影印本,102—109頁。

限""行政裁判所的权限",内阁总理大臣的"职权",府县知事的"职权""权限",市町村长的"职权",等等。①从法的一般理论角度看,这就完全终结了"汉语权利",形成了与前者完全不同的和化的"权利"。

不过,日语法学圈"汉语权利"向"和化权利"变异在步调上是不一样的。到1896年,另一种有影响的《法学通论》始终在平行意义上同时使用权利、权力概念。此书只区分了公法私法,并未专门论述权利、公权和私权,做相关讨论时未呈现将公共权力纳入权利一词指称范围的倾向。②再往前追溯,富井政章此时也是这种态度,虽然他更多的时候愿意将权力称为"大权"。③但稍晚京都帝国大学教授冈村司所著《法学通论》继织田万之后将"权利"往"和化权利"方向做了明显推进。冈村司把权利分为"广义的权利"和"狭义的权利"两种,前者是体现正义的、理想意义上的权利,后者是实在法上的权利。在此基础上,他又把权利分为公权、私权和国际权,其中的公权进一步分为国家的公权和国民的公权,国家之公权包括"国家统治的权利、命令处分的权利、征兵的权利、刑罚的权利、审判的权利"等。④他在对"公权"做专论的部分,更具体地把1889年2月颁布、次年11月29日施行的《大日本帝国宪法》(明治宪法)第1章规定由天皇总揽的各项"统治权""大权"和第3章规定的天皇之外其他所有国家机关的权力,即立法权、行政权和司法权,通统纳入了"公权"进而"权利"的范围。⑤

日语法学文献资料显示,到20世纪初,日语法学界似乎多数学者放弃了"汉语权利",接受或采用了和化的"权利","和化权利"概念基本实现了定型化。但"和化权利"实现定型化并不意味着它一统天下,而是指它与"汉语权利"并行但影响力较大。以织田万为例,他在1902年修订并再版了自己1894年发表的《法学通论》,新版中的"权利"概念显示作者向"和化权利"明显迈进了一步。他写道:"从来学者,每以一切之法律上关系,概以为权利关系,如赋课征收租税、科当刑罚,皆谓为国家对

---

① 織田萬『日本行政法論』,六石書房,1895,国立国会図書館影印本,152—176頁。
② 磯谷幸次郎『法学通論』,日本法律学校編輯部,1896,国立国会図書館影印本,78—92和第95—107頁。
③ 富井政章『法学綱論』上卷,時習社,1887,国立国会図書館影印本,51—67頁。
④ 岡村司『法學通論』,和佛法律学校明法堂,1899,国立国会図書館影印本,253—254頁。
⑤ 岡村司『法學通論』,和佛法律学校明法堂,1899,国立国会図書館影印本,362—393頁。

第一章 "汉语权利"向"和化权利"的变异和回归 ❖ 13

于个人所有之公权。虽然此说恐非至当,然国家乃为达其自立之目的,而行使其正当之权力者。""公权之一是政权,即参与国家政治之权利的意思。政权又称为担保权。为巩固私权之存立、使每个人安宁幸福,必须有政权对之加以保护。"①这里,政权是与治权对应的,此前福泽谕吉讲得很清楚,就是全国性公共事务的管理权,是典型的公共权力;那时日语"政权"的另一面指国民个人通过行使选举权、被选举权等方式参与公共事务。因为这种"权利"包括各种公共权力,所以"权利主体"也包括"公法人",如"国家的政治组织""郡府县市町村""地方团体""公共组织"。按照这种对"权利"的解说,尽管在有些关键处讲得十分委婉,但仍然实际上将明治宪法确认的由天皇总揽的统治权和它的具体表现如天皇依帝国议会协赞行使的立法权,为执行法律或保持公共安宁秩序及增进臣民幸福的命令发布权,陆海军统率权,宣战媾和、缔结各项条约权,宣告戒严权,大赦、特赦、减刑及复权之权,以及内阁和其中各省的职权、权限,郡府县市町村的职权、权限,等等,都放进了这种"权利"概念的外延覆盖范围,形成了典型的和化的"权利"概念。

实际上,20世纪初日语法学圈在"汉语权利"与"和化权利"两种基本概念孰优孰劣方面是有很不相同的认识的。首先是相关学者自己内心觉得拿不准,甚至在步子迈进了"和化权利"后又怀疑其合理性从而萌生退意。如织田万在"汉语权利"与"和化权利"的选择上,似乎内心一直有挣扎。在1902年版《法学通论》中,织田万所言"权利"虽离开了"汉语权利",选择了"和化权利"。但他在书中还是基于对"汉语权利"的认同讲了一些区分权利、权力关系的常理,在比较勉强地采用了将公共权力放进"权利"指称范围的同时,还是表达了"恐非至当"的顾虑。后来在此书的1908年版和1917年版中,他在关键的部分实际上又从和化权利后退了。因为,在这两个版本中,作者将本章前引1902年版《法学通论》中论述公权特别是"担保权"表述公共权力(国家对个人之公权)的关键句子、名词删除了,使得其中的"权利"失去了明显和化特征。②

---

① 織田萬『法學通論』,有斐閣,1902,国立国会図書館影印本,152—153頁、174—175頁。该自然段的引文参照了该书商务印书馆1913年汉语版刘崇佑译本的对应文字。
② 分别参照织田萬『法學通論』,寶文館,1908,国立国会図書館影印本,129—135頁;1917,国立国会図書館影印本,135—143頁。

或许，这正好反映了作者面对"汉语权利""和化权利"时在合理性判断方面的艰难抉择和彷徨犹豫。

对"汉语权利"与"和化权利"孰优孰劣的不同判断，也反映在进入20世纪一二十年后仍有学者坚持使用"汉语权利"，或不太情愿接受"和化权利"。这方面有代表性的学者当推曾任明治大学校长的法学家鹈沢总明。他的《法学通论》在论述顺序上是先讲"国权与权利的关系"。他以拉丁文 suprema potestas（最高权力）标注"国权"，认为国权分"内政、司法、财政、军事、外务"五个方面，权利只是国权在运用过程中确认的臣民享有的利益，并不包括公共权力（日语法学通常用"担保权"一词指称的现象）。① 那时还有法官编写的同类出版物也显然不愿意将公共权力放在权利的"公权"部分。如作者写道："其一，公权者，谓直接参与国家事业之权，如自治体事务、其他公务之权利，独日本国民有之"；"其二人权。人权者凡被统治者所有之权利，而其种类不一而足。"该书实质上也讲到了"担保权"，但却安排到了义务部分。所以，就权利概念而言，它始终坚持使用"汉语权利"，不使用"和化权利"。他较典型的说法是："盖国家权力与人民权利间，有法律为之限界。人民固不可越此限界，以行其权利，而国家亦不得越之以制限人民权利。"② 那个时期不论中国还是日本，"人民"与"个人""国民"通用。在继续使用"汉语权利"方面，更为著名的人物或许应该算东京大学的冈田朝太郎教授。冈田从1907年到1919年，先后编撰了五个版本的法学通论，都始终是努力区分权利与权力、区分权利主体与权力主体的。他的论著虽也将权利区分为公权私权，但其公权部分从来不包括体现公共权力的课征赋税、公共征收之权和含义特定的国家对个人的"担保权"。③ 他曾被清政府高薪聘请担任刑律起草的顾问，著作也于清末被翻译介绍到中国。还有一种做法是，虽论述到公权和权利，但基本避开了公权私权之分，因而也无所谓公权是否包括公共权力的问题。④

---

① 鵜沢總明『法學通論』，明治法律學校講法會，1903，國立國會圖書館影印本，247—291頁。
② 平島及平『法學通論』，泰東同文局，1907，國立國會圖書館影印本，54-55，56頁。
③ 岡田朝太郎『法學通論』（五版），中外印刷工業，1919，國立國會圖書館影印本，33—40頁、45頁。
④ 岸本辰雄『法學通論』，明治法律學校講法會，1890，國立國會圖書館影印本，190—270頁；『法學通論』，明治大學出版部，1907，國立國會圖書館影印本，190—263頁。

还有一种很有意思的安排，那就是整部著作只有一句话或几个字把公共权力与"权利"挂钩，算是勉强把公共权力纳入了"权利"概念的指称范围。如饭岛乔平的通论就是这样处理的："公权又用政权或担保权的名称，涉及整个政府，指参与政治的权利，或者是指担保权，为促进国家和人民的福祉。"① 只简单、抽象地提及"政权或担保权"，没有具体论述，实际上是在关键学术节点蒙混应付。

"汉语权利"逐渐隐退，"和化权利"完全确立，如果一定要确定一个有代表性学者和时间点做标志的话，20世纪初的日本法学家、政治家奥田义人和他1905年出版的《法学通论》或堪当此任。奥田义人将权利分为公权私权，公权分国家之公权与个人（臣民）之公权。国家公权包括一国与外国关系中的公权和在国内法上的公权。国内法上的公权进一步分为臣民（或个人）对国家之公权和国家对臣民之公权。国家对臣民之公权分为"国家的公权"和"国家以外的公法人的公权"，国家的公权集中表现为"统治权"，包括对个人的"租税征收权""公用征收权""强制权""命令权"。② 奥田义人用了全书近五分之一的篇幅全面论述了日本的"统治权"，其范围包括主权、国家的最高权力、君主的权力、对外缔结条约和宣战媾和权、立法权、行政权、司法权，以及这些"权利"的主体的具体职权、权限，从而将日本的全部公共权力都纳入了"权利"概念的指称范围。③ 易言之，奥田义人通过这本大部头著作十分牢固地确立了和化权利的概念和观念，在当时的日本有相当的代表性。

梅谦次郎是当时日本著名的民法学家，但他编写的通论教材中权利概念的和化特征也是明显的，因为他的权利同样分公权私权两部分，公权中不仅包括作为国际法意义的权利，也包括对个人的财产公用征收权和含义相当于行政权力的"担保权"。④

到20世纪最初10年间，虽然发展不平衡，但总体说来"和化权利"取代"汉语权利"的趋势在日语法学中得到了进一步强化。如中村进午撰

---

① 饭岛乔平『法学通论』，早稻田大学出版部，1905，国立国会图书馆影印本，203—204页。
② 奥田义人『法学通论』，东京法学院大学，1905，国立国会图书馆影印本，329—337页。
③ 奥田义人『法学通论』，东京法学院大学，1905，国立国会图书馆影印本，538—714页。
④ 梅谦次郎『法学通论』，法政大学发行，1909，最高裁判所图书馆影印本，166—169页。

写的《法学通论》，就直接将法律上体现主权和全部国家权力的天皇"统治权"，放在了"权利"概念外延的范围内："天皇依帝国议会之协赞总揽统治权，这些权利是指宪法第5条至第16条规定的如下权利"：立法权（第5条）；批准法律，命其公布及执行（第6条）；召集帝国议会，命其开会、闭会、停会及解散众议院（第7条）；为保持公共之安全或避免灾厄，依紧急之需要，于帝国议会闭会期间，发布代法律之敕令（第8条）；为执行法律或保持公共安宁秩序及增进臣民之幸福，发布或使令政府发布必要之命令，但不得以命令改变法律（第9条）；规定行政部门之官制及文武官员之俸给，任免文武官员（第10条）；统率陆海军（第11条）；宣战媾和及缔结各项条约（第13条）；宣告戒严（第14条）；授与爵位、勋章及其他荣典（第15条）；命令大赦、特赦、减刑及复权（第16条）。① 这可谓对"和化权利"全面、直白的解说。

到20世纪30年代，东京帝国大学著名宪法学家美浓部达吉在讨论公法私法关系时所阐明的权利概念和观念，可谓更精致的"和化权利"论述。在他的著作中，国家从中央到地方的所有公共权力都是"权利"中公权之一部分。他说："国家（或公共团体）和人民间的公法关系不外乎两种：一是国家对人民享有某种权利而人民负有相应义务的关系；另一是人民对国家享有权利而国家负有相应义务的关系。"② 在将权利分为公权、私权的基础上，他实际上将国家权力解说成了"公权"进而变成权利的一部分："就国家对人民的权利说来，那些都是经规定为国家、社会必要的权利。"所以，执行法律的任何机关，"除法律另有特别规定者外，绝对不能舍弃。其中，租税、负担费等公法上的金钱债权，只在法律有明白规定时才能免除相应义务，不能使用行政权任意免除。至于刑罚权、警察权和军政权等，也只能依法律的规定才能放弃。"③ 可见，在作者那里，征税权、刑罚权、警察权和军政权等典型的国家权力都成了"权利"的一部分。

---

① 中村進午『法学通論』，巌松堂書店，1913，国立国会図書館影印本，176—177页。
② 『美濃部達吉論文集』第4卷（公法と私法），日本評論社，1935，国立国会図書館影印本，109页。此处参照了商务印书馆1941年汉语版黄冯明译本的对应文字。
③ 『美濃部達吉論文集』第4卷（公法と私法），日本評論社，1935，国立国会図書館影印本，115、116、117页。此处参照了商务印书馆1941年汉语版黄冯明译本的对应文字。

单就19世纪末20世纪初日语法学的情况看，权利与义务往往是成双成对使用的法学范畴，因此，与"汉语权利"、"和化权利"相对称的义务概念，其外延或指称范围，也是不同的：与"汉语权利"对称的义务概念的外延覆盖范围，只有个人义务、责任等法现象，没有公共权力主体的义务、责任；与"和化权利"相对应的义务概念，其外延覆盖范围包括公共权力主体的义务、责任等法现象。所以，权利义务也不能不相应地区分为汉语权利义务与和化权利义务。

至此，可以做两点小结：（1）在20世纪20年代末和20世纪30年代的日语法学中，和化的"权利"已成核心、主流，虽然汉语权利仍与其并存，但日渐式微。相应地，在汉语的与和化的两种不同的权利义务概念中，主导的方面都是其中的权利一词，所以，讨论相关问题时，一般只把注意力集中在权利一词上即可。（2）在日语法学史上，围绕对"权利"一词赋予不同含义并做相应解说，事实上打造了两个不同的权利概念，形成了两个不同的法学流派：以"汉语权利"为中心的"汉语权利"学派和以"和化权利"为中心的"和化权利"学派。这两个法学流派长期潜移默化地影响着近现代中国的法学发展。

三 "和化权利"返流汉语法学和清末、民国对它的承袭

在近现代，中国向西方学习在很大程度上是以日本为中介的，法学和其中的权利概念、权利观念也一样。"汉语权利"受日语法学影响或冲击的第一条管道是赴日留学回国人士，他们中相当一部分在日本接受"和化权利"概念和观念，然后带回中国。1901年，为解决新政人才需求，刘坤一领衔、张之洞主稿，向清廷提出了《变通政治人才为先遵旨筹议折》和《遵旨筹议变法拟整顿中法十二条折》等三个奏折，获清廷首肯。此后中国大量派出并鼓励青少年就近留学，一度形成了留学日本的大潮。据统计，1901—1911年中国留日学生数达到21000多人。留日学生所学科目很广泛，但其中法政、师范科最热门。仅日本法政大学校长梅谦次郎博士1904年至1908年所办的5期法政速成科，中国学生就

达2117名。① 由此可想见清末民初留学日本学法学的人数之多和回国后的影响力之大。实际上，整个民国，立法、司法和法学教育界的主要人物中，有留日学习法学的背景的最多。甚至到1949年中华人民共和国成立后，也能看到这种影响，如法律界、法学界的头面人物董必武、沈钧儒、张友渔等，都曾留学日本学法律。

清末"汉语权利"受日语法学影响或冲击的第二条管道是清末民初翻译引进大量日语法学教科书，尤其是其中通常以《法学通论》为标题的日语法学入门型教材中的"和化权利"论述。据统计，仅1902年至1911年间，中国汉译日语《法学通论》类教材就有34种之多（其中有几本或许认定为有关作者受日语法学影响编写的初级法学读本更恰当）。上文介绍的"汉语权利"与"和化权利"在日本法学中的运用状况，可基本平衡地反映在这30来种和后续翻译引进的法学基础性教材中。这些翻译引进的汉译日语法学基础性教材主要是指上述30来种中的下列几种：矶谷幸次郎1902年的《法学通论》；奥田义人1905、1906年和其他时间点出版的三种《法学通论》；梅谦次郎1905、1908年两种《法学通论讲义》和1907、1913年的两种共三个版本的《法学通论》；冈田朝太郎1911年的《法学通论讲义》《法学通论》；织田万1907、1908年的《法学通论》（对应1902年日语版）。② 若把统计时间再往后推10多年或20年，那就更多了，如织田万1913、1917年的两种《法学通论》和美浓部达吉的《公法与私法》等。下面简要还原"和化权利"在清末和民国时期返流"汉语法学"的情况。

（一）清朝末年"和化权利"返流中国和"汉语权利"的坚守

最早采用"和化权利"且对汉语法学有影响的汉语版《法学通论》是由留日归国的学者戢翼翚、章宗祥等牵头编写的。由于受日语法学教育背景的原因，作者显得完全没有"汉语权利"观念，因而全盘接受了"和化权利"概念、"和化权利"观念，所用相关话语与同时期日语法学入门型教材中的近乎完全相同。如其中写道："德国奈布尼都曰，法律学者，权

---

① 周棉、王荣国：《清末新政与留日大潮的涌起》，《江海学刊》2014年第5期。
② 程波：《中国近代法理学(1895—1949)》，商务印书馆2012年版，第17—20页。

利学也。西洋诸国，法律、权利大抵用同一之语。盖法律为权利之外表，权利为法律之内容，就主观而言，谓之权利，就客观而言谓之法律。二者虽有内外之别，而其本质则一也，故权利为法律之精髓，无权利即无法律。"接着他们完全否认"汉语权利"观念中的权利权力相区分的内容的必要性，认为"统治权（君权）选举权（民权）亲权夫权户主权所有权债权等，具可作权利论，无分为权力权利之理由也。"① 他们也同那个时代的多数日语法学著述一样，将权利分为公权私权国权三种。他们对公权的定义是："公权者，存于统治者与被治者间之权利也。公权中含有统治者对于被统治者之权利与被统治者对于统治者之权利二种。统治者对于被治者之权利即为统治权，其中包含立法权、施政权、裁判权、刑罚权、征兵权、收税权等。"② 这是"汉语权利"被和化后又返流汉语法学并挤压"汉语权利"的最初表现。

我能读到的由国人编写的第二本《法学通论》，是留日回国的法律学者、后来改行成为著名清史专家的孟森撰写的。孟森在将权利划分为公权、私权两类的同时，将公权进一步分为"国或国之一部分之公权"，认定"此项公权，如征收租税、裁判权、警察权皆是"，从而直接将就内容而言最重要的公共权力都纳入了权利的范围。③ 在一本书的篇幅里，"和化权利"的基本特征跃然纸上。

从以上例子可以看到，"和化权利"随留日回国学者进入汉语法学是必然和顺理成章的，但正如日语法学中有坚持使用"汉语权利"的学者一样，清末留学归国法律学者中也有不接受"和化权利"而坚持使用"汉语权利"者，其中有著作传世的，当首推近代革命家杨廷栋。杨廷栋所著之《法律学》一书，系统地使用"汉语权利"概念、坚持"汉语权利"观念。其中有代表性的言论是："个人对于国家，应服从国家之

---

① 戢翼翚、章宗祥、马岛渡、宫地贯道编译：《新编法学通论》，上海作新社1903年初版，第45、56页。该书正文完整，封面缺失，但目录后正文第1页上书名和四位作者署名清晰。关于此书出版机构和出版时间的考证，参见范铁权、孔祥吉《革命党人戢翼翚重要史实述考》，《历史研究》2013年第5期；陈灵海《攻法子与"法系"概念输入中国》，《清华法学》2017年第6期。

② 戢翼翚、章宗祥、马岛渡、宫地贯道编译：《新编法学通论》，上海作新社1903年初版，第64、77页。

③ 孟森：《新编法学通论》，商务印书馆1910年版。见《孟森政法著译辑刊》（中），中华书局2008年版，第436、437—438页。

命令，故权利为个人所均有，权力则为国家所独有。因谓公法之关系为权力、为不平等，私法之关系为权利、为平等。"他认定权力"为国家所独有"，这就足以将自己使用的权利概念与和化权利区分开来了。杨廷栋也将权利区分为公权私权，但他使用的公权一词的指称范围不包括任何公共权力。①

不过，"汉语权利"在清末乃至整个民国时期虽对于"和化权利"有所抗争，但显然势单力薄，故整个20世纪上半叶，"和化权利"喧宾夺主，对"汉语权利"形成了压倒性优势。

（二）清末民初汉译日语法学基础性读物展现的"和化权利"

本来，只要说明前述日语法学出版物汉译情况就可推想出"和化权利"回流汉语法学的情况，但这得靠联想，不如对早期汉译日语法学出版物的关键话语做些援引来得直观。20世纪上半叶，在把权利划分为公权与私权的前提下，将立法权、行政权等公共权力纳入"权利"概念的外延，是"和化权利"基本特征在汉译法学基础性读物中的主要呈现形式。如汉译奥田义人的《法学通论》写道："权利之种类大别为二：（1）公权；（2）私权""公权一曰政权，二曰参政权，三曰担保权。"其中的政权包括"警察权""裁判权"，"担保权"主要指"设官吏以保护人民"之权即国家或地方政府的行政权力。②又如，汉译织田万的《法学通论》对"和化权利"是从以下角度表述的："从来学者，每以一切之法律上关系，概以为权利关系，如赋课征收租税、科当刑罚，皆谓为国家对于一个人所有之公权。虽然此说未当。夫国家乃为达其自立之目的，而行其正当之权力者，与一个人之行其权利者不同。"其中，赋课征收租税、科当刑罚是典型的公共权力。③这样一来，"权利主体"自然也包括"公法人"，其中不仅有"都道府县市町村"，还有"国家"，它们享有的对臣民征税等"公权"。织田万清楚地将公共权力归类于"权利"，同时承认"此说未当"，极可能是基于难以忘怀的"汉语权利"意识，但他当时还

---

① 杨廷栋：《法律学》，中国图书公司1908年版，直接引语见第9页，其他参见第49—78页。
② ［日］奥田义人：《法学通论》，张知本编辑，湖北法政编辑社1905年版，第92—94、88—100页。
③ ［日］织田万：《法学通论》，刘崇佑译，商务印书馆1913年版，第129、133—134页。

是坚持了这种"公权"的提法。①

在那同一时期,梅谦次郎的汉译《法学通论》表述"和化权利"概念的方式不同于上述学者,但基本倾向是"权利""权力"不分,将后者视为前者的一种存在形式。他说,"关于权利之定义,学说不一。以余所信为切当者,根于法律得使他人认自己之行为为正当之力,谓之权力。"然后,他在"权利之种类"部分写道:"权利大别为公权私权"。而公权除个人对国家之权利外还有国家以自身或一部之资格之权利也,"例如国家为公用征收。所谓公用征收之权利是非私人所有者也,有时国家以之与私人或社会,然就法理言之则不外乎国家之权利也,是以私立铁道会社为公用微收者,亦由内阁为公告"。权利还包括"政权或参政权,又有学者谓之担保权","夫公权本为担保私权而设之权利也,无公权则私权无所保障"。② 次年汉译出版的梅谦次郎《法学通论》也说:"权利者,据法律得使他人认自己行为为正当之力也""公权者,在于国或国之一部,于其资格权利,及于国之构成之资格之权利也……如征收租税等项是也。盖征税有征税之资格,除国家与地方团体(地方政府)之外,不能以私人资格征收之,故曰公权。又警察权为公权"。③

稍晚,汉译美浓部达吉的著作从对公法与私法做比较的角度较前人更清楚地向汉语法学界展示了"和化权利"。他的相关汉译著作写道:"凡属国家之权利,无论是刑罚权、警察权、财政权或军政权,都不能说是单为着国家本身做的利益的。这种权利都带有须为着社会公共的利益而合法正当地去行使的拘束,所以同时是含有义务性的";"公权"中"国家对人民所享有的权利,那权利背后带有国家的强制力"。在他的理论中,所有公共权力及其具体表现职权、权限等,都是权利。④

(三)民国时期汉语法学对"和化权利"的全面承袭

"和化权利"在清末即已形成对"汉语权利"的绝对优势,在民国时期

---

① [日]织田万:《法学概论》,刘崇佑译,商务印书馆1913年版,第152—154页。
② [日]梅谦次郎:《法学通论》,陈敬第编辑,丙午社1912年版,第105、112—113页。
③ [日]梅谦次郎:《法学通论》,胡挹琪编,集成社1913年版,第112、117页。
④ [日]美浓部达吉:《公法与私法》,黄冯明译,商务印书馆1941年版,目次第2—5页,正文第109—124页。

继续高歌猛进。为尽可能压缩文字量,下面将民国所处的时期以每一"年代"为单位,依次展示各个年代的主流基础性法学教科书或其他有代表性法学出版物承袭自日语法学的"和化权利"概念乃至"和化权利"观念。

先看20世纪初进入民国后有代表性基础性法学教材展现的"和化权利"。笔者把那个年代这方面的出版物选定在朝阳大学的基础性法学教材,这在代表性方面应该没有多少争议。该讲义的撰写者夏勤、郁嶷都是留日回国的民国著名法律学者。该讲义将权利划分为公权与私权,将公权分为国家之公权和人民之公权,而"国家之公权又分为立法权、行政权、司法权,及其他之命令权四种。"① 所以,这里的"权利"是典型的"和化权利"。

再看20世纪20年代不多的基础性法学教材和出版物中的"和化权利"。夏勤、郁嶷的上述同名法学讲义在20世纪20年代后期新出了第二、三两个版本,其中"和化权利"依旧,故不再引证,仅增加另外两个有代表性例证。一是杨广誉的《法学大纲》,该书写道:"无论国际的权,国家的权,个人的权,统统可以叫作'权利'……说'权'和说'权利'是一样的。"该学者在将权利中的公权中的国家之公权认定为国家以团体资格享有的团体权,即国权,认为国权对外表现为主权,但在国内的活动,表现为"立法权""行政权""司法权"。② 二是民国著名学者、政治人物陶希圣的法学著作。陶氏像部分此前的日语法律学者一样,将法分为公法、私法、社会法,同时将权利区分为公权、私权和社会权,在此基础上他将公权中的国家公权定位于五种国家机关权力。他写道:"法律为使个人行使其社会的经济的职能所赋与的能力,便是权利。"权利中的公权分为国家公权与人民公权两种,"国家公权又称治权。治权有五:(a)立法权、(b)行政权、(c)司法权、(d)监察权、(e)考试权"。③ 陶氏讨论"权利"时所遵循的,完全是"和化权利"的原理、原则。其中,陶氏说的"治权",看起来是继承孙中山的学说,但归根结底是受福泽谕吉的影响。因为,正是福泽谕吉率先将"国权"划分为"政权"和"治权",尽管孙中山对后两权的论述有自己的特点,但并未脱离福泽谕吉的两权区分框架。

---

① 夏勤、郁嶷编撰:《法学通论——朝阳大学法律科讲义》,朝阳大学出版部1919年版,第3—4、12—13、87页。
② 杨广誉:《法学大纲》,北京撷华书局1924年版,第144、147、150—157页。
③ 陶希圣:《法律学之基础知识》,新生命书局1929年版,第118页。

20世纪30年代初的法学著作和教材比较丰富，但在所运用"权利"概念方面，"和化权利"对"汉语权利"的优势继续扩大，可谓占绝对优势。兹选三种有代表性的法学基础性论著或教科书的提法为例加以说明。它们都将权利分为公权与私权，第一种提法是："公权里有国家对于人民所行使的公权，也有人民对于国家所行使的公权：前者如立法权、司法权、行政权，以及一切命令权等"。① 第二种提法设问，什么是权利中的公权呢？它首先是"国家对于人民之权利"，"计分立法权、行政权、司法权、考试权、监察权五种"，② 它们分别是当时五种国家机关的五种权力。第三种提法的载体是当时北京大学法学系的《法学通论》教材，其中写道："通常分权利为公权与私权二者""国家及其他公共团体为其自身之存立上所有之权利，及其对于被治者人民所为之权利""亦称曰国家公权；盖以此种公共团体，乃根于国家统治权而生，自亦享有公权，如组织权、财政权、军政权、法政权及公企业权等是也"。③ 这三种体现"和化权利"的提法，从行文到内容，都可在此前的日语法学基础性教科书或著述中找到相似文句。

到20世纪40年代，当时有影响的几种法学基础性教科书或著述，在权利概念的使用方面，都通过将各种公共权力纳入"权利"中的国家之公权的范围而基本完成了"和化权利"在汉语法学中的全覆盖。这里不妨简单明了地列举这些教科书或著述的作者（或编写者）具体表述"和化权利"的方式：何任清将权利分为"国家的基本权利"和其他权利，而前者又分为对外对内两个方面，对内方面包括决定政体和化宪的自主权、刑事立法权、刑事司法权、民事立法权和民事司法权。概言之，"国家之公权，计分立法、司法、行政等权"。④ 欧阳谿对"权利"中公权的定位是："公权者，公法上之权利也""国家对于人民之权利，是为国家之公权""国家之公权，计分立法权、行政权、司法权、考试权、监察权五种"。⑤ 夏勤仍将其"权利"中公权之一定位于"国家之公权"，而"国家之公权，又分

---

① 朱采真：《现代法学通论》，世界书局1931年版，第123、127页。
② 欧阳谿：《法学通论》，上海法学编译社1933年版，见中国方正出版社2004年勘校版，第163—164页。
③ 李景禧、刘子松：《法学通论》，商务印书馆1935年版，第225、226页。
④ 何任清：《法学通论》，商务印书馆1946年版，第105—106、122—123页。
⑤ 欧阳谿：《法学通论》，上海会文堂新记书局1947年版，第246—247页。

为立法权、行政权、司法权。在吾国更有监察及考试两权，统名为治权，由政府行使之。"① 朱祖贻是我能找到的民国时期最后一种《法学通论》的编撰者，他在此书中一如既往将"权利"中"国家以及国家以外的公共团体所享有的权利，都称之为国家公权如组织权、财政权、军政权等。"②

从 1900 年算起，清末和民国共 50 年，在这半个世纪中，"和化权利"全面返流汉语法学，以压倒性优势将"汉语权利"从总体上排挤出了汉语法学。大量法学基础性出版物显示，在这半个世纪里，最初还能见到"汉语权利"的坚守和对"和化权利"的强有力抵制。后来坚守"汉语权利"、抵制"和化权利"的声音虽未绝迹，但却明显愈来愈式微，以致今天或许只能设置研究专题去搜寻才能找到一些。

如果"汉语权利"在科学性、合理性方面真的比不上"和化权利"，那么，优胜劣汰，"和化权利"覆盖、取代或基本覆盖、取代"汉语权利"，应该是值得肯定的进步，并不值得惋惜。但是，以多方面标准衡量，真实的情况完全不是这样，这就使得问题复杂起来。对此，我们在总结部分接着讨论。

四 当代汉语法学沿用"和化权利"的情况[③]

从 20 世纪 50 年代初俄译法学教科书可以看到，俄语法学似乎也使用外延包括各种公共权力的"权利"一词。但综合地看，俄语法学并无像"和化权利"那样有贯穿整个现象解释体系且基本协调一致的外延包括各种公共权力的"权利"一词，往往主要限于论述"法律关系"时才采用这种指称范围包括一些公共权力的"权利"概念。这很可能与日语法学和俄语法学在根子上同受法语法学的"法律关系"概念的影响有关。[④]

---

① 夏勤：《法学通论》，原为正中书局 1946 年版；见《夏勤法学文集》，程波等点校，法律出版社 2015 年再版，第 160 页。

② 朱祖贻编著：《法学通论》，正中书局 1948 年版，第 55、56 页。

③ 用"中国法学"指称我国 21 世纪的法学是可以的，但指称中华人民共和国成立以来中国大陆的法学还是用汉语法学合适些。当代汉语法学指中华人民共和国成立以来中国大陆的法学。

④ 对于日语法学从法语法学翻译引进的"法律关系"概念，梅谦次郎曾专设两页附录加以解说。参见梅谦次郎『法學通論』，法政大學發行，1909，最高裁判所圖書館影印本，181—182 頁。

以我的阅读所见,当代汉语法学沿用"和化权利",是从 20 世纪 80 年代后期开始的。当时我国高等法学教育恢复不久,法学教学和研究都面临没有专业化的法的一般理论可用的局面,前者对后者处于渴求状态。当时身处我国法学重镇的著名法学家张光博教授在法的一般理论方面发表了系列文章和著作,其核心范畴和基础性命题都围绕着权利或权利义务。从张光博教授受法学教育的背景、工作经历看,此前和当时他在专业方面所能阅读到的,必然主要是 20 世纪上半叶在"和化权利"主导下形成的法学基础性教科书和论著,包括汉译日语的和本土编撰出版的。所以,从法学专业角度看,他接受的权利、权利义务概念和观念,几乎没有可能不是或主要不是和化权利、和化权利义务,尽管张先生自己没有明说。但是,无论如何,这种与清末、民国时期和化权利、和化权利义务高度相似的基本概念一定是有来源的,不可能是张先生凭空想象出来后碰巧与和化权利、和化权利义务发生了"撞车"。

实际上,20 世纪 80—90 年代张光博教授著述所传承的是很标准的"和化权利",因为,从他使用的"权利"中几乎看不到"汉语权利"的影子,都是清清楚楚将各种公共权力都包括在其外延覆盖范围内的"和化权利"。张光博教授的论著在基础性概念运用方面的明显特点是无权力概念。具体地说,他的论著中有时也出现权力二字,但为了维持指称范围包括公共权力的"权利"一词的核心范畴地位,他采用了几个技术性措施:(1)尽可能隐蔽地将宪法规定的"一切权力"及其具体存在形式"职权""权限"等都表述为"权利"或其构成因素,避免直接将立法权、行政权、审判权、检察权等纳入"权利"一词的指称范围,以免与当时我国法律体系中规定的"权利"明显抵触;(2)不将我国 1982 年宪法和此前几部宪法中规定的、地位极其重要的"权力"作为法学概念对待,同时把中华人民共和国成立以来历部宪法规定的"中华人民共和国的一切权力"及其具体存在形式,[①] 如 1982 年宪法第 3 章规定的各级各类国家机关的"职权""权限",都划归"权利"一词的指称范围。所以,他即使用到权力一词,也不对"权力"的指称范围或内容做哪怕一两句话的说明;(3)虽然他讨

[①] 《中华人民共和国宪法》第二条第一至二款规定:"中华人民共和国的一切权力属于人民。人民行使国家权力的机关是全国人民代表大会和地方各级人民代表大会。"

论的是法的一般理论，但他只在一般意义上使用权利一词，不在一般意义上用权力一词，实在不得不提到权力时就用复合名词代之，如"国家权力"。但是，就实际情况而言，"权力"在我国法律体系中是常在一般意义上使用的、平行于"权利"的名词，如我国《宪法》第二条规定的"一切权力属于人民"，《立法法》第十二条规定的"被授权机关应当严格按照授权决定行使被授予的权力。"

受文章篇幅所限，这里只能援引少量文字来展示张光博教授的著述从宏观到微观都继受"和化权利"的具体做法。张光博教授在法的一般理论方面的代表作是《法论》，其中他写道："凡诸有关法的问题莫不围绕法定权利义务及其界限这个中轴进行旋转，法与其他社会现象以至于自然现象的联系，也都是通过法定权利义务及其界限在起作用。"据此他认为，法学的核心任务就是"为社会主义国家提供每一个时期法定权利义务界限的最佳方案"；法律学者"只有深入到作为统治阶级意志的具体化的法的规范所确定的权利义务及这种权利和义务的界限中去，才能真正了解法的本质和规律，才能认识清楚法的作用和法的社会价值。"以上述认识为基础，他提出，"法是由统治阶级的物质生活条件所决定的，由国家制定或认可并强制保证执行的，反映统治阶级意志的人们行为规则，亦即人们法定权利义务的总和。"[①] 因此，所有这些涉及法的根本的论述中使用的"权利""权利义务"，都是和化的权利、权利义务。如果将其中的"权利"理解为"汉语权利"，那就势必将他的论述完全限制在民商法学领域，而这显然不是该书作者的本意。

由于使用的是"和化权利"，所以，无论中外，不仅民商法的权利，还有宪法和所有公法中的一切权力及其具体存在形式"职权""权限"等在张先生的论著中都成了"权利"。正是从"和化权利"角度看，他才可以说"资本主义国家的法的一些主要部门：宪法、行政法、民法、经济法、刑法、诉讼法以及国际法等""反映了由一组法的规范所体现的法定权利义务的特殊性。"对中国也一样，"在宪法的统率下，行政法、民法、刑法和诉讼法，每个法的部门都分别确定一组人们的法定权利义务，并有机地结合在一起而

---

① 张光博：《法论》，吉林大学出版社1986年版，第4、35页。

形成整个社会的法定权利义务体系，亦即法的体系。"① 在"和化权利"主导的现象解释体系中，法律体系就是权利义务体系。在接受这个体系的学者看来，"任何法的部门都是将一定范围的社会关系固定化，使之上升为法的关系，化为人们之间的法定权利和义务。"从"和化权利"角度看，"法学研究对象所具有的矛盾的特殊性应该是法定的权利和义务。这是法的核心问题，也是法学的一对基本范畴。"② 但法学到底是研究什么的学问呢？他认为"不宜于把法学称为权利之学""还是称法学是权利义务之学恰当一些"。③ 其实，只要"权利"是"和化权利"，日语法学历史上开启的那些讨论，不论是将法学定位于权利之学、权利义务之学，权利本位还是义务本位，都是一回事。如果从"汉语权利"的角度看，所有这些都不过只是民商法学范围的话题。

让人迄今难以理解的是，按学术常规，张光博先生应该对他在专业上如此器重的"权利义务"或"权利"概念的来源做些考察，注明这些概念和相关基础性命题的出处。但可惜他没有这样做，而是始终把和化后的"权利"和以其为重心的"权利义务"作为合理性不言而喻、不证自明、能够为改革开放新时期所用的法学核心范畴。其实，张光博先生非常清楚："现在我们所使用的权利和义务这两个词都是从外国引进来的"，④ 而且是清末引进的；那种和化的权利、和化的权利义务和相关基础性命题，在清末、民国时期的各种法学基础性教科书里俯拾皆是，这类图书在改革开放初期很少的几个法学院系藏书不多的图书馆资料室里处于很受重视的地位；和化的权利、权利义务与中华人民共和国成立以降的中国宪法、法律、社会生活中使用的"权利""权利义务"一词完全是两回事。可惜张先生和他的后继者的著述都没有交代对于汉语法学学术来说至关重要的这些背景资料和情况。按理，对这类纯学术概念和相关基础性命题，我们承认来自汉译日语法学教材和民国法学基础性教科书没有什么不可以，加以改造利用很正常，没有必要回避。

在很有必要对上述和化的权利、权利义务的起源、含义，它们与"汉

---

① 张光博：《法论》，吉林大学出版社1986年版，第119、132页。
② 张光博：《法定权利义务是法学研究的重大课题》，《当代法学》1987年第3期。
③ 张光博：《权利义务要论》，吉林大学出版社1989年版，序第7页。
④ 张光博：《法定权利义务是法学研究的重大课题》，《当代法学》1987年第3期。

语权利"与权力的联系和区别及相关基础性命题做深入研究的时候,一些当时有志于推进基础性法学进步的法理学者于 1988 年夏在长春召开了"法学基本范畴研讨会"。这次研讨会若主要研究讨论以上问题当善莫大焉,但可惜研讨会在以上需要研究的问题上着力甚少,而是很快重新肯定了"和化权利",回避了"汉语权利"以及"汉语权利"、权力的区别、联系和它们的相互关系等基础性问题。在和化的"权利"一词的基础上,研讨会达成了"法学应该是权利之学""以权利义务为基本范畴对法学进行重构"等共识,以及推进"权利本位的理论"、形成"中国权利学派"的意向。① 在 35 年之后的今天回头看这次研讨会,评价自然见仁见智,但我感到,这次研讨会在学术上的实际作用,是将"和化权利"或和化权利义务作为当代汉语法学的核心范畴固定了下来。而实际上,承继自 20 世纪上半叶和化的权利、权利义务概念,与当代中国以宪法为核心的法律体系规定的各种权利、权利义务,根本不是一码事。例如,就"权利"而言,和化的"权利"与当代中国法律体系确认的"权利"之间从历史和现实看都没有对应性。"和化权利"不是基于后者概括、抽象出来的,也不能用以指称包括中国在内的任何国家宪法、法律中规定的权力或公共权力。所以,"和化权利"在当代中国只有汉语名词"权利"之形而无"汉语权利"之实。因为,不论从"权利"一词起源于汉语时的初始含义看,还是从现代汉语、中国法律体系看,都不存在这种包括各种公共权力的"权利"概念。因为这个原因,我国学者结合中国法律生活实际做任何法学问题研究的时候,都用不上这种"权利"概念。

但不无遗憾的是,上述完成和化过程逾百年的"权利"和以其为重心的"权利义务",虽然与当代中国法律体系和法律实践中所使用的权利一词完全不是一回事,但它数十年来一直停留在我国绝大多数法的一般理论教科书中,被当作成熟的、核心的基础性理论要素向法科学生讲授。下面不妨跳过一些中间环节,直接看看 21 世纪两种法理学教科书中的和化权利、和化权利义务。今天讨论这个问题,纯粹是为了发现问题,改进基础性法学教学和研究,推动法学基础性理论要素的现代化并促使它们尽可能

---

① 郭晔:《追寻和感悟中国法学的历史逻辑》,《法制与社会发展》2018 年第 5 期;徐显明:《中国法理学进步的阶梯》,《中国社会科学》2018 年第 11 期。

贴近当今中国法律体系、执政党权威性文献和现代汉语。

先看21世纪第一个10年中出版的一本使用范围很广的有代表性的法理学教材。这部教材像前面讨论过的《法论》一样，全书没有"汉语权利"、没有把"权力"放在法学概念位置，而是把各种公共权力都放在"权利"一词的指称范围内，全面贯彻了"和化权利"概念、"和化权利"理念。这部法理学教科书的所有基础性概念和基础性命题，都建立在和化的"权利"概念基础上。如关于什么是法和法的作用，书中写道："法是规定权利和义务的社会规范。法是通过规定人们的权利和义务，以权利和义务为机制，影响人们的行为动机，指引人们的行为，调整社会关系的。""法律规则是规定法律上的权利、义务、责任的准则、标准，或是赋予某种事实状态以法律意义的指示、规定。"这里，法律规定的国家机关与个人之间权力—权利关系、各级各类国家机关之间权力—权力关系中的权力（通常具体表现为"职权""权限""公权力"），都基于编者的"和化权利"概念和"和化权利"观念被扭曲成了"权利"。又如，关于法的作用，该教科书写道："法是以权利和义务为机制调整人的行为和社会关系的。权利和义务贯穿于法律现象逻辑联系的各个环节、法律的一切部门和法律运行的全部过程。""权利和义务贯穿于法的一切部门。"[1] 这显然都是基于"和化权利"概念而非"汉语权利"和我国宪法、法律的说法。按这种说法，我国各级各类国家机关等公共组织掌握的都是"权利"，不是权力，各种国家机关组织法中的法关系主体行使的公共权力都成了"权利"。

又如，根据我国宪法，在国内法意义上我国国家机关并不是也不能充任"权利"主体，只能充任国家的"一切权力"及其具体表现形式"职权""权限""公权力"的主体。[2] 宪法和宪法相关法明确规定了我国各级各类国家机关的权力（"职权""权限""公权力"）的具体范围，其中不包含任何"权利"。所以，此书大量基于"和化权利"的说法实际上都是明显没有法律根据的，严格地说都是按和化的"权利"标准"修改"宪法、法律的具体规定后形成的错误说法。该教材写道，我国宪法"规定了

---

[1] 张文显主编：《法理学》，高等教育出版社、北京大学出版社2007年版，第77、117、139页。
[2] 按我国《民法典》，国家机关可以是权利主体，但须注意：（1）《民法典》这方面的用语脱离了宪法的规定和精神；（2）《民法典》做这样的规定，从实践法学的角度看，是权利与权力没有适当区分的表现。

公民的基本权利和义务，国家机关及其公务人员的职权和职责"；"诉讼法则规定着诉讼过程申讼当事人及其代理人、国家审判机关、检察机关等诉讼主体的权利和义务""国家权利是国家作为法律关系的主体以国家或社会的名义所享有的各种权利，如对财产的所有权、审判权、检察权、外交权等"。同样，下面的论说也是以和化的"权利"吸收我国宪法、法律相关条款中的权力内容后的说法："法律关系不同于一般的社会关系，而是法所构建或调整的、以权利与义务为内容的社会关系。""法律关系的主体是指在法律关系中享有权利和履行义务的个人或组织。"①

再看21世纪第二个10年中出版的一本有代表性的法理学教科书，这本书或许基于上述同样考虑，也没有使用"汉语权利"，它在一般意义上使用了"权力"一词，但仍没有将"权力"放在法学概念的位置。这部教科书使用的仍然是吸纳各种公共权力的"和化权利"概念。关于什么是法、法的作用和法律规则，它写道："法是通过规定人们的权利和义务，以权利和义务为机制，影响人们的行为动机，指引人们的行为，调节社会关系的。法所规定的权利和义务不仅指个人、组织（法人）及国家（作为普通法律主体）的权利和义务，而且包括国家机关及其公职人员在依法执行公务时所行使的职权和职责"；法律规则"是指具体规定权利和义务以及具体法律后果的准则"。可见，在对这些基础性问题的认识和解说上，编者使用的都是指称范围包括各种公共权力的"和化权利"而不是基于我国法律体系和现代汉语的权利概念。又如，对于法律关系，它写道："法律关系是根据法律规范产生、以主体之间的权利与义务关系的形式表现出来的特殊的社会关系"；为了照顾"和化权利"、避免与"汉语权利"形成明显冲突，此教材讲述法律关系的所有举例局限在民商法领域，而唯一的公法（税法）方面的例子是不合格的，因为，其中"征税机关有权对他征税"那句话中的"权"按我国宪法法律和现代汉语标准属于权力而非"权利"，不能作为汉语"权利义务"的表现形式看待。②如果一定要放入"权利义务"表达框架，那就只能说和化权利义务。

---

① 张文显主编：《法理学》，高等教育出版社、北京大学出版社2007年版，第139、140、145、159、161页。
② 《法理学》编写组：《法理学》，人民出版社、高等教育出版社2020年版，第42、46、120、123页。

该教科书还写道："法律关系是权利和义务的一种关联形式，权利和义务是法律关系的内容"；"权利和义务这一对范畴在不同领域有不同含义，既有法律意义上的权利和义务，也有道德意义、社会学意义上的权利和义务"；"任何法律上的权利和义务必须是法律规范所规定的，得到国家的确认和保证，权利人享受权利依赖于义务人承担义务"。① 这些语句中，我国宪法、法律规定的和现代汉语中的权力都被解释成了"权利"，即包括各种公共权力的和化的"权利"，权力主体国家机关也成了"权利人"。而且，现代汉语中的"权"这个名词（权＝法的权利＋法的权力＋道德意义上的权利、权力）也按和化标准被解说成了"权利"——广义的"和化权利"。从这些很有限的列举，我们可以清楚地看到和化的"权利"一词与我国现行法律体系乃至现代汉语的严重不兼容的情况。

不过，我们也应该看到，"和化权利"在当今汉语法学的影响力主要限于相当大一部分法学基础理论教科书，对法学研究的影响力已日渐式微。因为，"和化权利"与现行中国法律体系错位严重，一旦进入具体法律问题的研究领域，它就明显无法适应。不过，研究部门法学问题时，作者为了显示所持有理论根据而强行对接法理学教材使用的"和化权利"的情况也不时有之。但是，在这种情况下，研究者势必超逻辑超学术地将权力及其具体存在形式扭曲为"权利"，会显得不自然，同时也必然有违相关法律的精神和现代汉语的表达习惯。② 好在这种情况实际上在日益减少。

五 回归"汉语权利"，吸纳"和化权利"

"汉语权利"与"和化权利"，实际上都是使用"权利"这个汉字名词做载体的两个完全不同的法学概念。汉语的"权利"、和化的"权利"都是法学家认识相应法现象的产物，其本身都有正当性和合理性，需要讨

---

① 《法理学》编写组：《法理学》，人民出版社、高等教育出版社 2020 年版，第 42、48、120、123 页。

② 最新例证参见黄新雄《论行政法上权利义务内容的识别及其对协议性质的影响》，《清华法学》2023 年第 3 期；此文全文实际上将"行政机关的权力"作为和化的"权利"处理，实际上无意中背离了我国《宪法》第二条关于"一切权力"和"国家权力"的规定和精神。

论和比较的，只是合理性的多少和是否能够契合当代中国的基本情况。从法学角度看，中国基本情况主要指以宪法为根本的法律体系、相应的法律实践以及现代汉语。

对于当代汉语法学来说，"汉语权利"的基本特点和相应优势十分明显。"汉语权利"的基本特点，在于专一指称生成自个人（自然人、法人）所有之财产、体现个人利益的法中之权，[①] 不包括任何法律意义上的公共权力。这个特点为在法律现象层面严格区分权利、权力奠定了学理基础，也为揭示权利、权力在根本上是一个统一体或共同体创造了逻辑前提。其中"在根本上是一个统一体"是指，权利和权力都是法律承认和保护的利益、都生成自归属已定的财产，两者在这种利益、这种财产层面是无差别的存在。汉语"权利"一词的法学优势在于：（1）它是历史上由汉语首创的，符合汉语传统，并已融入现代汉语，属于标准的汉语表意单位；（2）它的指称范围不包括任何公共权力，这点不仅不同于和化的"权利"，也不同于在当今外语法学中最有影响、但与公共权力仍然在一定程度上纠缠不清的英语法学中的"right"一词，因而已成为中国拥有的少数几个民族的、本土的法学基础性概念之一；（3）它抽象自当代中国以宪法为根本的法律体系、法律实践记载和确认的个人的权利、自由、个人正当特权、个人豁免，与现行法律体系、法律实践十分契合；（4）它与执政党的党章、全国代表大会报告、决议等公共权威文献高度契合。

从汉语法学的角度看，"和化权利"也有自身的特点和优势，但总体说来它完全不适用于当代中国法学。和化的"权利"概念将自身的指称范围设定于法律上的各种个人权利和各种公共权力，从法学角度反映了这样一种独到、有价值但却是朦胧的认识倾向：权利、权力是一个共同体或统一体。其中独到和有价值的方面，在于反映了一种将权利、权力两者看作相互连接的有特殊紧密关系的法律实体的认识，后起的汉语实践法理学的法权说也肯定这种认识的客观性。但之所以说这种认识是"朦胧的"，原因在于它不是以清楚区分汉语意义上的权利、权力现象并先从它们中分别抽象出权利、权力概念，再从权利、权力概念中抽象出上位概念的合理逻

[①] 本章对公营或国有公司法人的利益、财产和相应的法权按"两权分离"原理做理解或解释。参见童之伟《当代我国财产与权利、权力之关系》，《政治与法律》2023年第5期。

辑方法形成的。其中尤其不合理的是，一方面，它选用了两种被抽象对象之一（"汉语权利"）的称谓为自己的称谓；另一方面，它超逻辑地将各种公共权力强行纳入自己的指称范围，使得公共权力不能获取进入法学思维的形式，即妨碍"权力"成为法学概念。

再说，即使本章抛开以上理论、逻辑方面的致命缺憾不谈，和化的"权利"也因为以下很现实的原因而不可能继续充任当代汉语法学的基本范畴，尤其是在它扎根甚深的法理学教科书体系里：（1）和化的"权利"实际上是采用了"权利"这一汉字名词、由特殊路径形成的和化汉语，是日语，不是汉语。它不可能自然融入汉语，且历经一百多年也确实没有融入现代汉语。它进入汉语法学时原本应该经历一个翻译过程，关键是应该采用"权利"之外的汉字意译日制"权利"二字，以避免对汉语法学原有的"权利"一词构成不应有冲击、造成语义混淆。今天回头看，那时如果意译，采用法权一词可堪当此任。（2）和化的"权利"概念不是抽象自当代中国的法律体系，与中国现行宪法、各种法律和各层次法规范性文件的用语完全脱节，与中国法律制度、法律实践完全不接轨。它也不是当代中国经济社会文化生活中正常使用的名词、术语。（3）和化的"权利"概念与中国共产党的党章、全国代表大会报告、决议等公共权威文献的用语完全脱节，或者说不兼容、不契合，也不可能变得与之兼容、契合。

还要看到，和化的"权利""权利义务"和"公权""私权"等配套概念与 20 世纪中叶前日本、中国的法律体系基本可兼容，但与当代日本和中国的法律体系已都不再能兼容。日本明治宪法、中华人民共和国成立前中国的宪法（包括临时宪法）中，都没有"权力"一词，但 1946 年日本宪法和中华人民共和国成立后的中国历部宪法中，都不仅直接使用了"权力"一词，而且该名词处于极其重要的位置。日本现行宪法序言宣布："国政源于国民的严肃信托，其权威来自国民，其权力由国民的代表行使（その権力は国民の代表者がこれを行使し），其福利由国民享受。""凡与此相反的一切宪法、法令和诏敕，我们均将排除之。"[①] 可见，"权力"成了日本宪法唯一最根本原则的重要构成要素。中国 1954 年宪法以来的每一

---

① 日本国会众议院国会关系资料，https：//www.shugiin.go.jp/internet/itdb_annai.nsf/html/statics/shiryo/dl-constitution.htm，2018 年 9 月 15 日访问。

部宪法的第二条都是:"中华人民共和国的一切权力属于人民。""权力"也进入了中国宪法基本原则之一。在两国宪法的上述"权力"条款下,任何公共权力,不论是职权、权限、公权力还是其他的名目,都在宪法"权力"一词的覆盖范围内。因此,法学上概括各种公共权力的最佳概念,只能是"权力",若将它们放入"权利",不仅让人感到莫名其妙,也不符合宪法的规定或精神。

由于和化的"权利""权利义务"与日本本国法律体系无法兼容,当代日语法学事实上早已放弃了这些概念。这方面较明显的例证,是20世纪60年代以来出版的各种日语法学入门型教科书中已很难再寻觅到它们的踪影,"权利"明显出现了向"汉语权利"折返的倾向。① 反观自20世纪末以来的当代汉语法学,且不说"和化权利"难以进入的研究领域,即使是在"和化权利"的大本营即各种法学入门型教科书体现的教学领域,也出现了舍弃和化的权利、权利义务和配套话语,并从"和化权利"回归"汉语权利"的倾向。② 只是,这个过程尚处于开始阶段,有待继续推进。

到了21世纪,汉语法学特别需要民族的、基于现代中国法律体系的和面向未来的现象解释体系。创建这种现象解释体系要求在学术上确立一个坚实的基础,那就是形成符合上述要求的法学基本范畴群。作为一种尝试,我从法律实践角度提出和论证了"5+1+1"(权利、权力、法权、剩余权、权;义务;法)基本范畴体系的构想。③ 这个可称为实践法理学基本范畴群的理论框架,在技术上是以和化的"权利"回归"汉语权利"、权利与权力相区分为前提和基础构建起来的,它本身完全能够和谐地吸纳"和化权利"及其配套概念。"和化权利"不是一个孤立的"权利"概念,在汉语实践法理学看来,它置身其中的是这样一个现象解释系列:(1)和化广义"权利",指称范围包括"法的权利+法的权力+法外之权";(2)和化的"权利"本身,指称范围包括"法的权利+法的权力";(3)和化的"权利"中包含的法的权利,即"汉语权利";(4)和化的"权利"中

---

① 这是我借助工具或日语法学研究者帮助浏览30余种日语法学入门型教科书后获得的鲜明感觉,尚待在做同类其他相近专题的研究时做更具体统计。

② 其中最有代表性的法学入门型教材有沈宗灵主编之《法理学》,北京大学出版社2014年版;公丕祥主编之《法理学》,复旦大学出版社2002年版。

③ 童之伟:《从尊重传统到反映当代法律实践:续论以法权为中心的实践法学话语体系》,《法商研究》2023年第3期。

包含的公共权力,即"法的权力";(5) 和化广义"权利"中的"道德权利",即"法外之权"。间接地看,还有与它们一一相对应的义务。

本着"洋为中用"的原则,以"汉语权利"和中国法律体系为基准,用"5+1+1"基本范畴体系可轻松而自然地吸纳、替代"和化权利"及与其紧密相关的表达。可替代、接纳的具体理由和做法如下:(1) 和化广义"权利"=权,此后直接称之为权就可以了。很多法学教材论及的广义"权利",实际上是对汉语和中国当代法律体系中"权"这个名词的和化解说,是将权这个单汉字名词比照"和化权利"做的发挥。(2) 和化的"权利"=法权。和化的"权利"实际上只是对进入法中之权(包括汉语的"权利"和权力)做的和化解读。这种解读使"汉语权利"发生了异化、名与实脱节,但启用法权一词既能促使"权利"一词回归"汉语权利",又使得"和化权利"指称的权利权力共同体有了自己专属的名称。(3) 和化的"权利"中源于个人财产、体现个人利益的部分="汉语权利",即指称范围不包括任何公共权力的汉语法学的"权利"一词。在汉语法学中明确"权利"的这层含义,实即扬弃"和化权利"、回归"汉语权利"。(4) "和化权利"中源于公共财产、体现公共利益的部分=权力;权力是以"和化权利"为核心的现象解释体系逻辑上无法包容、客观上也没有的概念,故确立"权力"是汉语法学相对于传统日语法学的概念创新。(5) 和化"广义权利"中的法外部分=剩余权。"剩余权"是与"法权"对称的名词,可指称基于法外规则的各种权利和权力,包括现有的"道德权利"。(6) 随上述认识可相应改变对和化的"义务"的理解和表达。例如,基于对"汉语权利"的认同,必然导致对与"和化权利"相对应的义务做重新区分。(7) 对于作为被定义项的法(或法律),只要相应地调整定义项关键词就可以了,如将定义项关键词从"权利义务"调整为"法权"或"法权义务",很容易。

以上构想实际上是一个以当代中国法律体系、现代汉语为基础的汉语实践法理学基本范畴群吸纳和替换以和化的"权利"为核心的若干基本范畴,形成民族的、现代的和面向未来的汉语法学现象解释体系,尤其是其中基础性的法学教学现象解释体系的方案。该方案依托本土法制和人文资源,能很自然地吸纳"和化权利"的合理成分,应该可以成为汉语法学现象解释体系从20世纪向21世纪转型升级、更新换代的选项之一。这是实现法学现象解释体系从以"和化权利"为核心到以法权或其他本土化概念为中心的重大学术变革。

在推进上述变革的过程中,"汉语权利"变异为"和化权利"、"和化权利"返流汉语法学并向"汉语权利"回归的漫长历程给我们提供了不少启示,其中最重要的一个是,法学中现象解释体系的得失,关键在于形成一个或少数几个相互关联的单纯型名词作为构成法学理论有机体的细胞。自然科学和社会科学在最根本的意义上是相通的。这里不妨借助生物学常识来理解法学的现象解释体系创新在基本构成单元方面的要求和限制。基因存在于细胞中,是承载生命体全部遗传信息的 DNA 片段,其最基本的特征,一是能忠实复制自己、保持自己所属品种的基本特征,二是在繁衍过程中能够突变或变异,突变或变异的结果当然还是保存在改变后的细胞的 DNA 片段中。这个道理给法学基础性研究的应有启示是:要么"发现"新的法律实体或法学实体,形成新概念或新范畴,要么基于法律生活实践实现"基因"突变或变异(应该也包括将已经发生突变或变异的基因逆转回原型)改造原有的某个概念或范畴;无论如何,创新只能以在单个概念内形成新"基因"为根据;各种单个概念、范畴的互动如果不能形成包含新"基因"并保存在其中的新概念、新范畴,就不会在实质意义上产生新概念、新范畴。

列宁对概念很有研究,他的论述显示,能记录、存储实质性创新信息的只能是独立的单一概念或范畴,不可能是概念组合或范畴组合。列宁援引黑格尔关于概念、范畴体系时的总结也很有道理:"'在这面网上,到处有牢固的纽结,这些纽结是它的精神或主体的生活和意识的据点和定向点'"。他设问:"如何理解这一点呢?"他接着自答道:"在人面前是自然现象之网。本能的人,即野蛮人,没有把自己同自然界区分开来。自觉的人则区分开来了,范畴是区分过程中的梯级,即认识世界的过程中的梯级,是帮助我们认识和掌握自然现象之网的网上纽结。"[①] 这就是说"自然现象"只能一个个地"认识和掌握",不可能超越对"自然现象"个体的新认识而同时完成对一串(不论长短)"自然现象"的新认识,并把新认识记载在一串概念中;既有的概念、范畴的串联不可能取代单个的概念、范畴创新;"生活和意识的据点和定向点"归根结底只能是个体概念、范畴。

[①] [俄]列宁:《哲学笔记》,《列宁全集》(第55卷),人民出版社2017年版,第78页。

或许会有读者认为以上是类似经院哲学的问题，应该说，完全不是如此。这里讨论的是形成当代汉语法现象解释体系的技术路线。只有合理地把创新对象确定为单一细胞型个体名词、概念，而不是复合型名词、概念，才能避免常见的投机取巧甚至以假乱真，如用巧立名目随时推出的漂亮口号、时髦标语取代实实在在的法学新话语体系建设。在这方面，应正视法现象解释体系的核心范畴高度稳定的特性，而复合概念、复合范畴在性质上往往属于随国内外情势变化而变化的标语口号，如20世纪30年代的"国防文学"就是十分著名的口号。在汉语法学教学现象解释体系方面，从清末经民国时期到20世纪下半叶，再到21世纪20年代，其核心范畴"权利义务"或"权利"指称范围包括各种公共权力的和制汉语名词的特征一直没有变。这个事实固然表明当今汉语法学现象解释体系，尤其是其教学体系的落伍程度，但同时也再好不过地说明了法现象解释体系核心范畴的高度稳定性和适应弹性，表明形成新的基本范畴面临巨大困难。"权利"这个诞生在19世纪60年代的汉字名词从汉语的"权利"概念在19世纪末、20世纪初变异为和化的"权利"概念，近数十年又向汉语的"权利"概念回归的历史，以及和化的"权利"与汉语法学中"法权"的相互认同、归一，这些影响法学全局的变化都是、也只能是在单纯型概念的内部完成，就像生物实质性的改变只能在细胞内基因水平上完成一样的道理。

明白以上道理，当代汉语法学在其现象解释体系创新的过程中或许能少走些弯路。做到这一点的关键，是我们始终要记住如下基本事实和常识：（1）指称范围包括各种公共权力在内的"权利"不是现代汉语名词，它只是一个19世纪末20世纪上半叶日语法学一度倡导和使用过的名词，且日语法学总体说来在20世纪下半叶已经放弃了它；（2）中国当代法律体系中从来不用这种指称范围包括各种公共权力的"权利"术语，它完全是脱离当代中国宪法法律和法律实践的过期法学话语；（3）中国当代官方的各种权威性文献中也几乎从来不用包括各种公共权力的"权利"一词；（4）指称范围不包括任何公共权力的"权利"与指称范围包括各种公共权力的"权利"，两者完全是不同的概念，后者在现代汉语和法律生活中纯粹是一种无"实"之"名"，仅仅是20世纪中叶之前日语法学基本范畴、基本命题及其民国传承者遗留的残迹。

第二章　变迁中的当代中国法学核心范畴[①]

[导读]

近现代的汉语法现象解释体系的核心范畴，在清末和民国时期，实际上是和化的"权利"或"权利义务"概念，其突出的特点是"权利"一词的指称范围包括各种公共权力，即权力，因而"义务"一词也暗含着与权力对应的负面利益内容和负值财产内容。近现代汉语的权利一词与权力有严格区分，指称范围不包括任何公共权力，是同当代中国以宪法为根本的法律体系中的相关规定契合的。当代我国的基础性法学教学现象解释体系，从主流看仍然是以和化的"权利""权利义务"为核心范畴的。但是，宪法学和各种公法学教材对它们的认同度已经很低。进入21世纪以来，从事基础性法学研究的学者们在研究现实法律问题，甚至做全局性论述的时候，已逐渐放弃了和化权利，开始采用与本国法律体系相契合的汉语的权利概念并在这个基础上明显形成了以权利、权力或权利、权力、义务为法学现象解释之核心范畴的选择倾向。新选择倾向的出现对于我国着力认识权力，合理配置权力，以及对权力的合理运用和制约监督，都有现实意义。我不赞成以权利权力作为法现象解释体系的核心范畴，而是主张把反映和记录人们对权利权力共同体或统一体认识的法权概念作为法学的核心范畴。法权在起始时可理解为权利权力统一体或共同体的名称，也可理解为权进入法律体系并由法律体系分配的部分，或直接理解为法律承认和保护的全部权的简称。

[①] 本章原文以《变迁中的当代中国法学核心范畴》为题发表在《法学评论》2020年第2期，纳入本书时按基本概念统一、观点前后协调一致的标准做了必要修订。

关于法学的基本范畴的数量，我国理论法学界少的提七个，多的提了十多个，总体来说仍然莫衷一是。我国实行的是制定法制度，制定法法学不同于以判例法为主要研究对象、特别重视经验的普通法法学。制定法法学看重经验但更看重理性，不仅强调通过把握法现象后面决定该法现象之所以是它而不是其他法现象的根本的东西（本质、实质、内容）来把握法现象，而且强调一般理论自身的统一性。制定法法学的这两个特点对适用于它的一般理论相应地提出了两个要求：（1）它的基本概念必须是"立体"的，即既明确其指称的法现象的范围，又揭示出法现象后面起决定作用的东西；（2）它的核心范畴（最基本、也最重要的学科概念，有的学者称为"基石范畴"）只能有一个，因为，只有源于"一"、从特定的"一"扩展开来的概念体系的各部分之间才可能有本质的学理统一性。讨论当代中国法学基本范畴、核心范畴的定位有意义、有必要吗？答案是很有意义、十分必要。因为，法学范畴是记录人们对当代法律体系、法律生活中重要法现象的认识成果并将它们引入人们思维过程的不可缺少的形式。认定法学核心范畴，意味着法学界要在全部法现象里认定其中最重要或最基本的那一种（或类）来加以研究，意味着基础法学应花最多的人力物力研究这种现象本身及其内部和外部联系。

一 以"和化权利"或"权利义务"做核心范畴的传统定位及其获认同范围

从权利（right）、自由（freedom or liberty）、权力（power）、正当特权（privilege）、豁免（immunity）、义务（duty）、职责（obligation or responsibility）、责任（liability）、无资格（disability）等现象或记载人们认识这些现象的范畴着手把握法律本身及其内部、外部联系和社会规范作用，总体看来似乎是19世纪和20世纪上半叶发达国家法理学的重要形式特征。如果说这些特征是现代法学出现或形成的外在标志的话，那么我们可以说，中国的现代法学发轫于清末民初。本书所谓核心范畴的传统定位，实际上指中国有了现代意义的法学之后的最初数十年里这种法学对其最重要范畴的定位。

在 20 世纪上半叶，汉语法学界总体来说并没有严格从逻辑学的"概念""范畴"角度来看待法的一般理论问题，但从那时法学论著特别是基础性法学教科书的编排看，只能说那时的法学学者事实上是以权利义务，或其中的权利为核心范畴陈述自己的法学知识和见解的。而且，那时法学的核心范畴到底是权利义务，还是仅仅是其中的权利，并不是分得特别清楚明白。做理论法学的学者大都知道，早在 20 世纪最初的那些年份，梁启超的法学文章就已以谈论权利义务和权利本位著称。民国时期著名法学家张之本 30 年代发表的社会法律学专著，也是从权利义务角度展开并以权利义务为主要依托讨论法的本位问题的，虽然他此书的重点放在申述"对于权利本位之法律观念"的反对意见。① 到 20 世纪 40 年代，中国法律学者更明确地提出"现代一般通说，皆以法学为权利义务之学"，以及"最普遍的观念，以为法律乃建立于权利并义务两者之上。"② 这些可谓 20 世纪上半叶中国法学界有代表性的言论，可见那个时代的中国学者实际上已将法学核心范畴定位于权利义务或两者之一，主要是权利，少数学者定位于义务。不过，由于他们所说的"权利"，都是和化权利，这种核心范畴定位的差别，真实的意义并没有看起来的差别那么大。因为，抽象强调和化权利与强调与之相对应的义务，往往不过是同一个法律过程的不同侧面，且往往流于空谈。

到 20 世纪 50 年代，新成立不久的中华人民共和国还没有形成自己的法的一般理论，当然谈不上自己的法学核心范畴、基本范畴，但并没有直接继承中华人民共和国成立前已大体形成的法学范畴体系。然而，当时从苏联引进的法学教科书采用的核心范畴实际上与中华人民共和国成立前中国从汉译日语法学引进的和化权利义务解说体系有些不谋而合，③ 个中可能的原因前文已有所评估。无论如何，自那时之后，这种解说体系断断续

---

① 张知本：《社会法律学》，上海法学编译社 1932 年版，第 55 页。
② 分别参见何任清《法学通论》，商务印书馆 1946 年版，第 119 页；龚钺《比较法学概要》，商务印书馆 1947 年版，第 164 页。
③ 我国在不同历史阶段翻译出版的下面三本有代表性的著作的有关部分，集中反映了上述情况：徐步衡编译：《苏联法学原理》，上海三民图书出版公司 1950 年版，第 60—65 页；[俄]雅维茨：《法的一般理论》，朱景文译，辽宁人民出版社 1986 年版，第 138—168 页；[俄] 扎拉列夫主编：《法与国家的一般理论》，王哲等译，法律出版社 1999 年版，第 34—35、167—177、295—315 页。

续在我国高等法学院校名称不同的法学入门型教科书中一直延展到了21世纪20年代。在这大半个世纪中，情况同清末民初一样，中国绝大多数法学入门型教材对法（或法律）、法律关系、法律行为、法律责任等基本的或重要的概念，都是从和化权利义务方面加以解说的，国家机构的权力、职权、权限都被解说成我国法律体系中乃至纯正汉语中并不存在的和化的"权利"的组成部分。这不奇怪，因为，和化的"权利"概念从来是包括权力的，数十年来一直与当代中国法律体系和法律实践格格不入。很大程度上可以说，正因为如此，当代汉语法学的现象解释体系才需要更新。

中国学者在改革开放初期的20世纪80年代初续上了自清末开始形成、20世纪30—40年代成为主流的现象解释体系，这种现象解释体系的最明显外在特征是奉和化权利或权利义务概念为核心范畴。① 归根结底，学问是靠人传承的，中华人民共和国成立后随着民国《六法全书》的废止，旧的法学入门型教科书不会再拿到大学法科院系做教材，但那时政法院校的教师毕竟还是民国时期受的大学法学教育，不可能摆脱自己所学的基础性内容的"束缚"。可以说，民国时期法学教育在法学核心范畴方面的学术积累，通过当年毕业的法科学生传递到了在改革开放初期出版的书刊，甚至权威性辞书上。1984年出版的《中国大百科全书》（法学卷）在"法"这个词条中写道：法"为人们规定一定的行为规则，指示人们在特定的条件下可以做什么，必须做什么，禁止做什么，即规定人们享有的权利和应当履行的义务，从而调整人们在社会生活中的相互关系"；"法以确立人们之间权利、义务的办法来调整人们之间的关系。"② 该辞书的"法律关系"中写道，法律关系是"有法律规范所确认和调整的人与人之间的权利义务关系。其构成要素是：（1）参与法律关系的主体——简称为权利主体；（2）构成法律关系内容的权利和义务；（3）法律关系主体间权利和义务所指向的对象——简称为权利客体。"③ 从这些中华人民共和国成立前受法学教育的学者的话语中，我们可以直接看到中华人民共和国成立前汉译日语法学、汉语法学入门型教科书以和化权利义务为核心范畴的对应描述。

---

① 参见童之伟《中文法学的权利概念——起源、传播和外延确认》，《中外法学》2021年第5期。

② 《中国大百科全书（法学）》，中国大百科全书出版社1984年版，第78—79页。

③ 《中国大百科全书（法学）》，中国大百科全书出版社1984年版，第99页。

同样是在 20 世纪 80 年代中期，张光博教授等学者发起了一次以外延包括公共权力的权利或权利义务概念为核心范畴形成法的一般理论的努力。张先生在 1986 年发表了一本书名为《法论》的有影响的著作，这本书在前言部分提纲挈领地写道："由财产的有无和商品经济中的价值和使用价值所决定的人们的法定权利义务及由其范围和性质所决定的权利义务的界限，是法这一特定社会现象所反映的特殊矛盾，即法学的研究对象的核心。本书的任务就是将这个基本观点贯彻在对法的全面论述上，包括对法的自身所进行的内部纵横分析，包括同社会其他现象的外向联系的说明，也试图把这一原理与各部门法学联结起来。"① 如此一来，此书就定下了从"和化权利义务"角度解说所有基本法律和把各种公共权力都放进"权利"里边加以解说的基调。所以，此书写道："作为国家总章程的宪法，它规定了政治制度和经济制度的基本原则，就是确定了不同阶级的权利和义务，确定了人们的权利和义务的总框框，并以此为基础，规定了国家机关及其工作人员的权利义务及其界限，以及公民的基本权利和义务的具体内容。""凡诸有关法的问题莫不围绕法定权利义务及其界限这个中轴进行旋转，法与其他社会现象以至于自然现象的联系，也都是通过法定权利义务及其界限在起作用。"② 请注意，在这里，"国家机关及其工作人员的权利"的提法实际上背离了我国《宪法》和当时的宪法相关法关于国家机关、国家机关工作人员的"权力""职权""权限"的规定，将"权力""职权""权限"超逻辑、超学理地强说成了清末汉译日语法学和民国时期法学入门型教科书中特有的那种"权利"。该书接着这样给法下了定义："法是由统治阶级的物质生活条件所决定的，由国家制定或认可并强制保证执行的，反映统治阶级意志的人们行为规则，亦即人们法定权利义务的总和。"③ 按这个定义，法中不包括权力，如果要问国家机关的"权力""职权""权限"何在，只能到上述脱离我国法律制度的外延包括公共权力的"权利"中去寻找。

张光博教授当时的期待是，"以权利义务为核心改革法规范和法关系的内涵，说明立法、执法、司法的内容和实质，以及权利和义务在各部门

---

① 张光博：《法论》，吉林大学出版社 1986 年版，前言第 5 页。
② 张光博：《法论》，吉林大学出版社 1986 年版，第 4 页。
③ 张光博：《法论》，吉林大学出版社 1986 年版，第 35 页。

法中的具体表现，从而形成法的体系等。"① 为了把以这种外延包括公共权力的权利和相应义务两个名词为中心的法理学构想推向整个法学界并使之教材化，他于20世纪80年代中期在吉林大学的青年教师中办了以权利义务为核心来改造原教学体系的法理学研讨班。事后张光博教授总结道："特别可喜的是，1988年6月在长春召开的法学基本范畴研讨会上，与会同志不约而同地把目光集中在法定权利和义务问题上，并取得共同的认识。这就是认为它是改造现行的已经过时的法理体系的突破口，或者说是一条根本途径。会上同意权利义务的法的核心，是重构法理的中轴，还有人提出它是马克思主义法学的理论基石……从此，对权利和义务问题的研究进入了广大法学界的视野"；"不宜把法学称为权利之学……称法学是权利义务之学恰当一些"。② 张光博教授当时是法理学界推崇的权威，他表现出了一个著名学者应有的胸襟。他说，"下一步的问题，也是权利和义务在改造现行法理中的作用问题，是否站得住脚，关键还在于对权利和义务本身的深入研究……目前已经有一些同志提出了各种意见"；"欢迎同志们提出意见"。③

严格地说，在20世纪80年代末，张光博教授和他当时的同道在确立法理学核心范畴上的努力，客观上只是与清末汉译日语法学入门型教材的安排和20世纪30—40年代的汉语法学在前者基础上形成的通说相衔接，并非新主张或新创见。因为，不论视法学为"权利义务之学""权利之学"，还是法以"权利为本位"或法以"义务为本位"，都是重复中华人民共和国成立前在中国流行了数十年的主张或论点，其重点在于延续和化的"权利"范畴。不过，当时中国恢复法学教育不久，张光博教授对清末汉译日语法学入门型教材的安排和民国时期汉语法学形成的通说可能不是十分了解或虽了解但觉不便主张故有意做些掩饰。实际上这没有必要，因为，一国法现象解释体系的核心范畴不过一个名词而已，其本身像任何语言现象一样，只是记载人认识相应法现象的成果并让其进入人的思维的工具。也正因为这个原因，汉语法现象解释体系（特别是教学话语体系）以范围包括权力的"权利"或"权利义务"为核心范畴的实际做法才得以从

---

① 张光博：《权利义务要论》，吉林大学出版社1989年版，序第3页。
② 张光博：《权利义务要论》，吉林大学出版社1989年版，序第4、7页。
③ 张光博：《权利义务要论》，吉林大学出版社1989年版，序第5页。

20世纪初延续到21世纪20年代。不过，在改革开放新的历史条件下坚持以权利义务为法学话语核心范畴的学者们应该有机会对这个领域的学说和学术进路进行必要的梳理和检视，其中还包括所坚持的核心范畴和基础性命题实为20世纪上半叶的主张的本来面目。把继承自前人的东西和自己新创造的东西区分清楚，这对于法学来说，不仅是一个学术道义问题，更是一个方法是否恰当的问题。方法不恰当，法学的基础性研究将一事无成。笔者相信，没有以当代中国法律体系和法律实践为基础严格区分权利与权力，盲目沿袭清末和民国时期法学入门型教材中以权利义务或权利为核心概念的现象解释体系乃至权利本位、义务本位等主张，正是导致中国法的一般理论研究实际上长期停滞不前的根本原因。

但是，无论怎么说，张光博教授和他的支持者们接续20世纪上半叶的法学研究成果，重新倡导以指称范围覆盖各种公共权力的权利或权利义务为范畴体系的核心，对于改善当时事实上以阶级性为核心范畴的法现象解释体系的努力，在那之后还是取得了一些成效。这方面成效的基本标志，主要是以指称范围包括各种公共权力的权利或权利义务为核心范畴的汉语法学专业性话语在当代我国法学入门型教科书中重新占据了主导地位。自那时以来，中国近乎全部法理学教科书，除极少数几种之外，实际上绝大多数是按贯彻以范围包括各种公共权力的权利或权利义务为核心范畴的要求展开的。我做出这个判断的根据，主要是这些教材对包括法（或法律）在内的几乎所有基础性法现象的解说，都是以指称范围包括各种公共权力的权利义务为定义项关键词完成的。

以上解说方式的优点是避开了原有的以阶级斗争为核心的现象解释体系，但同时也有两个明显的弊端：（1）使用的都是源于清末汉译日语法学和民国时期法学入门型教材中那种包括各种公共权力的权利概念，因而在不小程度上脱离了当代中国以宪法为根本的法律体系和法律实践。（2）从字面上看完全忽略了我国法律体系中以《宪法》总纲中涉"一切权力""国家权力"的条款和整个第三章"国家机构"关于权力的规定，且权利与权力混淆不清，造成了一如20世纪上半叶那样的法学基本概念混乱的局面。例如，其中使用范围很广泛的一种较优秀的法学入门型教科书在这些方面就有一些具体缺憾，需要逐步改善。

1. 用和化的"权利义务"为定义项关键词定义"法"。该教材写道：

"法是规定权利和义务的社会规范";"法是通过规定人们的权利和义务，以权利和义务为机制，影响人们的行为动机，指引人们的行为，调节社会关系的。法所规定的权利和义务不仅指个人、组织（法人）及国家（作为普通法律主体）的权利和义务，而且包括国家机关及其公职人员在依法执行公务时所行使的职权和责任";"法以规定人们的权利和义务作为自己的主要内容"。① 须留意，引文中"人们"是包括"国家"和"国家机关"的，而且，其中所称的"权利"包括了权力的主要宪法、法律存在形式的"一切权力""国家权力""职权""权限""公权力"等。记住这一点，有利于准确理解本自然段和下面四个自然段中的引文。

2. 将基本的法现象的内容都认定为和化的权利和义务。该教材写道："法律概念，无论是法律专用的（法言法语），还是从普通语言中移植过来的，在法律系统中都有其法律含义，即都与权利和义务相关联";法律规则"是指具体规定权利和义务以及具体法律后果的准则";法律原则"没有规定具体的权利和义务，更没有规定确定的法律后果。但是，它指导和协调着全部社会关系或某一领域的社会关系的法律调整机制"。②

3. 从和化权利和义务角度解说法的价值。该教材写道："法律一般通过确定权利和义务的方式实现其治理目的，而权利和义务的确定难以针对人民整体，它总是与具体的个体相联系。"③ 这里看不到国家机构及其权力（职权、权限等）的位置，显然把各级各类国家机关的权力及相应职责当成了"权利义务"。

4. 将法律关系解说为和化的权利义务关系。该教材写道："法律关系是根据法律规范产生、以主体之间的权利与义务关系的形式表现出来的特殊的社会关系";"法律关系主体，即法律关系的参加者，是法律关系中权利的享有者和义务的承担者"，"法律关系是主体之间的法律上的权利和义务关系";"法律关系客体，是权利主体的权利和义务所指向的对象";"法律关系是权利和义务的一种关联形式，权利和义务是法律关系的内容"。④

---

① 《法理学》编写组：《法理学》，人民出版社、高等教育出版社2020年版，第42页。
② 《法理学》编写组：《法理学》，人民出版社、高等教育出版社2020年版，第45、46、48页。
③ 《法理学》编写组：《法理学》，人民出版社、高等教育出版社2020年版，第86页。
④ 《法理学》编写组：《法理学》，人民出版社、高等教育出版社2020年版，第120、126、128、130页。

5. 从和化权利义务角度定义法律责任。该教材写道："法律责任是主体不适当地行使其法律权利和不履行或不恰当地履行其法律义务而带来的法律后果"；"立法的重要任务之一是合理地设定和分配法律责任，促使人们正确行使法定权利和履行法定义务"。①

以上五个方面，比较集中地反映了当代中国多数法理学教材将法学核心范畴定位于权利义务的实际情况。这五个方面最突出的共性，是其所使用的不是概括自中国法律体系、法律实践并与权力严格区分的汉语权利概念，而是使用的源于清末汉译日语法学入门型教材和民国时期法学入门型教材中的那种权利与权力不分、本身包含权力的和化权利概念。在清末和民国法学教材使用的和化权利、权利义务现象解释体系下，中国宪法、法律文本中的"权力""职权""权限"和"公权力"，都一股脑地被解释成了远离中国法律体系和法律实践的和化的"权利"。

相对于本书后面将要论及的理论法学领域出现的新的研究成果而言，上述将法学核心范畴定位于和化权利义务或权利的安排，可谓是一种传统做法，这里所谓传统，既溯及19世纪和20世纪上半叶的欧美分析法学，也溯及20世纪上半叶的中国法学。不过，在改革开放以来的法理学教材中，也有试图突破这个传统安排的倾向，即试图在"权利、义务、权力"的篇章安排下确认权力与权利、义务的同等地位的努力。②

不过，法理学教材体系试图把和化权利义务概念放在法学核心范畴的安排，在宪法（或根本法）学和公法学部门③很少获得认同。从汉语权利角度看，权利义务关系实质上是权利与权利的交换、协调关系在引入义务概念之后的表述形式，用它来说明私法即民商事法律关系是恰当的。亦言之，人们确实可以说权利义务是私法的核心范畴，这一点应该不会有人质

---

① 《法理学》编写组：《法理学》，人民出版社、高等教育出版社2020年版，第97、159页。
② 沈宗灵主编：《法理学》，北京大学出版社2003年版，第69—73页；2014年版，第60—71页。
③ 本书坚持法的三元分类，即将当代世界每一具体国家的全部法律分为私法、公法和根本法。可参见童之伟《宪法与部门法关系管窥》，法律出版社2017年版，前言部分。或许有学者认为，我的学说不是法的一般理论，只是公法的理论。这是误解，因为，宪法必然既确立私法、公法规范，同时又形成凌驾于私法、公法两者之上的法规范。否则，宪法就不能成为根本法。主流法治国家的违宪审查机关根据宪法审查私法条款和公法条款的合宪性并判定相应私法、公法条款违宪无效的大量判例，直接表明宪法是高于私法和公法的根本法。

疑。至于把和化权利义务作为法学核心范畴能不能成立，首要的、实质性的问题还在于这种安排能不能合理解释宪法现象和公法现象。从实际情况看，它们不能合理解释。改革开放40余年来，我国的根本法教材（宪法学教材）完全不接受和化权利义务是法的核心范畴的安排，也近乎完全回避与上述安排相联系的宪法关系概念。即使一定要讲宪法关系，宪法学者也将宪法关系解说为法权关系，将其内容解说为权利与权力，或者公民权利与国家权力。试图往和化权利义务关系的传统一般理论框架中套的宪法学教材或许不能说历史上完全没有，但即使有，也极罕见，没有引起多少关注。

至于公法（如前所述，它不包括作为根本法的宪法）领域的各种教材是否接受将和化的权利义务作为核心范畴的框架，总体看来可谓一半对一半。笔者仔细查阅各种法学教材，一一做了记录，具体说来大致呈下列格局：(1) 刑法学，今日老中青三代刑法学者主编的教材，尚未见有任何一种接受以权利义务为核心范畴的解说框架，其基本标志是完全避谈刑事法律关系。(2) 行政法学，形式上接受以"和化权利义务"为核心范畴的提法的教材比不接受的稍多。行政法学教材不接受这种提法的标志是避谈行政法律关系，不安排法律关系这一小块内容，从而未受权利义务分析框架的束缚。[①] (3) 经济法学，这个二级学科的教科书一直以来整体上处于愿意接受以和化权利义务为核心范畴的安排的行列。(4) 诉讼法学接受以"和化权利义务"为核心范畴安排的状况大体是：刑事诉讼法，多数教材不接受权利义务核心范畴说，避谈刑事诉讼法律关系，但少部分刑诉法教材乐于接受此说；[②] 行政诉讼法教材多数接受此说，不接受的显少；[③] 民事诉讼法显然也属公法范围，现有民诉法学教材显示，接受和不接受以权利义务为核心范畴的安排的都有。[④]

综合地看，在法学教材体系中，宪法学、公法学教材对以和化的权利

[①] 如姜明安主编：《行政法与行政诉讼法》（北京大学出版社、高等教育出版社2019年版）的行政法部分。

[②] 如龙宗智、杨建广主编：《刑事诉讼法》，高等教育出版社2016年版。

[③] 如何海波《行政诉讼法》，法律出版社2011年版；姜明安主编：《行政法与行政诉讼法》（北京大学出版社、高等教育出版社2019年版）的行政诉讼法部分。

[④] 未接受权利义务核心范畴说的包括：常怡主编：《民事诉讼法学》，中国政法大学出版社2008年版；汤维建主编：《民事诉讼法学》，北京大学出版社2008年版。

义务为核心范畴的安排有一定程度认同，但认同度相对比较低。我注意到，认同与否的基本标志，就是有没有一小块某某"法律关系"（如刑事诉讼法律关系）的介绍。这种原本受苏联法学一般理论著作和教材影响的做法，宪法学教材中几乎完全不接受，在公法学领域的教材中即使被接受，也往往是形式的，并且因将职权这种权力的法律表现形式强行说成权利而显得十分别扭、画蛇添足。

二 以权利权力为重心之认识倾向的形成和发展

我做阅读、考察的感受是，改革开放以来的中国法律界、法学界，总体说来都是以宪法、法律体系和法律生活实际为依托，使用以权利（表现为权利、自由等）、权力（表现为国家权力、国家机关职权、权限、公权力等）概念为核心的现象解释话语。这种选择紧贴中国法律体系和现代汉语，是应该的，无须多费笔墨。但是，与前文相对照，这种状况也表明，中国在法学研究、法律生活中使用的现象解释话语与法学基础性教学使用的是两套不同的话语：法学基础性教学是以和化的"权利"或以其为重心的"权利义务"为核心的现象解释话语；法学研究、法律生活使用的是以汉语权利、权力为核心概念的现象解释话语，前后两种话语体系严重脱节。

值得注意的是，在当代中国，即使专业主要定位于法理学、法哲学的学者，在研究现实法律问题或做法的全局性论述的时候，也逐渐放弃了从清末、民国沿袭下来的那种以和化"权利义务"为核心范畴的解说套路，选择了以权利、权力为最重要范畴的论述路径。我以为，这种做法在整个中国法学界是比较有代表性、有象征意义的，集中反映了整个法学界在法学核心范畴问题上实际的认识改变，即从重权利、义务转向重权利、权力。此处所谓实际的认识改变是指，有些认识改变和结果是不自觉的，其中的典型情况有两种：其一，从未正式放弃对权利义务的传统法学定位，但由于尊重权利、权力作为法律生活最重要的现象这个客观实在，而在具体研究活动中突破了传统框架的束缚；其二，直面以1982年宪法为基础的法律体系，在现行法律体系的框架内讨论问题，不用清末、民国沿袭下来的和化权利义务话语扭曲法律现实。也许有学者不认为法学界存在用和化权利义务话语扭曲法律现实的情况。实际上，扭曲的情况是大量和常见的——为数甚多的法学论著、教材在和化的权利义务现象解释体系下，把按我国宪法规定处于"中华人民共和国的一切权力"项下的国家机关职权、权限解说为"权利"的做法，都是扭曲的典型表现。掉进传统话语体系，习非为是的情况，在我国法学界仍然是比较常见的。

在改革开放初期的中国法学界，以法理学家著称的郭道晖教授率先重视权力研究，率先提出"权利和权力是法律上的一对基本范畴"，指出权利与权力"相互依存""相互转化""对立统一"，[1] 并在此后的 20 余年中发表了研究权利与权力的可观法学论著。郭教授是第一个将权利、权力放在法学全局中最重要位置加以研究的著名法学家。这里请注意，郭先生和下述众多学者在与权力平行、对称意义上使用的"权利"概念，都不是和化权利，而是汉语权利。努力用汉语权利取代和化权利，意味着汉语权利在中国法学中的回归，是以本土化、现代化为指向的中国法学现象解释体系革新的先声。

文正邦教授几乎与郭道晖教授同时重视权力研究和使用汉语权利概念。他提出，"权利权力，既是法学和政治学中的两个最基本的概念，也是社会法律和政治运转所围绕的两个轴心"；"权利与权力的关系就像权利与义务的关系一样，也有更深一层的同一性关系，即在本原上的一致性。"在他眼中，这种同一性关系或本原上的一致性即"权利和权力都属于社会上层建筑，它们归根结底都根源于社会经济关系及其矛盾运动。"这些论叙表明，文教授那时已倾向于把权利权力关系看作法律生活中的全局性关系。[2] 在那 20 年后，他又提出，"权利、义务、权力，是法学理论和法律实践中出现频率极高、又密切联系着的重要概念和范畴……是贯穿公法和私法的基础性范畴和概念。""其中，尤其是关于权力以及权利与权力内在联系和辩证统一关系还缺乏深入的研究和认识，因此需要多费些笔墨。"[3]

我注意到，已故沈宗灵教授曾在 1998 年发表论文，特别论述了权利、

---

[1] 郭道晖：《权利与权力的对立统一》，《法学研究》1990 年第 4 期。
[2] 本自然段的直接引语，均引自文正邦《有关权利问题的法哲学思考》，《中国法学》1991 年第 2 期。
[3] 文正邦主编：《法哲学研究》，中国人民大学出版社 2011 年版，第 90 页。

义务、权力这"三个重要术语",在此文中权力和权利是并列、对等的关系,权利不再是和化权利而是汉语权利。① 这表明他实际上是认为这三个重要术语所指称的法现象是全部法现象中最重要的。但是,我也注意到,沈教授当时主编出版的法理学教材对法概念的界定和对法律关系的阐述,还是坚持认为传统的说法:"法规定了人们的权利义务。"这里的人们指法律关系主体,包括"国家机关以至于国家本身",且"这里讲的权利和义务也是泛指,其中包括国家机关及其代理人在执行公务时所行使和承担的职权和职责。"② 这也就决定了沈教授所讲的法律关系,也是权利义务关系,权利包括了权力、职权。③ 我以为,沈教授此时编写的教材还没有来得及反映他在论文中表达的对"权利"的新认识。或许,这也可理解为两种认识倾向在他头脑中并存和斗争的表现。令人欣慰的是,沈教授在21世纪主编、出版的法理学教材基本上做到了全面使用汉语的权利概念,放弃了和化的权利、权利义务概念。发生这种转变的主要表现,是他将"权利、义务、权力"列为了教科书中一章的标题,在与权利平行的意义上专门论述了"权力"概念,并将法律关系在内容上表述为"权利(权力)义务关系"。④ 之所以说"基本上做到了",显得有所保留,是因为"权利(权力)"这种表达方式不如"权利或权力"来得平等。实际上,权利、权力都是进入法中之权,可简称法权,把法律关系从内容上表述为法权关系,非常自然、十分顺理成章,更何况权利权力从根本上说是一个统一体。

在法学核心范畴定位方面,做了几十年法哲学的吕世伦教授似乎也经历了同样的认识转变过程。吕教授在20世纪90年代初及此后仍表现出将权利义务关系视为法律生活的全局性关系的认识倾向。例如,当初他对"法与权利—义务"这组对应范畴的关系是这样论述的:"在此,较为重要的有基本人权(生存权与发展权、人身权与人格权),对物的权利(所有权、契约权),政治权利,权力(立法权、执法权、司法权),目的、意

---

① 沈宗灵:《权利、义务、权力》,《法学研究》1998年第3期。
② 沈宗灵主编:《法学基础理论》,北京大学出版社1998年版,第41页。
③ 沈宗灵主编:《法学基础理论》,北京大学出版社1998年版,第426—428页。
④ 沈宗灵主编:《法理学》,北京大学出版社2014年版,第60—71、325—334页。

图、动机和行为及其结果,违法、犯罪及其责任";① "一部法律制度史本质上就是权利与义务的矛盾及其演变的历史。"② 显然,那时他把权力作为权利—义务范畴的内容之一看待,使用的是和化权利义务概念,用和化权利义务概念表述法的全局性关系。但是,在10多年后,吕教授在这个方面的想法有了根本性转变。他写道:"权利与权力是法学的基础和核心范畴,这一点在法学领域已大体取得共识。但是,恰恰就是这个对应范畴又成为最难弄清楚的问题:对这两个概念的理解众说纷纭,尤其在对两者相互关系的看法上仍有显在或潜在的对立。通过长期对马克思主义国家与法的观点的学习和近些年结合实际的反复思考,我深深感到,真正阐明权利与权力关系实属一件关涉当前我国社会主义民主和法治发展前景的大事。"③ 显然,吕教授终于认识到:不能再使用和化权利、权利义务概念,应该使用汉语的权利概念。而在汉语法学体系下,权利与义务的关系不是一国法律生活中的全局性问题,权利与权力的关系才具有全局性。

在老一代著名法理学家中,李步云教授从接受、采用和化的权利、义务概念到放弃它们并改用汉语的权利、权力概念的认识转变似乎更有代表性,本书下面要多用点笔墨做述评。

对于法学核心范畴,李步云教授30多年前与当时的其他学者一样,显然也是定位于和化权利义务的。这从李教授那时的论述中可以看出来:"法的规范(或规则)是指具体规定权利和义务(含职权与职责)以及具体法律后果的行为准则,其逻辑结构包括行为模式(权利与义务的规定)、事实假定(行为发生的时间空间、主客观条件等事实状况的预设)和法律后果(含肯定式后果和否定式后果)三个部分……它从内容上可分为义务性规范、授权性规范、权利义务复合性规范;从特点上可分为确定性规范和概要性规范。"④ 李教授还将和化权利、义务的思路用到解释实体法和程序法:"实体法一般是指法规定其所调整的各种社会关系的主体享有一定权利和义务(或职权与职责)的法律,如民法、刑法、行政法等。程序法一般是指实现实体法各种法律关系主体的权利与义务(或职权与职责)的

---

① 吕世伦:《马克思主义法哲学建设论纲》,《中外法学》1992年第4期。
② 吕世伦、张学超:《权利义务关系考察》,《法制与社会发展》2002年第3期。
③ 吕世伦等:《权利与权力关系研究》,《学习与探索》2007年第4期。
④ 李步云:《法的内容与形式》,《法律科学》1997年第3期。

程序性法律。"① 这些说法完全是 20 世纪上半叶的法现象和化权利义务解说套路，包括把权力当作和化权利的一部分。

不过，我也注意到，李教授在论及宪法问题时，当年就没有迁就那时已重新流行起来的和化的权利义务分析框架。作者说，成文法总体结构的基本要求之一是"在诸如权利与权力、权利与义务、权利保障与权利行使的界限，公民权利保障与政府必要的管理之间的关系等方面，作出恰当的处理。例如，我国 1982 年宪法改变了过去几部宪法的做法，把'公民的基本权利和义务'一章，放在'国家机构'一章之前，就是考虑到公民权利与国家权力的关系，是公民权利产生国家权力"。②

上述引文表明，李教授当年所持的最重要法现象观是和化的权利义务论，而不是汉语的权利权力论，但他面对中国宪法时选择了尊重实在法文本。不过，这前后两种做法，在逻辑上明显有冲突。在最重要法现象的定位方面，那时流行的是和化的权利义务论。李教授持和化的权利义务论的论文发表在 1997 年。

自那时以来，20 余年过去了，最重要法现象和化的权利义务核心论的片面性日益凸显，而权利权力论则在中国法学学术市场所占份额明显呈稳步上升的趋势。这种趋势可以从越来越多法学论文选择从汉语的权利、权力及其相互关系角度看待法的内容这个情况上看出来。李步云教授新近发表的论文《法哲学的体系和基本范畴论纲》（以下简称《论纲》）是这方面的代表作之一。《论纲》概括性地写道："法理学是关于法的一般原理的科学，它主要是研究法的一般概念和原则，如法的性质、功能、价值、形式、要素、效力、权力与权利、法的责任、法律关系、法的体系、法的制定、法的执行、法的适用以及法治原理、法治与民主、人权等的关系、违法预防等。"③ 在这里，汉语的权力与权利代替了和化的权利义务。

《论纲》还以"法的权力与权利"为标题专门安排了第 8 部分，其主要内容表明，作者更加明确地调整了 20 余年前所持的对最重要法现象的看法。《论纲》写道："权力与权利是法的两个相对应的基础范畴，权力有国家权力和社会权力之分。在公法领域，法主要是通过职权与职责来调整与

---

① 李步云：《法的内容与形式》，《法律科学》1997 年第 3 期。
② 李步云：《法的内容与形式》，《法律科学》1997 年第 3 期。
③ 李步云：《法哲学的体系和基本范畴论纲》，《现代法学》2019 年第 1 期。

规范国家机关（包括立法、执法、司法、护法机关）自身和国家机关相互之间以及各类国家机关同公民个人之间的关系；在私法领域，法主要是通过权利和义务来调整社会组织相互之间以及各社会组织与自己成员个人之间的关系。如何辩证地正确认识与处理权力与权利之间的相互关系具有十分重要的理论和实践意义。"① 这段论述表明，在作者看来，法的内容总体来说是权力与权利及其相互之间的关系，公法调整权力—权力关系和权力—权利关系，私法调整权利—权利关系（在引入义务概念后，其交换等互动过程被表述为权利义务关系）。

不过，我这里也想针对李教授的有关论述做两点"澄清"。首先，在法律上，权力并不包括"社会权力"，后者不是一个正式的、在严格意义上使用的法学概念。中国宪法上国家的"一切权力"一般直接表现为职权，少数情况下直接表现为权限或其他内容。不论在直接还是间接的意义上说，都不包括"社会权力"。因为，"'社会权力'即社会主体以其所拥有的社会资源对国家和社会的影响力和支配力"，② 只是用来描述很不确定的主体及其内容含混的影响力和支配力的一个描述性名词，并非法律上的确定因素。另外，职责是义务概念指代的法现象之一，就像自由是权利概念指代的法现象之一同样的道理。可以说，职责是义务的一种表现形式。更具体地说，职责是与中国宪法中规定的权力或职权、权限相对称的义务的表现形式。中国法学术语总体来说还没能严格区分义务、无权利、无资格、责任，而在汉语法学百年来明显倾向于将无权利、无资格、责任都看成义务的法学背景下，将职责看作义务的一种，或指明职责是义务的具体存在形式之一，可能更为合理。沈宗灵教授说，国家机构"拥有职权、权限、权力，并承担相应的义务或责任。"③ 显然，文中"义务或责任"的遣词，也是将责任、从而《论纲》中的"职责"作为义务的同等性质现象看待的。

上文评说的都是老一代法理学家在法现象解释体系核心范畴问题上的认识倾向，包括认识转变的历程，下面再看看伴随改革开放历程出现的新生代法学家的认识变化。本书对所论及的著述的看法，难免有我个人的认识局限。

---

① 李步云：《法哲学的体系和基本范畴论纲》，《现代法学》2019 年第 1 期。
② 郭道晖：《认真对待权力》，《法学》2011 年第 1 期。
③ 沈宗灵：《权利、义务、权力》，《法学研究》1998 年第 3 期。

认为法现象后面有起决定作用的本质，主张通过抓住本质来牢靠地把握法现象的法学，是本质主义法学，重视以核心范畴和范畴体系为基础的法学话语的系统性，是本质主义法学的一个突出特点。本书提到的中国学者及其法学观点，基本都是在本质主义法学范围内讨论问题。但是，改革开放后由于开放留学等原因，中国法律学者的受教育背景出现了多样化的格局，于是出现了与本质主义法学的特点截然不同的经验主义法学，其基本特点是不承认包括法现象在内的现象后面有什么本质，认为认识现象也不靠抓其背后的本质，而是重视对现象本身的感知，即重视现象的看得见、摸得着、感觉得到的方面。

所以，谈论改革开放新生代法律学者的法学核心范畴观，首先必须将他们的作品区分为本质主义的和非本质主义的两种。非本质主义法学作品完全不涉及核心范畴的认定问题，本书只好放在一边不论，[①] 下面只说本质主义法学在新生代发生的核心范畴观变化。

法理学文献显示，新生代法理学者只要直面法律生活事实或研究实际问题，他们就能走出以"和化权利义务"为核心范畴的传统分析框架。有新生代学者在20世纪90年代中期出版的一部著作写道："权利与权力的关系是法理学的一个最深刻的基本问题之一。其深刻性主要体现在：这个问题实质上是一个如何认识现代社会中个体与整体之间的关系的问题，是一个如何解决个体与整体之间矛盾的问题。因此，它既是现代法理学的一个普遍问题，又是面临改革开放、走向现代化的中国法理学的一个特殊问题。可以说，解决这个问题，对中国法理学是至关重要的。"[②] 确实，他那本书的相关文字，都体现了作者对权利与权力的关系具有法律生活全局意义的认识。另有新生代学者虽没有明说，但却通过法学作品透露出了这种认识倾向。[③]

20世纪90年代末，我也撰文在法学核心范畴问题上表达了看法，要点是：法律世界最重要的现象是权利和权力，法律生活最基本的矛盾是权利与权力的矛盾；权利与权力从根本上说是一个可称之为法权的统一体；

---

① 苏力：《法治及其本土资源》，中国政法大学出版社1996年版；苏力：《道路通向城市——转型中国的法治》，法律出版社2004年版。
② 葛洪义：《法理学导论》，法律出版社1996年版，第174页。
③ 刘作翔：《法治社会中的权力和权利定位》，《法学研究》1996年第4期。

权利是个体利益,从而私人财产的法律表现;权力是公共利益(或社会整体的利益),从而公共机关所有之财产的法律表现。①

不过,我感到,新生代更多法理学者的论著,是循实事求是精神在宪法法律框架下用具体法条中的名词、术语讨论问题,并未显示出明显的核心范畴意识。这并不妨碍他们发现法学问题,解决法学问题。

另外,在有些具体学科,如民商法学,其本身主要都涉及权利分配、交换的问题,而权利义务关系描述的所有场景实际上都是权利与权利的交换关系,几无例外。

三 考虑核心范畴定位宜超越权利义务和权利权力

中国当代理论法学中以哪个或哪两个法学基本概念为核心范畴,不仅是认识问题、学理问题,更是个法律实践问题。法学到底重点研究什么,理论法学要有个符合当代中国实际的共识才好。在这样的基础性问题上,今天法理学教材与宪法学、公法学教材的说法实际上分道扬镳,理论法学教学的说法和理论法学研究的做法也各自做着不同的选择。这可谓是科学研究自由的表现形式之一,本身没有什么不好。但是,这样评说研究现状并不意味着对基础性法学教学和研究产品的真理性、有用性不必确定必要的评价标准。在这方面,我还是认同实践是检验法学产品真理性的唯一标准的命题。拿这个标准来衡量,法学核心范畴方面权利权力中心说优于权利义务中心说。道理很简单,作为主观认识的权利权力中心说更准确地反映了中国客观的法现象世界的真实状况,能更合乎实际地引导人们直面中国法治建设过程中的主要现象和主要问题。

传统的以和化权利或以其为重心的权利义务为核心范畴的现象解释体系对法现象是有一定解释力的,这个因素再加上其他非学术因素的助力,包括不能产生成熟替代产品的状况,使得它们仍得以在法学教学体系中维持既有主导性地位于不坠。但是,法学者和普通人一样,对完美和更完

---

① 童之伟:《再论法法理学的更新》,《法学研究》1999年第2期。

美、合理和更合理的追求本质上是没有止境的。如果这样看问题，人们就不难理解何以 20 世纪末就出现了系统批评传统的和化权利或权利义务核心范畴定位并提出用法权中心说作为一种法学竞争性产品的努力。同样是本着对法学核心范畴至善的追求，本书拟在原有否定意见的基础上对以和化权利或权利义务为核心范畴的安排在理论法学方面造成的下面这些问题做些补充论说。

1. 和化的"权利""权利义务"概念脱离了当代中国宪法、法律文本和生动的法律实践，没有现实的法律生活事实做基础。在当代中国法律体系中，个人的法律存在形式是权利，具体包括法规定的权利、自由、正当个人特权（privilege）、个人豁免（immunity）等，国家、国家机构的法律存在形式是权力或公共权力，具体包括法律记载的国家权力、职权、权限、公权力、正当公职特权、公职豁免等。所以，权利和权力是当今世界法律生活的两个最基本的事实。在我国的权利权力统一体结构即法权结构中，权力对权利在强度上占有优势，在体量上总体不占优势但对任何个体（自然人和法人）都具有绝对优势——这是人们凭感官自觉可以体会到的经验的事实。但是，以和化权利或权利义务为核心范畴的现象解释体系在总体架构上无法给公共权力留位置，且完全无力自圆其说地、合乎逻辑地将各种公共权力解说为"权利"的一部分，除非将"权利"扭曲为含义等同于实践法理学中的法权（权利权力统一体或共同体）的概念。[①] 从这个意义上说，以和化权利或权利义务为核心范畴的现象解释体系排斥或不承认权力存在的理论架构，充其量具有 50% 的法现象覆盖程度。

2. 以和化权利或权利义务为核心范畴的法的一般理论，是把中国当今全部公共权力或国家的一切权力硬塞进权利义务这种从汉语角度看明显是私法的分析框架的结果，同时也脱离了近现代汉语的表达习惯。我国阐述权利、义务、权力概念影响很深远的沈宗灵教授说，"在我国汉语词汇和法律规定中，权利和权力，特别是公民权利和国家权力是有严格区分的"[②]。这是事实，是汉语相对于欧美语言的一个优势。这就像汉语一个"权"字，可以同时指代法律权利、权力和法外权利、权力，而西方语言

[①] 关于法权，参见童之伟《法权中心的猜想与证明》，《中国法学》2001 年第 6 期。
[②] 沈宗灵：《权利、义务、权力》，《法学研究》1998 年第 3 期。

中没有对应的词一样。以权利义务或权利为核心范畴的现象解释体系采用实用主义态度，按一时一地的需要时而区分权利与权力，时而又把权力说成权利一部分的做法，既没有理论逻辑基础，也没有客观法律制度方面的根据。这实际上是放弃自己的文化传统和语言优势硬钻进清末汉译日语法学和民国法学入门型教科书设定的权利义务分析框架的表现。

再说，声言"权利"中包含公共的"权力"，这首先是19世纪末从欧美法学界流传到日本的说法，它影响到"权利"一词的含义，致其指称范围发生了从不包括任何公共权力到包括各种公共权力的变异。此后这种变异后的"权利"又经由留日法科毕业生和汉译日语法学出版物传递到民国时期法学入门型教材中。[①] 20世纪中叶后，此种"权利"已因不合时宜被逐步放弃。这就像从权利义务角度解说法律问题的做法在西语法学史上一度比较盛行，20世纪中叶后因脱离新的法律生活实际而逐渐销声匿迹了一样。这点本书后面还会论及。

3. 以和化权利或权利义务为核心范畴的法学现象解释体系，如前所述，在其几乎所有最重要的方面，实际上是将权力、公权力、职权、权限作为"权利"的一部分内容看待的，故不仅在汉语法学领域混淆权利与权力，更是完全脱离我国的实定法。我国宪法、法律文本中"权力"的具体表现形式，对中央国家机构使用的是职权一词，对中央国家机构中的具体机关（主要是行政机关）的各部门和地方国家机关通常也使用职权一词，但有少数情况用了权限一词。另外，《监察法》使用了"公权力"一词，公权力应视为宪法中权力的另一种说法。沈宗灵教授在20世纪末论及权力时已注意到，"在中国现行宪法中，对中央国家机关使用了职权一词，对地方国家机关使用了权限一词"。他还强调了权力与权利的差别："国家机关的职权、权力是与国家的强制力密切联系的。"国家机关"拥有职权、权限、权力，并承担相应的义务或责任"；"职权一词却只能指代表国家或集体利益，决不意味行使职权者的任何个人利益"；"职权一词不仅指法律关系主体具有从事这种行为的资格或能力，而且也意味他必须从事这一行为，否则就成为失职或违法"。[②] 所以，权力在中国宪法、法律中是与权利

---

① 童之伟：《中文法学之"权力"源流考论》，《清华法学》2021年第6期。
② 沈宗灵：《权利、义务、权力》，《法学研究》1998年第3期。

并行的独立法律单元,虽然它们两者有种种看不见的联系。

4. 以和化权利或权利义务为核心范畴的现象解释体系,其涉权利与权力关系部分,多属违背逻辑和学理的强说,人们接受这套安排,很大程度上是基于习非为是和从众心理。人对某事物的认识既然提升为概念了,这个概念就至少有了确定的外延。权利作为一个法学概念和核心范畴,它的外延至少应该是清楚的。权利概念的外延包括权力,权利概念的外延不包括权力——这是两个相反的判断,不可能同时都是正确的。把两个对立的判断都视为正确的,并根据需要时而这样解说权利的外延,时而那样解说权利的外延,显然违反矛盾律。实际上,以和化权利义务为核心范畴的法理学,在许多问题上的解说,基本上是变戏法。如论及法律关系,他们会说法律关系是权利义务关系,但具体用起来,权利关系的双方主体都是国家机关时,权利就莫名其妙地成了权力或权力的具体存在形式——职权!人们难免要问:这时起了什么化学变化?这实际是相关学者在运用"权利"一词讨论问题时,在和化的"权利"与汉语的"权利"两个不同概念间跳来跳去,但蹦跳者可以声称自己没有动,因为和化的"权利"与汉语的"权利"两个不同概念的文字载体都是"权利"这两个汉字。

5. 以和化权利或权利义务为核心范畴的现象解释体系片面强调与权利相对应的义务,话语结构上缺乏同中国现行法律体系中的"一切权力"相对应的义务。使用和化的"权利""权利义务"话语讨论中国法律生活中的现实问题,会形成很严重的"名""实"错位:基于和化的、指称范围覆盖各种公共权力的"权利""权利义务"概念谈论本国法律规定的、外延不包括各种公共权力的汉语的"权利""权利义务"。错位的结果之一,是在汉语法现象解释体系都呈现忽视本国法律体系中的公共权力和与其相对应的义务(或责任)的状况。其现实的表现,就是为数甚多的法的一般理论著作和教材中结构性地缺乏讨论权力的章节,甚至不给"权力"以法学概念的地位。就拿义务来说,作为汉语法学范畴的义务指称的现象的范围,实际上应包括汉语的权利和权力两个名词指称的现象的所有负面表现形式和内容,即法律义务、职责、责任、无权。但在和化权利义务概念下却难以在话语体系中展示同公共权力(权力)相对应的义务。因为,和化"权利""权利义务"话语将公共权力及其对应义务隐藏在"权利"和对应的义务中。只要用和化的"权利""权利义务"话语讨论中国现实法律问题，字面上就不存在"权力"和与其对应的义务问题，当然也显现不出与汉语指称的权利、权力相对应的两种不同义务的差别。

综上可以说，汉语法学领域一部分论著或教材数十年来接受甚至自觉维护源于和化权利或权利义务概念之核心范畴地位的一些说法，并不是遵循逻辑和理性的结果，而是长期众口一词、重复无逻辑不理性说法造成的习非为是的心理后果。

这里还要特别评说一下欧美法文化下"权利"一词之语义的历史性变化问题。声言权利中包含若干"权力"，这也主要是 20 世纪中叶之前欧美法学界采用的说法，此后已因不合时宜而被逐步放弃。20 世纪上半叶十月革命、"凯恩斯革命"等政治经济现象出现后，权力现象全球性崛起，欧美法学权利与权力不明确区分的情状逐渐变得罕见起来，近乎销声匿迹。这首先是笔者有限阅读但较大量浏览英美法学文献后获得的一种直观感受，但这种感受在英美有代表性法学作品中也确实能找到根据。美国现今常用的法学辞典列举了权利的 7 项含义，其中只在第 3 项有混淆权利权力的文字。它写道：权利是"个人由法律保障的权力（power）、特惠和豁免（某人处理不动产的权利）。"① 现今美国《布莱克法律辞典》虽仍认定权利包含某种权力，但这种可称为"权力"的权利的范围很小，限于法律关系主体处理不动产的范围。或许更能说明问题的是，英国出版的有一个多世纪历史的大型法学辞典《斯特劳德司法词汇和短语词典》1986 年版的"权利"词条，梳理了历史上的判例（裁判文书）和制定法对权利一词有代表性的运用，排列了整整 30 条，其中仅仅在第 17 条（"rights, powers, or priviliges"）提到权力，且是将权利与权力相提并论，并无权利包含权力的意味。该辞典的 2006 年版重新梳理了历史上的判例和制定法对权利一词有代表性的 22 处运用，词义完全没有了与权力相联系的痕迹。②

不过，现今英国出版的《牛津法律手册》的"权利—义务"词条中对"权利"的解说倒是包含这样一段文字："另一类权利是改变他人权利和义务的能力或'权力'，例如当我们签订合同或在选举中投票时。这些权力性（或'促进性'）权利与他人的'债务'相关，A 的权利是将 B 的权

---

① *Black Law Dictionary*, Eighth Edition, a Thomson business, USA, 2004, p. 1347.
② *Stroud's Judicial Dictionary of Words and Phrases*, Fifth Edition, Sweet & Maxwell Ltd., London, 1986, pp. 2291-2294; Seventh Edition, 2006, pp. 2413-2415.

利和义务改变为他们潜在的损害或利益。某些权力性权利涉及要求或免除履行与索偿权相关的义务的能力。"① 其中，"权力性权利"的原文是"power rights"。毕竟，上述引文中第一个"权力"被打了引号，表示不是正式说法，第二个"权力"只是充当修饰权利的名词性形容词，没有像20世纪初期那样将权力直接当作权利的一种存在形式看待。

下面再简单评说一下选择权利、权力做法学核心范畴的学术倾向。笔者肯定法学核心范畴权利、权力中心说，主要是赞赏这种安排将法学的主要研究对象集中到了客观的法现象世界中两个最基本、最重要的现象，即法的权利和法的权力，尤其是其中被中国法学入门型教科书体系轻慢数十年的法的权力。权利权力中心说的提出和被实际运用，是对中国法学入门型教科书中和化权利与和化权利义务现象解释体系的一种纠偏，对于深入认识权力，合理配置和运用权力，以及制约和监督权力，都有重要的理论和现实意义。

但是，我从来不赞成以权利权力作为法学话语的核心范畴。在现行汉语法学中，除产生自绝对方法逻辑程序中的权利和权力概念之外，其他权利、权力概念同清末、民国时期的权利义务概念一样，至多是记录人们对相应的具体法现象的初步认识的名词，没有做法学核心范畴的必要逻辑高度、抽象程度和理论含量。相比较而言，今天的法学权利权力中心说中的权利、权力概念，在抽象程度方面远远不如几百年前英国古典政治经济学中的价值概念，至多相当于其中的"商品"这个名词。所以，如此确定法学核心范畴没有哲理法学应有的水准。另外，以权利权力为核心范畴的提法，仍然孤立地看待权利和权力二者，没能抽象出它们的共性，形成一个记录法学界已经证明的权利权力从根本上看是一个统一实体（法权）的认识成果。另外，还应注意到的是，核心范畴只能是一个抽象程度很高的概念，不能是两个，因为，只有一个概念做核心范畴才能保证以它为核心的现象解释体系内部的自洽性。

需要说明的是，法权说所确认的权利权力的统一，不是指权利权力两者统一于法律、统一于立法执法司法过程，而是确认它们两者本身从根本上是

---

① *Oxford Companion to Law*, edited by Peter Cane, Joanne Conaghan, Oxford University Press, 2008, p. 1026.

一个统一体、共同体,就像一个相连部分凹入水中但 A、B 两峰露出海平面的一座冰山。在这种情况下,A 峰、B 峰和该冰山,是相对区分开来的三个独立单位。当然,我们也可以将其解说为夫妻二人与他们所在的同一个家庭的关系。事实上,进入一国法律体系中的全部"权",其本身就是一个整体,它在中国法律体系中表现得特别直接、直观,那就是体现在我国宪法、法律文本中的"权"这个名词。严格地说,权在这里是不用打双引号的,就像权作为名词在中国宪法法律中出现没有打过引号一样的道理。

所以,如果人们承认权利和权力是全部法现象中最重要最常见的现象,承认权利和权力的关系是法律生活领域最基础性的关系,认为有必要把权利和权力本身及两者的关系作为法学研究的着重点,那么,他们最优的选择不是把权利、权力概念作为核心范畴,而是应该从权利和权力这两类现象中抽象出共同内容,从而揭示出权利和权力尽管表面上有种种差异,但归根结底是一个统一体的认识,用一个恰当的名词记录下来形成概念,并将这个概念作为相应现象解释体系的核心范畴。一个国家或社会的权利和权力尽管在法现象层面千差万别,是彼此独立的两类不同现象,但从它们后面的利益内容乃至财产内容这两个根本的层次看,权利和权力其实是一个统一的实体,只不过这种统一性只能通过人的思维的抽象力才能把握住。实践法理学认为,进入法中的各种"权"(也可以说法的权利和权力)从根本上是一个宜称为法权的统一体。所以,法权也可以理解为法定之全部"权"的简称或缩写。① 实践法理学选用法权为其现象解释体系的核心范畴,是因为它有以下比较优势。

1. 法权概念是中国普通法学研究人员结合当代中国法律生活实际,将对法中的权或权利、权力现象的认识从感性具体推进到抽象阶段,并运用本国特有语言优势(能同时指称各种权利、权力的单字名词"权")表述抽象结果的产物。这就像历史上英国古典政治经济学和马克思的政治经济学从感性的、千差万别的商品中先后抽象出劳动时间、社会必要劳动时间,并用价值一词将其记录下来、形成价值概念的过程一样。像价值概念一样,法权是从以本国法律体系为根本的法律实践记载和反映的各种"权"现象(亦可称为各种权利权力现象)中抽象出它们的共同利益内容

---

① 童之伟:《再论法理学的更新》,《法学研究》1999 年第 2 期。

（法律承认和保护的利益）和共同财产内容（归属已定之财产）形成的抽象概念，其站位高于所有指代具体法现象的概念。中国法学界从来讨论法学核心范畴都着眼于、局限于描述感性法现象的概念，如权利、义务，权利、权力等。法权概念的出现突破了数十年不变的格局。

将法权中的权理解为法定之全部"权"，包括权利和权力，符合汉语表达传统，也有中国宪法文本条款做根据。有一个可同时或分别指代权利和权力两类法现象的名词"权"，是汉语得天独厚的表达优势，任何欧美文字没有表意功能与"权"媲美的名词。中国现行宪法和以其为根本形成的法律体系无数次在权利权力统一体的名义下运用"权"这个名词，在正确使用民族语言方面起了示范作用。法权概念的提出、运用和借助体现在中国宪法文本中的这一民族语言优势，直观地显示出它是中国法律生活实践的产物。

2. 从权到法权、剩余权，再到更具体的概念，可以完成从抽象到理性具体的法学范畴体系形成过程，从而以概念、判断、推理等方式形成较完整的法学理论体系，在主观层面再现当代中国客观的法现象世界。从抽象上升到理性具体，是马克思在其《资本论》中成功地用以构造范畴体系的经典方法。比照这种方法，按逻辑顺序，从抽象法权概念上升而来第一批具体概念是权力、权利、剩余权。从抽象法权概念上升而来第二批具体概念是立法权、行政权、监察权、审判权、检察权等诸如此类标示更具体的权力的概念，以及生命权、健康权、人身权、财产权等标示更具体的权利的概念。还有分别标示权力、权利、剩余权的负面利益内容、负面财产内容的各种具体的义务概念，如此等等。所有这些"权"的后面，都有相对应的利益内容和财产内容。

3. 作为从两类最基本或最重要的法现象（权利和权力）中提取两层次内容形成的抽象概念，法权具有覆盖所有法现象的空间容量和由表及里揭示法现象后面的社会内容和财产内容的理论纵深，这不仅是源于清末、民国法学入门型教科书的权利义务概念无法相比的，也是在绝对方法逻辑程序之外形成的其他权利、权力概念无法相比的。[①] 作为实体，权利、权力、义务不论怎么排列，都是法律生活中的具体法现象；作为概念，权利、权

[①] 关于绝对方法和从中形成的基本概念及其特点，可参见本书第四章"从尊重传统到反映当代法律实践"对此的进一步论述。

力、义务都只是分别记录人们对这些现象的认识成果的主观形式,每一个都不可能有效提取或反映不同法现象中共同的社会经济内容。因此,所有标示具体感性现象的名词都不可能是一个学科合适的核心范畴。最合适的核心范畴肯定是从一种(类)或一种以上现象中抽象出其本质属性形成的概念。这就是为什么虽然资本主义生产方式占统治地位的社会财富表现为庞大的商品堆积,马克思研究资本主义经济选择从分析商品开始,但不选择商品为核心范畴的原因。马克思的做法,是从千差万别的商品中抽象出社会必要劳动时间形成价值(实质上是剩余价值)概念并以其为政治经济学的核心范畴。

4. 法权是标示进入法中的权即权利权力统一体的法学概念,因而是一个承认自身内部包含差异和矛盾的概念,或者可以说是一个反映权利权力对立统一关系的概念。权利权力统一体的内容是法定利益中个人利益与整体利益的对立统一和归属已定财产中个人(包括法人)财产与公共机关财产(简称国产)的对立统一。所以,用权(包括法权与剩余权)进而用法权(包括权利与权力)概念内部构成要素的矛盾运动,循权、法权中权力和权利的起源以及两者间的矛盾运动,可以合理解说法的起源、最终归属,合理解说法的历史、现状和未来。循着这个方向,人们从法学角度解说历史很可能有机会更进一步贴近历史真实。例如,对史前或原始社会的描述,原始的权中权利权力不分的提法很可能优于权利义务不分的提法;对于法的起源的描述,在产生的逻辑顺序上权力先于权利从原始的权中分离出来的判断很可能优于权利先于权力的判断,因为,在起源上先于权力的权利不可能本是法的权利,只能是原始权利或杜撰的"自然权利";对于法律生活现实,合理的法权结构(权力/权利的比例结构)的形成和完善的提法很可能优于法律体制(包括立法体制、执法体制、司法体制等)改革的提法;对于法律生活终极状态的描述,权力逐步消解可能是与国家消亡的目标相比而言更协调的法学表达,如此等等。

以法权为法现象解释体系的核心范畴,在技术上是完全可行的。从权出发,将权分为进入法中之权和留在法外之权,前者为法权,后者为剩余权,其中法权概念的外延,是一切进入法中之权,即法的各种权利和权力,其内容是法律承认、保护的全部利益,以归属已定全部财产为物质载体。在确立了法权概念后,以它为核心界定法学概念的方便性、可行性就明显了：权力，是由公共机构或其授权的组织享有和运用，体现公共利益，以公共财产维持的那部分法权；权利，是由个人享有，体现个人利益，以私有财产为物质承担者的那部分法权；义务，是与法权正相对称，绝对值相等但利益和财产属性相反的法现象；法律，是由国民代表机关等有权机关公开制定或认可的有普遍约束力的法权分配和运用规则；法律价值，通过合理配置法权、规范其运用行为来实现法权最大限度的保存和增殖；法律关系，是根据法律规范产生、以主体间法权关系的形式表现出来的社会关系；法律责任，是人们不适当地运用法权带来的不利法律后果；如此等等。法学基本概念和命题，按这个进路解说起来会显得比较顺理成章，具体地说，就是语言上不必做超学术、超逻辑强制，而且指称的不同现象的范围无缝衔接，各自与其背后的社会的、经济的内容一一对应。

四　几点小结

当代中国法现象解释体系中的核心范畴，如果按照合适程度做优选，我觉得可给出这样的排列：最好的选项应该是"法权"，它指称体现在一国法中的全部"权"和法中之"权"后面的利益内容和财产内容。不选"权"而选"法权"，是因为"权"有一部分（剩余权）处于法外，用它做法现象解释体系的核心范畴体现的法学专业化程度不如"法权"。尤其重要的是，"法权"体现了权利、权力和它们后面的利益内容、财产内容的同一性，而它作为基本概念，本身也具有形式的同一性。法权内容和形式两方面的同一性为以它为核心范畴的法现象解释体系内部的融洽性（包括自洽性）奠定了基础。

其次是以"权利—权力"组合做法学话语核心范畴的选项。这个组合穷尽了体现在法中的正面利益内容和财产内容，具有根本内容上的同一性，但不具有形式上的同一性，因为"权利""权力"毕竟是各自不同的两个基本概念。因此，以这个组合为基本范畴的汉语法学有条件形成内容上融洽的现象解释体系，但不能克服形式上的不融洽。[1] 形式上的不融洽

---

[1] 体现"权利—权力"组合核心范畴论的论著，主要是本书前引郭道晖先生的论文和他的《法的时代精神》一书（湖南出版社1997年版）。

的明显表现,是无法从同一个逻辑起点或用同一个名词作为定义项关键词来定义其他基本概念、重要概念。

合适性居第三位的应该是以"权利—权力—义务"组合做法学现象解释体系核心范畴的选项。① 这个组合可穷尽体现在法中的正负两方面的社会内容、财产内容,在全面性上体现出优势,但它比"权利—权力"组合更复杂,不仅形式没有同一性,内容也无同一性。如以这个组合为核心范畴,汉语法现象解释体系的自洽性在形式和内容两方面都没有保证。因为,这个组合包括了体现在法中的正负两方面利益内容和财产内容,其中权利、权力体现正,义务体现负。

相对而言,从汉语法学、汉语权利角度看,以"权利—义务"组合做法学话语核心范畴的合适性只能放在最后,尽管这种组合历史悠久,在当代中国接受程度较高。② 该组合不适合做核心范畴的原因是多方面的:(1) 该组合包含的两个概念不论从正面还是从反面,都不能在指称范围上穷尽一国或一地域实在法保护的利益内容、财产内容,因为,中外今古任何国家的实在法,其中的"权利"一词都不包括"权力"指称的公共利益内容、公共财产内容及其表现形式。因而它能指称的范围是十分片面的。(2) 该组合中的"义务",由于在逻辑上、指称范围上受与之对应的"权利"的限制,也仅仅只能指称与实在法的"权利"相对应的义务,不能指称与实在法的"权力"相对应的义务。(3) 如果不能形成概念,包括法现

---

① 体现这种汉语法学"权利—权力—义务"核心范畴选择倾向的有深远影响的汉语出版物,近代以来主要有这样一些著作:[日]加藤弘之:《人权新说》,陈尚素译,译书汇编社1903年版;梁启超:《论强权》,《饮冰室合集·专集第2册》,中华书局2015年版;梁启超:《开明专制论》,《饮冰室合集·文集第6册》,中华书局2015年版;杨廷栋:《法律学》,中国图书公司1908年版。当代体现"权利—权力—义务"核心范畴选择倾向的出版物,除前引沈宗灵先生的论文外,还有两种法学入门型教科书:沈宗灵主编:《法理学》,北京大学出版社2014年版;公丕祥主编:《法理学》,复旦大学出版社2002年版。这两种教材的共同特点之一是将"权力"认定为与"权利"平行的基本概念并有所论述。

② 以和化权利—义务组合做法学话语核心范畴的选择,除反映在本书重点讨论到的前引张光博教授的论著和《法理学》编写组编写的《法理学》教材等当代出版物外,更多的是清末和民国时期的法学著作或入门型法学教科书,其中较有代表性的有:[日]矶谷幸次郎:《法学通论》,王国维译,商务印书馆1902年版;[日]奥田义人:《法学通论》,张知本编辑,湖北法政编辑社1905年版;梅谦次郎:《法学通论》,胡挹琪编,集成书社1913年版;[日]织田万:《法学通论》,刘崇佑译,商务印书馆1913年、1926年版;[日]美浓部达吉:《公法与私法》,黄冯明译,商务印书馆1941年版;孟森:《新编法学通论》,商务印书馆1910年版;李景禧、刘子松:《法学通论》,商务印书馆1935年版;何任清:《法学通论》,商务印书馆1946年版。

象在内的任何实体,都不可能进入包括法学思维在内的人的思维,而该组合中的"权利"和"义务"把实在法中的哪些现象输送进了法学思维?以"权利"为例看名实关系,如果说它输送进人的思维的法现象不仅有实在法的"权利",还有实在法的"权力",那么人们就要问,它凭什么以"权利"之名同时既搬运权利之实又搬运权力之实?为什么不另外确立"权力"之名,让名实相符?这都是无法合理解释的基础性逻辑弊端。(4)该组合中既不包括权力概念,又不包括从权力现象中抽象出来的概念,因而该组合从根本上将权力现象排斥到了法学思维之外。在此种情况下,法学现象解释体系的覆盖范围如果硬要加进"权力",那只能是也必然是超逻辑的,不符合学术的要求。

或许有学者会以为,既然和化的"权利"包括了各种公共权力,那么,它的法现象解释功能就同法权是一样的,因而同样可以是优良的核心范畴选项。这种看法站不住脚。确实,和化的"权利"一词在指称范围上同时覆盖了权利和权力,这点与法权一词没有差异。但这只是事情的一个方面。事情的另一方面是:(1)和化的"权利"一词不是抽象自当代中国法律体系和法律实践,与中国法律体系中的"基本权利"和其他"权利"不接轨;中国法律体系和汉语中没有那种外延覆盖各种公共权力的"权利"一词。(2)无法合逻辑地解释何以从当代中国法律体系规定的权利和权力中抽象出一个名称是与被抽象对象之一相同的"权利"。(3)和化的"权利"概念扭曲了当代中国法律体系里权利与权力的真实关系;而且,和化的"权利"概念因外延覆盖了各种公共权力从而妨碍了指称公共权力的"权力"概念的形成,使得公共权力无法获取进入法学思维的独立逻辑形式。这个情况已经被数十年来居于主流地位的法理学教科书中没有权力概念这个事实所证明。汉语法学基础理论教科书原本应该有"权力"概念记录和向法科学生传递研究国家的"一切权力"即公共权力的认识成果,但实际上通常没有。

第三章　实践法理学现象解释体系的初步构想[①]

[导读]

20世纪上半叶和化的权利概念通过汉译日语入门型法学教科书引进汉语法学并在竞争中压倒了汉语的权利概念，成了民国时期汉语法现象解释体系的核心范畴。在从20世纪80年代中期之后的20多年间，汉语法学在未经充分讨论比较的情况下，从总体上说（特别是在高等法学院校的法学入门型教材建设方面）在法现象解释体系核心范畴定位方面，选择了同和化的"权利"一词对接的发展方略，放弃了自己原创的汉语"权利"概念。但是，和化的"权利"一词与现代汉语脱节，与我国以宪法为根本的法律体系中的权利一词的含义很不相同，与执政党权威文献中的权利概念更不是一回事。进入21世纪后，我国的法学研究话语在一定程度上遏制了上述弊端的有害程度，但是不足以抵消通用法学入门型教科书继续运用和化的"权利""权利义务"概念形成的初始影响力。

实践法理学现象解释体系不以和化的"权利""权利义务"概念为核心范畴，坚持使用汉语的"权利"概念。从根本上说，这就是坚持选定以宪法为根本的我国现行法律体系和法律实践为基准确定包括核心范畴在内的基本范畴、重要范畴和其他范畴。在此基础上，通过比较，认定实践法理学的现象解释体系应强调以财产归属为根本标准严格区分权与法权、法权与剩余权、权利与权力，同时将权利、权力视为分别指称两种最重要法

[①] 本章原以《中国实践法理学的话语体系构想》为题发表在《法律科学》2019年第4期，纳入全书时按基本概念统一、观点前后协调一致的标准做了必要修订，包括删除了原文的不少内容。

现象的平行范畴。就内容而言，支撑实践法理学现象解释体系的基本范畴群由权、法权、剩余权、权力、权利、义务、法（或法律）共七个概念构成，法权是其核心所在。本章最后的第四部分，是落实汉语法学核心范畴选择，合理展开全部现象解释体系的粗线条构想，主要涉及具体的方式方法。

改革开放40年来，我国法学界一直致力于完善继受自清末和民国时期形成的以"和化权利义务"为核心的法现象解释体系，取得了一些成效。但是，这个现象解释体系本身是从20世纪上半叶的汉译日语法学入门型教科书和民国时期汉语法学入门型教科书继承过来的，脱离中国以宪法为根本的现行法律体系和法律实践。[①] 它脱离中国法律制度和法律实践的典型表现之一，是不能最低限度地反映权力这一同权利并行的基本的、强有力的法律现象，[②] 以及一直缺乏勇气正视法学界已经证明的权利和权力在根本上是一个统一体的认识及基于这种认识形成的法权概念。

一 当代汉语法理学基本范畴的改进方向

汉语法理学是中国哲学社会科学话语体系的重要分支，毫无疑问应该有中国特色。其实，特色不必刻意追求，只要尊重或直面本国基本情况（如本国语言文化、法律体系、权利权力体量和分配现状），基于本国基本情况并吸收外来先进法学成果形成现象解释体系，自然会有不同于外语法学的特色。从内容看，不论中外，近现代法现象解释实际上是以权利、权力、义务这三个概念为最重要范畴的，而这样一种法学，确实直接或间接来自西语国家，在相当一段时间受西语法学现象解释体系主导，实在是不

[①] 参见童之伟《法学基本研究对象与核心范畴再思考》，《法学》2022年第9期。
[②] 反映这一种状况的最新例证，是"法理行动计划"秘书处对2018年8月一次全国性法理学研讨会研讨内容的集中报道。在这篇标题为《法学范畴与法理研究》学术研讨会在长春召开》（http://www.cicjc.com.cn/zh/node/8758，2018年7月12日访问）的报道中，"权利"出现25次，而实际法律地位与"权利"相当的"权力"（包括职权、权限）的出现次数为0。所以，可以说这次学术会议的讨论内容再次集中展现了现有法学理论（语义分析法理学）与法律生活现实脱节的程度。

可避免的。只是，这种状态应该早点结束，在有条件形成自己现象解释体系的时候，应该尽快结束。就实际情况来看，汉语法学已经走在形成自己的现象解释体系的路上了，只要假以时日，继续实行"百花齐放，百家争鸣"方针，离成功之日并不遥远。

在形成自己的法现象解释体系方面，不仅有一个立足本国基本情况的问题，同时还有个如何看待西语法学的问题。传统西语法学，在权利、权力、义务三者中确实是更为看重权利—义务组合、相对忽视权力的，这有其历史和文化的必然性。

首先，受罗马法的影响，西语法学在一定程度上继承了将权利与法律等同看待的法律文化。在古罗马时代，"公法涉及罗马帝国的政体"①，从有关著作看，② 其发展水平也是相当高的，或许与私法差不多。如果罗马公法也能像其私法一样留存和影响后世的话，近现代的欧美的法学可能会把权利与权力（或曰私权利与公权力）并重。但可惜罗马法深刻影响后世的基本上限于私法，罗马法与罗马私法几乎成了同义词。这种情形的直接文化后果之一，是法学看起来应当是权利之学，因为，拉丁文的"法律"和"权利"用一个词指代（"jus"），这种做法显然也影响到欧洲许多国家的现代语言：与拉丁文"jus"相同，德语"recht"，法语"droit"，瑞典语"rätt"，匈牙利语"jog"，意大利语"diritto"，拉脱维亚语"tiesības"，俄语"право"，立陶宛语"teisė"，马耳他语"ordni"，葡萄牙语"direito"，等等，都是一词双义：法律，权利。它们出现的每个具体场合，含义到底是法律还是权利，完全由上下文决定。这种传统给人的印象是，法律就是权利，权利就是法律，两者是一回事。至少对于东方语言的法学来说，这是一种误导。19世纪末20世纪初，后来深刻影响了汉语法学的日语法学把法学看作权利之学或权利义务之学，实际上就是接受了此种欧洲大陆法学传统话语的影响。

其次，19世纪乃至20世纪初，西语法学国家处在"夜警政府""最弱

---

① ［古罗马］查士丁尼：《法学总论——法学阶梯》，根据朗门、格林公司1910年版译出［The Institutes of Justinian（Longmans, Green, and Co London 1910）］，张企泰译，商务印书馆1989年中文版，第5页。

② ［意］弗朗切斯科·德·马尔蒂诺：《罗马政制史》（第1—2卷）（Francesco de Martino, Storia Costituzione Romana, Casa Editrice Eugenis Jovene, Napolis, 1972），薛军译，北京大学出版社2009年、2014年中文版。

意义上的国家"阶段,广义政府获取的预算收入和支出都很少。正如前文已经有所交代的,按"公共财产转化为权力"和"个人财产转化为权利"假说,那时期以政府预算支出衡量的权力体量占国民收入总量通常为10%左右甚至更低,其余90%左右属个人财产,体现为权利。[①] 所以,权利比权力体现为10∶1左右的绝对优势,在一定程度上忽视权力,不算太离谱的做法。权力确实是不足以同权利并驾齐驱的法现象。因此,那时社会关系由权利—权利关系主导,而一切权利—权利关系都表现为或可被解说为权利义务关系。

所以,以权利或权利—义务组合为核心范畴的西语法现象解释体系,主要适用于20世纪中叶之前的自由资本主义社会,到了以国家干预为最突出特征的凯恩斯主义兴起时代,情况就不同了。到20世纪30—40年代,权力的法律地位在世界范围内得到大幅度提升,苏联在生产资料国有制背景下实行计划经济,用权力配置社会经济资源,美国在凯恩斯主义名义下实行加强国家干预的"新政",德意日走上极权主义道路,以及后来出现的"福利国家",这些现象性质不同,但都是权力现象在政治法律生活中日益突出的重要标志。从此以后,忽视、轻视权力现象的各种分析法理学在欧美开始变得越来越不合时宜。当今欧美国家的法学,早已突破了权利义务范畴的束缚,越来越重视权力现象。这点我们可以从阅读职业生涯高峰在20世纪下半叶之后的西语法学家的汉译论著中明显体会出来。

重权利范畴和权利义务关系、轻权力范畴和权利—权力关系的法的一般理论很大程度上脱离中国的历史和现实。在中国的历史上和社会现实中,权力现象的实际地位一直比同时期的欧美国家突出得多。中国辛亥革命前的2000多年间,一直实行绝对君主制,权力无比厚重,权利十分稀微。1911年后是内忧外患、兵荒马乱的30多年。自中华人民共和国成立以来,我国从新民主主义经济到计划经济,再到社会主义市场经济,总体上实行以国有制为主导的生产资料公有制,权力体量在法权结构中所占比重以及由于它比较集中而形成的强度等,综合起来看肯定超过西语国家。

[①] 前面援引的是占国内生产总值(GDP)的百分比,这里说的是占国民总收入(GNI)的百分比,名词不一样,但实际上两者的统计对象基本一样,只是角度和方法有些差别,总量在宏观上可忽略不计。如按我国国家统计局公布的数字,我国2010—2019年10年间GDP与GNI之间的差率,最高的年份是0.9%,最低的年份为-0.1%。

1978年改革开放以来经济制度已允许多种经济成分并存并转换为社会主义市场经济，不仅权利的体量成倍、数以十倍地提升，在法权结构中的占比也大幅度提升了。基本证据是，我国国民财富中国产与个产的比重，从1978年的七三开，逐渐转变成了2015年的三七开，比例颠倒了过来。[①] 这是在经济、社会、法治诸方面很了不起的综合性、基础性建设成就。

在我国当代法权结构中权力相对于权利一直是主导的方面，这是中国的传统和现实。这种状况是否理想或将来是否需要调整改进，我们暂且存而不论，但它无疑是真实情况，法学不能回避它，必须将其纳入法学思维。权力没有正式进入法学思维的基本表现，是一国通用或常用基础性法学教科书（如法理学）中没有权力概念，即没有权力指称范围和实质方面的集中论述。基础性法学若没有权力概念，就难以形成为切实保障基本权利而需要形成的有效监督制约权力、把权力关进法律制度的笼子的观念和制度。

以上是具体讨论当代汉语法现象解释体系基本范畴的改进问题前，需要交代的背景情况。交代清楚做了铺垫后，我们就可以直接讨论较具体的问题了。以自己有限的认识，笔者把当代汉语法学现象解释体系基本范畴的改进方向，大体设定为以下几个方面。

1. 中国要建设的汉语法学现象解释体系，应该是具有现代性、民族性、法现象解释力很强的一般理论的框架，其基本范畴应能在社会物质生活条件方面找到可靠依托。我国是实行制定法制度的国家，与制定法制度相适应的法学理论通常是哲理性的、本质主义的，强调法现象解释的系统性。尤其是，社会主义国家的法学研究理所当然地应该贯彻唯物史观的指导。所以，建设汉语法学的现象解释体系的基本范畴的现实依托不仅应超越具体国家、具体时代，还要看得见摸得着，不能太虚。这样，该解释体系才能为在宏观层面融洽解释中外今古各种法现象的起源、现状、实质、相互关系和未来走向的法的一般理论提供基础性框架。关于基本范畴乃至整个解释体系的依托，法学界过去比较愿意谈论法律传统、法学传统和法文化，但从这些方面着眼明显有解释力不足的缺憾。综合考虑，最合适的

---

① Thomas Piketty, Li Yang, and Gabriel Zucman, "Capital Accumulation, Private Property, and Rising Inequality in China", 1978-2015, *American Economic Review* 2019, 109 (7), pp. 2471, 2481.

着眼点应该是社会物质生活条件，这是任何社会任何国家任何时候都离不开的生存基础。社会物质生活条件不仅有中外今古的普遍性，如果具体指标选择恰当的话，还是可以经验地感知甚至予以定量权衡的。

不过，"社会物质生活条件"太抽象，必须从中找出与之相联系的具体指标。过去30余年间，我个人做研究的选择是从财产入手，从财产及其不同构成部分同权利、权力、法权、剩余权、权和它们对应的负值形式即各种义务的关系入手。

2. 依托汉语法学传统和汉语自身的相对优势，形成汉语法学自己的基本范畴群，其中首先是核心范畴。近现代汉语法学有四个最基本的概念，即从正负两方面表述法现象内容的"权利""权力""义务"，以及表述法现象内容之承载形式的"法律"（简称法）。其中，作为名词和概念，权利、权力、义务都是翻译引进的，虽然其中都包含汉语文化的底蕴和中国学者的劳动，[①] 而法史学界众所周知，"法律"作为一个双汉字名词也来自日语法学，虽然汉语自古就有"法"和"律"两个单汉字名词。概念是从事物、现象中抽象出来的，但"一切科学的（正确的、郑重的、不是荒唐的）抽象，都更深刻、更正确、更完全地反映自然。从生动的直观到抽象的思维，并从抽象的思维到实践，这就是认识真理、认识客观实在的辩证途径。"[②]

对照以上原理，以当今全国通用法理学教科书中的"权利"为例，编写者应该回答的问题是：它是由哪个时代的哪些学者抽象出来的？是在哪个时候、从哪个国家的"生动的直观"或"客观实在"中抽象出来的？这些"生动的直观"彼时彼地具体包括哪些现象？今天要检验这个"抽象的思维"的真理性，我们得放在哪个时代哪个国家的实践中去检验？尤其是，我们归根结底要提出和回答的问题是：当今汉语法学有什么必要抱持和坚守清末汉译日语法学和民国汉语法学入门型教科书中的这种外延包括一切公共权力的"权利"概念？从中国当下的法律体系和法律生活的相关现象中抽象出汉语法学自己的权利概念不是更好吗？这些问题看起来很复

[①] 童之伟：《中文法学中的"权利"概念：起源、传播和外延确认》，《中外法学》2021年第5期；《中文法学之"权力"源流考论》，《清华法学》2021年第6期；《中文法学之"义务"源流考论》，《政治与法律》2022年第4期。

[②] ［俄］列宁：《哲学笔记》，《列宁全集》，人民出版社2017年版，第55卷，第142页。

杂,其实很简单,只要将源于清末汉译日语法学和民国汉语法学入门型教科书的这种"权利"概念,与抽象自我国现行法律体系的相关规定和法律实践中的法律现象进行对比,就应该什么都清楚了。"权力""义务"的情况与"权利"相同。

"法律"的情况看起来似乎好一些,但实际上也好不到哪里去。对此,有学者讲得很透彻:"说'法律'是舶来品,可能要损伤国人的自尊心,但这是事实。中国人大谈'法''律',至少也有两千年历史了。管子云:'法律政令者,吏民规矩绳墨也'。这里,'法律政令'虽然连用,仍不过是单字的集合。要把'法''律'改造成一个有独立意义的合成词,还要等两千年,直到19世纪末叶,那个'弹丸小国'的东邻把用我们的材料加工成的各色货物,暴雨般倾泻在我们的生活中。只说改'法''律'为'法律'这一项,就不能不叹服日本人的聪慧与独创性。有了这项创造,我们才开始窥见另一世界的奥秘来,尽管这种反省并非是时时都有,人人所能的。"他接着又进一步总结道:"'法律'与'法''律',实在是两种很不相同的东西。前者虽然是中国的'原料',日本的'成品',根子却深植于西方的土壤。"[1]

所以,严格地说,近现代汉语法学中这四个最基本范畴中,没有一个是汉语法学提出、证明、定型和特有的。现代汉语法学现象解释体系的基本范畴群中需要有中华民族自己的特有的范畴,尤其是核心范畴。如果法学现象解释体系只在外围部分有一些时下本国特有的流行名词,核心部分全是外来的,甚至外来核心概念的外延覆盖范围和内容也是"进口"时原有的、没有完成与本国法律体系和汉语的适应性改造的,那就更难以接受了。但难以让人乐观的是,在我国高等法学院校基础性法学教学话语领域,核心的范畴(权利义务)确实仍然是20世纪上半叶引进自日本的,仍有待做与本国基本情况相适应的改造。

3. 让权利一词实现与本国以宪法为根本的法律体系和法律实践的契合。当代汉语法学的现象解释体系,可分为研究的现象解释体系与教学的现象解释体系。汉语法学21世纪的实际情况是,即使是做一般理论研究,现象解释体系也是分化的,权利、权力、义务这些概念的运用,如前所述,主流上

---

[1] 梁治平:《"礼法"还是"法律"?》,《读书》1986年第9期。

已经与现行法律体系契合。但同时仍然有一部分脱离本国法律体系、法律实践的法学文章或论文能够见诸法学期刊，这些法学作品的基本特点是谈论权利或权力时，读者看不出作者谈论的权利、权力是哪国法律体系中的权利、权力，完全脱离当代中国的实际情况。如果这些作品谈论的是权利，读者几乎不可能看出其中的权利是不是本国法律体系和法律生活中的权利，与权力有何区别，到底包不包含权力；反过来看，如果他们讨论权力，情形也大体如此。至于汉语法学的教学的现象解释体系，虽然有些例外或正在发生变化，但主流的核心话语仍然是来自清末汉译日语法学和民国时期法学入门型教材中的"权利"或"权利义务"。这种"权利"概念的最突出特点是其外延包括各级各类国家机关的公共组织的权力，即包括中国宪法法律文本中规定的"国家的权力"、国家机构"职权""权限""公权力"等。让法学受教育者使用这种过时的"权利"概念，只会严重干扰他们正常理解本国现行法律制度和法律实践。因为，人们遍查现行中国宪法、法律、行政法规，乃至遍查执政党的权威性文献，绝对找不到这样一种含义和用法的"权利"。

因为以上原因，源于清末汉译日语法学入门型教科书并为民国时期同类法学教科书所沿用的"权利"概念，应该果断放弃，与之相协调的、与当代我国法律体系、法律实践背离的权力、义务概念的外延、实质也应该重新研究、确认。

4. 在法学现象解释体系的形成方法上要有根有据，继往开来，把展开方式落实到细节。这里首先要考虑的是大的、可程序化操作的方法。在这方面，包括我自己在内的一些法学研究者提出过要运用马克思在写作《资本论》过程中运用过的"绝对方法"或"从抽象上升到具体"的方法，但具体如何展开，还没有人展示。今天看来，汉语法学范畴体系的展开方法，时间顺序上至少得从黑格尔的"绝对的方法"考察起，[①] 但主要还是应落实经马克思做唯物化改造后的绝对方法的运用，其要点是："正如我们通过抽象把一切事物变成逻辑范畴一样，我们只要抽去各种各样的运动的一切特征，就可得到抽象形态的运动，纯粹形式上的运动，运动的纯粹逻辑公式。如果我们把逻辑范畴看作一切事物的实体，那么我们也就可以设想把运动的逻辑公式看做是一种绝对方法，它不仅说明每一个事物，而

---

① ［德］黑格尔：《逻辑学》下卷，杨一之译，商务印书馆1976年版，第536—549页。

且本身就包含每个事物的运动。"① 现代汉语法学现象解释体系是面向世界的，所以，在运用马克思绝对方法构建法学范畴架构的过程中，还应努力吸收当代在思辨的理论体系构建方面的新的研究成果，如阿·洛·怀特海（Alfred North Whitehead）、托马斯·库恩（Thomas S. Kuhn）等 20 世纪科学哲学家阐述的方法论原则。

二 实践法理学选定基本的法现象的标准和范围

根据不同的需要，可对法现象做多种分类。实践法理学根据法现象在法律体系和法律生活中的重要程度，将它们分为基本的法现象、重要法现象和其他法现象。与基本的法现象相对应的是法学基本概念或基本范畴，然后是重要范畴和其他范畴。以内容为标准，从正反两个方面体现利益、财产种类并能在总体上穷尽它们的基本概念有五个。如果按总—分关系的顺序排列，它们分别是权、法权、剩余权、权力、权利；如果按在法律体系、法律生活中体现它们的用语的常见程度、重要程度的顺序排列是权利、权力、法权、权、剩余权。② 从负面体现利益、财产内容的只有义务，义务具体分为与权、法权、剩余权、权力、权利及其后面的利益、财产的相应负值内容相对应的义务。③ 第七种，也是最后一种基本的法现象是各种实定法，与其对应的法学基本范畴是法（或法律）。重要法现象和其他法现象，这里无详细讨论的必要。

法学基本研究对象只能限定在基本的法现象的范围内。总体看，选定权利、权力、剩余权、法权、权、义务和法（或法律）等基础性法现象作为研究和论述对象，是中国研究法律的学问告别传统律例和传统律学，一起走向现代法学的重要外在标志。因此，简要了解当代汉语法学重视的基本的法现象及相应汉语名词产生和进入中国法律、汉语法学思维的较准确

---

① ［德］马克思：《哲学的贫困》，《马克思恩格斯选集》（第 1 卷），人民出版社 2012 年版，第 220 页。

② 这五个基本范畴与具体利益、财产种类的对应性，可参见童之伟《法权说之应用》，中国社会科学出版社 2022 年版，第 39—43 页。

③ 具体的对应情况可参见童之伟《法权说对各种"权"的基础性定位》，《学术界》，2021 年第 2 期。

情况，对于我们展开本专题的论述，十分必要。下面实践法理学参照中国法律体系和规范的现代汉语名词选定七单元基本的法现象依次做简要交代。

1. 权利，法的权利之简称，以个人（包括自然人、法人）为主体，范围包括法规定的"权利"、法确认的各种"自由"、法承认和保障的正当个人特权、个人豁免，以及通常被简称为某某权的其他权利，如人身权、财产权、选举权等。权利是在与拉丁文 *jus* 或 *ius* 同英语 right 互译的意义上使用的汉语法学名词，它最初的含义孕育在裨治文的《大美联邦志略》[①] 和魏源编写的《海国图志》里一篇译文的"权"字中。"权利"一词首见于丁韪良翻译，1864 年于北京印行的《万国公法》一书，在 1865 年随该书传播到日本。1868 年日本著名法政学者加藤弘之开始在其著作中较广泛使用"权利"一词，[②] 同年出版的津田真一郎的著作也多次使用"权利"。[③] 此后的 40 余年间，权利一词在中日两国学术文化界的使用范围和频率日益扩大，且在 20 世纪初通过 1903 年的《大清商律》、1908 年的《钦定宪法大纲》等当时的重要法文件稳定地进入了中国法律制度。[④]

2. 权力，法的权力的简称，以国家机关等公共机构及代表其行使职权的官员为主体，范围包括法律文本直接规定的"权力"（如《宪法》规定的"国家权力"、《立法法》规定的"权力"、《监察法》规定的"公权力"），以及其具体表现形式"职权""权限"、正当公职特权和公职豁免，还有往往被简称为某某权的其他权力，如立法权、行政权、监察权、审判权、检察权等。权力是在与拉丁文 potestas 和英语 power 互译意义上使用的汉语法学名词，其形成和被接受的过程，显得比权利一词的经历更复杂一些。刊行于 1815 年的马礼逊《华英字典》系列中的汉英字典，第一次在直接与英语 authority 接轨、间接与其同义词 power 接轨的意义上直接

[①] 如"君民同权""权在庶人"，参见［美］裨治文（Bi Zhiwen, Elijah Coleman Bridgman）《大美联邦志略》沪邑墨海书馆活字版，1861 年（辛酉年），第 25 页。

[②] 加藤弘藏（又名加藤弘之）『立憲政体略』，东京：谷山樓 1868 年版，第 10—12 頁。

[③] 津田真一郎（又名津田真道）『泰西国法论』，东京：开成所 1868 年刻本，如卷 1 第 6a 页，卷 2 第 17b、18a、28b 等页。

[④] 本自然段加引注的信息，参见童之伟《汉语法学中的"权利"概念》，《中外法学》2021 年第 5 期。

使用"权力",①但由于它在该字典中所处位置比较偏僻,没有证据能证明它对后人接受和采用"权力"有直接影响。首次在与英语法学名词 power 直接对应的意义上采用"权力"并产生带动效应的人是日本学者加藤弘之,他在1874年出版的万余字小册子中至少8次使用了"权力",还于1882年在另一流行著作中对"权力"的实质做出了有分量的论述。②梁启超、黄遵宪等人受加藤氏影响,在中国学者中率先使用"权力",其中梁氏还于1906年著文系统地阐述了他的权力思想。③但是,在中国近现代的法律文献中,"权力"往往是以"权"字为其语言载体的,用"权力"为其语言载体的情形虽有,但次数很少且所处法文献位阶不高。④到了民国时期,权力开始以"主权"或其主要表现形式"职权""权限"的面目间接出现在高位阶法律文献中。⑤直到1949年9月,"权力"一词才先后进入中国的临时宪法即《中国人民政治协商会议共同纲领》(第三条第二款),然后是1954年宪法。1954年《宪法》第二条规定,国家的"一切权力属于人民","人民行使权力的机关"是全国人大和地方各级人大。在这部宪法中,权力主要以"职权""权限"两个词加以具体表述。此后,其他法律文件才开始循宪法的用语使用权力一词。

3. 法权,法定之各种权的统称,其原初法律存在形式,是中国宪法、法律较广泛记载的、权利与权力共同体意义上的"权"。这种意义上的"权"在中国1954年宪法中首次展现,其典型反映是1954年《宪法》第六十七条中的如下规定:"地方各级人民代表大会代表的选举单位和选民有权依照法律规定的程序随时撤换自己选出的代表。"其中的"权",实指权利与权力的共同体:相对于人大代表的选举单位(间接选举的人大代表的选举单位都是地方相应的人民代表大会)来说,此"权"是权力(职权),相对于选民来

---

① Robert Morrison, *A Dictionary of the Chinese Language*, Vol. I. -Part I., Macao: East India Company-s Press, 1815, p.118.

② 加藤弘之:『國體新論』,東京:谷山樓,1874年刻本,第15—26页;[日]加藤弘之:《人权新说》,陈尚素译,译书汇编社1903年版,第16—19页。

③ 童之伟:《汉语法学之"权力"源流考论》,《清华法学》2021年第6期。

④ 使用"权"字的情形,可见1908年《钦定宪法大纲》;使用"权力"的情形见1903年的《商部奏定商会简明章程二十六条》,上海商务印书馆编译所编:《大清新法令(1901—1911)》第4卷,商务印书馆2011年版,第225页。

⑤ 参见1912年的《中华民国临时约法》和《中华民国临时政府组织大纲》,以及1923年、1947年《中华民国宪法》等著名历史文献。

说，此"权"是权利。同理，中国现行《宪法》第五条第五款"任何组织或者个人都不得有超越宪法和法律的特权"中的"权"，以及第一百零二条第二款"地方各级人民代表大会代表的选举单位和选民有权依照法律规定的程序罢免由他们选出的代表"的规定中的"权"，也都是表述权利与权力的共同体。① 最典型的用法可谓中国现行《刑事诉讼法》第三条的如下规定：对刑事案件办理程序中的侦查、拘留等，"除法律特别规定的以外，其他任何机关、团体和个人都无权行使这些权力"。其中"无权"中的"权"，对于"机关"来说指权力，对于"个人"来说指权利，在这个条款中是独特和不可替代的。这些"权"不同于"人身权""立法权"中的"权"，不是也不可能分别理解为"权利""权力"的简写。

作为权利与权力共同体之"权"，在我国现行宪法、民事和刑事的法律以及其他基本法律中都属常见表达单元。很自然，它作为一个指称权利权力集合体的名词，不仅可指称其本身，也可分别指称权利、权力及它们中的具体构成部分。"权"作为指称权利权力共同体的法律单元，在中国法律制度中实际上已经至少存在70多年。只是囿于权利义务法学信条等传统眼界，法学者们没有及时发现它和给它一个适当命名。基于以上认识，我20余年前提出和证明了权利和权力从根本上是一个统一体的认识，并在经过若干周折之后将该统一体命名为法权，全新含义的法权一词由此得以诞生。② 至于围绕"法权"的一些枝节性争议，后文会另行交代。

4. 剩余权，指按法规则之外的行为规则（如道德、宗教、社团规则）做某种事情或行为的正当性。剩余权不是法律术语，而是笔者用以描述各种法外之"权"时按汉语表意规则自组的一个法学名词。或许，我国共青团章程规定的地方各级委员会在内部的职权，团员在团内的选举权、被选举权、表决权和退团的自由等，是解说剩余权比较适当的例子。汉译外文

---

① 现行中国宪法官方英译本对第一百零二条上述规定的译法值得商榷。译文为"The organizations and constituencies that elect deputies to local people-s congresses at all levels shall have the power to remove them from office in accordance with procedures prescribed by law."（http://en.npc.gov.cn.cdurl.cn/constitution.html，2022年6月27日访问）其中所用"power"不妥，因为选民不可能有"power"。所以，此处的"power"应该被学术界已论证、西语主流出版机构认可的"quan"所取代，理由另请参见后文相关部分。

② 有代表性的论文主要有：童之伟：《再论法理学的更新》，《法学研究》1999年第2期；童之伟：《法权中心的猜想与证明》，《中国法学》2001年第6期。

法学著作常论及的道德权利、道德权力等，显然也是剩余权的组成部分。汉语法学明确、有意识地论及剩余权比较晚，大体上是20世纪下半叶的事情。在此之前法学对其即使有关注，也主要限于古典自然法学派所说的自然权利。此后，在谈论人权存在形式意义上的"应该有的权利"减去法定之权的余额时，容易让人联想到剩余权。①

5. 权，指权利、权力和剩余权的共同体，其范围可谓法定之权加剩余权。权是中国特定语言背景下形成的基本的法现象分析单元。这个分析单元及记录它的"权"字的存在，是汉语法学所独有而任何西语法学都没有的优势。之所以认定它的存在是优势，是因为它不仅独特而且有用，其有用性在于它记录了这个民族对权利、权力、剩余权（不论用何种语言表述）三者有深层共性的意识，从而在对三者加以区分的前提下，可将三者或其中两者视为一个有特殊联系的共同体。这样，作为指称权利、权力、剩余权共同体的"权"字，就可以在法学或社会文化意义上指称权利、权力、剩余权三种现象构成的共同体或其中任一组成部分，在法律上指称权利和权力构成的共同体（法权）或其中任一组成部分。所以，作为法学分析单元的"权"和作为法学术语的"权"，是当代汉语法学本土性、民族性、独立自主性的重要象征。但遗憾的是，迄今为止我国所有法学辞书，包括逾2000万字共11卷的法学词典，都没有给"权"一个法学词条的位置，且近乎所有法学论著和法学教科书，都没有正视过和解说、定义过"权"。② 这种状况难免让人担忧当代汉语法学基础性研究领域的西语法学中心的潜意识对本土因素的盲目排拒，以及法学脱离中国当代基本情况的现象。这里的基本情况，包括汉语文化传统、现代汉语和中国当代法律实践。而且，由于汉语法学对"权"缺乏应有认识，甚至长期无法将其正确译为西语，直到近年才有西语主流出版机构承认"权"的独立法学概念地位并认同了将其英译为"quan"的正当性。③

6. 义务，这是与权内容相反、学科地位对称的法学分析单元。相对于权的内部构成，义务也相应区分为可穷尽一切义务的四个次级分析单元：相对

---

① 李步云：《论人权的三种存在形态》，《法学研究》1991年第4期。
② 指《中国法学大辞典》各卷，中国检察出版社1995—2001年陆续出版发行。
③ 电脑统计，前引 Tong Zhiwei, *Right, Power, and Faquanism: A Practical Legal Theory from Contemporary China*，全书都采用quan译"权"，总数达296次之多。

于权利的个人义务、相对于权力的公职义务、相对于法权的法义务、相对于剩余权的法外义务。义务不仅指法和法外行为规则直接称为"义务"者,还包括它们规定或默示的"职责""责任""无权"(包括无权利和无权力)、"应当""必须""禁止""不得"等词语针对的行为。中国古代没有"义务"一词,但有从不同侧面表达现代法学义务含义的"债""责""义""分""务"乃至"忠""孝"等单字名词。这些单字名词中的有代表性部分与西语接轨,最初发生在1692—1701年间完成编纂的《汉字西译》和编纂、转载了其几乎全部内容并于1813年在巴黎出版的《汉法拉大辞典》中。后者对"债""分""责"中相当于当代义务含义的部分做了拉丁文和法文解说。① 直接看,近现代汉语法学的"义务"一词来自日语法学。日本法学家津田真一郎1868年在其一本介绍欧洲法律的著作中开始稳定地多次使用"义务"一词,② 稍后另一日本学者加藤弘之又对义务做了一些理论阐释。③ 20世纪初年,流亡于日本的梁启超曾基于中国的社会文化背景,继加藤氏之后对义务起源、实质、表现形式和正当配置做了十分深入的论述。④ 梁氏和后起的学者一起,促成了义务一词向汉语法学的移植。义务与权利在清末民初进入中国法制体系。1908年清廷颁布的宪制性法文件《钦定宪法大纲》写进了"附臣民权利义务"。1912年《中华民国临时约法》亦规定公民有"纳税之义务""服兵役之义务"。⑤ 义务从此成为中国法制的组成部分和现代汉语法学的基础性分析单元之一。

7. 法(或法律,下同),它是承载以上正反两方面六个单元内容的形式。六单元基本的法现象相对于法来说是内容,包括正值的和负值的,法可谓承载基本的法现象的制度形式,包括成文的和不成文的。从人们认识的方式看,法学可区分为本质主义法学与经验主义法学。本质主义法学强调通过把握各个法现象后面决定着它之所以是它而不是其他法现象的根本特征的方式来认识各种法现象。在认识法现象方面,本质主义法学也重视

---

① Chrétien-Louis de Guignes, *Dictionnaire Chinois Français Et Latin*, Press of the Imprimerie Impériale de Paris, 1813, pp. 28, 51, 726.
② 津田真一郎『泰西国法论』,开成所1868年刻本,卷2第13—26页,卷4第11b页。
③ 参见加藤弘之『真政大意(卷上)』,东京:谷山樓1870刻本,第8a—10b页。
④ 梁启超:《新民说·论义务思想》,《饮冰室合集·专集》(第3册),中华书局2015年版,第5086—5090页。
⑤ 姜士林等主编:《世界宪法全书》,青岛出版社1997年版,第30页。

通过运用眼耳鼻手等身体器官获得的感官直觉,但它更信任和依赖人的思维抽象力。经验主义法学则相反,它重视人的思维力对于认识法现象的价值,但更信任和仰仗通过眼耳鼻手等器官获得的感官直觉。马克思主义创始人的认识论是本质主义的,因而有意循马克思主义哲学方法形成的法的一般理论,也必然是本质主义的。法的一般理论必须能够系统和自洽地解释中外今古的所有法现象及其相互关系,特别是本书定位的上述六个单元的基本的法现象的起源、本质、归属和相互关系。

法在各国的存在形式和实际地位往往有所不同。在我国,法指以宪法为基础的、以国家强制力支撑的社会规范体系。我国的法,按定义标准的不同宽严度,实际上可区分为范围略有不同的三重意义上的规范体系:(1) 狭义的法。严格按宪法规定的"法律"标准,我国只要全国人大、全国人大常委会制定的有普遍约束力的规范性文件就是法律,可进一步分为基本的法律和基本的法律之外的法律两种。此外还有经最高国家权力机关批准的国际条约。(2) 中义的法。中义的法在宪法、法律之外,还包括行政法规、军事法规、监察法规、地方性法规、自治条例、单行条例、司法解释、规章等。中义的法有《立法法》和全国人大常委会《关于国家监察委员会制定监察法规的决定》做根据。(3) 广义的法。我国是一个正走向法治的国家,实际上得到国家强制力支撑的社会规范,除狭义的和中义的法之外,还有两种规范或规则,有些实际上也起法的作用。一种是执政党或国家的一部分政策。例如,原《民法通则》第六条规定:"民事活动必须遵守法律,法律没有规定的,应当遵守国家政策。"此时有关的国家政策实际上有法律效力。《民法通则》编纂进《民法典》后,后者没有再直接提到政策,但其第十条规定:"处理民事纠纷,应当依照法律;法律没有规定的,可以适用习惯,但是不得违背公序良俗。"所谓习惯,就是通常做法,从这个意义上说,已经公布、实行的政策,完全可以理解为习惯之一。而且,法律没有规定的应当遵照政策办的原则,并不限于法院处理民事纠纷。现阶段我国各级行政机关在不少工作领域实际上仍然是没有法律规定就按党的政策、国家政策处理,如一部分计划生育相关事项。另一种起法的规范性作用的是党内法规。党内法规绝大部分是调整党内关系的,但历史上和现阶段也有一些规定实际上并不完全限于党内事务的范围,如涉及党员领导干部公职和相关待遇处分的党内法规的相关条款等。

只要能够统一于宪法、法律，存在三重意义的法规范体系本身不是问题。在维护国家法制统一方面，我国宪法规定的宪法监督制度、法律监督制度正在逐渐完善。党内法规的合宪合法审查机制也正在形成中。执政党党内监督制度需要协调有效地运作。2012年中共中央批准并发布，2019年中共中央政治局会议修订的《中国共产党党内法规制定条例》第二十七条规定，党内法规的审议批准机关收到党内法规草案后，交由所属法规工作机构进行前置审核，审核内容包括"是否同宪法和法律不一致"，不一致的当然要纠正。

作为形式，不论在哪种意义上，法都是承载内容的"筐"，但从功能的角度看，它们之间远不仅仅是物件和盛物件的筐之间的关系。从功能角度看，法要在"筐"的范围内动态地分配基本的法现象体现的利益、不利益，归根结底是分配它们体现的财产和负值财产，并相对地稳定社会的分配关系。

三　实践法理学从"权"入手的法现象认识方略

法学对作为法现象的"权"可划分为"权利""权力""法权""剩余权"四个单元，与"权"对称的"义务"也可相应地划分为"个人义务""公职义务""法义务""法外义务"四个单元。如此划分后，"权"包括其本身在内，形成了"权"的五个分析单元，"义务"也一样。但由于"权"是正面的、是形，义务是负面的、是影，故法学宜保留"权"的全部五个分析单元，但对"义务"全体，只作为一个分析单元看待。因此，本书选取的基本的法现象的分析单元是六个："权""权利""权力""法权""剩余权""义务"。这六个单元之所以被称为基本的法现象，是因为其中前五个单元的法现象穷尽了一国或一社会的各种利益进而包括各种财产的全部法律表现，而"义务"则穷尽了一国或一社会各种负利益（或不利益）进而包括各种负值财产的全部法律表现。[①] 将全部基本的法现象划

[①] 详见"法权分析模型"和"义务分析模型"，见童之伟《实践法理学：权利、权力与法权说》，中国社会科学出版社2024年版，第350—356页。

分为单元,是因为它们只是"权"和对应"义务"的构成要素的不同范围的组合,如权是法权和剩余权的组合,法权是权利和权力的组合等,义务也一样。这是实践法理学对所有法现象及其相互关系做利益分析和财产分析的技术性安排。法学研究基本对象是现象层面的讨论,会涉及现象的范围划分和指称它们的名词。

对从事特定学科基础性研究的人们来说,选定或确认本学科面对的"事实",实为确定本学科最基本的研究对象,这在很大程度上是决定研究成败的第一步。为此,他们需要运用自己全部的专业知识和经验。但即使是这样全力以赴,他们也没有办法立即确证自己选择的正确性。因为,选择是否正确,首先取决于由此形成的理论体系内部的融洽(包括自洽)程度,最终还要看这个体系对相应现象世界的解释力,以及可在多大程度上预测对象世界的发展并对其施加有效影响。因此,选定一个学科必须诉诸的最基本事实往往表面上看非常主观、武断,但实际上是做选择时没有必要和可能多讲道理。所以,《资本论》虽是以逾 200 万汉字才得以承载的庞大理论体系,但马克思认定其研究对象及其理由的话语,总共只用了以下 60 余字:"资本主义生产方式占统治地位的社会的财富,表现为'庞大的商品堆积',单个的商品表现为这种财富的元素形式。因此,我们的研究就从分析商品开始。"①

但是,选定一个学科面对的"事实"或基本对象虽看起来简单、轻松,但却是若差之毫厘,由此出发的理论体系必谬以千里的关键举动。这就像做长途旅行的人,出门面对通往各个不同方向的道路时会做出的选择一样,不能出差错。研究者在起点若出差错,所得到的理论就会无法自圆其说,可能不得不用超逻辑、超学术强制和偷换概念等自残的办法应对后续情况。选定"事实"或选定本学科最基本的研究对象,是一个主观认识在多大程度上符合客观实际的问题,不是一般的是非之争。另外,任何"事实"都不会一成不变,而是处在可能积累成质变的量变过程中。"事实"之变,对一个学科来说就是基本研究对象的变化。基本研究对象变了,原有的理论体系就应该做相应调整,否则必然出现因脱离客观实际而

---

① [德] 马克思:《资本论》,《马克思恩格斯文选》(第 5 卷),人民出版社 2009 年版,第 47 页。

造成的种种问题。这种情况应该也完全适用于法学一般理论研究。

法的一般理论应从总体上反映其所处国家和时代的法律实践。不过，这种理论的"反映"不是对一国法律实践的摄影、照相，而应是研究者参考历史的和外部的情况，按融洽（包括自洽）的要求经过理性修正后的图像。如果对这个前提能有大体上的共识，那么我们可以说，汉语法学研究者不论选定哪个单元的基本的法现象为基本研究对象，都应该尊重以下三方面的基本事实。

1."权利"的确认和保障，构成中国全部法律制度的大约半壁江山。"权利"在当代中国的制度化集中表现是宪法关于公民基本权利的文字和条款。我国《宪法》保障公民基本权利的文字和条款范围包括：（1）《宪法》序言和总纲对于公民的地位的规定，公民的合法的私有财产不受侵犯、保护公民的私有财产权和继承权的规定，顾及个人利益、在发展生产的基础上，逐步改善人民的物质生活和文化生活的规定，以及公民"有权"做什么的规定等。（2）《宪法》题为"公民的基本权利和义务"的整个第二章，从第三十三条至第五十六条总共24条规定的内容。其中第三十三条第一款对"公民"一词所下定义，实为确认权利的基本主体，第三十三条其余各款和从第三十四条到第五十六条的全部条款，都是确认公民基本权利和享有基本权利的同时应该履行的相关义务的规定。（3）《宪法》第三章直接涉及个人权利保障的个别条款，如《宪法》第一百三十条规定："人民法院审理案件，除法律规定的特别情况外，一律公开进行。被告人有权获得辩护。"宪法的这些结构性要素是包括保障公民各种基本权利的宪法相关法和民法典在内的全部法律保障制度的根据和基础，具体涉及自然人、法人的权利、自由、正当个人特权和个人豁免等广泛的方面。

这里应说明，《宪法》序言、总纲和第二章等规定公民"必须""不得""禁止"做什么的规定和宪法直接以课予"义务"的形式要求公民做什么事情的条款，从公民的权利与义务不应分割的意义上说，都应理解为伴随公民基本权利保障条款的必要规定，但它们不是直接保障公民的基本权利。

2."权力"授予、运行和监督、制约，构成中国全部法律制度的另外大约半壁江山。"权力"在当代中国的制度化集中表现，是中国《宪法》关于国家权力、国家机构职权、权限的规定，包括：（1）《宪法》"序言"

和"总纲"对于国家、国家指导思想、根本任务、国家权力归属、国家性质、国家机构组织和活动原则和国家应遵循的其他各种原则的规定，实际上都是针对权力的规定。因此，国家、国家性质、国家根本任务、国家机构组织和活动原则，相应地就是权力、权力性质、权力根本任务、行使权力的机构的组织和活动原则，可类推。(2)《宪法》总纲对于国家、国家机关可以做的事情的规定，《宪法》第三章"国家机构"从第五十七条到第一百四十条的全部条款，其中"国家机构"是各个权力主体的统称，各国家机关的职权、权限是权力的具体存在形式，行使职权、权限的程序即运用权力的程序。(3)《宪法》第四章规定"国旗、国歌、国徽、首都"，其中国旗、国歌、国徽是关于权力象征的规定，首都是关于行使最高权力的机关的设置地点的规定。宪法的这些结构性要素，是包括各种国家机关组织法、港澳基本法在内的所有确认权力，规范、制约、监督权力及其具体表现形式——职权、权限、正当公职特权、公职豁免的全部法律制度的根据和基础，后者只是前者的具体化。同样应当说明的是，《宪法》序言、总纲和第二章等规定国家、国家机关"必须""不得""禁止"做什么的规定和宪法直接以明确"职责"的形式要求国家、国家机关做什么事情的规定，从权力与职责不应分割意义上说，都是权力主体的职责。从法的一般理论角度看，"职责"是义务概念指称的对象之一，应该理解为国家、国家机关和以国家机关名义行使权力的官员的义务。

3. "剩余权"是与法律之外的行为规则相联系的，制宪、释宪、立法、释法等国家机关行为要考虑乃至决定权利、权力与它的边界划分，还希望对它的存在形式和功能有所引导，但毕竟不应是直接和有强制力的。所以，"剩余权"理应直接是法学的基本研究对象的一部分，但它与以宪法为基础的法律制度的关系是间接的。

基于以上三方面基本事实，遵循任何科学学科都有的将基本研究对象尽可能单纯化同时又全覆盖的要求，法学一般理论研究在确定基本研究对象时必须将"权"与对应义务区分开来并选取"权"为基本研究对象，"权"包括法定之"权"和剩余权。当代汉语法学如此确定的中国社会实践中的"权"，正相当于 A. N. 怀德海在科学哲学意义上论述的"事实"。各种各样的"权"在当代汉语法学中的地位恰如马克思政治经济学中"庞大的商品堆积"和作为"财富的元素形式"的"单个的商品"。因此，就像《资本论》开门见山在第一句话末尾宣告"我们的研究就从分析商品开始"一样，从事汉语法学一般理论研究的学者也应理直气壮地向读者交底：法学的基本研究对象是"权"，我们的研究就从分析"权"开始。

四　实践法理学现象解释体系的展开方式

既然各种分析法学不太切合中国的基本情况，不是很好的法现象解释体系，那么，我们能不能努力创造更好的替代品？答案是肯定的，法权说就是作者长期寻求到的具体答案。此说是与各种分析法理学对称的法现象解释体系，是实践法理学的核心内容。

在全部基本权利中，人身自由等安全利益是前提性的，但以财产为依托的物质利益是人们生存和发展的基础性利益，由物质利益可派生出其他许多相关利益。基于这种认识，实践法理学把国家或社会的全部利益，划分为法律承认、保护的与法律未承认、未保护的两大部分。前者简称法定利益，以归属已定之财产为其物质承担者；后者在全部利益中所占比例极少，简称剩余利益或法外利益，以归属未定的财产为其物质承担者或经济依托。由法律的性质所决定，只有在受损后最终能够以财产补偿方式进行救济的利益才适合纳入法律保护的范围。因此，反过来也可以说，法律承认和保护的利益都有或应该有财产内容，差别只在于是直接的还是间接的。

基于个人与公共机构共生而又对称、对立的基本事实，实践法理学把法定全部利益按二分法进行划分，分成个人利益和公共利益两大部分。这里的个人是一个类，首先是自然人，但也包括由自然人组成、与公共机关对称的私人机构，如各种私法人。公共机构也是一个类，指法律上或事实上掌握公共权力、对社会进行统治的组织，其典型存在形式是国家或政府。事实上，个人利益以私有财产为其物质承担者，公共利益以政府预算等体现的公共财产为其物质承担者。一些事实上介于个人与国家之间的机构，如非政府组织，只要是有私有财产支撑的，它们就仍然划入个人的范围，它们的利益当然也属于个人性质。各种组织的形式和代表的利益往往是错综复杂的，实践法理学认为归根结底要看它们直接由个人财产还是预算等公共财产供养。

个人利益和公共利益在法律上是如何表现呢？弄清这个问题很重要。应该说，个人利益和公共利益的法律表现，笼统地看，不同国家之间有许多共同点，具体地看有很大差异。以中国宪法文本为例，个人利益概括地表现为宪法确认的基本权利，具体表现为各种权利和自由，如选举权与被选举权、言论自由、出版自由、宗教信仰自由等。另外还有许多虽不含权利等字眼但具体保护个人利益的条款，如"公民的人格尊严不受侵犯"（第三十八条），"公民的住宅不受侵犯"（第三十九条），等等。至于公共利益的表现形式，中国宪法上概括地用权力一词表达，具体用职权、权限两个词来表达，另外也有不少维护或保障公共利益的具体规定。

至于美国宪法文本，其体现个人利益的文字主要是权利，少数情况下用自由（包括 liberty 和 freedom），还有个别情况下用"特惠""豁免"来表达普通公民享有的那部分利益。至于美国宪法文本中体现公共利益的文字，则基本上是权力，加上由特定公职人员享有的那些"特权"或"豁免"。外国外交官在本国和本国外交官在外国享有的"特权"或"豁免"，应该也属用公共机关财产保障的公共利益。当然，美国宪法同样有不少未包含权利、权力等字眼但体现个人利益或公共利益保障的具体规定。

基于以上说明，我们可概括出实践法理学不同于中外各种分析法理学的几个根本特点。

1. 以财产属性为根本标准严格区分权利与权力。法学上严格区分权利与权力，意味着不承认既是权利同时又是权力的法现象的存在，也不承认权力是权利的一部分①或权利是权力的一部分。怎样才能做到这一点呢？看来关键是确立合理的区分标准。

各种分析法学和其他法学，往往对权利与权力是有所区分的，但区分标准从来都很暧昧：似乎是法律上直接强制力的有无，又好像是按主体划

---

① 在政治上，从政治学角度看，说国家等公共机构的权力是人民之权的一部分是一个正确判断，本书的讨论以此为政治前提。本书是一部法学著作，作者是在制定了宪法后，基于宪定或法定权利与权力的分配讨论现实的法律问题，所以特别重视在法律层面对权利与权力做清楚彻底的划分。

分，看享有者是政府等公共机关还是个人。其实，用这两个标准都无法合理区分权利与权力，迄今为止，还没人据此标准能在理论上把它们严格区分开，就是这类标准不管用的明证。要严格区分权利与权力，看相应内容是否具有法律强制性，或看其归属于个人还是公共机关，都只能作为区分的参考。因为，"法律强制性"的有无往往似是而非，难以具体认定，加之权利和权力在不同场合由同一主体合法行使的情况不少。尤其是，用这两种标准区分权利、权力，即使看起来行得通，也明显有表面化的缺憾。

　　实践法学区分权利与权力，是由表及里按照三个层次统一地做衡量，实际上只一套标准。在表层，这个标准要考虑区分对象的主体，但到中层就要看区分对象体现个人利益还是公共机关的利益，而到了最深层次则要看区分对象归根结底由私人财产还是公共开支支撑：由个人享有，体现个人利益，靠个人财产维持其存在的是权利；以政府等公共机构及它们的名义进行活动，体现公共利益、由公共开支维持其存在的是权力。这就是说，相关区分对象在不同时间不同场合到底是什么，不由它们的名称决定，而是应根据其主体、社会内容和相对应财产的属性判断。例如，在这个意义上，美国宪法中的"特权"和"豁免"，既可能是权利的存在形式，也可能是权力的存在形式。甚至某种"自由"，如果它被宣称属于国家或政府的话，其真实内容也一定不是权利而是权力。

　　2. 将权利、权力视为分别指代两种最重要法现象的平行概念。认定权利和权力为法律生活中最重要的两种现象，一直是实践法学区别于各种分析法学的重要特征之一。按这种认识，权利和权力是对称甚至对立，但法律地位平等的法现象，且两者在根本上相通。

　　作为法学概念，权利和权力不仅仅指代法律文本、裁判文书和法律生活中被称为"权利""权力"的东西，也指代着一系列名称不同但性质相同的其他法现象。因此，权利、权力在相关的范围内也实实在在地起着霍菲尔德所说的那种"最小公分母"的作用。权利概念指代的法现象，若就中国宪法文本而言，多数情况下是其中规定的"权利"[①]，但也有一些用了 freedom；若就美国宪法文本而言，权利概念之所指，绝大多数情况下也是

[①] 前一个 right 是法学概念，是思维的产物；后一个"right"是现行有效的宪法规定的一个制度性存在，属客观的法现象，是认识和思维的对象。在这种情况下，打引号是为了提示读者注意差别，后同。

其中的"right",但在较小的频次上还有自由(包括 liberty 和 freedom),以及属于普通公民享有、反映个人利益的那部分正当个人特权(privilege)和豁免(immunity),如美国宪法第四修正案第二款中的相应名词。①

至于权力概念指代的法现象,以中国宪法文本为例,至少包括其中列举到的"权力",如"一切权力""国家权力"以及"权力"主要的具体存在形式,即职权和权限等。若以美国宪法为例,权力概念除指代其中列举的各种立法、行政、司法权力外,还应包括其中规定由联邦参众两院议员和其他公职人员合法享有的正当公职特权和公职豁免。

从学术角度看,权力概念指代或描述的对象,应包括一切体现国家或政府利益的法律表现,如政府等公共机关行使的权力、职能、权威、权限,以及公职人员享有的特权和豁免,甚至包括由法定的公共机构履行的责任等。另外,霍菲尔德所列举 8 个概念中的对应概念,也应该整合到这个范围中来,事实上这里确实将其中的对应概念整合进来了。

3. 以指称权利和权力统一体的法权为核心范畴。读者在后文中会看到,实践法理学假设和证明了权利权力统一体的存在,并以记载这一认识成果的法权概念作为法学核心范畴。这种新的法现象解释体系提出和证明权利权力统一体存在的研究流程如下:(1)法律上的一切权利和权力,不论它们采用什么样的表现形式(如法律权利、自由、法律权力、公共机关职能、公共机关权威、权限、以公共机关名义或个人名义享有的特权和豁免等),从根本上说都是一个统一体;(2)证明权利和权力尽管千差万别,但无一例外都是或应该是法律承认和保护的利益,即,在法律承认和保护的利益面前,异彩纷呈的各种权利和权力成了一种无差别的存在;(3)无论何种权利和权力,都以或应该以归属已定的财产为物质支撑,没有例外,尽管其中的程序性权利、程序性权力只有间接的财产内容。

权利权力统一体是学者通过逻辑思维把握住的一个新的法学实体,必须有一个反映并记载对这个实体的认识的概念,它才能进入法学思维。因此,给权利和权力统一体一个名称乃顺理成章的议题。

要说清楚权利权力统一体的恰当命名,先要确定"权"这个独特汉

---

① "The citizens of each state shall be entitled to all privileges and immunities of citizens in the several states." See the Constitution of the United States of America, Amendment IV, Section 2.

语名词的恰当英文表达。在法学领域，概念与名词既有联系也有区别：概念需用名词来表述，但并非用于指代现象或事物的名词都适合做法学概念。汉语中的"权"，由于被用于泛指各种法律权利、法律权力、[①] 道义权利、道义权力，[②] 其指涉范围显得非常宽泛，其内容尚无人全面系统地考察过，因而迄今为止人们对它的认识还没有达到概念化的水平。或许正因为这个原因，"权"虽极富中国特色且使用广泛，但在中国法学界一直受冷遇，学者们对之往往熟视无睹，以至于除实践法理学论文曾用"整体权"做其学名外，迄今无人愿将其作为法学名词看待，更无人为其做英文命名。

如果把"权"放回社会生活领域略加品味，我们不难发现这个名词指代的对象，相当于法内法外之权利和权力之总和，也可以说"权"=法的权利+法的权力+道义权利+道义权力。所以，在适当的上下文中，汉语口语乃至书面语言对这四种对象都可以用"权"来加以指称。但西方语言，从拉丁文到英文，都没有一个内容与"权"相对应的名词。可以说，"权"是汉语相对于西语有独特表达优势的语言资源之一。本书将法的权利、法的权力、道义权利、道义权力明确为权的四种组成要素，其实就是在对"权"命名的基础上推进对其认识的概念化。相信欧美法学界如果认真体察和接受"权"这个名词，其法学语言的表达功能会进一步丰富。

权这个概念的外延，可以分解为法权加上剩余权。就内容而言，法权实际上只是"权"中获得了法律确认和保护的那一部分，即法的权利加法的权力之和。当我们在理论和逻辑上确定了"权"的外延和内容后，就可以说基本实现了对"权"的认识的概念化。权可谓以法权为核心范畴的实践法理学的基本概念之一，法的权利、法的权力、道义权利、道义权力都是权概念的外延，其社会内容是特定国家或社会的全部利益，无分法律上的还是非法律上的，在后面支撑它们的是相应利益和财产，包括归属已定之财产和归属未定之财产两大部分。这是权的全部社会经济内容。

---

① jural rights, jural powers 即通常所说的 right, power, 此处和此后只是因为要与 moral rights 和 moral powers 相成对照等原因，才刻意在它们前面加"jural"。

② moral rights 可谓应该有的权利、剩余权利或法外权利；moral powers 亦可称为应该有的权力、剩余权力或法外权力。在民主、法治国家，权力以宪法列举的为限，原本不应该承认 moral powers 的正当性，但就许多国家，尤其是发展中国家的实际情况而言，moral powers 不仅是客观存在，甚至是公开和大量的。

第三章　实践法理学现象解释体系的初步构想　❖　91

　　权利权力统一体是我在20世纪90年代发现和证明的一个法学实体，因而早就有一个不可回避的命名问题。如何给这个统一体合理命名，曾一度困扰我差不多7年之久，在做多种尝试无满意结果的情况下，最后只好将其放进了一个内容已灭失的名词"法权"中，就像一只钻进螺壳的寄生蟹。

　　权利权力统一体是中国学者发现和证明的，从未用西语命名，因此拉丁文、英文等西语中迄今没有一个能够指代这一新法学实体的名词或概念。如何合理生成一个指代权利权力统一体的英文名词，关乎中外法学思想能否正常交流。

　　循传统命名套路，我曾努力在拉丁文中找出路，并将目光集中到了 ius 和 imperium 两个拉丁字上。拉丁文辞书表明：ius[①] 有两个基本含义，其中之一是权利和权利能力（享有权利或做某事的资格），既可对人，也可对物，是拉丁语中最适合指代当今法律权利的名词；imperium[②] 指公权力、统治权，与 ius 对立、对称，是拉丁文中含义最接近现代 jural power 的名词。基于这种理解，我一度主张将 ius 与 imperium 结合，组成一个英文新词 iusimperium，作为权利权力统一体的英文名称，但相关专家认为这太繁琐，不够大众化，也不像英语词。细想他们的看法不无道理。就这样，我们放弃了利用拉丁文组合英语新名词作为权利权力统一体名称的尝试。

　　随后经反复讨论和广泛征求法学和语言学家意见，我认为最好采用汉语拼音方案，以 faquan 做权利权力统一体的英文名称。这样命名遵循了新发现的物种由发现者命名的自然科学界命名规则，且包含着发现者所在地中国的元素，相信读者能够给予理解和接受。简单地说，法权就是"法律

[①] Ius had its basic meaning, just like "that which is sanctioned or ordained, law"; "a legal system or code (with all technicalities); that which is good and just, the principles of law, equity, the right"; "what one is entitled to (esp. by law), one-s right, due, prerogative, etc."; "right over others". See *Oxford Latin Dictionary*, Oxford University Press, Ely House W. I., 1968, pp. 984–985.

[②] Imperium also had its basic meaning, just like "the supreme administrative power, in Rome exercised at first by kings, and subsequently by certain magistrates and provincial governors"; "the power exercised by Roman emperors"; "supreme military power, command"; "supreme authority in any sphere"; "an office, magistracy, or command involving supreme power"; "a particular tenure of such an office"; "the exercise of authority, rule, discipline"; "dominion (exercised by a ruler or people), government, sway" and so on. See *Oxford Latin Dictionary*, Oxford University Press, Ely House W. I., 1968, pp. 483–484.

承认和保护的权",即法律上各种权利和权力的统一体或共同体。

权利权力统一体的名词定位于法权并形成基本概念后,由于其所指代的对象在实际的法律生活中的中心位置,法权因而理所当然超越权利、权力成为这种实践法理学的唯一核心范畴。考虑到此点,必要时我们有理由把这种法学理论称为法权说。

4. 视义务为体现利益损失、财产消耗的法学范畴。实践法理学不是着眼于语义而是着眼于社会经济内容来把握义务。既然义务是体现利益损失、财产消耗的法学范畴,而且与体现利益获得和财产增殖的法学范畴是对称、对立和正相反对的,那么不言而喻,肯定存在分别与权、法权和剩余权相对应的义务。我们不妨将三者分别称之为义务、法的义务、剩余义务。进一步说,也必有与法的权利、法的权力、道义权利、道义权力相对应的义务。合并所有同类项,我们得到法的义务、道义义务两个概念。考虑到法的义务即法学通常所说的义务,而道义义务也就是法外义务这个情况,我们完全可以说,义务分为法的义务和法外义务两种。

法律生活的具体权利义务关系和权力义务关系,应当都是绝对值相等而利益内容、财产内容相反的。所谓相反,指的是义务为损失、消耗、负数,权利或权力为获得、增殖、正数,如此等等。某个具体的法的权利与对应的法的义务之间的关系,或某个具体法的权力与对应的法的义务之间的关系,都应该是如此。

需要说明,与权利相对应的义务同与权力相对应的义务,因为主体的不同而形式上有这样那样的差别很自然,但实质上即社会经济内容上并没有什么不同。另外,义务也有实体性义务与程序性义务之分,程序性义务没有直接的负值财产内容。

所以,法学通常所说的义务(仅指法的义务)是一个可以标志众多性质相同的法现象的法学基本概念,这些法现象不仅指法的义务,还包括无资格(disability)、无权利(no-right)、无权力(no-power)、责任(包括responsibility 和 liability)、职责(obligation)等。如果继续借用霍菲尔德的说法,义务可谓所有这些同义词或近义词的最低公分母(the lowest common denominator)。但是,其中的无资格、无权利和无权力属程序性义务。遗憾的是,中文的法学名词的分化程度还不高,因而这里只好不时借用英文词语来做说明。

5. 将法学当作归根结底研究利益和财产分配的学问。本书后文提出和论证了这样一系列假定：权利是个人利益的法的表现，以私有财产为其物质承担者；权力是政府等公共机构代表的公共利益的法的表现，以税收等形成的公共财产为物质承担者；作为权利权力统一体的法权体现的是国民利益，以归属已定之财产为其物质承担者。其中国民利益指法律上全部个人利益与全部公共利益之和，归属已定之财产指全部私有财产与全部公共财产之和，亦称国民财富。

基于上述认识，我们必然得出这样三个结论：1. 法是分配全部权的规则，如果将剩余权忽略不计，那就可以说法是分配法权并规范其行使行为的国家强行性规则，其实质是分配利益进而分配财产并规范其运用行为；2. 法学表面上看是研究权、法权、权利、权力的分配和行使，但归根结底是研究隐蔽在它们后面的利益、财产的分配和运用规则的学问；3. 在法与利益分配、财产分配的关系问题上，应该区分制宪、修宪、立法，行政、司法；一般来说，制宪、修宪、立法过程分配利益和财产的特点突出一些，实施宪法、法律，包括合宪性审查，则主要是保障宪法、法律规定的利益、财产分配方案得到严格有效的落实。

法权分配的一般规律是：有经济内容的立法，利益分配和财产分配的性质直观一些，如美国行政当局曾经在国会推动的医保法案；关于权力分配、司法程序、法律体制的立法，利益分配和财产分配的性质则淡一些，如监察法、刑事诉讼法、法院组织法都属于这类法律。至于宪法，由于它既不是单纯的私法，又不是单纯的公法，而是私法和公法共同的根本法，因而它属于分配全部法权进而分配一国全部利益、全部财产，并规范其运用行为的总规则，往往涉及利益分配和财产分配之根本原则。

6. 以法律体系和法律生活实际为基准确定法学范畴体系。法学范畴体系要不要客观依据，具体怎么确定基本范畴之构成，应如何检验其合理程度等，这些都是法学理论不能不回答的问题。实践法理学的具体做法，是将法律体系和法律生活实际作为客观世界，将范畴体系视为反映客观世界的主观世界的理论支柱看待。这样一来，法学范畴体系同现实的法律生活之间应然的关系就清楚了：法律现象世界是法学研究的根本对象和出发点，法学范畴体系须适应全面准确深入能动地反映法律现象世界的现状和运动的要求；以若干基本范畴为支柱的优良法学理论，不仅应该能够合理解释全部法现象，更要有助于人们建设民主、法治的社会，有利于改善基本人权的保障状况。

关于范畴与客观的现象世界的关系，列宁说过这样一段话："在人面前是自然现象之网。本能的人，即野蛮人没有把自己同自然界区分开来，自觉的人则区分开来了。范畴是区分过程中的一些小阶段，即认识世界过程中的一些小阶段，是帮助我们认识和掌握自然现象之网的网上纽结。"①

如果这句话是可信的，那么，法学研究人员面对的"自然现象之网"就是客观、生动多样的法现象世界，法学范畴和范畴体系是他们研究法现象的认识成果，是头脑的产物，属主观世界。主观世界的产品质量，取决于它们能否全面准确深入能动地反映客观的法现象之网的特征及其内部、外部联系。对法学而言，能全面准确深入能动地反映法现象之网的特征及其内部、外部联系的范畴体系是最好的，否则就是不好或不太好的。

不过，客观的法现象之网到底是什么面貌，什么样的范畴架构和理论体系才算全面准确深入能动地反映了它的特征，其本身也属于见仁见智的问题。对这类问题，不同的人答案不同。之所以不同，首先是观察者站位不同造成的；其次是认识能力和认识方法的差异造成的。每个人及其所属的机构都有自己的特殊利益，看问题时难免会选择最符合自己利益的角度和距离。基于同样的原因，面对客观的现象世界，不同的人可能还会有意强调一些东西，或有意淡化、忽略一些东西，甚至对客观现象世界故意做变形的描绘。

客观的法现象世界处于永恒变化中，人认识法现象和记录进法学范畴的认识成果永远不可能跟上法现象本身的变化。所以，为了法学研究能最大限度地反映法现象世界的真实情况及其变化，研究者决不应以记录前人研究成果的法学范畴为主要的和终极性的对象做研究。法学研究者正确的做法应该是参考借助已有范畴来追踪研究活生生的法现象并将其新变化或自己对它们的新认识充实到已有范畴中，这样才能推进对法现象世界的认识和法学的进步。

还要看到，以范畴体系为支柱的法学理论体系一旦产生，其内容也一定会回过头来在不同程度上影响法现象世界的现状和发展。法学范畴体系

---

① ［俄］列宁：《哲学笔记》，《列宁全集》（第55卷），人民出版社2017年增订版，第78页。

等理论要素对法现象世界影响力大小,取决于其法现象解释力、逻辑力量的强弱和它掌握人心的深度广度。至于其影响方向,则要看它能在多大程度上满足国民需要或顺应时代潮流。

法现象世界与法学范畴等观念世界的影响是相互的,把前者作为客观实体,后者作为主观镜像,那是在初始和根本的意义上说的。实际情况是,包括法学家在内的任何人都不可能生活在初始状态或"归根结底"状态里,而是只能活在客观现象世界和复杂观念世界复杂的互动过程中。在这个过程中,没有哪一方永远是最重要、第一性的,也没有哪一方永远是次重要、第二性的,一切取决于时间、地点等具体情况。所以,不论是建设民主、法治的国家,还是有效保障基本人权、实现公平正义,都必须寻求最合理的法学范畴体系和相对应的理论体系。

强调法学的现象解释体系以现代中国法律体系和法律生活为依托,绝不是主张完全照抄中国宪法、法律文本和法律生活中使用的名词术语,而是要以这些名词术语为基本材料,运用理性和学问,从中概括、抽象出科学合理的法学概念或范畴。

第四章　法学基本研究对象与核心范畴再思考[①]

[导读]

本章以详细的引证列举了清末汉译日语法学入门型教材五个基础性方面的内容。通过阅读本章，读者可看到民国汉语法学入门型教材或基础性法学出版物在相同的五个方面完全沿袭了随清末汉译日语法学和留日回国法律学者返流中国的、以和化的"权利"或以其为重心的"权利义务"为核心范畴的现象解释体系，包括核心范畴和相关基础性命题。现代有代表性汉语法学现象解释体系的核心范畴和相关基础性命题与清末汉译日语法学入门型教材和民国汉语法学入门型教材的对应方面高度相似。本章的文字表明，现代汉语法学现象解释体系的核心范畴和基础性命题都形成于清末和20世纪上半叶的其他时段，近30—40年来并没有显著进步。现代汉语法学还没有形成自己的以核心范畴和相关基础性命题为主干的现象解释体系。从学术角度看，基本研究对象、核心范畴设定与当代中国法律体系、法律实践的错位，是现代汉语法学现象解释体系建设，尤其是基础性法学教学话语体系建设要解决的首要问题。改善现代汉语法学现象解释体系最需要做的事情，是基于现行法律体系和本国法律实践抽象出包括核心范畴在内的新的法学基本概念群。在这个过程中，现代汉语法学可以吸纳和化的"权利""权利义务"概念的合理成分，形成当代本国法律体系、法律实践所要求的适应性、民族性和现代性。

[①] 本章原文以《法学基本研究对象与核心范畴再思考》为题发表在《法学》2022年第9期，纳入本书时按基本概念统一、观点前后协调一致的标准做了必要修订。本章在阅读和理解相关日语法学文献的疑难部分时，得到了牟宪魁教授的帮助，特此致谢。

科学哲学中以研究理论体系著称的 A. N. 怀德海教授有句名言："所有以其陈述的真实性为基础的人类话语都必须以事实为根据。它的任何分支都不能主张对这一规则的豁免权。"① 他所谓 "人类话语" 指的是科学，而 "事实" 则是指具体学科的基本研究对象。当代中国法学应以什么为基本研究对象和相应基本范畴核心范畴？对这个话题以及相关问题，尝试在其他学者和本人已有论述的基础上再次撰文表达些看法。本书所说的中国当代法律实践，主要指以宪法为基础的当代中国法律制度及其实施过程。为表述方便，本书通常将法学基本研究对象和包括核心范畴在内的基本范畴统称为法学核心话语。

探寻汉语法学设定基本研究对象和核心范畴之简史的直接目的，在于促进与当代中国法律实践更相适应的法的基础性理论的形成。这要求研究者置身当代中国的法律实践，既尊重传统，又努力超越百年前形成的基础性法学教科书等 "本本" 及其选择的基本研究对象、核心范畴乃至相关的基础性命题。如果要确定汉语法学基础理论的平均研究水准，大体上可选择当时出版的高等法学院校的法理学教科书为讨论样本。因为，正如科学哲学家托马斯·库恩所言，"不论是外行还是科学家，他们的科学知识都得自于教科书和源于教科书的少数其他几类文献"；"每次在革命的背景下重建历史的开端，这种重建通常由革命后的科学教科书加以完成。" 教科书的作用，"在于使学生迅速熟悉那些当代科学共同体认为他们已知道的东西。"② 基于这些认识，本书在讨论法的基础性理论问题时，往往会选择当时主流的教科书为剖析对象。为了实事求是地评估汉语法学基础性理论与当代中国法律实践的适应水平并改善前者对后者的适应状况，我们不能不考察已知的法学基本研究对象和核心范畴选择同与其相对应的中国法律实践的适应状况。

一 清末民初汉译日语法学教材现象解释体系的核心

法的一般理论的基本状况首先反映在其选择的基本研究对象和核心范

---

① Alfred N. Whitehead, *Process and Reality: An Essay in Cosmology*, The Free Press, 1978, p. 39.
② Thomas S. Kuhn, *The Structure of Scientific Revolutions: 50th Anniversary Edition*, University of Chicago Press, 2012, pp. 137, 139.

畴上。18世纪末至20世纪30年代前后这一百多年间,世界上的先进国家大体都处于被人们称为自由资本主义的发展阶段,其经济特征主要是强调财产私有、自由竞争、小政府,国家机构只做"夜警",国家权力基本不在生产、流通、分配、消费等经济环节发挥作用。那个时代的西语法学家,虽然也关注国家、国家机构和它们的法律表现权力(power)以及相应的义务(duty, obligation),但不是重点,他们的关注重点主要是个人(自然人、法人)的权利(right)义务。这与罗马法对欧洲的影响主要局限于私法领域也有一定的关系。在对英美法德荷五国18—19世纪法学家著作的较广泛比较阅读中,我没有发现任何一位法学家明显忽视权力,也没有发现哪一位法学家将包括国家机构职权、权限、公共职能在内的权力刻意全部解说为权利的著作。因此,当代汉语权利义务法学将权力纳入权利概念的做法的根源,不一定适合在西语法学中去寻找。亦言之,不能因为日语近现代法学源于欧洲,汉语现代法学受日语法学影响最深,就想当然地将与日语法学相联系的汉语法学的缺憾,看成归根结底源于西语法学的东西。要厘清相关问题,需要我们根据日语法学的具体情况及其对汉语法学的影响过程,具体情况具体分析。

　　法学史资料表明,19世纪末20世纪初的日本法学著作的情况与欧洲很有不同,显示出了足够的多样性。有的学者的著作总体看能够从法学角度平行看待权利、权力,如加藤弘之。加藤氏后期不仅正视权力,而且将权力看得比权利更重要、更有决定性意义,进而提倡"权力竞争"、优胜劣败。[①] 但是,从总体情况看,日语法学进入20世纪之后,更多的学者开始看好以和化的"权利"或"权利义务"概念表述的法学基本研究对象和从和化的"权利义务"角度解释各种法现象的安排。这种安排在和化的"权利义务"两者之间是以权利为主角、义务为配角的。所以,20世纪初日语法学的主流部分内部虽不十分自洽,但实际上形成了一个可称为"和化权利"或"和化权利义务"法学的流派,其中直接影响了汉语法学的有代表性的人物是梅谦次郎、穗积陈重、冈田朝太郎、[②] 奥田义人、冈村司、织田万、美浓部达吉等学者。"和化权利"或"和化权利义务"法学的基本特征可概括为五点。

---

① 加藤弘之『人権新説』,东京:谷山楼1882年版,第32—81页。

② [日]冈田朝太郎:《法学通论》,熊元翰编,安徽法学社1911年版;见上海人民出版社2013年版,第73—90页;第97—102页。

第四章　法学基本研究对象与核心范畴再思考　❋　99

　　1. 受欧洲法学影响，以日语法学家所理解的"权利"为法学基本研究对象。19世纪末20世纪初日语法学界几位有代表性的学者写道："德国人莱布尼茨说：法律之学是权利之学。在西洋诸国，法律和权利大抵使用同一词语。盖法律为权利之外表，权利为法律之内容，二者有内外之别，但其本质同一"；①　"德国人莱布尼茨将法学定义为权利之学问，耶林著书《权利竞争论》，指明了应当尊重权利的原因。至此，对法学的观念从'正义'转变为了'权利'，自此可见人们的权利思想不断发展"②；"自德国大家拉伊普尼克以法学为权利之学问，于是权利之观念，遂为法律上最紧要之事"③。其中，东京大学织田万教授这部被引用的教材在中国有不同年代的汉译版本。持这一学派倾向的学者谈论法的内容时，眼中往往只有权利，基本不提权力，或将权力视为权利的一部分。不过，他们讨论权利时，会相应地讨论义务，但他们不认为义务与权利同样重要。④

　　2. 大体上平行看待"权利和义务"的学科地位，并以和化的"权利义务"两者为法学的最基本概念。采用这种做法并直接影响汉语法学的有代表性的日本学者与教材当数先后任职东京帝国大学的梅谦次郎、织田万教授及他们编写的教科书，⑤　其最明显特点是在篇章标题的层次将权利义务相提并论或用权利义务解说法律关系。相对而言，表现出这种学派倾向的日本法学家数量最多，奥田义人和更晚一些在汉语法学界很有影响的美浓部达吉的有代表性的基础性法学著作或教材，采用的都是以权利义务为核心范畴的体系。

　　3. 在"和化权利"或"和化权利义务"法学的框架内，认为法律有不同本位之分，且近现代法律以权利为本位，不以义务为本位。早在19世纪90年代初，穗积陈重就在研究法典的专著中集中讨论了"法典の本位"

---

①　冈村司『法學通論』，和佛法律學校明法堂1900年版，第190页。
②　饭岛乔平『法學通論』，东京：早稻田大學出版部1905年版，第194页。
③　织田萬『法學通論』，东京：有斐阁1902年版，见《法学通论》刘崇佑译本，商务印书馆1913年版，第129页。
④　在以上方面，山田三良的论述很有代表性。参见山田三良『法學通論』，明治大学出版部1919年，第203—213页。
⑤　［日］梅谦次郎：《法学通论》（第1册），刘敬第编，上海丙午社等1912年版，第105—186页；织田萬『法學通論』，东京：有斐阁1902年版，见《法学通论》刘崇佑译本，商务印书馆1913年版，第129—193页。

问题，他把法典的本位区分为"权利本位""义务本位"和"行为本位"三种，并认为近代之法律普遍以权利为本位，但少数公法应以义务为本位。① 不少日语法学家认同穗積陳重权利本位的提法，同时也认为以权利为本位的提法与欧洲有些语言中法律和权利两个概念以同一个名词做载体（如德语 recht）有关。② 他们倾向于认为"权利本位"源于德国法学家，而且源头其说不一。不过德语 recht 一词，有法律和权利两个含义，具体哪个含义，根据上下文确定，但德语是严格区分权力（gewalt）和权利（recht）的，前者不能被视为后者的构成部分。也就是说，德语法学并无"和化权利"法学或"和化权利"义务法学中那种外延包括各种公共权力的"权利"概念。

典型的"和化权利"义务法学中的"权利"概念，其指代范围和内容，都包括各种公共权力及其主要具体表现形式职权、权限。因而这种"权利"，从指称对象或范围看，实为当代中国宪法、法律文本意义上表述权利权力共同体的、进入法中的"权"，即实践法理学的"法权"。所以，"和化权利义务"法学的"权利本位"，实际内容恰好是法权说主张的"法权中心"。③ 只是由于它不是在确认公共权力对于权利的独立性和区分权利、权力的基础上形成的，故这种无意识的巧合没有理论和实际意义。无论如何，在引进"权利"并使其变异的过程中生造出一个外延包括权力的和化的"权利"概念并谈论以其为本位，很可能是日语法学在其发展初期犯下的一个阶段性错误，且返流的"和化权利"殃及了汉语法学。不过，"权利本位""义务本位"之类提法在日语法学中只是昙花一现，因其内容含混不切实际，日语法学领域在进入 20 世纪后不久就几乎无人再讨论这类话题了。关于法的"本位"的话题在日语法学偃旗息鼓后，它在汉语法学还延续了百余年之久，这应该是其始作俑者没有预想到的情况。

需要说明的是，诚如后文将有所援引的，学者中有论及权利本位论起源的，往往指向德国法学家莱布尼茨（Leibniz）和耶林（Jhering）及德语 recht 一词"一身二任"（含法律和权利两重意思）的特点。按这种说法，应是德语 recht 被日语法学出版物译为"权利"时，"权力"被日本学者无

---

① 穗積陳重『法典論』，东京：東京哲學書院 1890 年，第 174—180 页。
② 参见山田三良『法学通論』，明治大学出版部 1919 年，第 200—203 页。
③ 参见童之伟《法权中心的猜想和证明》，《中国法学》2001 年第 6 期。

形中添加了进去，极大地改变了 recht 的本意，形成了一种看起来是与 recht 的权利含义对译，实际上是任何德语法学名词都没有的、外延包括权力的和化的"权利"一词。可以肯定，德国学者即使有 recht 本位的意思，也绝对不是包括 gewalt（权力）的本位，只能是形式与义务对立、实质与权力对立的 recht（汉语权利）的本位。

4. 认为权力只是"权利"的具体存在形式，表现为国家机关的职权、权限等，因而不重视乃至忽视权力概念。将权力及其具体表现形式"职权""权限"等解释为权利的一部分，是日语权利义务法学的突出特点之一。如奥田义人将"警察权""裁判权""设官吏以保护人民"之权放入了"权利"范围，①织田万将"赋课征收租税，科当刑罚"之权放入了"权利"范围，②美浓部达吉更是将各级各类国家机关之"权"几乎尽数纳入了"权利"范围。③前引梅谦次郎、冈村司、岛田俊雄的教材或著作，都是将"统治权""权力"、国家机关"职权"等明确放进了"权利"的范围。④

5. 重视法律关系概念并从和化的"权利义务"关系角度阐释法律关系。时任东京帝国大学教授的梅谦次郎称："法文有时使用法律关系四字，学者尤多使用之。其定义曰：存于或人与或他之人又或物之间权利义务之状态也。在民事诉讼法等谓为权利关系，名异义同。然当云权利，则遗义务之一方，故不如译为法律关系，其义较正。"然后，他又以亲子之间、某人与其钟表之间的关系为例，解说了法律关系，特别说明人"对于物为直接之关系，而对于他人为间接之关系，而对于他人为因物间接之关系，不能谓人与物无法律之关系也。"⑤ 从法语法学引进法律关系概念并从权利义务角度定义和运用之，是日语法学的偏好之一。⑥ 日语法学不少讨论到法律关系的论著在中国汉译出版，直接影响汉语法学。

综合起来看，19世纪末20世纪初的日本，社会发展水平虽落后于欧美，但总体来说处在自由资本主义时期，政府属18—19世纪欧美"夜警"

---

① ［日］奥田义人：《法学通论》，张知本编辑，湖北法政编辑社1905年版，第92—94页。
② ［日］织田万：《法学概论》，刘崇佑译，商务印书馆1913年版，第133—135页。
③ ［日］美浓部达吉：《公法与私法》，黄冯明译，商务印书馆1941年版，第109—124页。
④ 参见冈村司『法學通論』，和佛法律学校明法堂1900年版，第190—266、363—531页。
⑤ ［日］梅谦次郎：《法学通论》，陈进第编辑，上海丙午社等1912年版，第124—125页。
⑥ 可参见冈村司『法學通論』，和佛法律学校明法堂1900年复刻版，第200—201页。

型，没有大规模介入经济过程，因而与公共预算体量及其在国家经济总量中所占比例相联系的权力的总量相对较小，权力在法权结构中所占比例较低。所以，日语权利义务法学相对忽视权力，结构上虽多少有些瑕疵，但还是能够适应那个时期包括其法律实践在内的日本总体社会状况的。

二 民国时期法学沿用"和化权利"为核心范畴的情况

不论从派出留学学习法学的人数还是汉译外文法学教材、读物看，中国19纪末20世纪上半叶的法学，主要是以日本学者为师的。上述日语法学不同流派的基本研究对象观和核心范畴选择偏好，都直接影响了20世纪上半叶的汉语法学，以致后者与前者的学派结构高度近似。这种高度近似首先表现为选用核心范畴是坚守汉语权利还是改为采用和化权利（或是否较严格区分权利、权力）为界限。具备第一类学派倾向的法学出版物的共同特点，是较严格区分汉语的权利与权力，倾向于认为：权利、权力是两个不同概念，权利概念的外延不包括任何权力；权利以个人和由个人组成的私的性质的组织为主体，权力以公共机关（其典型表现是国家机关）及其官员为主体，等等。这一类型的学者和著作，把权利、权力放在平等、平行的学科地位展开自己的论述，有代表性的主要是杨廷栋和他的著作。[①] 具备第二类学派倾向的法学出版物往往忽视或不重视权力，而把关注重点完全放在指称范围包括公共权力的"权利"和相应的"权利义务"上，并以此为基础形成了与和化权利、和化权利义务法学相对应且在以下五方面内容重合度甚高的学派倾向。那时在此基础上形成的第二类权利法学或权利义务法学，其要素结构已经脱离了汉语权利，而是与和化权利、和化权利义务法学高度同构的法学流派。亦言之，此时的汉语法学实际上是和化权利法学或权利义务法学的翻版或复制品，其大致特点如下。

1. 受西语法学和日语法学双重影响，但最终选定和化的"权利"为法

[①] 杨廷栋：《法律学》，中国图书公司1908年版，分别见第3—9页，第51—55页。

学基本研究对象。那时，有学者援引德国学者，谓"法学者，权利之学也"[1]；当时主流的法学教材也说，"自德意志学者唱法律为权利之学以来，法学观念之以正义为中心者，一变而以权利为中心，各人之权利思想，因以发达"[2]；"Leibniz（今译莱布尼茨——引者）尝谓法学为权利之学，因权利与法律，实有不可分之关系。"[3] 还有学者直接下结论说："以法律为权利之规定，法律学为权利之学，乃现代学者间之通说。"[4] 德语 recht 的含义是不包括公共权力的，但民国时期的汉语法学追随日语法学将其理解、解说成了包括公共权力的和化的"权利"，而且显然是简单地盲从和复述了日语法学的具体表达方式。

2. 以和化权利或和化权利义务为法学核心范畴。这是民国时期事实上普遍的做法，当时有代表的提法是："权利义务之观念，在法学上甚为重要，盖法律之任务，即在规定权利与义务，故现代一般通说，皆以法学为权利义务之学也"[5]。同一时期普遍以和化的权利或和化的权利义务为核心范畴来安排基础性法学教材的内容体系。以中国人为作者的第一本法学通论教材是留日归国学者孟森编写的，该教材很简明，它在章标题层面把"权利及义务"并列，从权利义务角度解说全部法关系。[6] 民国时期的著名法学家朱采真说："大概研究法律的人们该很要晓得权利义务的法律观是怎么样吧。这原本是从来的一点常识"。在其所撰写的基础性法学著作的总共 22 章中，共有 6 章（第七至十二章）专论权利义务，章标题分别是：权利义务的法律观，权利的类别，义务的类别，权利义务的主体，权利义务的客体，权利的得丧变更和行使。[7] 其他章标题没有权利义务字样，但大多也是围绕权利、义务展开的，全书三级标题目录中无"权力"一词。20 世纪 30 年代和 20 世纪 40 年代北京大学法律

---

[1]　胡育庆：《法学通论》，上海太平洋书店 1933 年版，第 124 页。
[2]　夏勤：《法学通论》，正中书局 1946 年版，见冯玉军等主编之《夏勤法学文集》，法律出版社 2015 年版，第 156 页。
[3]　白鹏飞：《法学通论》，上海民智书局 1928 年版，第 163 页。
[4]　欧阳谿著、郭卫修编：《法学通论》，上海法学编译社 1935 年版，第 241 页。
[5]　何任清：《法学通论》，商务印书馆 1946 年版，第 119 页。
[6]　孟森：《新编法学通论》（商务印书馆 1910 年版），见《孟森政法著译辑刊（中）》，中华书局 2008 年版，第 434—444 页。
[7]　朱采真：《现代法学通论》，世界书局 1931 年版，直接引语第 117 页，间接引语第 116—161 页。

系使用的基础性法学教材对"权利义务"的安排，类同朱采真的教材，用了一整编 8 章的篇幅。① 邱汉平是东吴大学法理学教授，他的法理学讲义和正式出版的教材，也是将权利义务平行地放在章的层次做标题和解说全部法律关系的。② 上述所有出版物中的那些"权利"，都是指称范围包括公共权力的和化的"权利"。

  3. 继受了日语法学的和化权利意义上的"法以权利为本位"的命题。在梁启超 1904 年接过穗积陈重关于近世各国法律均取权利本位的看法后，民国时期继续论述法的本位问题和权利本位说的论著或教材甚多，尽管日语法学后来完全放弃了他们前辈最初提出的这个论题。朝阳大学法学名师夏勤、郁嶷编写的几部入门型教材，从现存版本看都讲到了"权利本位"。稍早他们只是较简单提及，说"现世文明诸国之法律，咸以权利为本位"。他们后来又为此做了大段原理性论说，并认为是"德人 Jhering 著权利争斗论，首创权利本位之说。"③ 夏勤在 1946 年独自署名出版法学教材时，还可见其"主张权利本位之激烈"来评说耶林（Jhering），④ 尽管这种理解极可能是误解。其他不少学者的著作也对法的本位、权利本位有所论述。⑤ 同其起源地日语法学的权利本位论一样，20 世纪上半叶汉语法学"权利本位"论中的"权利"，也是外延包括权力及其主要具体表现形式职权、权限在内的"和化权利"。实际上，它的"权利"从外延和内容看都是实践法理学中法权说证成的法权概念，因而"权利本位"的内容客观上等同于以法权为中心的主张。但是，由于相关学者没有区分权利、权力和法权并做必要论述，这种主张实际上没有确定含义。

  4. 视权力以及它的具体存在形式职权、权限等为"权利"的构成部分。这是 20 世纪汉语法学中占绝对优势的和化权利概念观和和化权利义务观的基本特征之一，前引所有清末和民国时期的法学基础性教材中，除杨廷栋等少数学者编写的之外，差不多都采用了这种和化的"权利"概念。

---

  ① 参见欧阳谿《法学通论》，上海汇文堂新记书局 1947 年版，第 241—294 页。
  ② 邱汉平：《法学通论》，商务印书馆 1937 年版第 87—116 页。
  ③ 夏勤、郁嶷：《法学通论》，朝阳大学出版部 1919 年版，第 110 页；《法学通论》，朝阳大学出版部 1927 年版，第 101 页。
  ④ 夏勤、郁嶷：《法学通论》，朝阳大学出版部 1927 年版，第 101 页。
  ⑤ 例如朱采真：《法学通论》，世界书局 1929 年版，第 171、181 页；白鹏飞：《法学通论》，上海民智书局 1928 年版，第 164 页。

这方面最典型的具体做法是仿照当时的日语法学将"权利"分为"私权"和"公权",将"权力"及其具体存在形式如职权、权限及它们当时的主要表现形式立法权、行政权、司法权都纳入"公权"范围,让其成为"权利"的构成要素。这方面的情形除前引出版物外,还可参见民国著名法学家朱采真的著作和当时颇为流行的法学通俗读物。①

5. 沿用日语法学引进自法学的法律关系的概念,仍将其解说为和化的"权利义务"关系。留日学法学回国的孟森率先将"权利义务之关系即为法律关系"作为他所编法学教材第十章第三节的标题。② 东吴大学法学院的法理学讲义甚至将"法律关系"作为它全部十六章中的第七章,并按性质、动态、静态分为三节。③ 这些虽非普遍做法,但由此我们还是不难想象"法律关系"部分在20世纪上半叶汉语法学中的地位。不过,在20世纪上半叶,有两位法学名家按照他们理解的德国法学传统,一直坚持将法律关系中的公法关系解说为"权力关系",仅将私法关系解说为权利义务关系,④ 但他们的努力没能阻止多数学者像和化权利义务法学那样采用强说"权力"为"权利"的一部分,进而把法律关系都解说成权利义务关系的做法。

19世纪末至20世纪上半叶,中国处在外忧内患的激烈动荡中。这阶段中国社会发展落后于日本,但经济、政治实践和以宪法(临时的和正式的)为基础的法律制度,从社会发展阶段上看有较多相似性。由国家或政府直接控制的经济资源体量和所占比例不是很大,公共权力在法权结构中所占比例也不算特别高。而且,或许并非巧合的是,从1908年的《钦定宪法大纲》到1912年的《中华民国临时约法》,直到1947年民国宪法,其中都有"权利义务"的规定,差别只在于有的上了章标题,有的没上章

---

① 朱采真:《法学通论》,世界书局1929年版,第181—188页;钱香稻:《法学通论问答》,上海三民公司1930年版,第48—50页。

② 孟森:《新编法学通论》(商务印书馆1910年版),见《孟森政法著译辑刊(中)》,中华书局2008年版,第443页。

③ 邱汉平:《东吴大学法学院法理学讲义》目录第5页;另可参见邱汉平《法学通论》,商务印书馆1937年版,第95—116页。

④ 夏勤、郁嶷:《法学通论》,朝阳大学出版部1919年版,第39—40页;夏勤:《法学通论》,正中书局1946年版,见冯玉军等主编之《夏勤法学文集》,法律出版社2015年版,第120—121页。

标题。但是，所有这些宪法性文件，不论是制宪大纲，还是临时宪法和宪法，都没有使用"权力"一词，只有实际上指称权力的"全权""职权""政权""立法权"等名词。从这个角度看，那时汉语法学的基础性出版物中没有"权力"概念是正常、合理的。反之，如果上述法学基础性出版物有"权力"概念并与"权利"并列，尽管在学理上是合理的，但从以宪法为基础的法律制度上看，却是不太合适的。由此我们完全可以理解何以20世纪上半叶的汉语法学一度形成视法学为权利权力之学的萌芽，但终于还是由和化的"权利义务"法学居优势地位的格局。

三 "和化权利"作为核心范畴在当代汉语法学中的复兴

1978年以后，汉语法学在看待权利、权力、义务及其学科地位的问题上发生了较大的分化。20世纪80年代后，汉语法学不少论著、教材开始改变以"和化权利"为基本研究对象、以和化的"权利义务"为核心范畴的传统定位，出现了将权利、权力（法定之"权"）或权利、权力、义务三者作为法学最重要研究对象看待，以权利、权力或反映权利权力共同体及其本质属性的"法权"为核心范畴的主张。[①] 但是，如果确如前文所述，法学基础理论的平均研究水准是由高等法学院校入门型教科书来体现的，从这个角度看说，当代汉语法学在基本研究对象、核心范畴乃至相关基础性命题等五个基本方面，与19世纪末20世纪初日语法学和20世纪上半叶汉语法学比较，并无明显变化。我们不妨将20世纪80年代以来40余年与以上两个法学发展阶段占优势的基础性法学出版物在相同的五个方面做些简单对比。

在20世纪上半叶的汉语法学和近两个世纪一些外文法学（尤其是日语法学）有形或无形的影响下，当代汉语法学的基本研究对象观和核心范畴及相关基础性命题，基本上维持了20世纪上半叶的传统格局。对这个评估，有些学者可能多少会感到有些惊异，但这是很难不认同的事实。下面

[①] 参见童之伟《论变迁中的当代中国法学核心范畴》，《法学评论》2020年第2期。

分别简要梳理当代汉语法学有代表性的论著或法学家群体的法学基本研究对象观、核心范畴及相关基础性命题，读者可前后做个对照。理解和研究这个问题的关注焦点，是使用不包括任何公共权力的汉语的"权利"概念还是包括各种公共权力的和化的"权利"概念，这是法学学术的大原则问题。

1. 像 20 世纪上半叶一样，当代主流的汉语法学仍然视和化的"权利"为法学基本研究对象。近年有学者做了"为什么法学是'权利之学'而不是'义务之学'"的设问后，从人民已是权利主体的角度，重新肯定了法学是权利之学的认识。① 对此，另有学者概括了学术会议的集体认识并评价道：在放弃了以"阶级性"为唯一范畴的法与国家理论后，"'法学是权利之学'像是被吹响的胜利号角，成为 1988 年响彻全国的科学宣言"；那时，"与会者达成了'法学应该是权利之学'"等共识。② 这些提法都沿用自 20 世纪上半叶的法学入门型教科书，其中的"权利"，都是"和化权利"。这表明，将和化的"权利"看作法学基本研究对象，汉语法学的主流方面一百多年来没有任何变化。

2. 当代汉语法学仍守持着 20 世纪中叶前以和化的"权利义务"为法学最基本范畴的传统，但有所发展。有学者认为，20 世纪 80 年代末，"把'权利义务'确立为中国法学的基本范畴，是中国法理学寻找学术研究逻辑起点最成功的范例，是中国法学历史上的重大突破。"③ 从此，在这个逻辑起点上，法理学"找到了自己应该研究的对象，法理学从此走向了科学。这个逻辑起点就是'权利和义务'这对法学的基本范畴，从它们出发，法学家们建构起现代中国的法理学范畴体系"。还有学者提出，法理专家普遍认为"以权利和义务为基本范畴重构法学理论体系，是新时期法学界亮出的一张明牌"；认为权利义务在"法学经典范畴"中占特殊地位。④ 不过，这些都是对近现代汉语法学的历史不太了解才做出的评价。确定近现代汉语法学以这种和化的"权利义务"为核心范畴的时间点应该

---

① 徐显明：《中国法理学进步的阶梯》，《中国社会科学》2018 年第 11 期。
② 郭晔：《追寻和感悟中国法学的历史逻辑——"法学范畴与法理研究"学术研讨会述评》，《法制与社会发展》2018 年第 5 期。
③ 徐显明：《中国法理学进步的阶梯》，《中国社会科学》2018 年第 11 期。
④ 郭晔：《追寻和感悟中国法学的历史逻辑——"法学范畴与法理研究"学术研讨会述评》，《法制与社会发展》2018 年第 5 期。

是清朝末年传统的律学向近现代法学过渡的那个时段,完成转变的时间当为 20 世纪 30 年代至 20 世纪 40 年代。

3. 重新提出了"法律以权利为本位"的命题,但结合当代中国实际做了新的、补充性论述。有学者认为,从 1988 年起,中国法学经历了从"义务本位"到"权利本位"的转变过程:在当今中国,"一切权力属于人民,人民同时也就成为权利主体,法的本位也就从义务本位转变为权利本位";"权利本位的理论既深化了对法的本质的认识",也"是法理学从阶级斗争法学中摆脱出来的学术标志";"权利本位的理论还催生了中国权利学派,这是中国法理学 40 年发展中唯一可按立场、观点、方法划分而形成的理论学派。"[①] 另外,在 2018 年一次全国性法学会议上,"立足历史的视角,多数与会学者对 30 年前'权利本位论'的提出赞不绝口,他们认为,这不仅是法理学历史上的一个传奇,而且也是顺应改革开放大潮、推动中国法制现代化进程的历史性标识"。[②] 应该说,这种以"和化权利"表达的权利本位论和包括法学发展循义务本位到权利本位的规律等理论,是在日语法学提出、后来又放弃了的。但 20 世纪上半叶汉语法学自梁启超开始,继承和推进了日语法学关于法的本位和权利本位的理论,前后持续达半个世纪以上。其间,仅论述到"权利本位"的法学入门型教材就有数十种,包括汉译日语法学入门型教科书。对此,上世纪末已有学者或多或少做过一些论说,[③] 且论说者当时的本意就是提醒法学界,"权利本位论"不是新学说,可惜没有引起相关学者应有的关注。不过,20 世纪最后十多年复兴的和化权利义务法学似乎丰富了权利本位理论,其中主要是提出并论述了"权力来源于权利,权力服务于权利,权力应以权利为界限,权力必须由权利制约",以及"主张权利本位,反对权力本位"的观点。[④] 但这里须特别注意的是,"权利本位"的"权利"是"和化权利","权力来源于权利"等排比句中与权力对称的"权利"是"汉语权利",后者是前者的一部分。因此,这些说法在逻辑上是无法同时成立的。

[①] 徐显明:《中国法理学进步的阶梯》,《中国社会科学》2018 年第 11 期。

[②] 郭晔:《追寻和感悟中国法学的历史逻辑——"法学范畴与法理研究"学术研讨会述评》,《法制与社会发展》2018 年第 5 期。

[③] 童之伟:《20 世纪上半叶法本位研究之得失》,《法商研究》2000 年第 6 期。

[④] 张文显、于宁:《当代中国法哲学研究范式的转换》,《中国法学》2001 年第 1 期。

4. 尽管"权力"（我国宪法规定的国家的"一切权力"的一般性称谓）在以宪法为基础的中国当代法律制度中约占一半以上内容，但它在以和化的"权利"为核心范畴的汉语法学基础性教科书中仍然受轻视乃至被忽视。像在20世纪上半叶的日语和化权利义务法学中一样，权力在当今全国法学院校通用基础性教科书中被不甚适当地放到了"权利"之一部分的位置。这种安排与宪法的规定和精神是否契合，基础性法学教材编撰者需要慎重考虑。这里不妨以我国一种总体来说较优秀的法理学教材为例看看这方面的情况：该教材35万字，分15章，章节目三级标题的目录共10页，但只在最后1章最后1节的倒数第2目才出现了"权力"（"完善权力监督与制约机制"）一词，且全书未见对"权力"做解说、解释，包括它与宪法、法律规定的"职权""权限"的关系。在这部教材中，权力及其主要具体法律表现职权、权限，仍然被放在完全脱离我国宪法法律文本的"权利"概念下予以论述。① 这同19世纪末和20世纪上半叶的日语和化权利义务法学的安排近乎完全一样。而且，其核心范畴"权利义务"组合中的"权利"也确实仍然是"和化权利"。

5. 当代汉语法学在新的历史条件下接受和发展了20世纪上半叶的日语和化权利义务法学将法律关系解说为权利义务关系，而"权力"及其具体表现形式"职权""权限"等又都被放进"权利"范围进行传统论述。应该看到，这种传统做法在明治宪法和民国时期的宪制性文件下是能合理解释的，而在当今中国则与以宪法为基础的中国法律制度完全脱节。其中的道理，留待下文相关部分言说。我初步统计，过去30余年里采用这种法律关系论述模式的汉语法学基础性教材种数，占全部同类教材种数的比例，至少高于八成。这应该算是我国法学界众所周知的状况，此处就不做援引、论证了。

以上五点，应可视为复兴后的中国当代和化权利义务法学（有的学者称为权利法学）的基本特征。这里，它与前人的继受与被继受关系很明显。法学学术生产力与经济生产力是一样的。对于后者，马克思说过："人们不能自由选择自己的生产力——这是他们的全部历史的基础，因为任何生产力都是一种既得的力量，是以往的活动的产物。可见，生产力是人们应用能力的

---

① 《法理学》编写组：《法理学》，人民出版社、高等教育出版社2020年版，第120—138页。

结果，但是这种能力本身决定于人们所处的条件，决定于先前已经获得的生产力，决定于在他们以前已经存在、不是由他们创立而是由前一代人创立的社会形式。"[1] 像经济生产力一样，法学学术生产力也不是短期内能由几个人推动就突飞猛进发展的，得靠积累。我国 20 世纪 80 年代末复兴和化权利义务法学的主要意义在于衔接和延续了法学在 20 世纪 50 年代乃至此前数十年在法学基本研究对象观、核心范畴及相应基础性命题方面已经获得的认知，并用新的历史时期的常用话语论说了它们的适用性和价值。

时代在进步，20 世纪 80 年代末基本沿用自同一世纪上半叶的和化权利义务核心范畴与中国当代法律实践的适应状况如何，值得重视。

四 作为法学核心范畴的"和化权利"与当代法律实践

法学核心话语对于法学研究者来说是自选工具，用起来得心应手就好，完全是每个学者自己的事情。但高等法学院校通用法学基础性教材确认的核心范畴，却是所有法学人都应该关心的公共产品。我之所以 30 年来特别关注和化权利义务法学设置的基本研究对象和核心范畴等，最初是因为它们与我研究宪法现象时的观察、体验有诸多不一样，后来是自己指导的硕博士生和接触的年轻法律职业人士普遍反映和化权利义务法学认定的基本研究对象和核心范畴乃至基础性命题与后本科阶段学习、工作脱节较严重。实事求是地说，这可能与我主要从事宪法与行政法学科的教学研究工作有关，如果换成做民商法学的，应该一般不会有同样强烈的感觉。但无论如何，处在宪法和行政法学教学研究岗位上能较充分地感受到逾百岁的和化的"权利"或"权利义务"核心范畴对宪法和公法现象缺乏必要解释力的程度。这应该是一件好事，因为，感受到不完善能形成推动其完善的意愿和动力。

汉语和化权利义务法学教学体系为什么会对宪法和公法现象缺乏必要解释力？我以为，最根本原因在于百年来它确定的基本研究对象、核心范

---

[1] [德] 马克思：《致帕·瓦·安年科夫》，《马克思恩格斯选集》（第 4 卷），人民出版社 2012 年版，第 408—409 页。

畴没能与时俱进及时修正,以致与当代中国法律实践发生了较大程度的错位。为了看清这个道理,我们得对中国学术界常用的权利一词的多重含义做较具体的定位,然后在此基础上查明权利义务法学通常所守持的"权利"到底是哪重意义的权利?概括地看,当代中国学术界是在以下三重意义上使用"权利"一词的。

第一重意义的权利是政治性论著或文献中不时用到的、古典自然法学派"主权"意义上的"权利",如前引"人民同时也就成为权利主体"一语中的"权利"一词或"人民权利"中的"权利"。这重意义的"权利"不是法的权利,只是一个推定的政治概念,相当于"权",而法的权利属法律制度的一部分,两者内容有根本差别,必须严格区分开。在古典自然法学派理论家那里,所有个人在自然状态下的全部自然权利,作为整体就是主权意义上典型的"人民权利"。在那个理论体系中,"人民权利"中一部分被委托给一些人或机构,一部分个人自己保留,两者在政治社会表现为法的权力和法的权利,从而"人民权利"也因此而不复存在。不论中外,主权意义上"人民权利"从来不是一个宪法、法律用语,不是一个可用以讨论严谨法学问题的名词。把法律上、法学上的权利义务关系中的"权利"说成主权意义上"人民权利",在理论、逻辑上都不可能自圆其说。不过,这里需要做两点说明:(1)汉语法学历史上"人民"与"公民"不分、以"人民权利"一词指称"公民权利"等个人权利的情况,不适用这个判断;此时直接将"人民"理解为公民或个人就对了;(2)按实践法理学的权利、权力定义和它坚持的权利、权力区分标准,即使是欧美古典自然法学派"主权"意义上的"权利"(如"人民权利"),现代汉语原本也应译为权,即"人民权利"在现代汉语背景下原本应译为"人民之权"。因为,这种"权利"既然是权利、权力的共同体,在整体意义上就不应称为"权利",而应按现代汉语的标准称为"权"。

第二重意义的权利是法的权利,在宪法法律(国内法)范围内它的主体是自然人、法人,不是国家等公共机关,在我国宪法中表述为"权利和自由"[①]。所以,权利在任何国家的宪法、法律中都不包括权力及其具体表

[①] 《宪法》第五十一条规定:"中华人民共和国公民在行使自由和权利的时候,不得损害国家的、社会的、集体的利益和其他公民的合法的自由和权利。"

现形式职权、权限等。国家机关等公共组织披上法人外衣,转变身份进入市场后可以是权利主体,但此时它已不是国家机关而是民事组织。此处国家机关披上法人外衣充任"权利主体"状态只是短暂性的和过渡性的,不同于纯正的民事主体。其过渡性地变身为民事主体完成市场行为后获得的财产最终仍归属于公共财产,回归为权力行使的物质基础,他们自己也会立马回归权力主体的位置。在民主法治国家,有公民资格的自然人享有的全部各种权利中,只有选举权包含着权力的原子,但那仅仅是权力的原子,经法定选举程序集中到宪定公共机关后才能形成法的权力。

第三重意义的权利正是"权利义务"法学使用的指称范围包括各种权力的和化的"权利"。20世纪中叶前的日语法学创造了这种"权利",后为中国权利义务法学接纳并视为核心范畴。在20世纪中叶前较典型的日语权利义务法学论著中,这重意义的"权利"概念的指称范围主要包括:(1)人身权、财产权、各种个人自由,即私权利;(2)国家对个人、臣民之权力,包括各种统治权即国家机关等公共团体的权力及其具体表现形式,如职权、权限等;个人、臣民对国家的权利,如选举权和其他公共事务参与权;(3)有些日语法学入门型教材将"国际权"即作为国际法主体的权利也纳入了其范围。20世纪上半叶的中国权利义务法学出版物中的"权利",从含义看都是"和化权利"。如果说它与早年的"和化权利"有所不同,那也只是把国家对个人之公权按孙中山五权宪法思想列举为立法权、行政权、司法权、监察权和考试权。和化的权利概念,是与日本明治宪法和中华民国时期的宪制性法文件相适配的。因为,那个时代两国宪法、宪制性法文件中都没有"权力"一词。当今中国"权利义务"法学选用的"和化权利"的指称范围与民国时期相同,但不及民国时期清楚明白。在当代中国的权利义务法学的一些有代表性出版物中,和化的"权利"概念的外延虽然实际上仍包括立法权、行政权、职权、权限等国家机关的权力,但有关作者在论说这种"权利"时似乎由于理不直气不壮而不得不采用了半遮半掩的态度,故读者须细读才能看明白。这种做法在论说法律关系的时候表现较典型。[①]

要看清百年来的和化"权利义务"法学认定的基本研究对象、核心范

[①] 参见《法理学》编写组:《法理学》,人民出版社、高等教育出版社2010年版,第123—128页。

畴等与当代中国法律实践发生了较大程度错位的现实，还应知晓一个道理：在任何现代立宪国家，权利与权力在宪法、法律面前都是平等的，没有高下之分。这是起码的现代法律和法学常识。我国保障权利与权力在法律面前平等的制度首先体现在宪法序言最后自然段、宪法的法治条款和宪法监督条款中，还有合法性审查制度和行政诉讼制度。这个问题之所以提出来，是因为许多年来有一些诸如以权利为本位的不切实际的华而不实说法，妨碍了人们获得正确的宪法法律意识。按后一种说法，似乎权力与权利冲突，权力就应该退让、服从和服务于权利保障的需要。这是背离法治原则和正常立宪国家法律制度的虚假说法。能确认和实现权利与权力平等和平衡，那就是理想的法治愿景了。

在澄清了以上两方面的学理问题后，我们再看以和化的"权利"为基本研究对象和以和化的"权利义务"为法学核心范畴的安排与当代中国法律实践错位情况就清楚多了。这种类型的错位的首要表现，是和化权利义务法学自日语法学引进时起直到当代，百年来一直在上述三重意义上交替使用"权利"一词。所以，不论作为基本研究对象还是核心范畴，权利的含义在权利义务法学中从来都是飘忽不定，经常按论者临时需要悄然相互调换位置。前述三重意义上的"权利"实际上是三个不同的分析单元，构成前引 A. N. 怀德海所说的三种"事实"，其性质属于三个概念共一个汉语载体（"权利"）。这是汉语法学遇到的特殊状况，严格地说是一种缺憾，法学者原本应在严格区分并详细阐明它们不同含义的前提下加以克服。可能的办法包括像当代日语法学那样放弃权利权力统一体意义上的"权利"概念，也可以像我一直主张的那样，将权利权力统一体称为"法权"，同时在与我国宪法、法律接轨的意义上使用权利概念。最不合适的选择是利用这种缺憾，在一个汉语名词（"权利"）的"屋顶"下让实际上不一样的三个概念悄然进进出出彼此替换。因为，这样做的性质，其实是刻意利用汉语"权利"一词的多义性偷换概念做无意义的文字游戏以维持某些百年未变的命题于不倒。例如，当代和化权利义务法学守持的核心范畴"权利"，实际上是权利权力统一体（法权），因此，这种法学主张的"权利"本位，真实内容只能是权利权力双重本位或法权本位。但在做辩论需要时，论者往往会说权利本位是反对权力本位的。但是，此时反对权力本位的权利本位中的"权利"，已不是原来那个范围包括各种权力的

"和化权利",而是悄然转换成范围不包括任何权力的"汉语权利"了。这句话听起来有些绕口,但若仔细品味,可知不如此表达还真说不清楚。

其次,错位还表现在百年前形成的和化"权利义务"法学中那个范围包括各种权力的"权利"概念,脱离了以当代我国宪法为根本的法律体系及其实施过程,到了应该予以修正或置换的时候了。在这方面,1947年后日语法学随日本宪法改革而做出自我调整的做法值得中国学者参考借鉴。前文说过,日本明治宪法没有"权力"一词,那时的法学把按学理标准属于权力组成部分的职权、权限作为权利的构成部分,有可以理解的一面。但是,这种情况在权力概念已于1947年载入日本宪法并取得重要地位后,情况就不同了。1947年生效的《日本国宪法》在序言和关于"国会是国家的最高权力机关"、众议院在过渡期行使国会权力的第41条、第101条,都对"权力"做了规定。其中序言第一自然段的"权力"一词,所处宪法地位极为显要:"国政源于国民的严肃信托,其权威来自国民,其权力由国民的代表行使,其福利由国民享受。这是人类普遍的原理,本宪法即以此原理为根据。凡与此相反的一切宪法、法令和诏敕,我们均将排除之。"① 此条可谓日本宪法中的宪法,"权力"作为这一条的重要内容,其地位异常突出。大量日语法学资料显示,1947年《日本国宪法》施行后各个时期的日语法学入门型教材,一改往例,至少从20世纪60年代起,已近乎完全放弃了权利义务法学和将权力视为权利内容之一的"权利"概念。甚至传统权利义务法学赖以立足的"法律关系"解说模式总体上也近乎消失了。② 与此同时,"权力"(如"权力分立""権力と権威")也开始进入入门型法学教材的章标题、节标题。③

或许很少有学者注意,从中华人民共和国成立时起,"权力"在中国

---

① 日本国会众议院国会关系资料,https://www.shugiin.go.jp/internet/itdb_annai.nsf/html/statics/shiryo/dl-constitution.htm,2022年6月12日访问。

② 主要参考资料包括:森泉章(関東学院大学)『法學』,有斐閣1993年;伊藤正己(東京大学)和加藤一郎(東京大学)等『現代法學入門』,有斐閣雙書2005年;末川博(京都大学)『法學入門』,有斐閣雙書2014補訂版;田中成明(京都大学)『法學入門』,有斐閣2016年;永井和之、森光(中央大学)『法學入門』,中央経済社2020年;長谷部恭男(早稲田大学)『法律学の始発駅』,有斐閣2021年。

③ 末川博(京都大学)『法學入門』,有斐閣1967年版,第7讲的标题;伊藤真(律师):『法學入門』,日本評論社,2009年,第2章第1节。

宪法、法律中的地位的变化十分近似于日本。文献资料显示，在1949年9月前中国有过的各种临时宪法、宪法等宪制性法文献中，都没有出现过"权力"一词。就事实而言，中国共产党领导制定的宪法相关法中最先采用"权力"概念的是第一届全国政协于1949年9月27日通过的《中央人民政府组织法》第三条，该条授权全国政协在召开全国人大前，选举中央人民政府成员"并付之以行使国家权力的职权"。[①] 这个规定实际上从法律上阐明了"国家权力"与"职权"及与其相联系的权限之间的统属关系。随后采用"权力"的是起临时宪法作用的1949年9月29日通过的《中国人民政治协商会议共同纲领》。该纲领第十三条第二款规定：在普选的全国人大召开前，由政协全体会议执行全国人大的职权，选举中央人民政府委员会，"并付之以行使国家权力的职权。"1954年《宪法》第二条第一款"中华人民共和国的一切权力属于人民。人民行使权力的机关是全国人民代表大会和地方各级人民代表大会"的规定进一步提升了"权力"的地位。这部宪法明确了国家"一切权力""国家权力"同法学上的"权力"概念在指称对象上的等同关系，以及它们与同一部宪法规定的职权、权限之间的统属关系。从那时起直到现在，尽管时代不同，宪法经历了多次全面修改和局部修改，但这些宪法中的权力概念与中国法律生活乃至社会生活中的"权力"一词之间的关系，一直是稳定和协调一致的。真正造成法学话语与我国法律体系的规定错位的，实际上是沿袭自20世纪上半叶的"和化权利"与和化的权利义务法学。

在以宪法为基础的当代中国法律制度中，权力的地位集中体现在中国现行《宪法》序言第五自然段和第二条的下列规定中："中国人民掌握了国家的权力，成为国家的主人。""中华人民共和国的一切权力属于人民。人民行使国家权力的机关是全国人民代表大会和地方各级人民代表大会。"其中，"国家的权力""国家权力"、国家"一切权力"，以及将这些规定具体化的《宪法》第三章规定的国家机构"职权""权限"等的法学表现，就是"权力"概念。所以，当代中国法学绝对不应该继续像19世纪末、20世纪上半叶的日语和汉语权利义务法学对待没有宪法地位的"权力"那样，将其遮遮掩掩、半明半暗地放在以公民、自然人、法人为主体

[①] 姜士林等主编：《世界宪法全书》，青岛出版社1997年版，第70—74页。

的"权利"概念的"屋顶"下。法学上必须有独立的"权力"概念反映和表述宪法法律中的权力及其具体存在形式，这是十分自然的逻辑和天经地义的道理，实在没必要反复申论。由此观之，忽视以宪法为基础的中国当代法律制度中的权力，片面地以"和化权利"定位基本研究对象或以和化的"权利""权利义务"作为法学核心范畴，与以宪法为基础的中国当代法律制度在很大程度上格格不入，与中国当代法律实践错位幅度甚大，应该予以修正。

最后，以"和化权利"定位法学基本研究对象或将和化的"权利"或"权利义务"认定为核心范畴，排斥权力，其做法也与当代世界范围的经济政治现状脱节。19世纪和20世纪前期的欧美、日本经济，在所有权结构上是以私人财产所有权为基础的，国家很少干预经济生活。20世纪初期及此前的中国经济发展虽大大落后于欧美、日本，但在国家很少干预经济生活方面情况是差不多的。与此相联系，以公共财产为物质支撑的权力的体量和在法权结构中所占的比重自然都比较少，因而在法学上被放置在"权利"的名称下，尽管不甚合理，但不合理程度较低，不太引人注目。20世纪中叶以来，欧美日政府以国家补助、福利国家甚至国家持股等形式大规模干预经济生活，权力的体量和在法权结构中的比例都大幅增加。这种情况在法律制度上的典型表现，就是权力大幅度扩展和"权力"一词进入宪法的重要条款，在法学上的表现是权力成为与权利平行的基本范畴。

其实，西语法学一直在适应着20世纪30年代之后法律生活中权力体量和权力在法权结构中所占比例大幅度上升的变化，这点在分析实证主义法学的代表人物的著作中有典型的表现。在W. N. 霍菲尔德（1879—1918）的著作中，权利与权力的关系是比较含糊的，甚至有将权力视为权利一部分的倾向。但这种情况到H. 凯尔森（1881—1973）那里就很不相同了。凯尔森虽然也谈权利义务，但他把权力看作国家主权的国内法表现，看作创造、适用法律规范和决定其效力范围的力量，认为权力是法律秩序后面的支柱。[1]他显然是把权力放在与权利平行的学科地位加以讨论的。到了新分析实证主义学者J. 拉兹（1939—2022），情况就完全不同了，

---

[1] Hans Kelsen, *General Theory of Law and State*, trans. Anders Wedberg, Harvard University Press, 1945, pp. 75, 255-257, 269-272.

他关注、讨论权力的力度已经总体上超过了关注、讨论权利的力度。过去西语法学只谈论基本权利，罕见基本权力的提法，但拉兹特别重视基本权力概念。他认为这个概念是凯尔森提出来的，专指第一次制定宪法的权力。① 但拉兹常态化地将权力分为基本权力（basic powers）与其他权力并基于这种分类讨论权力，显然是试图提升一部分权力对权利的相对学科地位，以实现权力与权利分类的对称和平衡。无论如何，在主要以研究分析实证主义法学有代表性人物的学说的著作中，从奥斯丁、霍菲尔德到凯尔森，相对于权利而言，拉兹更多地讨论了他们对权力的论述。而且，他也努力区分权利和权力，把两者看成独立平行的概念并且分别与义务相对应。② 拉兹生前出版的最后一本著作表明，他谈论权力的频率明显超越了讨论权利，而且有讨论权力的专章却没有任何一章的标题中出现权利一词。在标题为"规范性权力"的专章中，拉兹分析了作为改变规范条件的能力的几种规范性权力，对并非因果关系导致的规范变化的行为所拥有的广义规范性权力与狭义规范性权力做了区分。不过，这一章主要论述的是狭义规范性权力。他将规范性权力分为基本规范性权力和受限规范性权力，前者是基本的、原始的权力，简称基本权力，后者是非基本的、被决定的权力，简称受限权力（chained powers）。③ 不过，在拉兹的话语体系中，"权力是指实现改变或防止改变发生的能力"，因此，他顺理成章地"将规范性权力定义为一种改变或防止规范条件发生改变的权力"。④

20世纪中叶后中国进入社会主义发展阶段，一度实行较单纯的生产资料公有制甚至"一大二公"，在宪法确认我国当前处在并将长期处在社会主义初级阶段后，也是以公有制为主体的多种经济成分并存。这些都决定了我国法律制度中权力总量会比较大，权力在法权结构中所占的比例会比在资本主义法律制度下更高。这些应该都是我们在日常生活中到处都能感

---

① 我尽自己可能在凯尔森著作中查找basic power，但没找到直接提法，或许他指的是制定凯尔森所说的"基本规范"的权力或"主权性权力"。

② Joseph Raz, *The Concept of a Legal System: An Introduction to the Theory of the Legal System*, Oxford University Press, 1980, pp. 107-110, 175-182.

③ Joseph Raz, *The Roots of Normativity*, edited by Ulrike Heuer, Oxford University Press, 2022, pp. 162-178.

④ Joseph Raz, *Normative Powers* (revised), Columbia PublicLaw Reserch Paper No. 14-629 (2019), Available at: https://scholarship.law.columbia.edu/faculty_scholarship/2460.

受得到的事实，也是在当代中国做法学不能不接的"地气"。面对上述情况，在百年前的学术框架内回避或忽视权力，在法律实践上不利于权力监督和制约，在理论上逻辑上问题更多，这点上文已有所论说，此处不再赘述。

无论如何，权力在当代中国以宪法为基础的法律制度和法律实践中的理论、逻辑地位与权利平行，其实际地位和经济政治功能甚至比权利显得更为突出，这是客观事实。法学基本研究对象和核心范畴定位应该既与本国以宪法为基础的法律制度相适应，亦应有助于实现权利与权力的相对平衡。

五 汉语法理学核心范畴应然的选择依据和范围

这个问题应该从权的基本构成开始讨论。"权"作为一个整体，由"权利""权力""剩余权"三种现象构成，所以，从分析"权"开始，就是从分析"权利""权力""剩余权"构成的"权"的完整表象开始，其学科地位相当于马克思《资本论》中的"商品"。"权利""权力""剩余权"是"权"的三种存在形式，这四个法学基本概念实际上在两个层次上穷尽了一国全部利益内容、财产内容及其在法内法外规范体系中的全部表现形式。法权只是权的内部构成要素权利权力的统一体或共同体。因此，可以形成这样两个简明的等式：权＝权利＋权力＋剩余权；或权＝法权＋剩余权。

基于以上认识，我在20世纪末提出了一个"5+1+1"共七个概念组成的汉语法学基本范畴体系。其中"5"指权利、权力、法权、剩余权、权共五个概念，[①] 它们的指称对象既在整体上、也可个别地或通过组合穷尽中外今古全部利益、财产和它们在全部法内法外规则中的表现；第一个"1"指义务，它的指称对象是与"权"及其各种存在形式对称的负利益、负值财产及其全部法内法外表现；第二个"1"指法（或法律），它指的是

---

① 考虑到人们不习惯"权"这样的单字名词，当时将"权"称为"总体权"。

承载并在其中分配"5+1"全部正负利益内容、财产内容及其法内法外表现形式的"筐"。①当时，郭道晖先生对上述问题发表了两点看法："第一，童教授把原来概括的'社会权利'改为'法权'有新意，但他把'法权'定义为'法定之权'似嫌狭窄。就权利而言，应包括非法定权利或法外之权，社会自发存在的权利，如人权及已在社会实践中客观地产生而尚未被法律所确认的权利等。如果要用'法权'一词，也应解释为'法的权利、权力'而不限于'法律所定的权利、权力'。法权关系是客观社会存在，法定权则只是法律规定的权利与权力。第二，童教授认为过去的法理学主要是从民法上升来的，关注于权利义务关系，但整个法学不能只限于权利，还应包括权力。我赞同并且认为应当强调权力范畴在法理学中应有的重要地位，应专门加以研究。"②我认同郭先生关于思考不应限于"法律所定的权利、权力"的意见，引入"权"的概念正好能解决他提出的应将法外权利、权力纳入法学基本范畴体系的想法。这样，"5+1+1"汉语法学基本范畴体系就从正反两个方面奠定了对中外今古的利益、财产及其在社会规则体系中的表现形式做全面法学分析的可靠基础。

所以，基于唯物史观，当代汉语法学的核心话语应当从如此选取的基本的法现象的上述七个分析单元的范围内确定。权利、权力、法权、剩余权、权和义务之所以被称为基本的法现象，是因为其中前五个单元的法现象穷尽了一国或一社会的各种利益进而包括各种财产的全部法律表现，而"义务"则穷尽了相应范围内的全部各种负利益、进而包括各种负值财产的全部法律表现。③ 将全部基本的法现象划分为单元，是因为它们只是"权"和对应"义务"的构成要素的不同范围的组合，如权是法权和剩余权的组合，法权是权利和权力的组合等，义务也一样。这是实践法理学对所有法现象及其相互关系做利益分析和财产分析的技术性安排。

---

① 《"法理学向何处去"专题研讨会纪要》，《法学研究》2000年第1期。这份"纪要"原本是我整理、写成的，只是没有我的署名。此次援引在保持原文不变的基础上做了必要编辑，其中有一处文字变动：以作者后来稳定使用的"权"取代了早年一度使用的、指同一个事物的"总体权"。

② 参见《"法理学向何处去"专题研讨会纪要》，《法学研究》2000年第1期。

③ 法权分析模型和义务分析模型，参见童之伟《法权说对各种"权"的基础性定位》，《学术界》2021年第2期。

六　几点小结

　　本章以上文字，详细列举了我国当代法学现象解释体系中的核心范畴、基本命题与清末汉译法学入门型教科书和民国法学入门型教科书的核心范畴、基本命题的联系。清末汉译法学入门型教科书、民国法学入门型教科书、我国当代法学入门型教科书三者之间的沿用、被沿用关系线索清楚，做简单对比即可完全明白。所以，以下情况不仅我国法学界、我国整个社科理论界都应该高度关注：一方面，当代我国法学的基础理论依旧如清末、民国时期一样奉源于20世纪初年的汉译日语法学入门型教科书的"和化权利"为法学基本研究对象，将和化的"权利"或"权利义务"作为法学核心范畴；另一方面，源于清末和民国时期的"和化权利"完全与当代中国的法律体系和法律实践脱节，而且"权利"一词时而被用于指称"和化权利"，时而被用于指称"汉语权利"，其含义始终如百年前一样，在"和化权利"与"汉语权利"之间跳来跳去。

　　一国基础性法学的发展是不平衡的，但高等法学院校基础性法学教科书应能反映其平均水平。按这个标准，我们完全可以说，源于清末和民国时期的和化的"权利"概念，恰恰是我国法的一般理论研究水平的标志。因为，中国当代法的一般理论的有代表性出版物是以这种"权利"或"权利义务"为核心范畴的。这种落后状况到了该有所改善的时候了。

　　马克思在谈到经济范畴时说过：它们只不过是生产的社会关系的理论表现，"这些观念、范畴也同它们所表现的关系一样，不是永恒的。它们是历史的、暂时的产物。"[①] 所以，"每个原理都有其出现的世纪。例如，权威原理出现在11世纪，个人主义原理出现在18世纪。因而不是原理属于世纪，而是世纪属于原理。"[②] 以上道理，应该同样适用于法学，因此，今天我们完全可以说：源自罗马法的"权利"或"权利义务"原理出现在

[①] ［德］马克思：《哲学的贫困》，《马克思恩格斯选集》（第1卷），人民出版社2012年版，第222页。

[②] ［德］马克思：《哲学的贫困》，《马克思恩格斯选集》（第1卷），人民出版社2012年版，第227页。

18世纪，18、19世纪属于这种"权利"或"权利义务"原理；罗马法意义的"权利"或"权利义务"原理早在20世纪上半叶前就整体性告别了属于它的自由资本主义时代；根源于西语"权利""权利义务"、形式从汉语的"权利"一词变异而来的和化的"权利""权利义务"属于19世纪末20世纪上半叶的日语法学，此后它就逐步淡出了日语法学。此处我不厌其烦地使用打上双引号的"权利""权利义务"，只是想强调：当代中国和世界各国宪法法律中都没有和化"权利""权利义务"，现实生活中更没有和化的"权利"；从实与名的关系看，和化的"权利"始终是一个没有得到恰当论证的实体或指称这种实体的合格法学概念。我确信这是无法证伪的判断。

汉语法学要走向现代化，实现与当代中国以宪法为根本的法律体系和对应法律实践接轨，必须从调整对法学基本研究对象的认识、重置法学核心范畴乃至重新表述相关基础性命题入手，改善其现象解释体系的社会适应性，提升其法现象解释力。改善当代汉语法学现象解释体系最需要做的事情，是基于宪法和以其为根本的法律体系抽象出新的基本范畴，其中尤其是新的核心范畴，同时彻底检讨源于清末日语法学和民国法学入门型教材的和化的"权利"概念，完成以下几个转变。

1. 将"权"选定为基本研究对象，视法学为"权"的学问，从而把基于中国当代法律体系的"权利""权力"和实际社会生活的"剩余权"都纳入基本研究对象的范围。沿袭和化的"权利""权利义务"的汉语法学停留在欧美自由资本主义时代、落后于现时代的集中表现，就在于从基本范畴体系上结构性地忽视权力、排除权力。我相信当代汉语法学只有将权力纳入法学基本研究对象的范围，放在与权利平行的位置，才能较好地解决展开研究的前提和基础问题。因为，"权"的内部结构虽分为权利、权力、剩余权，但毕竟权利、权力是基本的、起决定性作用的部分。当代中国不同于20世纪中叶之前各国的最基本情况，是经济上以生产资料公有制为主体、多种经济成分并存和以国有经济为主导，与此相联系的政治实践是强大的公共机构起主导作用并在经济领域实行宏观调控。

基于以上经济、政治背景，在中国当代法律实践中，权力及其主要表现形式职权、权限的体量和在全部"权"中所占的比重、发挥的功能，也都是20世纪中叶前的各国乃至当今的西语法学国家不能与之比肩的。相对而言，形成和适应欧美日自由资本主义时期经济政治背景，定型于20世纪上半叶的以权利或权利义务为基本研究对象的法学，即使仅看其只与私法相匹配的形式和缺乏"权力"概念的外观，就已经与当代中国法律实践相去甚远。而且，这种法的一般理论也早已被现代西语和日语法学所放弃。不论从哪方面看，当代汉语法学都不应该继续在基本研究对象定位问题上抱守和化权利或权利义务法学之残缺。可以说，确认"权"的法学基本研究对象地位，当代汉语法学现代化就有了与中国法律实践相契合的理论前提和基础。

将现代汉语法学定位于研究"权"的学问有多重意味，主要包括：法学既不是权利之学，也不是权利义务之学，而是权之学，具体地说就是研究权利、权力、剩余权之学；如果将剩余权忽略不计，亦可谓法学是权利、权力之学；法学实质上应是研究如何通过制定和实施法规则，以实现权及其体现的利益、财产的公平分配，并促进权的总量进而实现利益总量、财产总量最大限度地保存和增殖的学问。至于权内部的比例结构，则取决于权所处的历史发展阶段等诸多复杂的因素。其中，剩余权不在法的范围内，但法需要解决法权与剩余权的界限、比例和互动问题，因此，剩余权应该是法学的研究对象之一。"权之学"与"权利之学"、"权力之学"都只有一字之差，但内容有根本的不同："权之学"兼顾和包容了权利、权力两者，还兼顾、包容了剩余权，所以，"权之学"在内容结构上等同于"权利权力剩余权之学"。如果想把剩余权撇开，把视野集中在法律范围内，也可以把法学看作"权利权力之学"或"法权之学"。提出法学是"权之学""法权之学"，意在修正将法学看作权利之学或权利义务之学、把权力结构性地排除在基本研究对象之外的传统法学基本研究对象观的偏颇。

2. 以指称权利权力统一体的法权为新的法学现象解释体系的核心范畴。形成自己特有的核心范畴，是一个学科的一般理论自立于一般理论之林的必要条件。从这个角度看，汉语法学迄今还没有产生过自己的一般理论，以基础性法学教科书为标志的汉语权利义务法学只是19世纪外语（特别是日语）权利义务法学的分支或其在中国的延展。学术界现在已提出了建设法现象解释体系（即法学话语体系）的艰巨任务，这是推动法学进步的重要抓手。法学话语体系建设最关键的课题应该是形成新的核心范畴，以置换或部分置换一百多年来一直未变的和化的"权利"或"权利义务"。在20世纪与21世纪之交，我曾提出和论证了以法权为核心的汉语法学基本范畴构想。① 对于法权，我过去只将其视为一个基于对权利权力共同体的把握而形成的新的分析单元，并未将其视为法律规定的制度性实体，现在看来这里包含着认识缺憾。实际上，作为权利权力统一体的法权在中国宪法、法律文本中不仅有记载，而且比较常见，只是因为观念障碍才使得人们视而不见。

人们长期没"看到"法权的真正原因，是受蒙蔽于因对它缺乏研究而造成的无知之幕。在中国以宪法为根本的法律体系中，只要"权"这个单汉字名词出现，它就表现为法权（进入法中之权），如"有权""无权"中的"权"，特别典型的实例是《宪法》第一百零二条第二款规定的"地方各级人民代表大会代表的选举单位和选民有权依照法律规定的程序罢免由他们选出的代表"这句中的"权"，还有《刑事诉讼法》第三条关于"任何机关、团体和个人都无权行使这些权力"中与"无"相联系的"权"。这些"权"既是在权利权力共同体意义上使用的，同时也体现为权利权力共同体本身。不过，法权在中国法律体系中更多的时候是与其他名词一起组成复合名词，如人身权、财产权、立法权、审判权等复合名词中包含的"权"。

3. 确立"权"和"法权"应有的学科地位，汉语法学现象解释体系会水到渠成地成为本土的或本民族的。对法学来说，汉语总体上只是载体，用汉语写成和讲述的法学未必就是本土的、民族的法学。本土的、民族的法学的特有基因只能从基于本国当代法律实践合理选定的基本研究对象中抽象出的核心范畴才能产生和传递。反观当代法学教学体系中的和化权利和义务，两者原本都是法学界公认的外语法学概念，在成为汉语基础性法学教科书的经典范畴之前，它们并没有经历过本土化、民族化改造，其外延、内容和学科地位等所有根本的方面，都实际上保留着19—20世纪之交它被汉译引进时的状态。以汉语权利义务法学教学体系守持的和化的"权利"为例，它原本是从哪些"原料"中抽象出来的，有什么样的"身世"，具体包括哪些构成要素或外延的范围，至今都属尚待彻查或应交代

---

① 有代表性演讲或论文：《"法理学向何处去"专题研讨会纪要》，《法学研究》2000年第1期；童之伟：《法权中心的猜想与证明》，《中国法学》2001年第6期。

而没有给予清楚交代的因素。仅仅"权利"的外延一直飘忽不定（实质上是在"汉语权利"与"和化权利"之间跳来跳去），就给汉语法学的正常发展造成了无法逾越的障碍。以这样来路不明的"权利"而不是以真正的汉语名词或完成了本土化的其他名词作为核心范畴的法学，[①] 不可能真正是中国本土的和本民族的法学。

　　反观权和法权，它们的词源、产生的逻辑道路和本土性、民族性都清楚明白，而且在表意上具有任何西语名词都不具有的独特优势。这个优势的具体表现是："权"使得从根本上看是一个整体的权利、权力、剩余权共同体有了汉语名称，而且该名词既可用以指称这个共同体，又可在不同的上下文中分别指称三者之一；"法权"使得从根本上看是一个统一体的权利权力有了汉语名称，而且该名词既用以指统一体，又可单独分别指构成它的权利、权力或它们的组成分子。名词只是概念的载体，"权利权力剩余权共同体"和"权利权力统一体"只是在经历了马克思运用的绝对方法中的"第一条道路"并走到了逻辑终点后才成为合格的权和法权概念。作为一个过程，"第一条道路"清楚展示了权和法权概念的外延和内容。所以，权和法权概念是汉语法学认识法现象取得的独特学术成就，只能以汉语为基准和中心来译为西语。[②] 日语需要做解说，但不存在翻译问题。当然，汉语法学任何时候都应以开放的态度对待外语法学及其基本范畴。汉语法学缺乏而又能从国外引进的好东西，当然要实行"拿来主义"，但一旦条件成熟，汉语法学就应创造出有自身原创知识产权的成果取而代之。同时，对于本土的和民族的东西，要防止不自觉地基于西语中心的下意识加以排斥、否定。

　　4. 汉语法学一些已有的基础性命题应随法学基本研究对象和核心范畴的重新设定而做相应调整。例如，如果法现象解释体系一定要给法确定一个中心、重心或本位的话，那么，它理应是体现权利权力平衡或以权利权力共同体（法权）为根本的某种提法。这方面的问题，最初是日本学者穗

[①] 前者是指称范围包括权力的"和化权利"，"身世"近年基本查明，后者是指称范围不包括权力的"汉语权利"。两种"权利"的差别参见童之伟《汉语法学的权利概念》，《中外法学》2021年第5期。

[②] 对"权"和"法权"，欧美主流出版机构之一的博睿学术出版社分别译为"quan"和"faquan"，参见 Tong Zhiwei, *Right, Power, and Faquanism*, Brill 2018, pp. 1–35。

积陈重在1890年讨论"法典の本位"时提出来的,他提出了"权利本位""义务本位"和"行为本位"等可能的选项。① 当年不少日语法学的入门型教材曾述及这些说法,后随梁启超的相关文章和20世纪初年其他中国学者汉译引进的日语法学基础性教材进入中国,而且逐渐发展出了社会本位、正义本位等更多的提法和论述,其中涉及权利本位和社会本位的文字最多,② 在当时最受关注。其中的社会本位,就内容而言,实际上是权力本位或国家本位,因为,社会在法律上只能由国家、政府代表。所以,从"汉语权利"角度看,权利本位、社会本位从来都是两极化的提法或重复:一极是自然人、法人等个人、个人利益、私产、权利等的多样性的统一,另一极是国家、国家机关、公共利益、公产、权力等的多样性的统一。若从"和化权利"角度看,"权利本位"实际上是在"权利"外观掩饰下的权利、权力双重本位。鉴于这种情况,笔者在前引相关文章中曾提出和论证了法权中心说,实际上是权利与权力划界清晰但构成一个整体的权利权力统一体本位。现在看来,这些方面的研究还有待进入实证、可操作的层次。但无论如何,任何两极化的说法都是站不住的,必须从根本上把两极视为一个整体的两端,承认两端之间的部分是根本,法学理论上和法律实践上才有出路。

又如,在对法学基本研究对象和法学核心范畴做了反思和调整后,一百多年来将法律关系解说为和化权利义务关系的提法,也应该被法权关系的提法所取代,即认定法律关系的内容是法权关系。法权关系在语言和学理上可顺理成章拆分为三种:权利—权力关系,权利—权利关系,权力—权力关系。对此,我此前的论著多有论述,本书从略。

5. 在现代汉语法学现象解释体系中,"权力"与"权利"应是平行、范围互不隶属的基础性概念。这是由以宪法为根本的中国当代法律制度和国家、政府、"国家的权力""权力""公权力"、公共机关"职权""权限"等的客观法律地位、现实地位决定的。如果当代汉语法学还沉湎于百年前资本主义初期那种倾向于把公共权力看成权利中一个无足轻重的组成部分的权利概念,那就太脱离当今中国乃至各国的社会实际状况和法律制

---

① 穗積陳重『法典論』,东京:東京哲學書院1890年,第174—180页。
② 朱采真:《现代法学通论》,世界书局1931年版,第117—123页;欧阳谿:《法学通论》,上海会文堂编译社1933年版,中国方正出版社2004年勘校版,第160—162页。

度了。从宪法结构看，中华人民共和国成立后有四部正式宪法，前三部都将具体体现国家的"一切权力"的国家机构那一章放在体现权利的公民基本权利和义务那一章之前，从实际情况看那种安排确实是相关时期权力与权利关系的写照。1982年宪法把这个顺序颠倒过来，体现了新的历史时期对民主、法治的价值追求，但这决不意味着权利对权力具有法律的和现实的优势。权利与权力在宪法、法律面前是平等的，我国宪法监督制度、合法性审查制度和行政诉讼制度，都是为保障这种平等而设计的。把以宪法为根本的当代中国法律体系和法律生活中强大的权力在法学学术世界弄得十分弱小甚至看不见，其法治后果和社会效果肯定不会好，至少不利于权力监督和制约，这应该是不言而喻的常识。

第五章　再论汉语实践法理学的现象解释体系[①]

[导读]

"权""权利""权力""法权""剩余权"是集中反映中国现行宪法和当代中国法律实践的有代表性的语言符号。我国现有的法的一般理论脱离当代中国法律实践，主要表现为在全国推广的通用法理学教科书及其影响所及范围内使用的法学基本概念存在两种情况：一是因为应有的基本概念（如权力）缺位，相关的基本的法现象尚未能进入法学思维；二是用源于清末和民国时期法学入门型教科书、指称范围包括权力的和化的"权利""权利义务"概念反映当代中国法律实践时造成大幅度的扭曲变形。回归当代中国法律体系和法律实践乃汉语法学现象解释体系创新最基本的要求。20世纪末，一些处于先行者地位的法律学者把清末汉译日语法学和民国时期法学入门型教材反复表达乃至已被认定为通说的提法和基础性命题，在未注明出处的情况下作为自己的新学说提出来加以论说，然后又倾全力维护，是妨碍汉语法学现象解释体系现代化、民族化和与当代中国法律体系、法律实践接轨的主因。上述做法造成了看起来是维护改革开放后汉语法学现象解释体系新的核心范畴、新的基础性命题，但实际维护的却是清末汉译日语法学和民国时期法学基础性教材讲授的核心话语的尴尬局面。而持续贯彻"百花齐放、百家争鸣"方针和形成优良学风是实现汉语法学现象解释体系更新的保障。

[①] 本章原以《再论汉语实践法学的话语体系》为题发表在《学术研究》2023年第1期，纳入本书时按基本概念统一、观点前后协调一致的标准做了必要修订。

在论述实践与理论创新的关系时，党的二十大报告提出："实践没有止境，理论创新也没有止境"；要"推进实践基础上的理论创新"；"不断提出真正解决问题的新理念新思路新办法，为前瞻性思考、全局性谋划、整体性推进党和国家各项事业提供科学思想方法"。《报告》还重申了我国发展文化艺术和科学事业实行的"百花齐放、百家争鸣"方针和坚持"面向现代化、面向世界、面向未来的，民族的科学的大众的"社会主义发展方向。① 这些都对法学理论研究有根本的指导意义。早在 2019 年，我就曾撰文初步论述了实践法理学的现象解释体系，② 今受党的二十大报告相关论述的指引和激励，对实践法理学的现象解释体系做进一步论述，以期抛砖引玉。我相信，汉语法学若要基于中国法律实践形成和表达新见解，必须经历一次恩格斯所说的一门科学的"术语的革命"。③

一 集中体现当代中国法律实践的语言符号

有著名法学家于 2022 年提出：近年我国法学研究在取得显著成果的同时存在不少问题，其中"最突出的是理论与实践相脱离"，原因是中国法学基础性研究"没有走出'西方法学的中国表达'窠臼，法学概念、认识框架、学术规范、研究方法论等，都是'舶来品'。即使近些年有很多学术争鸣，主要也是在西方的理论话语、范畴和逻辑中展开的，没有成长于本土资源的学术体系"，以致法学理论研究和教育偏离中国问题。他认为"构建我国自己的法学理论体系已经刻不容缓"，为此应"创建具有中国特色的'实践法学'"，"树立重视、推动实践法学研究的鲜明导向"。④ 我以为，上述看法和主张是符合我国法学理论研究实际情况和长远需要的，但可惜文章篇幅太短，论说不够全面、具体。

相对于中国法学理论研究来说，"实践"当然是指当代中国法律实践。

---

① 《中国共产党第二十次全国代表大会文件汇编》，人民出版社 2022 年版，第 15、36 页。
② 童之伟：《中国实践法理学的话语体系构想》，《法律科学》2019 年第 4 期。
③ [德] 恩格斯：《资本论》英文版序言，《马克思恩格斯文集》（第 5 卷），人民出版社 2009 年版，第 32 页。
④ 景汉朝：《在法治实践中提炼升华法学理论》，《中国社会科学报》2022 年 9 月 27 日第 1 版。

狭义的法律实践，是指以宪法为基础的当代中国法律体系及其实施过程；广义的法律实践，是狭义的法律实践加上它产生和发展的相关历史背景、经济政治和思想文化环境。至于法学基础理论，形象地说，相当于庞大法学有机体中包含遗传基因的一组细胞，它们记录着该有机体的根本特征。这组细胞加上与其紧密相邻而又不属于任何二级学科特有内容的外围部分，构成法的一般理论。

从学术标志性概念角度看，法律实践在以宪法为基础的当代中国法律体系里面集中体现为三个名词："权利""权力"和"权"。宪法是根本法，既是民法商法等私法的根本，也是宪法相关法、行政法、经济法、社会法、刑法、诉讼与非诉讼程序法等公法的根本，因而实为法律体系之缩影或具体而微。所以，权利、权力、权在我国宪法（序言+4章，共143条，17317个汉字）中的地位，比较准确地反映了它们在中国整个法律体系中的地位。易言之，权利、权力、权三个概念在宪法中的地位，也就是它们在当代中国法律实践中的地位。以下按逻辑顺序而非宪法结构分别简要揭示权利、权力、权的宪法地位。

1. "权利"是我国宪法整个第二章"公民的基本权利和义务"的主要内容和主导方面，它在我国法律体系中具体表现为法律上的"权利""自由"、正当个人特权和个人豁免。其中，不是依宪法法律生来就有的，而是要通过自己的努力，符合法定条件，取得相应证照或特许才可享有的资格，属于正当个人特权，它是权利的重要内容之一。正当个人豁免，也是权利的一项内容，其表现形式是刑事法、民事法、行政法等实体的法律乃至诉讼法上的责任减轻和免除，如犯罪行为在法定条件下免除或减轻刑罚等。正当个人豁免在法规范性文件中和实际法律生活中很常见，但过去往往因人们对其权利属性缺乏认识而被忽视。确实，《宪法》第五条第五款规定："任何组织或者个人都不得有超越宪法和法律的特权。"但是，我们在讨论权利和下面讨论权力的时候都不能忘记，这并不意味着我国法律制度中没有不超越宪法和法律的正当个人特权和公职特权。我国《宪法》第二章共有24条（第三十三至五十六条）1973字，约占宪法条款的16.1%，文字量的11.4%，其中有15条（第三十三至四十一、四十三至四十五、四十七至四十八、五十条）1329字专门规定公民的基本权利；有2条（第四十二、四十六条）249字同时规定基本权利和义务；只有7条（第四十七条、第五十一至五十六条）380字专门规定与权利相对应的义务；与权利相比，义务是附随性的。因此，我国《宪法》第二章实为记载和保障公民基本权利的专章，"权利"是这一章的语言学标志。

应特别留意，我国宪法和整个法律体系中的"权利"一词，是与国家机构的"权力"严格区分和对称的，既不笼统包括国家、国家机构的权力、公权力，也不包括其任何具体存在形式，如职权、权限、公职特权和公职豁免等。因此，我国法律体系中的权利一词，起源于1864年《万国公法》刊行开启的近代汉语法学传统，范围不包括权力的外延单纯型权利，不是传入日本，在日语法学中发生变异后又返回中国的那种基因变异型"权利"。[1] 基因变异型"权利"与此前基于汉语传统在中国本土生成的权利一词的根本区别，是前者在日语法学中发生过从范围不包括任何权力到包括各种权力的"基因突变"，突变后的指称范围包括了国家机构的权力及其具体存在形式"职权"等。[2] 在中国本土生成的"权利"一词，原本就是为了区别于当时只有"权力"含义的名词"权"而创造的。因此，"权利"一词在日语法学中发生"基因突变"后返回中国，实际上是对汉语已经取得的相应进步的一种反动，汉语法学本应明确加以排斥。同时还应看到，当今大量日语法学基础性出版物显示，日语法学在其20世纪下半叶的进步历程中，实际上已经放弃了"基因突变"后形成的与权力的关系剪不断理还乱的"权利"概念。

2."权力"是我国《宪法》第二条"中华人民共和国的一切权力属于人民"中的"权力"一词的通常称谓，也是宪法整个第三章"国家机构"和第四章"国旗、国歌、国徽、首都"的主要内容和主导方面，在我国法律体系中表现为法律规定的"权力""国家权力""职权""权限""公权力"、正当公职特权和公职豁免。其中，公职特权和公职豁免属于权力的范围，是过去很少有人注意到的。公职特权指国家工作人员执行公务时依法享有而其他人不享有的特惠或方便，如《人民警察法》规定的公安机关民警执行公务时依法优先乘坐公共交通工具，就是有关公安民警的公职特权，外交官的外交特权也属于公职特权。公职豁免指通常应承担法律责任

---

[1] 这只是一种比照、借用生物学中细胞构成理论的说法，意在说明发生变异后的"权利"从外观看同过去一样，但核心内容与此前的权利有了根本的不同。

[2] 童之伟：《汉语法学的权利概念》，《中外法学》2021年第5期。

的行为，特定公职人员为之可免除法律责任的情况，如我国《代表法》规定的人大代表言论免责内容和外交官的外交豁免。

我国宪法用了超过一半的条款和文字量规定权力的行使主体、具体内容和行使程序，还有相应的责任。《宪法》第三、四章共 87 条 9433 字，约占宪法条款的 61%，文字量的 54.5%。从 1949 年 9 月通过的临时宪法《中国人民政治协商会议共同纲领》（以下简称《共同纲领》）到 1954 年、1975 年、1978 年三部正式宪法，"国家机构"部分在结构上都处在第二章的位置。到 1982 年全面修改宪法时，修宪主导机构考虑到"在宪法体例设计上，先规定公民权利和义务，再规定国家机构，能较充分体现国家的一切权力属于人民的性质"，因而建议改变传统安排，把"国家机构"从置于"公民的基本权利和义务"之前调整到其后。[1] 但需要注意的是，传统安排的精神在《宪法》总纲部分并没有做相应调整，因此，比其后的条款更为根本的《宪法》第一至三条规定的内容仍然是国家、国家政权的性质、国家权力归属和国家机构组织和活动原则。所以，就内容而言的宪法结构，权力还是处在权利之前的序位，虽然两者的宪法地位是平等的。至于《宪法》第四章，一共只有 3 条，其中国旗、国歌、国徽实为国家的权力的视觉和听觉象征，首都是中央国家机构行使国家的权力的地点。由此观之，我国《宪法》第三章和第四章，实为授予国家机构权力，课以与权力相对应的责任并为其落实提供保障的专章。

准确理解当代中国法律实践中的"权力"一词，须留意两点：（1）中国宪法中的"权力"一词，是与宪法规定的"权利"平行的概念。因此，权力不在权利的范围之内、外延之中；权利当然也不包括任何具体权力。（2）国家机关职权是权力的主要存在形式，不可以把国家机关职权归类于"权利"。这不是一般语义问题，而是 1949 年作为临时宪法的《共同纲领》开创的当代中国宪法传统的一部分。《共同纲领》第十三条第二款规定：在普选的全国人大召开以前，由中国人民政治协商会议的全体会议执行全国人大的职权，制定组织法，选举中央人民政府委员会，"并付之以行使国家权力的职权"。这样，国家的权力与职权的关系就具有了宪定的性质，学理解释不可与之违背。历史地看，把国家机关职权解说为"权利"的一

---

[1] 王汉斌：《邓小平同志亲自指导起草一九八二年宪法》，《中国人大》2004 年第 16 期。

部分有诸多不妥处,其中之一是有违《共同纲领》开创的传统和现行宪法的规定。

3."权"乃法律上和法外的一切权利、权力的统称,是汉语法学中独特而现实的实体,也是中国法律实践中独立和特别重要的实体。权在汉语中存在了数千年,含义不断演进,不仅在现代成为利益进而成为财产的最一般语言载体,而且以其构成要素是否进入宪法、法律文本为标准区分成为法外之权和法定之权两大部分。"权"是汉语世界的社会生活、法律生活中活生生的、近乎最为大众化的常用语言。权进入法中由法加以配置和管规的部分谓之法权,在现代社会,法权是权的主体部分。权留在法外、由法之外的规则调整的部分谓之剩余权,是权的相对次要部分。法权与剩余权在社会生活中可依既定的法规则相互转化。所以,我国宪法和各种法律规定的"权利""自由"、正当个人特权、个人豁免、"权力""国家权力""职权""权限""公权力"、正当公职特权、公职豁免都是权,而且是权中的法权。如果考虑到《宪法》第二十四条规定的内容涉及作为法外之权的"道德""纪律""公德",① 那么,可谓宪法的规定实际上也涉及剩余权。因此,宪法在逻辑上是首先间接地把权做了法权与剩余权(法外的权)的区分,然后再直接对法权进行分配并规范法权的运用行为。我国现行宪法包含113个可用权指称或作为权的表现形式的名词,其中权利30次、自由13次、职权14次、权限6次、其他情况60次,而这60次基本上是权作为名词与其他名词构成合成名词,如财产权、所有权、立法权、监察权、审判权、检察权等。权的另一面是义务,包括法义务和法外义务,但相对于权,义务是附随性的。

在结合中国宪法正文具体说清了权利、权力和权(特别是其中的法权)在法律体系中的地位之后,我们对《宪法》序言、总纲的认识会更清晰。按宪法结构和逻辑,讨论问题原本应该从总到分,但我们理解中国宪法却不应如此,倒是先看清了权利、权力、权的具体表现形式之后再回头看序言和总纲更容易说清楚:序言主要是阐明正文中的权(特别是其中的法权)、权力、权利分配方案的历史必然性、正当性、权威性,确定权

---

① 1982年宪法是以区分法与道德(区分法权与法外之权)为前提的,但即使是仅仅做这种区分,也必须提及剩余权的内容(如道德、公德调整的行为),但"提倡"它的发展方向,并不意味着把确认和规管剩余权纳入宪法范围或法与道德不分。

力的维持、运用目的；总纲是权、法权、权力，权利分配、运用的总的原则和要求，其中更有不少条款是确认相对于后续章节来说更为根本的权力或权利的，其中如《宪法》第一条关于国家性质、社会主义制度和中国特色社会主义最本质的特征的规定，对于后续具体权力而言就是更为根本的；同理，《宪法》第二条关于国家的一切权力属于人民和第三条国家机构实行民主集中制的原则的规定，对于后续具体的涉权力、权利或权条款来说，也都是更为根本的。受文章篇幅限制，这里就不逐段论说了。

与近代及更早政治与经济相对分开的单纯型国家不同，包括我国在内的当代国家基本上都是政治高度介入经济生活各环节的复合型国家。大半个世纪以来，各种复合型国家在形式上相似程度很高的一个特点是，随着公共机关（其最典型存在形式乃国家机关）占有、使用的公共财产占国内生产总值（GDP）百分比和绝对量的迅猛增加，权力在法权结构中所占百分比和绝对量也都大体成比例地增加了。认识和正视这种情况，是我们理解当今中国和其他国家的法律实践同过去（如第二次世界大战前）的法律实践已经很不相同，因而法学核心话语不能不随之变革的一把钥匙。在法学的这个方面，当代中国与其他国家是可以相互比较对照和相互影响的。中国法律实践是当代世界法律实践的一个不可分割的组成部分，相应的法学也是如此。因此，中国法学核心话语的更新应兼顾其他国家的情况，尽可能拓宽它的法现象解释能力，让相应现象解释体系成为人们认识中外法现象的有用工具。

二 从核心范畴看现有法现象解释体系脱离法律实践之情状

就我国情况而言，高等法学院校全国通用法理学教科书的内容，通常应反映法学基础理论研究的平均水平。但是，现今我国通用的法理学教科书中包含主要"遗传基因"的一些核心细胞（包括作为法学核心范畴的重要概念）及其组合，虽曾一度被认为是20世纪后期在改革开放条件下创造性地提出来的，但实际上都直接来源于19世纪末、20世纪初的日语法学和全盘沿袭了日语法学基本范畴的民国时期法学。其中包括：把法学的研究对象在形式上定位于法（这在任何国家都一样），但从内容看法学基本研究对象被实际定位于"和化权利"义务，因为这些教科书对法、法规则、法律关系等基本方面，都是从"和化权利"义务角度来下定义、做解说的；"和化权利"义务处在法学核心范畴地位，法学仍然被视为权利义务之学；这种权利义务法学解说范式中的"权利"，并不是汉语、汉语法学传统的外延单纯型权利，而是19世纪60年代从中国流传到日本后在日语法学中发生了"基因突变"后，又返回汉语法学的和化的"权利"；此种基因变异型"权利"的指称范围包括各种公共权力，如国家机关职权等，因而并不是与我国以现行宪法为根本的法律体系接轨的法学概念。我国现在通用的法理学教材中源于19世纪末20世纪初"和化权利"和以其为基础的各种提法，其实早在20世纪30—40年代已成为法学界通说。[①]

今天回过头看，当代汉语法学核心话语的上述基本方面，都是经历了曲折路径生成的。19世纪末的日语法学通盘接受西语法学的权利义务解说范式，但这对于他们来说是向西语法学学习，因为他们都注明了来源和出处。清末民初中国法律学者有选择地接受日本学者的相关学说，做了基因变异型"权利"概念和以其为基础的权利义务解说范式的学术"二传手"，但这也是学习，因为他们注明了来源和出处。但到20世纪80年代，中国改革开放后，在法学基础理论的这些最基本的方面，汉语法学一些学者的提法与20世纪初年汉译日语法学教材和民国入门型法学教材的对应内容几乎完全相同，关键话语甚至一字不差，但都没有注明来源和出处。这类做法造成人们对权利义务解说范式中的和化"权利"、义务和偶尔也会论及的"权力"的"出生""身世""来历"和相互关系长期无从查考，只能根据上下文推测。

我国现有法学核心话语脱离当代中国法律实践，主要表现为全国通用法理学教科书及在其影响所及范围内使用的法学基本概念体系，要么因应有构成分子缺位而无以反映，要么因为沿用了陈旧过时、未经改造升级的外来法学概念而只能扭曲变形地反映。我们不妨以权、权利、权力为实例来看看这类情况是如何发生和表现出来的。

---

① 欧阳谿著、郭卫修编：《法学通论》，上海法学编译社1935年版，第241页；何任清：《法学通论》，商务印书馆1946年版，第119页。

1. 权，以及它进入法律制度的部分（法权）和留在法外的部分（剩余权）未形成法学概念，是当代中国法律实践的一些带根本性的方面在法学理论中完全没有得到反映的显例。权是历史悠久的汉语日常生活用语和极方便的现代法律用语，也是当代最重要的法律生活事实，法学原本应该是权之学。① 但我国现代法学一百多年来都在有意无意回避权的存在。在这方面，人们看到的现象很不合常理：一方面，宪法、法律无数次反复使用权这个名词，并在更大的范围内用权同其他名词构成复合名词使用；另一方面，法学上却不承认权的概念或法学范畴地位，甚至上千万字的法学系列辞典也不给它一个法学名词的地位。这是中国法学基础理论忽视本民族特有的资源和本国法律实践中的特有实体的现象到了极致的表现。我从来认同洋为中用，只是主张同时要正视、珍视本民族本来就有的、实际上比"洋货"更好的一些东西。

权利、权力、法权、剩余权是权自19世纪初以来在与西语法学互动过程中先后孕育和生产的四个"孩子"。（1）"权利"最早是在清王朝任官职的传教士丁韪良在汉译《万国公法》right 一词过程中在权字后加了"利"字的产物，是用以区别"有司所操之权"，而专"指凡人理所应得之分"的，即专指"庶人本有之权利"。② 后来这种权利传入日本，并在中日两国学者间普遍运用，其间在日本还发生了后面本书还要谈到的含义分化和变异。（2）"权力"是在汉译 power/authority 过程中，在"权"字后加 power 的另一汉字含义"力"形成的，在汉语法学意义上最早是作为 power 的法学同义词 authority 的对应汉语译词在世界首部汉英字典的例句中使用的，③ 或许由于其所处位置比较偏僻，似乎一直没有引起中国文化学术界的注意。1874 年，日本著名学者加藤弘之在同英语 power/authority 对应的意义上 8 次使用"权力"，并在 1882 年发布的著作中对"权力"做了学理论述。④ 后来又经黄遵宪、梁启超等中国学者接受和使用，才逐渐成

---

① 童之伟：《法学基本研究对象与核心范畴再思考》，《法学》2022 年第 9 期。
② ［美］吴尔玺：《公法便览》，［美］丁韪良译，同文馆 1877 年刊印本之影印本，"凡例"第 2 页。
③ Robert Morrison, *A Dictionary of the Chinese Language*, Vol. I.–Part I., East India Company's Press, 1815, p. 118.
④ 加藤弘之『國體新論』東京谷山樓，1874，15、16、17、22、26 頁；［日］加藤弘之：《人权新说》，陈尚素译，上海译书汇编社 1903 年版，第 16—19 页。

为较常见的汉语名词。(3)法权乃权中由法律确认或保护的部分，即宪法、法律称为"权"、可同时指称权利和权力（或权利权力共同体、统一体）的那个名词，其最常见表现是中国法律体系中大量使用的"有权""无权"这种动宾结构下的名词"权"，还有个人和国家机构都不得有的"权"，甚至复合名词立法权、行政权、人身权、财产权中的"权"。(4)"剩余权"是"权"家族的最新成员，它实际上是由我发现和催生出来的。① 或许有学者会说，剩余权不就是欧美学者所说的道德权利、道德权力之类现象或概念吗？应该说，"剩余权"是道德权利、道德权力这类法律未承认未保护的"权"的统称。古今所有西语都没有与汉语名词"权"对应的名词，因而也不可能有与"剩余权"同义的法学术语。西语法学如果要获得这个可同时指称道德权利、道德权力等同类现象的名词术语，以英语法学为例，可行的选项之一是将剩余权译为"residual quan"。这样，权和由其衍射出的四个名词一起，构成了一个包括五个概念的基础性范畴系列。

中国法律体系和法律生活中事实上早就形成了由权及其具体存在形式权利、权力、法权和剩余权构成的客观的权现象谱系，只是人们发现得比较晚而已。在反映这些客观制度要素的主观概念体系中，权字植根于商周秦汉典籍，到近现代，它先是在同外来法文化的碰撞交流过程中衍射出"权利""权力"，后又在当代进一步繁衍出"法权"和"剩余权"。② 对于早已记录和进入中国法律实践的权现象谱系，法学是否正视、承认它，并不能从根本上给它造成损益，只是多少会影响法学对于法律实践的反映和反作用。但法学能不能正视、承认权现象谱系，却从根本上决定法学自身的合理性和存在价值。

有别于中国传统律学的现代法学并不是中国内生的学术，而是从外部引进的，因此，其核心话语在一个相当长的时期不能立足本国法律实践，受外语法学的决定性影响，是可以理解的。确实，在19世纪末20世纪初，面对蜂拥而来的和化"权利"义务话语，要中国学者把注意力放在只以汉语为载体而西语国家的学者一无所知、也从来没有西语法学论著提到过的

---

① 这两句话涉及的事实和概念，我在包括前引文章在内的近期法学论著中多有论说，这里就不重复引证了。
② 童之伟：《"权"字向汉语法学基础性范畴的跨越》，《法学》2021年第11期。

"权"谱系上,实在是不太现实。但是,到20世纪中叶之后,特别是八九十年代,关注和研究权的客观和主观条件在中国已经成熟。此时妨碍中国学者关注和研究权的关键因素,或许已主要是相关专业人员不清楚法学核心话语对于本国法律实践的依存关系,以及缺乏足够法学民族意识。19世纪末以来的法学论著表明,在进入21世纪之前,没有论文和著作正视和研究过权,进入21世纪以来正视、研究权的论著也极少,且基本限于本书引证的范围。

2. 许多年来,我国高等法学院校向学生输送法学基本理念的全国通用法理学教材所采用的一直是经和化后返流中国的"权利"一词,此乃法学核心话语脱离当代中国法律实践的另一个突出例证。当下我国通用法理学教科书采用的权利概念,实际上来自清末日语法学和照搬前者的民国时期汉语法学入门型教材,其指称的范围,与当代以宪法为基础的法律体系中的权利不同。我国现行通用法理学教材中的基本概念"权利"之所指,其实不过是我反复论证的法权,即权利权力共同体。所以,我国法律实践中的权利,却并不是现今法理学教材中包含权力、职权等的和化的"权利"。对此,只要我们对比一下当下全国通用法理学教材定义、解说法、法律规则、法律关系时使用的"权利"与我国宪法使用的权利一词,就可以清楚地看出来。相关教材写道:"法是规定权利和义务的社会规范";法律"规则是指具体规定权利和义务以及具体法律后果的准则";"法律关系是主体之间法律上的权利和义务关系";"法律关系客体,是权利主体的权利和义务指向的对象"。[1] 读者或许已经注意到,这些都是全称肯定判断,使用的都不是产生在中国本土的汉语的权利概念,而是和化的"权利",完全不是我国宪法法律体系和法律实践所能接纳的权利概念。实际上,我国执政党权威性文献也不能容纳这种基因变异型"权利"。因为,中国共产党现行有效的所有权威性文献都是严格区分权力和权利的,没有使用过基因变异型"权利",其中很有代表性的提法是:"加强对政府内部权力的制约,是强化对行政权力制约的重点";"牢固树立有权力就有责任、有权利就有义务观念。"[2] 其中用到的"权利",

---

[1] 《法理学》编写组:《法理学》,人民出版社、高等教育出版社2020年版,第42、46、123、128页。

[2] 《中共中央关于全面推进依法治国若干重大问题的决定》,http://www.npc.gov.cn/zgrdw/npc/zt/qt/sbjszqh/2014-10/29/content_ 1883449_ 2.htm,2022年10月28日访问。

显然是与权力对称和平行的"汉语权利"。

19世纪末形成的"和化权利"的根本的法学特征,是在其所属权利义务解说范式因存在先天缺陷没有权力容纳功能而又不能不面对权力时,对权力实行超逻辑、超常识强制,将其扭曲为"权利"的结果或后果。当年日语法学强行扭曲权力的常见手法,是或明或暗地将一切权力主体(如国家机关等)都强说为"权利"主体,将国家机关的一切公共权力及其具体存在形式都强说成"权利"。我国现今全国通用法理学教科书整章整节都是效仿当年日语法学的手法来解读公共权力的。其中比较直白的说法是:"比如在刑事法律关系中,国家有权利对违法者实行制裁,同时又有义务使这种制裁在法律范围内实行;违法者有义务承担法律责任,同时也有权利要求国家对他的制裁不得超出法律规定的范围,并对司法机关的判决有提起上诉或申请再审的权利。"① 这里,"国家有权利对违法者实行制裁"的提法很突兀。须知,这里运用的"权利"一词,正是当今汉语法学采用的当年日语法学的范围囊括公共权力的基因变异型"权利"。这部教材如此使用的权利一词,将我国当今公安机关的侦查权、监察机关的调查权、检察机关的公诉权和法院的审判权等宪法规定的权力(职权)强扭成了"权利",而且造成了使用中国宪法、法律的权利概念本来不会有的权利与权力不分的灾害。另外,尤其应当知晓,根据我国宪法、法律,国家机关作为国内法的主体,只有"国家的一切权力""国家的权力"或"国家权力"及其具体存在形式公共机构的职权、权限、公权力等,并无任何"权利"。因此,"国家有权利"的说法明显有悖于宪法的规定和精神,是宪法、法律上不正确的用语,写进通用法理学教材难免误导法学师生。当然,本书这样说并没有否认中国根据《联合国宪章》序言规定的"大小各国平等权利"、第十八条规定的"会员国权利"、第五十一条规定的"单独或集体自卫之自然权利"和我国根据其他国际条约、国际约法享有的国际法上的权利的正当性。

本来,从"和化权利"的指称范围看,它是变幻不定的,在做宏观论述时,通常指的是法权或权利权力共同体,在做微观论述时,它往往又退

---

① 《法理学》编写组:《法理学》,人民出版社、高等教育出版社2020年版,第32—52、120—138页,直接引语见第135页。

回到汉语、汉语法学不包括任何公共权力的"汉语权利"的位置。或许有学者会认为，既然它有时候能指称法权，那就有必要存在，但其实不然。因为，法权概念的形成和有价值，是以承认权利区分于权力、两者独立并存为前提条件的，而"和化权利"恰恰是权利与权力似分却未分，指称对象变幻不定的表现，因而学术价值比较低。法权概念确实是汉语法学应该有的，但是，把"权利"的帽子戴在貌似法权的对象头上，因认识错误而张冠李戴，丝毫无助于人们区分和进一步认识权利、权力和法权，只会造成法学思维混乱，正面的学术价值很小。

今天回望19世纪末和20世纪上半叶的情况，可以说法学史曾经提供了两个"权利"概念供汉语法学挑选。第一种为"汉语权利"，它是前述丁韪良汉译英语国际法著作时创造的"庶人本有之权利"，它严格区分于"有司所操之权"即公共机关的权力。作为一种法学产品，这种"权利"基本算国产货，至少是以中资为主的中外合资产品。因为，丁韪良虽来自美国，但他学汉语是在中国，1864年翻译刊印《万国公法》时的身份是清朝臣民，担任着清政府任命的官职，拿着清朝俸禄。按后来我国和其他许多国家的著作权法，《万国公法》事实上应属他的职务作品，其著作权应属于中国，或可视为清政府有关部门与丁韪良中外合作生产的产品。另外，这个特意区分于当时仅有权力含义的"权"字的权利的名词，从时间上来看是产生最早的。所以，指称范围不包含任何公共权力的权利一词，相对于后来的基因变异型"权利"而言，可谓传统的汉语法学权利概念，也可谓汉语权利一词"初心"之所指。第二种为"和化权利"，是"汉语权利"流传到日本后形成变异的结果，指称范围包括公共权力。"和化权利"从根本上改变了"汉语权利"一词的指称对象或范围，形成了自己的独立品牌。"和化权利"的出现，在日语法学中形成了与此前传入的"汉语权利"并存和竞争的局面。到1900年前后，日本学者中接受和使用基因变异型"权利"的人数似乎略微占优势。1900—1920年，"和化权利"通过多种汉译日语法学教材流传到了中国，[①]而汉译日语法学著作在中国

---

① 其中有代表性的是：[日] 奥田义人：《法学通论》，张知本编辑，湖北法政编辑社1905年版，第92—94页；[日] 织田万：《法学概论》，刘崇佑译，商务印书馆1913年版，第133—135页；[日] 梅谦次郎：《法学通论》，胡挹琪编，集成社1913年版，第117页。

的出版又加强了基因变异型"权利"的地位。①与此同时和在此之后,日语法学的两种"权利"概念并存和竞争的局面,在中国几乎以完全相同的形式再现,两者的影响力一度大体呈势均力敌的态势。

但遗憾的是,民国早期那一代法学家中虽然有不少学者自觉或不自觉地坚守自1864年开启的汉语、汉语法学传统权利概念,不接受日语法学的基因变异型"权利",但从当时法学出版物的种类来看似乎前者的声势比后者稍微小一些。有意思的是,坚守汉语权利概念、不接受"和化权利"的学者杨廷栋、李景禧两位,也是先后在日本接受的系统法学教育。关于汉语权利与权力,杨廷栋说:"国家求达其生存之目的,而行使其正当之权力,与个人行使其权利不同。因权利于法律上为个人平等享受,若有上命下服之关系,即不得谓之为权利"。②李景禧等人在北大任教时编写的法学基础性教材,也反映了对汉语法学传统的外延单纯型权利的守持。③不过,民国后期更多的法学入门型教材和读物,还是在数量居优的汉译日语法学出版物的加持下接受和使用了"和化权利",并且将以其为重心的"权利义务"话语组合认定为法学的基本内容,称法学为权利义务之学并视为通说。19世纪与20世纪之交的日语法学和20世纪上半叶的汉语法学接纳基因变异型"权利"有不少可以理解的地方。因为,那时"权力"在两国的法律生活中还远不如后来那样重要,甚至在日本帝国宪法和中国宪法中都没有"权力"一词。④所以,那时法学上使用基因变异型"权利",至少不同实在法的规定明显错位。这一系列宪法性文件中没有"权力"一词,但也从不用"权利"来指称君上大权、统治权、职权等。

但是,从1947年和1949年起,"国家权力""权力"在中日两国新宪法或临时宪法中都开始占有崇高的地位,与"权利"平行、平等起来。在现行中国宪法中,权力直接在文字上呈现为宪法规定的"国家的一切权力""国家权力",在中国宪法相关法中呈现为"权力""公权力"等。此时,再以"权利"一词指称权力及其具体存在形式如公共机关职权、权限

---

① [日]美浓部达吉:《公法与私法》,黄冯明译,商务印书馆1941年版,第69—159页。
② 杨廷栋:《法律学》,中国图书公司1908年版,第62—63页。
③ 李景禧、刘子松:《法学通论》,商务印书馆1935年版,第245—256页。
④ 日本第二次世界大战前适用的1889年《大日本帝国宪法》、1912年《中华民国临时约法》(临时宪法)和1946年《中华民国宪法》中,都没有"权力"这个名词。

等，已经完全为实在法所不容。另外，从体量和在法权结构中所占的比例看，在世界范围内，巨大的权力已不可能像自由资本主义时期体量不大、在法权结构中占比例很小的情状那样藏在"权利"的长袍下。

所以，现今中国通用法理学教材若继续使用和化的"权利"概念，实际上与中国宪法、法律和整个法律制度格格不入，只会对当今中国法律实践和法学研究起扰乱作用，可谓有百弊而难觅一利。法学界愈早放弃"和化权利"，愈有利于契合中国法律实践的法学一般理论和法学现象解释体系的形成。

3. 法学基础理论脱离当代中国法律实践的第三个突出例证，是代表当代基础性法学研究平均水准的全国通用法理学教科书中缺少权力概念。权力在当代中国法律实践中宪法地位与基本权利平行而社会功能实际上更为显著，在当代中国法律实践中事实上占整个法律生活的大头。按名与实、理论与实践关系的常识，权力至少应该属于法学的少数基本概念、基本范畴之一。但在应该体现法学基础性研究一般水平的全国通用法理学教科书中，权力在事务性陈述中虽很多次被提及，但实际上没有理论逻辑地位，不称其为概念。这部在整个法学教育中处于基础性地位的教材，对"权力"从理论上做了这样一些消弭性"处理"：在整整10页目录中，"权力"一词没有出现一次；对权力无直接论述，无权力一词的定义和释义；全书不仅没有把权力作为基本范畴，也没有作为普通法学概念，因而无法进入法学思维；几乎所有基础性论述，都以"权利"代替权力、包裹权力，把权力扭曲为早期日语法学那种在基因变异型"和化权利"中不起眼的一个组成部分。这些对权力做降维处理的手法在该教材第一章"法的概念和本质"中随处可见。[①]

在当代中国法学教育中处于基础性地位的较优秀法理学教材也以"和化权利"描述中国当代法律实践中的公共权力的情形，这一点我们从它对法下的定义和做的解说中可十分清楚地看到。相关法理学教科书写道："法是规定权利和义务的社会规范"；"法是通过规定人们的权利和义务，以权利和义务为机制，影响人们的行为动机，指引人们的行为，调节社会

---

① 参见《法理学》编写组《法理学》，人民出版社、高等教育出版社2020年版，目录和相应章节。

关系的。法所规定的权利和义务不仅指个人、组织（法人）及国家（作为普通法律主体）的权利和义务，而且包括国家机关及其公职人员在依法执行公务时所行使的职权和职责。"①按照这种解说，我国《宪法》第三章"国家机构"中的各级各类国家机关都是"权利"主体，《宪法》总纲部分规定的"国家权力""国家的权力""中华人民共和国的一切权力"及其具体落实这些权力的《宪法》第三章中规定的各级各类国家机关的"职权""权限"都成了"权利"。但是，这种解说是无论如何都说不过去的，其弊害首先是同我国现行宪法的规定和精神相抵触。

愈来愈多地了解权力、权利概念的历史的法学者都知道，上述"和化权利"不是中国现行宪法、法律和法律实践中的权利，甚至也不是任何外国法律体系中的权利，而是19世纪末日语法学"创造"出来后又自觉不妥，在20世纪下半叶予以放弃而又一直为中国法理学教材所维护的那种"和化权利"。一个人即使完全不懂法学，但只要懂汉语、有些逻辑学常识，也不会相信或接受强大而又活生生的国家的"一切权力""国家的权力""权力"及其具体表现形式国家机关的"职权"等何以在一些法学教材中变成"权利"。应该说，这不过是一部分学者把活生生的中国法律实践往一个外来法现象解说范式中硬塞造成的明显不合理的法学后果。

以上只是结合中国以宪法为根本的法律体系证明了权力概念的应有地位及其在当代中国法理学中的失落表现。如果我们转换视角，考虑进公共财产会向公共权力转化的原理。从国家机构占有和使用的公共财产占国内生产总值（GDP）的比例等方面看，应该能看得更清楚。因为国家机构占有和使用国产的数量，直接表明运用权力的体量。根据有关政府部门公布的数据计算，2021年我国全年国内生产总值114.36万亿元，全国一般公共预算支出24.63万亿元，政府性基金预算支出11.36万亿元，国有资本经营预算支出0.26万亿元，政府开支占同年GDP的31.7%。②这是动态

---

① 《法理学》编写组：《法理学》，人民出版社、高等教育出版社2020年版，第32—52页，直接引语见第42页。

② 中国国家统计局编：《国家统计年鉴2021》，http://www.stats.gov.cn/tjsj/ndsj/2021/indexch.htm；财政部国库司，http://www.stats.gov.cn/tjsj/zxfb/202202/t20220227_1827960.html，2022年10月9日访问。

的国有资产。另外。还有静态的国有资产即存量,这方面,发达国家的国产净值绝大多数都是负值,而我国国有资产净值在 2019 年为人民币 162.8 万亿元,当年 GDP 为 98.7 万亿元,前者相当于后者的 165%。[1] 不过,作为静态的国有资产净值,不表现为运行中的权力,只表现为储备的权力,但它毕竟属于权力的范围。公共财产总量只直接决定权力体量,权力的强度取决于以体量为基础形成的集中程度,此乃各国通常的情况。

在 20 世纪上半叶之前的国家,其国家机构或政府等政权组织一般只执行政治统治职能,基本不介入经济过程,因而占有和使用的公共财产不多,权力的体量很小。权力的增长是以公共财产的增长为物质依托的,所以,考察权力体量的最可信方式是掌握公共财产的体量和它的具体使用方式。我们从下列国家 1880 年(或最早有记录年份)政府总支出占同年 GDP 的百分比可以看出,相关国家在 19 世纪末权力的体量很小:美国为 3.04%,比利时为 7.62%,瑞典为 7.54%,英国为 8.47%,葡萄牙为 9.79%,丹麦为 9.87%,德国为 11.27%,西班牙为 11.43%,意大利为 15.29%,俄罗斯为 16.64%,法国为 16.75%。[2] 那时,国防开支通常占其中不小的份额,其他经费往往仅够维持国家机构的运转,维持治安和社会秩序。

但是,到了 20 世纪 30 年代特别是 40 年代以后,国家机构开始普遍大规模或较大规模地从社会提取财产集中到自己手中并用以介入经济过程,国家亦从此前的单纯型国家转变成了复合型国家。随着公共财产的增加,各国权力的体量大幅度增长。以 2021 年为例,这年一些有指标意义的国家的广义政府(各级各类国家机关)的财政收入占 GDP 的比例是:巴西 61.0%(2019),挪威 59.0%,丹麦 53.4%,芬兰 52.8%,法国 52.6%,奥地利 50.1%,瑞典 49.2%,意大利 48.3%,德国 47.4%,欧盟 46.8%,葡萄牙 45.2%,西班牙 43.7%,俄罗斯 42.5%,加拿大 41.7%,英国

---

[1] 《国家统计局关于 2019 年国内生产总值(GDP)最终核实的公告》,http://www.stats.gov.cn/xxgk/sjfb/zxfb2020/202012/t20201230_1811898.html,2022 年 10 月 25 日访问;李扬、张晓晶等:《中国国家资产负债表 2020》,中国社会科学出版社 2020 年版,第 14 页。

[2] IMF Fiscal Affairs Departmental Data, based on Mauro et al (2015), OurWorldInData.org/government-spending. CCBY.

39.5%，美国 32.5%，韩国 35.3%（2020）。① 从总支出数据看也基本一样，因为，除少数国家外，绝大多数国家都是支出不同程度地大于收入。下面是经济合作与发展组织（OECD）统计的若干有指标意义的国家 2020 财政年度广义政府总支出占国内生产总值（GDP）的百分比：澳大利亚 46.6%，奥地利 57.1%，比利时 59.2%，哥伦比亚 37.2%，丹麦 53.6%，芬兰 57.0%，法国 61.4%，德国 50.1%，希腊 59.8%，日本 47.3%，韩国 33.9%，荷兰 48.26%，挪威 58.24%，波兰 48.41%，葡萄牙 49.34%，西班牙 52.4%，瑞典 52.1%，瑞士 37.8%，英国 51.5%，美国 47.8%。② 并不是政府收支的这么大体量的财产都变成了权力，因为，其中有一部分是政府对个人的转移支付，还有一部分在运行中由法人组织分享。但广义政府的这种财政收支规模本身是大体能说明权力体量的。

无论如何，占 GDP 比例如此之高的财产改由国家机构收支和经手处理，与其相对应的权力的体量同 20 世纪之前的情况相比，已经发生了历史性剧变。以宪法为基础的当代中国法律制度与这种剧变契合情况良好，契合情况不好的是当代中国的法学基础理论，尤其是对当代中国法律实践负有学理解说重任的全国高等法学院校通用的法理学教科书。以上数据表明，在当代中国，不能正视权力的法的一般理论，不论是教材还是著作，必然在当代中国法律实践的推进过程中误导人们的行为，扭曲本应与当代中国的法律实践相契合的法观念。

三　回归法律实践是法现象解释体系创新最基本的要求

现代法治国家的法学理论，无不都是立足于本国法律体系及其实施过程，为解决本国特有的法律课题展开的。但中国的一些法学基础理论、特别是高等法学院校通用法理学教材的基础性概念竟然远离中国法律实践，

---

① General Government Revenue Total,% of GDP, 2021 or latest available, https：//data.oecd.org/gga/general-government-revenue.htm#indicator-chart（Accessed on 22 October 2022）.

② General Government Spending, Total,% of GDP, 2020 or latest available, OECD（2022）, General government spending（indicator）（Accessed on 13 October 2022）.

其中的原因，值得下大工夫研究。当然，中国引进现代法学历史很短，其中有些东西原本就是舶来品，在改革开放的条件下不论是继受原有的东西还是借鉴外来的东西，都有可能出现照抄了原本是外来的或前人的东西而不自知的情况。一定时段内参考借鉴乃至把与中国当代法律实践大体契合、能为我们所用的法的理论元素直接拿过来，并没有什么不可以。但这毕竟是学术研究，须遵守基本的学术规范，对出处应该做正常的交代。时至今日，我国法学基础理论研究最需要做的，是让其核心话语实现与中国法律实践中基础性实体的契合，后者主要指"权""权利""权力"和"权"进入法中的那个部分（作为权利权力共同体的法权）。为推动这个契合进程，我承接上文所论表达如下总结性见解。

1. 法学基础性研究须努力克服欧美法学中心主义的潜意识，正视并下力气研究中国法律实践中和汉语、汉语法学中的"权"。权在我国宪法、法律、法学论著、法律生活乃至社会生活中几乎是无处不在的名词或对应实体。而且汉语名词权具有可以同时指称法的权利、权力和法外的权利、权力的语言学功能，这是古今任何西语名词都不具备的能力。但是，为什么不仅近现代汉语法学，而且近现代日语法学，一百多年来都不重视权这个名词和相应的实体？细究下来原因无外乎这样几种：古希腊语、拉丁语、英语、法语等古今西方语言没有与之对应的名词，西语法学没有与之对应的概念或范畴；日语有"权"这个名词，但日语法学也不重视它；西语法学家和法学论著从来没有谈论过"权"，汉语世界谈论一个让西人感到莫名其妙的实体或名词，显得很另类，怕西人讥笑，等等。① 这是一些人缺乏民族自信心的表现，但也是可以理解的。毕竟，百余年来，在汉语法学圈已形成了一种难以言说的潜意识或思维定式，那就是：中国法和汉语法学没有自己独特的有价值的东西，如果有独特的东西，那肯定没什么价值；中国法和汉语法学不可能有西方法律、西方法学没有的优势。实事求是地说，中国的现代法律体系和现代法学起步晚，或许很多方面确实处于落后一些的地位，但不能以此为理由否定其局部优势的存在或形成局部优势的可能性。

---

① 或许唯一的例外是博睿学术出版社出版的以下著作，它抽象出了权（quan）的概念、对权及其衍生的法权、剩余权下定义并做了相应论述。See Tong Zhiwei, *Right, Power, and Faquanism: A Practical Legal Theory from Contemporary China*, trans. Xu Ping, Leiden & Boston: Brill, 2018, pp.1-35, 354-368.

再者，法学基础理论、核心话语落后还是先进的判断标准，只能是它们与本国法律实践的契合程度高低。按照这个标准，如果说今日汉语法学基础理论、核心话语落后于西语法学，实际上只是指汉语法学这些关键方面与本国法律实践的契合程度总体不如西语法学国家。落后就要追赶，追赶的方式，不是简单向西语法学靠拢（实际上也无法简单靠拢），而是改善我国法学尤其是其基础理论、核心话语契合中国当代法律实践的程度。在这个过程中，必要时当然应该参考借鉴西语法学相应方面契合本国法律实践的经验和教训。

权是汉语世界认识相应的"实"后才在现代形成的"名"，这被认识到的实，就是由法的权利、权力和法外的剩余权三部分构成的共同体，这个共同体有自己特有的客观的利益内容和财产内容。对此，我前引关于权的专论中有详细的证明。西语和西语法学无相对于汉语的"权"之名，这意味着西人还没有认识到法的权利、权力和法外的剩余权三者是一个有特殊关系的实体。而且，西语没有相对于汉语名词权的概念，也意味着它不可能像汉语法学这样，将权进入法体系里由法分配、规管的那部分（法权）与留在法外的、法不予规管的那部分（剩余权）区分开来。而且，他们既没有一个名词可指称有内在联系的权利—权力—剩余权共同体，也没一个名词可指称法的权利权力共同体。相对于当代汉语法学，这些都是西语法学明显的局部性比较劣势。反过来看，当代汉语法学至少在这些方面表现出了对包括日语法学在内的外语法学的局部性比较优势。

中国法律实践表明，理性也告诉我们，权，还有法权和剩余权，都是毋庸置疑的基础性社会现象、法现象（实体），记录对它们的认识并指称它们的汉语名词权、法权和剩余权，也都是相较于西语、西语法学有独特优势的法学概念，都应被视为现代汉语法学的基本范畴。不可能否认权、法权和剩余权，又欠缺学术勇气承认或包容它们，这或许是一部分汉语法学从事基础性研究的人们应该走出的两难处境。

2. 尊重但不再继续使用和化的"权利"，让"权利"一词回归"汉语权利"。在"权利"一词的运用方面，今日汉语法学面对一些尴尬的情况：（1）以宪法为基础的当代中国法律体系以及这个体系实施的各种主体，都使用汉语和汉语法学传统的外延单纯型权利，完全没有基因变异型"权利"的存在空间。原因很简单，在实在法中，使用基因变异型"权利"必然造成法律体系中权利与权力关系混乱,甚至一些最重要法律条款让人看起来不知所云。(2)在 21 世纪的汉语法学研究领域,基因变异型"权利"因脱离中国法律体系和法律实践,事实上已近乎完全无法使用。所以,20 余年来除极少数不结合中国法律制度和法律实践的空对空法理学论文外,基因变异型"权利"概念已经无人使用。情况是否如此,读者可以很容易通过查阅新近任何一种法学主流期刊来验证,如在依次出现的 100 次"权利"中,看看其中有没有或有几个是在基因变异型"权利"意义上使用的。我以某法学"大刊"为样本做过这种查证,结论是 99%使用外延单纯型权利概念,使用基因变异型"权利"的只有疑似的 1%,而所谓疑似,实际上是不肯定,介于两可之间。(3)当代汉语法学领域,基本上只有全国通用法理学教科书是基因变异型"权利"的最后据点。具体地说,这种全国通用法理学教材,实际上是基因变异型"权利"和传统的外延单纯型权利并用,但以前者为主,以后者为辅。① 21 世纪出版的其他法理学教材,主流的方面是外延单纯型权利和权力并重,如果说基因变异型"权利"还在其中占有一些空间的话,那也只是在讲述"法律关系"的较狭小领域。而且,有的法理学教材在这个领域也没有为基因变异型"权利"保留空间,因为这种教材对法律关系的内容,采用了"权利和义务(权力和义务)"的表达方式。②

应充分认识和化的"权利"一词对于当代中国法律实践来说,是缺乏明确对应实体的文字符号。这种"权利"除了在法学入门型教材中用于超常识超逻辑解说法、法规则、法律关系之外,在立法、执法、司法、守法过程中派不上任何用场。在法学研究方面,它也只能适用于研究一些脱离法律生活实际运用同类概念形成的法学玄学。但另外,它对初学法律者所起的误导作用和带来的困惑却不可小觑。因为,一个法科毕业生终其一生,也不会碰到大学一年级法理学教材中使用的那种范围包括了宪法规定的国家"一切权力"的"权利",不论在宪法、法律条款还是在法律生活中。因此,和化的"权利"一词在理论和实践中没有明显的正面意义。我国法学界只有不再继续使用这种沿袭自 20 世纪上半叶的名不符实的"权

---

① 以基因变异型"权利"为主的情况前文有交代;以外延单纯型权利为辅的例证,参见《法理学》编写组《法理学》,人民出版社、高等教育出版社 2020 年版,第 349—352 页。

② 沈宗灵主编:《法理学》,北京大学出版社 2014 年版,第 60—64、325—327 页。

利"，才谈得上基础理论创新。不破不立这个道理，在法学核心范畴、基本范畴体系建设方面完全适用。

可以想象，如果"和化权利"从法学基础理论舞台退场，马上会产生一个诸如"娜拉走后怎样"的问题。因为，以"和化权利"为根本依托的权利义务法现象解说范式不是完全不承认权力，而是努力将其最小化并藏在"权利"一词的长袍下。权力愈来愈大，"长袍"日益成比例缩小，因而必然捉襟见肘。长袍脱掉之后，无非是显出权力的原型及与权利在根本上作为一个共同体的关系。所以，"和化权利"走后怎样的问题很好解决：让"汉语权利"回归其本来位置；权力还其与权利平行之独立实体的真面目（下文续论）；增加反映权利权力共同体之"实"的"名"，即法权一词。

3. 须正视、承认和研究当代中国法律实践中的权力。理论应该是实践的反映，实践中重要、突出的实体或现象，在理论中应该占据与之相对称的地位。权力即各级各类公共机关掌握和运用的公共权力，它在中国法律实践中的地位和在法权结构中所占的比重，前文已多有交代。不论从哪个方面着眼，法学基础理论正视、承认和研究权力的必要性和意义，都不亚于同样对待权利的必要性和意义。"中国特色社会主义法律体系是以宪法为统帅，以法律为主干，以行政法规、地方性法规为重要组成部分，由宪法相关法、民法商法、行政法、经济法、社会法、刑法、诉讼与非诉讼程序法等多个法律部门组成的有机统一整体。"[1] 宪法是保障公民基本权利同时也维护国家权力正常运行的根本的法律。民法商法人们习惯于称其为私法，因为它们是调整平等主体之间人身、财产和商事权利义务的法，但我们不能忘记，从《十二铜表法》《查士丁尼法典》到《拿破仑法典》，再到中国《民法典》《公司法》和《破产法》等，无不都是权力行使的产物和表现（从立法角度看它们确实不是私法），而意思自治，也只是在权力设定的规则允许范围内的自主。至于宪法相关法、行政法、经济法、社会法、刑法、诉讼与非诉讼程序法等，之所以通常被称为公法，就因为它们不仅从立法角度看是权力行使的产物或表现，从内容看权力也都是其配置

---

[1] 国务院新闻办公室：《〈中国特色社会主义法律体系〉白皮书》，http：//www.gov.cn/zwgk/2011-10/27/content_ 1979526. htm, 2022 年 11 月 1 日访问。

或规管对象。如此众多被称为公法的法律的内部差别只在于：有些是专门调整权力与权力关系的法律，有的是调整权力与权利关系的法律。从层次上看，在法律之外还有行政法规、地方性法规等，它们与权力的关系总体与公法相同或相近。

以上所有位阶不同的法，从制定到遵守、执行、适用，都直接以权力为对象或面对权力（当然还有权和权利）。在这种背景下，我们应该发问，中国当代法学基础理论在适应中国法律实践研究权力方面做了些什么？如果从体现当代法学基础研究平均水平的最新版法理学教材中找答案，答案只能是"基本没做什么"。因为"权力"二字在其中出现许多次，但它没有取得法学概念、法学基本范畴的地位，在理论上是被忽视的。权力概念在基础性法学教材中的缺位，显露的是法学理论脱离法律实践和法律生活实际的程度，不论用哪个形容词的最高级来形容都不过分。如此轻忽权力的理论反过来对于法律实践的负面影响不能说不大。因为，如果我们对法律学说史上称为利维坦的强有力庞然大物国家的权力视而不见，那就难以谈论权力监督、权力制约或把权力关进制度的笼子。正视权力及其实际地位，从法理上看就是要在理论上正视和接纳权力概念，其外在标志是研究、揭示权力的范围、实质和内部外部联系，抽象出权力概念并进入法学基本范畴体系。不论多么重要的法现象，如果不能抽象为法学概念，它就无法进入法学思维，具体谈论的次数再多也没有学术意义。由于权力的学科地位一直受20世纪上半叶从日语法学引进的基因变异型"权利"一词的直接排挤，法学这方面的研究工作差不多被耽误了40余年，很可惜，但现在到了该尽快设法补救的时候了。

权力在当代世界法权结构中所占比例较20世纪前成倍、成数倍增长的情况，从前文援引的一些有指标意义的国家的相应经济数据中可以看出一些眉目。它表明，权力在法律生活中地位的提升是全球性现象。所以，对权力的研究和认识，不仅关乎对中国法律的理解，也关乎对世界各主要国家现代法律制度的认识。

4. 法学基础性研究回归中国当代法律实践，在法学核心话语上的表现首先是为"权""权利""权力"正名，同时必然添加"法权""剩余权"两个名词。所谓正名，即促使法学上的名与实、主观与客观相一致：客观上有的，主观上就应该有；客观上无的，主观上亦应无；客观上是什么样，主观上就是什么样。正视和下功夫研究权，着眼点或着力的抓手是研究权的实和名。当我们将进入法中、由法配置和规管的权称为"法权"，就会形成一个记录相应实体的第一个全新的法学名词，而把留在法外、法律不负责配置和规管的那部分权称为"剩余权"，会形成另一个全新的法学名词。所以，正视和研究权、权利和权力，必然导致承认法权和剩余权。如此形成的结果，就是上文已论及的由五个概念组成的法学基础性范畴系列。

从已发表的论著看，[①] 汉语实践法理学的上述五个基础性法学范畴，不仅相较于早年日语法学的基因变异性"权利"系列（权利+义务）具有全面的比较优势，即使是对于当代各种西语法学，也形成了明显的局部优势。这组基础性法学范畴对西语法学理论的明显局部优势在于：既可用"权"这一个名词指称权利、权力、剩余权统一体，又可用权指称其中的三者之一；权进入法中，由法配置和规管的部分与留在法外的部分区分开来，两部分各自形成了法权和剩余权概念；法权记录了法学对法的权利和法的权力在根本上作为一个统一体的认识并作为名词指称这个统一体；"剩余权"记录法学对留在法外的权利、权力共同体的认识并作为名词指称该共同体。权、法权、剩余权都是汉语法学全新的认识成果，完全形成于中国本土，为包括西语在内的外语法学所不具有。这里需要做说明的首先是，记录法权概念的文字符号历史上曾在其他几种不同意义上用过，但这并不妨碍它的创造性概念定位，因为概念真正要解决的是认识对象的范围和实质问题，与记载概念的语言符号关系不大，后者实际上是一种人为约定。其次，日语法学有"权"这个名词，但它迄今未成为法学概念，即没有人研究它、确定它的指称范围、实质和内在外在联系。此外，历史上日语法学在立法权的覆盖范围意义上使用过"法权"这个名词，[②] 但后来放弃了，而且，即使不放弃，也不妨碍汉语实践法理学法权概念的成立。

需要注意的是，实践法理学上述五个基础性范畴是基于汉语传统、吸收了外文法学积极因素的汉语法学成果，不是闭门造车、凭空冥思苦想的产物，它是笔者前引论文讨论过的"5+1+1"实践法理学基本范畴体系的主干部分，

[①] 前引童之伟论著和他的《法权说之应用》，中国社会科学出版社2022年版，第1—17页。
[②] 礒谷幸次郎：『法學通論』，东京：日本法律学校編輯部，1896，182—194頁。

其中后面的两个"1",分别指"义务"和"法"。实践法理学的"5+1+1"基本范畴体系可以较全面较深入地反映和解释当代中国的法律实践。

5. 以权、法权、剩余权和原有的法(或法律)为基础,接受权利、权力、义务研究的成果,融会贯通构成一个体系,中国有望初步形成面向现代化、面向世界、面向未来的,民族的科学的大众的法学。这里的权、法权、剩余权、权利、权力、义务、法都既是客观社会现象或法现象,又是法学概念,它们在本书中之具体所指,由上下文决定。权和由其衍射出来的法权、剩余权和法都是客观社会现象,是由中国人自己认识和抽象出来的法学概念,其客观性和逻辑合理性已得到了证明。严格地说,作为概念的权利、权力、义务原本都是从西语法学概念翻译而来的,只是有的在翻译过程及其后来的发展中融入了中国学术的贡献。因此,真正从根子上产生在中国,由中国人确定研究对象,加以抽象并做出定义,揭示出其外延和实质的基础性法学概念或范畴,目前还只有权、法权、剩余权这三个。权、法权、剩余权意味着民族、大众,而融入权利、权力、义务和法(或法律)意味着面向世界,它们以中国当代法律实践为基点融会贯通成为一个整体,体现着形成面向现代化、面向未来和比较科学合理的法学基础性现象解释体系。

轻贱本土提出和证明的学术概念,看重和易于接受外来的概念,是我国法学界长期存在的情感倾向之一。这很可以理解,毕竟,区别于中国传统律学的现代法学起源于欧美。对此,我现在想说两点看法:第一,中国学者治现代法学,一开始照抄照搬别人的东西很正常,想一开始就有自己的东西,那不现实。但是,在经历一个世纪之后,到20世纪与21世纪之交就应该确实有些中国人自己的东西了。于是,权、法权、剩余权作为法学意义的发现和法学概念应运而生,可谓正当其时。第二,任何人都可以否认权、法权、剩余权作为实体的客观性和作为概念的合逻辑性,但相关人士应该说理、拿出证据,经得起辩驳。无论如何,不能因为它们是新概念而又不是自己提出来的,就武断否定或变着法子抹杀。

6. 汉语实践法理学的核心话语应该争取走进世界法学之林。在民族特有法学概念的外译问题上,我们尊重外国读者但没必要迎合外国读者。他们有他们的需要,对汉语法学特有的民族性元素如权、法权、剩余权等概念,他们不懂时自然会去学习、研究,中国学者完全没有必要放弃对其独特性的守持去做解释性、迎合性翻译。例如英译，权、法权、剩余权原本最好译为"quan""faquan""residual quan"，但我国学者可能一时还不能习惯。对这些名词，一旦外国读者懂了，讨论中国法律和法学问题时也开始使用"quan""faquan""residual quan"等话语时，它们就会很自然地作为汉语法学的特有语言标志走向世界。中国法学要自立于世界法学之林，不应老是我们琢磨、研究外国的法学名词、概念，也应该让外国读者研究我们特有的法学名词、概念。在发展汉语法学和推动汉语法学走向世界的过程中，国人首先自己要解放思想，拿出学术自信。

以权这个单字名词的英译为例，历来中国官民双方都是要么回避它，要么揣摩西人可理解的方式，根据不同的上下文将其译为 power、right，从来没有尝试传达它的本义，直到近年才有华裔美国语言学专家在多方征求意见和协商的情况下将"权"和由其衍生的"法权""剩余权""法权说"直接分别用汉语拼音英译为"quan""faquan""residual quan"和"faquanism"。① 这是一个很好的开端，但显然影响还不够广泛。笔者确信，权、法权和剩余权这些实践法学的基本范畴，应成为"面向现代化、面向世界、面向未来的，民族的科学的大众的"汉语法学的语言符号象征。为了做到这一点，汉语外译，特别是我国宪法、法律文本的外译，对权、法权应一概用汉语拼音直译。以英译为例，不仅应将宪法、法律条款中的"有权""无权"译为"to have quan""to have no quan"等，还应该考虑将立法权、行政权、人身权、财产权分别译为 legislative quan、executive quan、personal quan、property quan 等。推动汉语法学的民族化或本土化要有具体措施才能见成效。

7. 让"百花齐放、百家争鸣"的方针和优良学风成为推动法学核心话语朝实践法理学变革的保障。2022 年 9 月，我对照性列举了法学基本研究对象、核心范畴、和化的"权利"概念、法的本位和法律关系等五方面学说，详细证明了从清末汉译日语法学教材、民国时期基础性法学教材到 20

---

① 采用这种译法的是前引 *Right, Power, and Faquanism: A Practical Legal Theory from Contemporary China* (Brill, 2018) 的译者、纽约城市大学的徐平（Ping Xu）教授，其中 quan 在英语中很难发音，徐教授建议西人读作 chuan。See Tong Zhiwei, *Right, Power, and Faquanism: A Practical Legal Theory from Contemporary China*, trans. Xu Ping, Leiden & Boston: Brill, 2018, pp. 1-35, 354-368.

世纪法学论著乃至 21 世纪中国通用法理学教材，法学话语的这些核心内容在过去 120 余年间基本没有什么变化的情况。读者从中可以看到民国时期法学家照抄汉译日语法学教学话语体系的核心范畴和基础性命题，而 20 世纪 80 年代一些法学论著又近乎照搬前两个时期相关方面内容的详细情况。① 这就像一幢楼房，钢筋混凝土结构 120 年没变，变化的只是充填结构间空隙的砖块、内墙涂层和外装修。我国法学一般理论研究和教学的这种状况说起来比较令人难以置信，然而却是事实。为什么会如此？至少最近 40 余年应该同过去有所不同才对吧。其实，在上述那些近乎纯学术的问题上，我国公共机构在贯彻"百花齐放、百家争鸣"方针方面还是做得比较好的，并没有妨碍法律学者在这类问题上发表不同见解。所以，法学基础理论在上述诸多基本方面没有进步，应该从法学理论研究群体自身找原因。

四　形成良好学风和"百花齐放、百家争鸣"

形成良好学风首先应该是法学研究者群体的自律。若法学研究者群体没有足够的自律，法的一般理论研究很难取得进步。

过去 40 余年法学一般理论研究在核心话语方面没能取得进步的最大的教训，是处于先行者地位的一些法学家把清末汉译日语法学和民国时期法学基础性教材反复表达乃至已被认定为通说的一些观点和提法，在未说明出处的情况下作为自己的新学说提出来后，又动用一切可用资源倾全力加以维护。这就造成了看起来是维护改革开放后的法学新观点新见解，实际维护的却是清末汉译日语基础性法学教材和民国时期基础性法学教材所讲授的核心话语的尴尬局面。在法学学科建设、评项目、评奖、评学位点和法学显要期刊等关键法学资源直接间接高度集中于极少数利益相关法学家之手的背景下，法学核心话语这类纯粹的学术问题变成了其他学者一般不敢写文章讨论、写了也极少杂志敢刊登，往往只能做茶余饭后窃窃私语的敏感话题。这类不正常情况对法学核心话语跟上当代中国法律实践的阻碍

---

① 童之伟：《法学基本研究对象与核心范畴再思考》，《法学》2022 年第 9 期。

作用太大了，早应设法予以消除。因此，若欲在新的历史时期形成实践法理学的核心话语，不可能不触动在中国存在了逾百年的那种以早期日语法学基因变异型"权利"为基础的陈旧权利义务法现象解说范式。改变我国法学基础理论的落后状态，迫切要求全国高等政法院校通用法理学教材放弃脱离中国法律实践的"权利"概念。

或许有学者会以为，指称范围包括各种公共权力的"和化权利"和以其为依托的权利义务法现象解说范式在当代外语法学中很有地位。应该说，完全不是这么回事。我集30余年关注这类课题和有目的地在中西法学重镇做多年调查性阅读之所获，愿对这种"权利"和权利义务法现象解说范式做出以下评价并接受读者质疑：它们的源头，是19世纪欧洲大陆的一些法律学者，历史上它们的直接影响主要及于俄语法学和一部分日语法学；它们在日语法学中发生变异后于20世纪初传入汉语法学；当代法、德、日语法学中已很难找到它们的踪影，在英语法学中近乎销声匿迹也已逾大半个世纪。所以，不再使用和化的"权利""权利义务"法现象解说范式绝对不意味着汉语法学放弃了某种各国普适性法学话语。

"百花齐放、百家争鸣"，是国家发展文化艺术和科学事业长期实行的方针。要形成契合当代中国法律实践的法学核心话语乃至现象解释话语体系，法学界不仅寄望于直接相关的法学家群体以法学事业为重，更自律更宽容更包容更有勇气展开学术争鸣，也期待公共机构持续和更具体地贯彻"百花齐放、百家争鸣"方针。在这方面，要紧的是防止公共法学资源的个人垄断，这类垄断会严重妨碍国家"百花齐放、百家争鸣"方针的落实，不利于法学事业的健康发展。

第六章　从尊重传统到反映当代法律实践[①]

[导读]

中国需要以本国现代法律体系为主要根据并确立与之接轨的法学话语体系。实践法理学参考现代科学哲学的要求，运用黑格尔提出、马克思加以唯物化改造的绝对方法来形成自己的全部范畴。绝对方法实际上是从特定学科面对的客观现象世界出发，从中概括出一个最抽象的概念，然后它自身向较具体概念、更具体的概念做辩证运动，最后形成一个得以对应地反映客观现象世界的主观概念体系的方法。实践法理学运用绝对方法从体现利益、财产的各种现象中概括出的最抽象概念是权，权在自己的辩证运动中产生的第一对概念是法权和剩余权，然后法权（主要的）、剩余权（次要的）又各自做辩证运动，形成包括权、法权、剩余权、权利、权力、义务、法（或法律）在内的七个基本范畴，后者继续运动，产生其他重要范畴、一般范畴。从权开始的辩证运动在微观上从正反两个方面（反的方面是义务）穷尽权或法权之后，整个法学概念体系就形成了。全过程都是权或法权作为概念的自我运动，后续的每一个分解出来的概念都从正的或反的方面"分享"权或法权，直到它们归零。权＝法权+剩余权，法权只是进入法中之权。实践法理学和相应现象解释体系不以权而以法权为其核心范畴，主要是因为权反映的现象的范围包括法外规范确认的利益、财产，而法权反映的现象的范围集中

[①] 本章原以《从尊重传统到反映当代法律实践》为题发表在《法商研究》2023 年第 3 期，纳入本书时按基本概念统一、观点前后协调一致的标准做了必要修订。

于法规范确认、保护的利益、财产，故尔法权的法学特征更强。这正像英国当年政治经济学的最抽象概念是价值，但马克思的政治经济学的核心范畴是次抽象的概念剩余价值，因为只有后者才有马克思的经济学自己的学科特征，前者没有。实践法理学选取法权而不是权做核心范畴，道理与马克思政治经济学以剩余价值概念为核心范畴完全一样。以法权为核心的七个基本范畴构成实践法理学现象解释体系的基础。基于实践的汉语法学现象解释体系能适应当代中国对现代化的和本土的法的一般理论的需要，具有充分的正当性和明显的比较优势。

最近有著名法学家提出：应"创建具有中国特色的'实践法学'"，"树立重视、推动实践法学研究的鲜明导向"。[1] 对此，我深以为然。从百年来中国高等法学院校使用的入门型法学教科书看，近现代汉语法学的基础性话语体系，一直体现在20世纪初年从日语法学引进，同一世纪30—40年代定型、80—90年代以来得到继承和发展的和化权利义务法学中。[2] 其基本特征是，高度尊重清末以来的法学传统，选定和化的"权利""权利义务"为法学基本研究对象和核心范畴，不承认以公共机关为主体的权力的基本范畴地位，将各种公共权力解说为"权利"的组成部分。另外，近30年来也有学者基于当代中国法律实践，提出了与和化权利义务法学有根本区别的实践法理学现象解释体系架构，以期矫正和化权利义务法学现象解释体系与当代法律实践之间出现的较大幅度的错位。实践法理学现象解释体系有两根基础性支柱：选定法内法外各种"权"为法学基本研究对象；以从各种法定之"权"中抽象出的"法权"为核心形成"5+1+1"基

---

[1] 景汉朝：《在法治实践中提炼升华法学理论》，《中国社会科学报》2022年9月27日第1版。
[2] 一百多年来，从日语法学引进汉语权利义务法学的有代表性论述，可参见以下教材或论著的相关部分：織田萬『法學通論』，东京：有斐閣1902年版，第147—216页，此书汉译本的相同内容见织田万《法学通论》，刘崇佑译，商务印书馆1913年版，第129—146页；孟森《新编法学通论》（原为商务印书馆1910年版），再版见《孟森政法著译辑刊（中）》，中华书局2008年版，第434—444页；夏勤、郁嶷《法学通论》，朝阳大学出版部1919年版，第83—114页，1927年版第101—133页；邱汉平《法学通论》，商务印书馆1937年版，第87—116页；何任清《法学通论》，商务印书馆1946年版，第119—140页；孙国华主编《法学基础理论》，法律出版社1982年版，第101—314页；张光博《法论》，吉林大学出版社1986年版，第3—5、24—35、75—79、87—101、115页；《法理学》编写组《法理学》，人民出版社、高等教育出版社2020年版，第17、42—43、46—47、120—138页。

本范畴体系。① 为推动当代汉语法学一般理论的形成，本书拟在已有研究的基础上进一步做三个方面的论述。

一　汉语实践法理学的由来

在实践法理学这一定位和称谓中，"实践"指现代的法律实践，其中首先和基本的是现代中国的法律体系，即以宪法为基础的现代中国法律制度及其实施过程。实践法理学是相对于"本本法理学"而言的。本本法理学泛指各种脱离现代中国法律体系，基于100年来的一些既有汉语法学论著或法学教材形成的法学范畴体系和相应基本命题。毛泽东曾经说："'本本'是要学习的，但是必须同我国的实际情况相结合。我们需要'本本'，但是一定要纠正脱离实际情况的本本主义。"② 毛泽东说的本本，主要指的是马克思主义创始人的书，本书说的本本，是指前人的法理学教科书或论著，不完全是一回事。但两种"本本"，都有一个与当今我们的实际情况相结合的问题，原理基本上是一样的。

近些年来，在做法的一般理论研究的过程中，我较系统地浏览或阅读了近代日语法学、现代汉译日语法学和20世纪汉语法学以基础性教材为主的大量读物，获得了不少新感受。其中最深切的感受是，在汉语法学基础理论领域，研究方面使用的话语虽然开始逐渐贴近当代中国法律实践，但在教学领域却几乎依然如故。综合评估，当代汉语基础性法学还远未从根本上摆脱百年前形成、与当代中国法律实践很不相适应的传统范式，其中主要是20世纪初期设定的法学基本研究对象、核心范畴（和化的"权利"或"权利义务"）和基于它们形成的一些基础性命题。面对这些百年来在表述方式上几乎未改一字的法的基础性理论要素，抚今追昔，让人不由自主回想起上述"本本主义"论说。

---

①　汉语实践法学的主要文字载体，参见童之伟《法权说之应用》，中国社会科学出版社2022年版，第1—47页；Tong Zhiwei, *Right, Power, and Faquanism: A Practical Legal Theory from Contemporary China*, trans. Xu Ping, Brill, 2018, pp.1-35, 354-368.

②　毛泽东：《反对本本主义》，《毛泽东选集》（第1卷），人民出版社1991年版，第111—112页。

汉语实践法理学是相对于19世纪末、20世纪初从日语法学引进，大体完成于20世纪三四十年代，在20世纪80年代后又获得进一步发展的和化权利义务法学的核心范畴、基本范畴和承载它们的论著而言的。两者最基本、最明显的外在差别是：实践法理学选定当代中国法律实践中的各种"权"现象，其中主要是"权利""权力"现象，为法学的基本研究对象，以从中抽象出的"权"、进而抽象出"法权"概念为法学核心范畴构成法现象解释体系的框架；和化的权利义务法学基于19世纪末和20世纪初从日语法学引进后加以发展形成的传统，选择和化"权利"或"权利义务"为法学基本研究对象，同时以"权利"或"权利义务"为核心范畴构成法现象解释体系的框架。所以，至少从外在特征看，实践法理学是与权利义务法学有根本差别的法现象解释体系，两者在合理、系统地解释中外今古各种法现象方面不可避免地处于竞争状态。

实践法理学性质上属于法的一般理论，如前所述，它不是单纯的宪法学或公法学理论，而是统一解释宪法、私法和公法现象的理论。真正的宪法必然既是私法的根本法，又是公法的根本法，因而它就既不是单纯的私法，又不是单纯的公法，只能是单独的一个类，即根本法。法的一般理论的必要功能之一就是合理、融洽（包括自洽）地解释全部宪法、私法、公法现象。至于国际法现象，法的一般理论应该也是可以合理、融洽地加以解释的。但是，解释体系需要做对应的转换，如国内法意义上作为权力主体的国家和权力，转换到国际法上应是权利主体和权利，只有联合国安理会、欧洲理事会这样的全球或区域性国际组织的权威机构及其职能，才表现为国际权力主体和国际法意义上的权力。国际法上的权利、权力统一体也构成国际法意义上的法权，等等。

对实践法理学这一定位和称谓中的"汉语"一词的使用，也有交代的必要。确实，按这个提法，法学是分为汉语法学和外语（或外文）法学的，后者如日语法学、英语法学等。汉语法学的范围，限于用汉字原创或首次刊行、发表以汉语为载体的法学出版物。采用汉语法学的提法，首先是基于时间上超越当代中国法学的考虑。因为，虽然西周青铜器"何尊"的铭文中有"余其宅兹中国，自知辟民"的记载，但"中国"并不是历史上常用的指称我国的名词，用得较多的是"华夏""中华""中夏""中原""诸夏""诸华""神州""九州""海内"等。所以，在时间上超越当代做研究的时候,用汉语法学指称包括当代中国法学论著在内的以汉语刊行的法学文献或读物,是必要而恰当的。另外,这样定义汉语法学,还为合理看待汉译外语法学论著奠定了基础。按照这个定义,汉译外语法学论著并不是汉语法学的组成部分。但是,汉译外语法学论著的知识和观点如果影响了中国学者,中国学者接受并在自己的论著中把它们转述、表达出来,相应的知识和观点,也就被吸收到了汉语法学中,转化成了后者的组成部分。

二 引领实践法理学形成现象解释体系的"绝对方法"

在做了以上交代之后,对于实践法理学形成基础性现象解释体系的方法,我表达三点看法。

1. 合理的方法对构建优良的法现象解释体系具有决定性意义。在经济生活领域,生产过程所用的原料、材料虽然相同,但使用的加工方法不一样,制造出的产品的价值高低,往往有天壤之别。近乎众所周知的显例之一是,传统中医用"艾蒿一握,以水二升,绞取汁"的方法生产出艾蒿汁,治疗疟疾的效果平平,而屠呦呦教授改用乙醚低温法提取抗疟成分生产出青蒿素,拯救数百万人的生命,荣获诺贝尔医学奖。显例之二是,用玉米高粱等做原料,因方法不同,有的厂商只能生产出低附加值的大饼、饼干,有的生产出高附加值茅台、五粮液白酒,经济效益大大不同。对于法学理论体系构建来说,运用不同方法的结果,差别之大无异于运用不同方法在食品医药行业造成的上述差别。

迄今为止,汉语法学"生产"核心范畴和基本范畴体系使用的方法,相对来说还是比较原始的。"原始"的首要表现,是在选定核心范畴时对当今和本国基本情况缺乏考虑,明显是跟着20世纪初年形成的汉语权利义务法学传统走。从形式上看,当代汉语法学似乎是从法律生活的现象世界中确定最基本最常见现象,再用归纳法从被选出的现象中抽象出一个或几个名词作为核心范畴,但实际上只是续用20世纪上半叶的汉语法学的核心范畴"权利义务",避开当代中国法律实践,找了些很片面很边缘的理由证明它们在当代仍合用。① 如果尊重当代法律实践,被选出来的最基本最常见现象一定是权利、权力,绝对不会恰好是 100 多年来汉语法学事实上一直奉为核心范畴的"权利义务"。因为,权利、权力不仅是我国以现行宪法为基础的法律制度确认的最基本的法律生活要素,也是我国法律制度实施过程中几乎每时每刻感受到的事实。根据马克思主义学说,权力的外在表现是国家、国家机关、军队、警察、法庭、监狱。在现实法律生活中,权力就是中央和地方各级各类国家机关等公共机构决定和落实所有公共事务的资格、能力,包括立法、行政、军事、监察、审判、检察等各级各类国家机关的职权、权限,以及其他形式的组织、领导、管理活动。可以说,当代任何尊重常识、尊重中国法律实践的法学,都不可能不把权力视为最基本最常见的法现象之一。从实事求是角度看,当代汉语法学,选定"权利—权力""权利—权力—义务"组合或法权做核心范畴,皆没有大问题,因为它们至少都包括了权利和权力两个基本的方面。但若选择"权利义务"做核心范畴,弊端就明显起来了,因为这个因循旧说的选项中不包括权力。或许有人会说,如果我们把权力解说为权利的一部分,不就把权力包括进去了吗?此说绝对行不通。因为,主观的法学范畴应当准确反映而不是刻意扭曲客观的法律制度。在以现行宪法为基础的客观的中国法律制度中,权利是权利,权力是权力,两者是严格区分、法律地位平等的,法学范畴应顺应而不是扭曲这种制度性现实。如果在承认权利、权力在法现象层面的差异的前提下,将它们从根本上视为一个统一体,那不仅是可以的,而且是应当的。但是,这样看问题必须以承认权利、权力在法律制度层面的区别和它们两者的独立学科地位为前提和基础。这恰如两青年通过婚姻组成家庭,必须以双方各有独立法律地位为前提和基础是一样的道理。

汉语法学"生产"范畴体系的方法过于"原始"的另一个典型表现,是选定基本范畴缺乏客观根据:对于基本范畴到底应该由哪几个概念组成,为什么恰好是那几个而不是别的概念,从来没能确立一套准则。易言

---

① 例如,为证明法律关系是权利义务关系,只好硬性地把公共机关"职权""权限"这两种典型的权力表现形式放在"权利"中,甚至直接把"国家有权力"写成"国家有权利",且所举合格例子也都限于民法领域。参见《法理学》编写组《法理学》,人民出版社、高等教育出版社 2020 年版,第 120—128 页。

之,从来的法学基本范畴研究,确定研究对象所依据的方法,基本上是拍脑袋、凭感觉,因而实际上可多可少。所以,汉语法学对基本范畴的研究,数十年来一直没解决一些最基本的问题。如对各方一致看重的"权利",不仅来历、身世不明,主体、本质没有合乎当代中国法律实践的说法,连它的指称范围、分类等20世纪上半叶入门型教材都讲清楚了的内容(尽管不一定合理),中国21世纪有代表性的高等法学院校法学基础性、入门型教材中反而找不到了,以致"权利"到底包不包括权力,我国法律制度中的修宪权、释宪权、宪法监督权、立法权、行政权、军事权、监察权、审判权、检察权到底是不是"权利"以及它们何以成了"权利"而不是"权力"等极普通内容,这类教科书都没有交代。对于传统汉语法学范畴体系的以上缺憾,实践法理学应该选定新方法加以解决。

2. 汉语实践法理学应该而且早已采用"绝对方法"来构建基本范畴体系。一个学科理论体系,首先表现为范畴体系,尤其是其中的核心范畴和基本范畴。汉语实践法理学建构基本范畴乃至理论体系的方法,是以马克思批判性改造黑格尔的绝对方法而形成的新的绝对方法为基本依托的,实际上是绝对方法的法学应用。我首次将从抽象上升到具体的方法运用于法学的范畴体系构建是在20世纪90年代中期,当时限于宪法学领域,后来才扩展到法的一般理论领域。马克思主义创始人的理论是分层次的,辩证唯物主义和历史唯物主义,是世界观层次的方法论,但它与一个具体学科的范畴体系、理论体系构建,没有直接关系。按当时的学科分类和学术标准,马克思实际从事的主要是政治经济学研究,因而他只在这个学科有构建范畴体系、理论体系的问题。他在政治经济学领域两次专门讨论了范畴体系形成方法,实际上也是理论体系形成方法。

在写作和发表于1847年的小册子《哲学的贫困》第二章"政治经济学的形而上学"中,马克思用第一节专门讨论"方法",主要做了七个"说明"。从法学基础性研究角度看,其中有两方面的原理今天需要特别关注和领悟:(1)客观事物、实体与相应学科主观逻辑范畴的关系。他说:"在最后的抽象(因为是抽象,而不是分析)中,一切事物都成为逻辑范畴,这用得着奇怪吗?""在最后的抽象中,作为实体的将只是一些逻辑范畴。""如果我们把逻辑范畴看做一切事物的实体,那么我们也就可以设想把运动的逻辑公式看做是一种绝对方法,它不仅说明每一个事物,而且本身就包含每个事物的运动。"①（2）学科的范畴都得随它们反映的事物、实体的变化而变化。"经济范畴只不过是生产的社会关系的理论表现，及其抽象。""这些观念、范畴也同它们所表现的关系一样，不是永恒的。它们是历史的、暂时的产物。"② 所以，"每个原理都有其出现的世纪。例如，权威原理出现在11世纪，个人主义原理出现在18世纪。因而不是原理属于世纪，而是世纪属于原理。"③ 以上两方面的道理，应该同样适用于法学。基于这些道理，今天我们完全可以说：权利义务原理出现在18世纪；18世纪、19世纪属于权利义务原理；20世纪在其中叶即已整个离开了权利义务原理，更遑论21世纪；20世纪80年代末直接沿袭自清末和民国的权利义务论从整体上看离当代中国法律体系和法律实践相距远矣。

在1857年完成、1902年才发表的《〈政治经济学批判〉导言》中，马克思在其第一部分设了"政治经济学的方法"一节再次集中讨论绝对方法。他说，"从实在和具体开始，从现实的前提开始，因而，例如在经济学上从作为全部社会生产行为的基础和主体的人口开始，似乎是正确的。但是，更仔细地考察起来，这是错误的。"那么，要从哪里开始呢？他说，"从表象中的具体达到越来越稀薄的抽象，直到我达到一些最简单的规定。于是行程又得从那里回过头来，直到我最后又回到人口，但是这回人口已不是关于整体的一个混沌的表象，而是一个具有许多规定和关系的丰富的总体了。"④ 马克思评价说，"后一种方法显然是科学上正确的方法。"在做了必要解说后，马克思把这个分为两阶段的思维过程概括为前后相继的两条道路："在第一条道路上，完整的表象蒸发为抽象的规定；在第二条道路上，抽象的规定在思维行程中导致具体的再现。"⑤

我将马克思的绝对方法引进法学领域加以运用的大体路径如下：

---

① ［德］马克思：《哲学的贫困》，《马克思恩格斯选集》（第1卷），人民出版社2012年版，第219、220页。

② ［德］马克思：《哲学的贫困》，《马克思恩格斯选集》（第1卷），人民出版社2012年版，第222页。

③ ［德］马克思：《哲学的贫困》，《马克思恩格斯选集》（第1卷），人民出版社2012年版，第227页。

④ ［德］马克思：《〈政治经济学批判〉导言》，《马克思恩格斯选集》（第2卷），人民出版社2012年版，第700页。

⑤ ［德］马克思：《〈政治经济学批判〉导言》，《马克思恩格斯选集》（第2卷），人民出版社2012年版，第701页。

(1) 在"第一条道路"上,将结构上包括权利、权力、剩余权的法内法外全部各种"权"作为"表象中的具体"或"权"的完整表象,放在马克思政治经济学中"商品"的相对位置加以分析;舍弃掉各种权现象的个别性、特殊性,从中"蒸发"出各种权共有的最一般属性——利益,归根结底是财产;然后用"权"这个单汉字名词记录财产、利益和相对应的各种"权"现象,于是第一条道路到达终点,形成了体系内最抽象的"权"的概念,其法学学科地位相当于政治经济学中的"价值"。这里需要说明的是,处在第一条道路起点的各种"权",指的是可用权利、权力、剩余权三个名词指称的全部各种"权"现象,而到达第一条道路终点的"权",是一个记录人的认识成果的抽象法学概念。从理论上说,处在第一条道路终点的"权"字,完全可以是人们可以接受的其他单字、双字或三字名词,这里选用权字,只是顺应汉语表达习惯。(2) "第一条道路"的终点也就是"第二条道路"的起点,即从抽象向理性具体上升的起点。① 最抽象的权上升到较具体概念位置的是第一批次概念,它们只有两个,即法权和剩余权。然后法权和剩余权向更具体的概念上升:法权上升到权利和权力,剩余权上升到剩余权利和剩余权力。其余类推,直到穷尽"第一条道路"起点上的各种"权"现象,穷尽之后就形成了完整的概念体系,即"一个具有许多规定和关系的丰富的总体"。

马克思的绝对方法是批判地改造黑格尔的绝对方法的产物。两种绝对方法最大的差异是,黑格尔的绝对方法是直接以"绝对观念"(又译"绝对精神")为起点,直接向理性具体上升,经过一系列辩证的运动后又回到"绝对观念"。而他处于逻辑起点的"绝对观念"又被说成是"自在的",即与生俱来的,不是认识的产物。换句话说,黑格尔的绝对方法只有唯一一条道路,即马克思说的"第二条道路"。但马克思的绝对方法在黑格尔的那唯一一条道路前,增加了一条道路,即前述"第一条道路",正是增加的这条道路让黑格尔的那唯一一条道路有了唯物主义基础。黑格尔对于作为他那处在唯一一条道路起点的最抽象概念向特殊概念(较具体概念)、个别概念(更具体概念)的辩证运动,做过充分的论述。他说,

---

① 理性具体又称精神的具体、概念的具体,是相对于作为现象的具体而言的;前者是后者在观念上的反映,是人对后者范围、本质的认识成果的记录。

在这条道路上,"本质的东西是:绝对的方法是在普遍的东西的它本身中找到并认识了它的规定。知性的、有限的认识在那里是这样进行的、即它在抽象地产生那个普遍的东西时从具体物所扔掉的东西,现在又同样外在地捡起来。"① 即把形成抽象概念过程中事物被舍弃掉的特殊性、个别性捡起来,"还"给从最抽象的概念上升而来的较具体、更具体的一个个概念。因为,最抽象的即"普遍的东西构成基础;因此不应当把进程看作是从一个他物到一个他物的流动。绝对方法中的概念在它的它有中保持自身;普遍的东西在它的特殊化中、在判断和实在中,保持自身;普遍的东西在以后规定的每一阶段,都提高了它以前的全部内容,它不仅没有因它的辩证地前进而丧失什么,丢下什么,而且还带着一切收获和自己一起,使自身更丰富、更密实。"② 对此,列宁评价道:"这一段话对于什么是辩证法这个问题,很不错地作了某种总结。"③ 按照这种方法,从最抽象的概念到较具体概念、从较具体概念到更具体概念这个上升过程最后完结的时候,就形成了"绝对观念",即实现了主观世界与被其反映的客观世界的统一。

在实践法理学中,各种权(权利、权力、剩余权)在马克思所说的"第一条道路"上"蒸发"出来的最抽象概念是"权",从"权"向较具体概念上升而来的第一对概念是"法权"和"剩余权",其中前者比后者更重要。因此,实践法理学的核心概念应该在"权"和"法权"中确定。认定一个核心概念是范畴体系内部融洽(包括自洽)所必须的,绝对方法本身非常直观地表明了这一点。应该说,认定"权"为核心范畴在形式上是最恰当的,但是,考虑到"权"的最基本或最主要的构成要素是法权,而且实践法理学将要把主要研究对象集中于法权,所以,这种理论将法权确认为核心概念。应该说,认定权或法权何者为实践法理学核心概念,并无实质差别,更多的是形式意义,用不着特别计较。就像马克思所处的时代,就政治经济学本身而言,认定价值为其核心概念,可谓很正常,但作为马克思主义政治经济学则不然,它必须以剩余价值为核心概念,因为这个概念是马克思提出和证明的,是区别于其他政治经济学的标志,虽然它

---

① [德] 黑格尔:《逻辑学》,杨一之译,商务印书馆1976年版,第536页。
② [德] 黑格尔:《逻辑学》,杨一之译,商务印书馆1976年版,第549页。
③ [俄] 列宁:《黑格尔〈逻辑学〉一书摘要》,《列宁全集》(第55卷),人民出版社2017年增订版,第200页。

相对于价值概念更具体。另外，就"第一条道路"而言，如果我们主观上不选择法和其他社会规范都确认、承认的"权"为分析起点而仅仅选择法确认、承认的"权"为分析起点，从而直接"蒸发"出"法权"，也不是不可以，但这样安排会有把"剩余权"结构性地排除到法学研究范围之外的缺憾，不是最好的选择。

无论如何，在确定法学基本研究对象后，成功走完上述"第一条道路"，在获得最抽象概念后，逻辑行程改走从获得的抽象概念向理性具体上升的"第二条道路"，并以正题—反题—合题的辩证运动生产出包括核心范畴、基本范畴在内的整个范畴体系。以"法权"在绝对方法中的形成为例，它是在"权"的辩证运动中产生的第一个较具体概念，其产生方式是：法权是权（正题）→法权不是在法外规则中体现利益从而体现财产的那部分权（反题）→法权是在法规则体系中体现利益从而体现财产的那部分权（合题）。又如，权利和权力这两个从法权上升而来的更具体概念的产生方式是：权利是法权（正题）→权利不是作为公益从而作为国产的法律表现的那部分法权（反题）→权利是作为私益从而作为私产的法律表现的那部分法权（合题）；权力是法权（正题）→权力不是作为私益从而作为私产之表现的那部分法权（反题）→权力是作为公益从而作为国产之表现的那部分法权（合题）。法学其余基本概念和重要概念的产生方式可循例类推。这就是权的概念从而是法权和其他重要概念自身在第二条道路上循从抽象上升到具体的路径上的辩证运动。用马克思的话说，这就是"两个相互矛盾方面的共存、斗争以及融合成一个新范畴，就是辩证运动。"① 较之第一条道路，第二条道路是形成法现象解释体系的更重要环节。

这里需要做说明的是，虽然"绝对方法"在哲学界更多地被称为"从抽象到具体"的方法，但法学继续维持其原有的名称是必要和合适的。"从抽象到具体"是马克思对前述两条"道路"中"第二条道路"的动态描述，而且，相对而言，它确实比"第一条道路"更重要，所以，按其主要特征将这一整套方法称为"从抽象到具体的方法"是有道理的。但是，考虑到"绝对方法"的名称兼顾了作为一个整体的两条逻辑道路，而且表

---

① ［德］马克思：《哲学的贫困》，《马克思恩格斯选集》（第1卷），人民出版社2012年版，第225页。

达简明，不仅黑格尔使用，马克思也接受和正面使用这个名称，故本书还是选择将其称为绝对方法。按照这种方法，法学话语"正如从简单范畴的辩证运动中产生出群一样，从群的辩证运动中产生出系列，从系列的辩证运动中又产生出整个体系。"①

还须说明的是，在马克思的绝对方法中，"逻辑起点"有两个，即"第一条道路"的起点和"第二条道路"的起点，两者是截然不同的。现在"逻辑起点"一词成了法学的热词之一，但论者如果不做具体说明，从马克思主义认识论的角度看，实际上会让人感到莫名其妙，不知其所指。在这里，两个不同的逻辑起点是根本不同的两码事。

3. 实践法理学基于唯物史观选用本质主义方法深化对法现象的认识，形成合理的基本范畴体系。在形成实践法理学现象解释体系方面此举与绝对方法是相辅相成的。在唯物史观指引下选用本质主义方法来认识，通过把握它们的利益、财产特征来把握它们本身，从而形成法学的范畴体系，是实践法理学遵循的方法论的又一重要特点。从认识法现象的方法的角度看，现代法学可大体区分为本质主义与经验主义两大类。一方面，本质主义法学承认通过眼耳鼻舌身等人体器官感知法现象对于认识法现象的重要意义，但另一方面，它却更重视人的思维抽象力，更强调通过抽象思维把握法现象后面起决定作用的独有特征或决定性要素来把握法现象本身的极端重要性。经验主义法学可以说正好与此相反。英国哲学家罗素解释道："本质"（或实质，后同）是源于亚里士多德的一个哲学概念。在亚里士多德看来，"你的'本质'就是'你的本性所规定的你之为你'。可以说，它是你的那样一些属性，你若丧失了那些属性就不成其为你自己了。不仅是一个个体事物有本质，而且每种品类也都有本质。一种品类的定义就应该包括它的本质在内。""一件事物的'本质'看来就是指'它的那样一些性质，这些性质一变化就不能不丧失事物自身的同一性"②。因此，在他看来，对概念下定义就是对于一件事物的本质性质的陈述。本质这一概念

---

① ［德］马克思：《哲学的贫困》，《马克思恩格斯选集》（第1卷），人民出版社2012年版，第221页。

② ［英］罗素：《西方哲学史》（上卷），何兆武、李约瑟译，商务印书馆1963年版，第215、259页。

是自从亚里士多德以后很多哲学流派的一个核心部分。① 历史上采用本质主义的学派群体非常庞大，马克思主义创始人认识包括法现象在内的社会现象的本质主义态度很明显，但他们的本质主义有自己的特点。

实际上，法学界承认现象有本质、使用本质一词的学者和论著，并不一定都属于本质主义的法学流派。属于非本质主义法学流派的学者在其认为有用的时候也使用本质主义的现象认识方法。而且，同属本质主义的学者群体，对于同一种法现象的本质，往往也其说不一。如百年来仅汉语法学和汉译日语法学对法的本质的认定，就都不下十数种之多。造成这种状况的原因较复杂，但其中最常见的是视角不同。实践法理学属于本质主义法学，在讨论到基本的和重要的法现象的时候，会遵循本质主义的方法。因此，基于理论本身的融洽性的考虑，它必须确定统一适用于不同法现象的认定本质的视角。在这个问题上，唯物史观指引下的本质主义选择是从利益特别是经济利益的角度和层次、归根结底从财产的角度和层次探寻和认定法现象的本质。

汉语法学在唯物史观引领下运用本质主义认识方法方面已经取得了不少宝贵成果，但具体在认识权、权利、权力、剩余权、法权、义务、法等关键现象上，尚有待继续深入。为了尽可能深入地认识这些，法学需要引入一个有特别需要的配套概念：本质实体。法现象的本质是抽象的，不同法现象的本质，尤其性质相近的法现象的本质特别难以区分开来。本质实体指本质的具体载体，本质是本质实体的抽象存在形式。例如，权利的本质实体包括各种具体的个人利益、具体的私有财产存在形式，包括人的生命、身体器官、个人的动产、不动产，权力的本质实体包括国有土地、公共机关的各种办公设施、公共经费、各种国有装备，义务的本质实体包括个人所得税、企业所得税、服兵役时间等。或许有人说，这是这些法权和法义务的客体。没错，但它们处在不同的关系中，既是权利、权力、义务的客体，同时也是它们的本质实体，两者互不否定。这就像同一个男士，既是某甲的儿子，又是某乙的外甥。马克思主义的经济学把劳动区分为抽象劳动与具体劳动，把商品价值区分为价值和使用价值，基于同样的道理和需要，作为相近学科的概念体系，实践法理学选择将法现象的本质区分

---

① ［英］罗素：《西方哲学史》（上卷），何兆武、李约瑟译，商务印书馆1963年版，第259页。

为抽象本质与本质实体（或具体本质）。本质实体以具体的甚至是可衡量可度量的载体的形式展现相关的法现象的本质。

三 实践法理学以"权"和"法权"担纲的根据

实践法理学的现象解释体系是一个多层次观念要素的组合体，下面分层次述说。

实践法理学的现象解释体系的基础性部分，是选定"权"作为法学的基本研究对象。我做此选定获益于对马克思《资本论》的研读。对于政治经济学研究，马克思说："已经发育的身体比身体的细胞容易研究些。""对资产阶级社会说来，劳动产品的商品形式，或者商品的价值形式，就是经济的细胞形式。在浅薄的人看来，分析这种形式好像是斤斤于一些琐事。这的确是琐事，但这是显微解剖学所要做的那种琐事。"[①] 基于这种认识，马克思没有像前人那样选择从作为全部社会生产行为的基础和主体的人口开始展开研究，而是选择"商品"作为经济的"细胞形式"展开研究。今天看来，这种选择学科基本研究对象的方法，同现代物理学基础理论选择基本粒子、生物学基础理论选择比细胞更小的分子做基本研究对象，道理上是完全相通的。作为社会科学，法学与政治经济学是十分接近的。所以，法学基础理论研究也不宜选择法律体系或法制体系之类"已经发育的身体"为研究对象，而是必须找到本学科的"细胞形式"的现象。在这方面，汉语权利义务法学选择的"细胞形式"的现象是"权利义务"或"权利"，实践法理学起初选择"权利权力"，继而最终选择了"权"作为法学的"细胞形式"的研究起点和基本研究对象。从这里，读者可以看到汉语实践法理学与权利义务法学的一大差别。

在选取基本研究对象和认识法现象的方法方面，实践法理学重视经验和感官自觉，但不崇尚经验主义，而是倚重唯物史观指导下的本质主义方

---

① ［德］马克思：《资本论》第1卷序言，《马克思恩格斯文集》（第5卷），人民出版社2009年版，第8页。

法，故特别注重通过探寻和把握在相关法现象后面或下面决定着该现象之所以是该现象而不是别的现象的根本特征的方法来认识相关的法现象本身。马克思说："分析经济形式，既不能用显微镜，也不能用化学试剂。二者都必须用抽象力来代替。"[①] 我深信，分析法现象也是如此。不过，这样说绝对不意味着无须努力学习和运用近现代科学界看重的其他认识法现象的方法。

实践法理学之所以选定"权"为基本研究对象，主要不是因为它在汉语中的历史几乎与法的历史一样悠久，本土性、民族性特别鲜明，而是因为它本身在当代中国法律实践中的重要性和常见性。在当代汉语法学里，权一直是作为指称权利、权力、剩余权三者之共同体的汉字名词使用的。所以，在实践法理学中，"权"作为"细胞形式"的存在，是一个内部包含三个单元的结构。说它们是构成"细胞"的单元，并不是说它们不可以被分解为更小单位，而是说实践法理学把由它们三者构成的"权"作为基本研究对象，而它们本身也是重要研究对象。权包含的第一个单元是法的权利，简称权利，在中国宪法、法律文本上表现为有关条款规定的各种"权利"、各种"自由"，以及文本上虽未明说但却可用"正当个人特权"和"正当个人豁免"来描述的内容。在这里的"正当个人特权"不是宪法、法律规定的个人生来就有的权利，而是通过个人努力满足一定条件才取得的资格等，如获得相应证照才有的驾驶汽车飞机的资格、担任律师的资格等；"正当个人豁免"则是指符合一定的条件可以免除应负的法律责任的情况，通常有民事法上的、行政法上的、刑事法上的和宪法、宪法相关法上的。如因不可抗力不能履行合同或者造成他人损害的，依法不承担民事责任的情形，正当防卫明显超过必要限度造成重大损害的，应负刑事责任，但是依法得以减轻或者免除处罚的情形，等等。

权包含的第二个单元是法的权力，简称权力，在中国宪法、法律文本上一般表现为有关条款规定的属于公共机关的"国家权力""国家的权力""权力""公权力""职权""权限"以及文字上并没有明说，但却可用"正当公职特权"和"正当公职豁免"来描述的内容。《人民警察法》第

[①] ［德］马克思：《资本论》第1卷序言，《马克思恩格斯文集》（第5卷），人民出版社2009年版，第8页。

十三条规定的以下内容,就属于授予正当公职特权:"公安机关的人民警察因履行职责的紧急需要,经出示相应证件,可以优先乘坐公共交通工具,遇交通阻碍时,优先通行。""正当豁免"的显例,是《代表法》第三十一条、第三十二条分别规定的以下内容:"代表在人民代表大会各种会议上的发言和表决,不受法律追究。""县级以上的各级人民代表大会代表,非经本级人民代表大会主席团许可,在本级人民代表大会闭会期间,非经本级人民代表大会常务委员会许可,不受逮捕或者刑事审判。"

权包含的第三个单元是剩余权,亦称法外之权,指道德、习俗、社团章程等法外行为规则认可之权,包括剩余权利和剩余权力,前者如社团等社会组织成员的权利等道义权利,后者如社团等社会组织的内部机构的"职权"、职能等道义权力。剩余权与权利、权力客观上是连成一体的,法将它们人为地划界线分开。它们之间界线划得是否适当,是需要不时重新考虑和调整的,因而剩余权也是法的创制、执法和司法都需要面对的现象,当然也是法学研究的对象。一般说来,在全部权中,若剩余权所占比例过大,会造成国家或社会相应程度的无政府状态;但若剩余权所占比例太小或甚至没有剩余权,法会显得过于苛严,而且有些法律的实施成本会很高甚至可能根本无法真正实施。

实践法理学的现象解释体系以法权概念为核心范畴,它反映的实体是当代中国法律实践中的各种"权"。法权早已出现在现代中国法律体系中,表现为进入法律文本并且由法律直接配置和规范之各种"权",只是法学界一直对其疏于研究,没有形成法学概念而已。对于法权,我过去只将其视为一个基于对权利权力共同体的把握而形成的新的法学分析单元,并未将其视为法律规定的制度性实体。现在看来,我先前的认识也存在未能充分理解中国宪法和法律文本、紧扣中国法律实践的缺憾。近年来,对各种法规范性文件的进一步研读和对法律实践的新体验,促使我反思过去的结论并终于认识到,作为权利权力统一体的法权在中国宪法、法律文本中不仅有记载,而且属十分常见的现象。我们长期没"看到"法权的真正原因是多方面的,或许,首先是受蒙蔽于因对中国法律文本中的"权"缺乏研究而造成的无形的无知之幕,其次是缺乏对应于汉语"权"的西语名词和与此相关联的西语法学中心的下意识等因素,妨碍了汉语法学直面和正视本国法律体系和法学文献中特有的名词和特有的优势。

法权在中国宪法、法律文本中的直接表现，是作为单汉字名词的"权"，更形象地说就是写进了宪法和各种法律的条款中的"权"。例如：我国《宪法》第八条、第一百三十条分别规定，"参加农村集体经济组织的劳动者，有权在法律规定的范围内经营自留地、自留山、家庭副业和饲养自留畜"，"被告人有权获得辩护"，其中的前后两个"权"具体指称的虽是权利，但却都是在权利权力共同体意义上使用的，是以可指称权利权力共同体的名词"权"的名义具体指称作为其组成部分的权利。又如，《宪法》第六十五条、第一百零八条分别规定：全国人大"选举并有权罢免全国人民代表大会常务委员会的组成人员"，县级以上的地方各级人民政府"有权改变或者撤销所属各工作部门和下级人民政府的不适当的决定"。其中的前后两个"权"，具体指称的都是权力，但却是以可指称权利权力共同体的名词"权"的名义具体指称作为其组成部分的权力的。

我国宪法、法律文本中还有记载法权的更典型更直接的例证。如1954年《宪法》第六十一条的规定，"地方各级人民代表大会代表的选举单位和选民有权依照法律规定的程序随时撤换自己选出的代表。"又如现行《宪法》第一百零二条第二款规定："地方各级人民代表大会代表的选举单位和选民有权依照法律规定的程序罢免由他们选出的代表。"以基本的法律为例，我国《刑事诉讼法》第三条第一款的下列规定："对刑事案件的侦查、拘留、执行逮捕、预审，由公安机关负责。检察、批准逮捕、检察机关直接受理的案件的侦查、提起公诉，由人民检察院负责。审判由人民法院负责。除法律特别规定的以外，其他任何机关、团体和个人都无权行使这些权力。"

读者须留意，上引1954年《宪法》第六十一条和现行《宪法》第一百零二条中的两个"有权"和《刑事诉讼法》第三条中的"无权"中包含的总共三个"权"字，可谓我国宪法、法律文本记载法权（法权利与法权力共同体）的最好例证：(1) 它们不是前述作为法学基本研究对象意义上的、既可指法定的亦可指依法外规则认可的"权"，而仅仅是法定之"权"。易言之，汉语的"权"，虽分为法的权利、法的权力和剩余权，但写进法律的权只包括法的权利和法的权力，此二者构成法学所称的法权。(2) 这三个"权"在理论上、逻辑上都只能被理解、解说为法的权利与法的权力的共同体，不能仅仅被理解、解说为法的权利或法的权力。因为：在相关宪法条款中，我国间接选举产生的"地方各级人民代表大会代表的选举单位"实际上是选举产生它的下级人大，作为国家机关或其组成分子，它们实际上行使的是职权，即权力，而选民行使的是权利，两者法律属性不同，但宪法把它们作为一个共同体，用一个"权"指称它们。同理，在前引刑事诉讼法条款中，"任何机关""无权"中的"权"，指的是法的权力，而任何"个人""无权"中的"权"，指的是法的权利。所以，这里的"权"都直接、直观地集法的权利和法的权力于一身，是最典型的法权制度化存在形态。（3）这三个"权"，在中国宪法、法律文本中是不可替代的，因为，其指称范围涵盖权利、权力但又不能被权利或权力两者中任何一个所取代。这是"权"具有独立法律地位的明显标志，也是法权范畴具有独立学科地位的重要实在法依托。（4）汉语法律文本中的这类"权"和汉语法学描述它们的"法权"，都真正是中国本土和本民族的特有法律、法学资源，因而很自然地，在任何西语法律文本、任何西语法学原创论著中都不可能找到与它们对应的、可互译的名词。这不是汉语法律文本和汉语法学的局限性，而是它们的优势；相对而言，西语法律文本和西语法学原创出版物在"权"和"法权"面前，倒是实实在在地表现出了局限性。与此相联系，如果有人欲将"权""法权"译为西语，最合理的选择只能是另造新词。使用汉语拼音 quan、faquan 译之，是创新词的可行选项之一。在这方面，以与英语的关系为例，我国现在有代表性的做法，不是将"权"按其本来面目另造新词译之，而是根据上下文，或将"权"意译为 right，或将其意译为 power，但这在性质上属于"蒙混"，故有时能过关，有时就无法过关。例如，前引现行《宪法》第一百零二条中"选举单位和选民有权"中的"权"就被官方网站译成了"power"，[1] 这显然不合学理，无法过关。试想，选民行使的是选举权，属宪法明定的"基本权利"，何以成了"power"？又如，对前引《刑事诉讼法》第三条中"任何机关、团体和个人都无权"中的"权"，官方文本译者选用"authority"译之，[2] 这确实比用 right 和 power 更合适一些，但毕竟 authority 不能指称权利权力统一体，而且它与 power 是法学同义词，因而至多只能算"蒙混过关"。

---

[1] 中国人大网，http：//en.npc.gov.cn.cdurl.cn/constitution.html，2022 年 9 月 3 日访问。
[2] 中国网，http：//www.china.org.cn/english/government/207334.htm，2022 年 9 月 3 日访问。

事实上，仅就我国狭义的法律体系看，其中就大量、常态化地使用着单字名词"权"。笔者用电脑查阅了《民法典》《公司法》《立法法》《刑事诉讼法》《行政诉讼法》，这些法律都大量、常态化地使用单汉字名词"权"，使用得最多的背景是"有权"，还有"授权""侵权""无权"，其中所有这些"权"，都是以可指称权利权力共同体的名词"权"的名义，来分别指称其中的权利、权力或两者兼而指之。

更应该注意的是，权在中国宪法法律文本中更多的时候是与其他名词一起构成合成词，如人身权、财产权、生命权、身体权、健康权、姓名权、肖像权、名誉权、荣誉权、隐私权、婚姻自主权、立法权、行政权、监察权、审判权等，都是"人身""财产""生命""身体""立法""行政""监察""审判"等名词分别与"权"这一名词组成的合成名词，而这些规定在宪法、法律中的"权"，自然都属于法权，本身都是指称权利权力共同体的名词。至于"权"到底具体指称权利还是权力，主要由复合名词中置前的名词决定。这是基本事实，也是清晰的逻辑，人们只要尊重事实、尊重逻辑，就能顺理成章地得出法权是我国当代法律实践中最为广泛的制度性存在的结论。法权是汉语法律文本和法律文化中特有的现象，不懂汉语的法学专家无法理解，懂汉语但不自觉受困于西语法学中心意识的学者通常也会熟视无睹。所以，确立实践法理学的现象解释体系尤其是其中的核心话语，无异于汉语法学面临的一场革命。

四　继续推进"5+1+1"基本范畴体系

实践法理学现象解释体系的主要框架，是前文所交待的包括权、法权在内的"5+1+1"基本范畴结构，即由权利、权力、剩余权、法权、权、义务加上法（或法律）组成的基本范畴群。显然，汉语法学需要现代化的和本土的或本民族的一般理论。所谓一般理论，用 A. N. 怀特海描述思辨的理论体系应有特征的话语来说，这"就是要形成一种连贯、合乎逻辑、必要的一般观念体系，据此我们可以解释我们感受到的每一个要素"；"这种哲理性体系应该是连贯的、合乎逻辑的，并且就其解释而言，是适当和充分的。这里的'适当'意味着一些感受到的事项可得到合理解释，而

'充分'意味着没有无法解释的情况。"① 这样的理论需要一个核心范畴，而且只能有一个核心范畴，此乃理论体系内部实现融洽的必要条件。只有形成自己特有的核心范畴，汉语法学的一般理论才算有自立于世界法的一般理论之林的独立学格。

按上述标准，汉语法学迄今还没有产生过真正属于自己的一般理论，延续100多年的和化权利义务法学只是外语权利义务法学的分支或其在中国的延展，其中核心的东西都不是本土创造的，而是外来的。中国学术界现在已提出了建设法现象解释体系的艰巨任务，这是推动法学进步的重要抓手，值得充分肯定。汉语法学现象解释体系建设最关键的课题应该是形成新的核心范畴，以置换或矫正已明显与中国当代法律实践错位的权利或权利义务定位。

除以上基础性构成部分外，实践法理学现象解释体系还有其他重要范畴和一系列与传统观点区分开来的命题，限于本书篇幅，此处从略。

五 实践法理学现象解释体系的相对优势和正当性

马克思说："一门科学提出的每一种新见解都包含这门科学的术语的革命。化学是最好的例证，它的全部术语大约每20年就彻底变换一次，几乎很难找到一种有机化合物不是先后拥有一系列不同的名称的。"② 反过来看也一样，不论自然科学还是人文社会科学，如果一个学科的核心话语几十年甚至100多年没变，那恰好表明这个学科在如此长久的时期里学术上没有取得实质性进步。作为汉语法学话语的核心，权利或权利义务的定位100多年未得到更新、改进，甚至也罕见新构想，少有实质性讨论。20世纪80年代末似曾有过讨论，但实际上主要只是重提和化的"权利"和"权利义务"的旧话，且几乎是众口一词证明它们仍然适用于当代中国。在这个过程中，不少相关学者似乎对20世纪上半叶各个年代法学基础性教

---

① Alfred North Whitehead, *Process and Reality: An Essay in Cosmology*, The Free Press, 1978, p. 3.
② ［德］马克思：《资本论》，《马克思恩格斯文集》（第5卷），人民出版社2009年版，第32—33页。

材反反复复阐明过的以下情况不了解或视而不见：权利或权利义务话语源于西语法学，由日语法学翻译引进日本，清末留日法律学者和汉译日语法学出版物又将其引进中国，并在30—40年代完成定型。确实，汉语法学选定权利或权利义务为核心范畴的做法历史上曾经表现为汉语法学的进步，但在当代早已不是适应中国法律实践的话语，也是西语法学和日语法学很久前已放弃的安排。

我国是一个14亿人口的大国，当今正在努力建设社会主义法治国家，但按严格的学术标准，我国法学却一直没有基于本国特有的法律实践选定自己的基本研究对象，没有抽象出本土的、本民族的法学核心范畴。因为，权利和义务都是公认的翻译引进的外来法学术语，现在在高等法学院校向学生传授的以"和化权利义务"标示的现象为基本研究对象、以和化的权利义务概念为法学核心范畴的话语套路，与20世纪初从日语法学引进的东西完全一样，且均未做引注。更大的弊端是与以宪法为核心的中国现行法律体系不兼容：(1) 其"权利"概念包括国家机关职权、权限，因而显然不是概括自中国法律体系、法律实践中记载的各种权利，而是源于清末的汉译日语法学入门型教材和20世纪20—40年代的汉语法学入门型教材中的"权利"。(2) 没有从国家的权力、公共机关职权、权限、公权力、正当公职特权、公职豁免中抽象出的权力概念；更准确地说，是偶尔也用到权力一词，但这种偶尔提及的权力没有法学概念应有的地位，即没有定义、没有外延、没有内容（或实质）、没有相应论述文字，更没有它与权利的关系的必要说明。[①] 这是当代汉语法学法理学教科书很大的遗憾。至于中国法律制度和中国文化中特有的权，以及权中法权与剩余权的联系、区别等基本但甚少得到关注的课题，那是法学研究而不是法学教材能处理好的事情。我国迫切需要基于本国法律实践形成自己的法的一般理论，其中最重要最关键的工作，就是要形成自己的法学基本研究对象观，抽象出自己的法学核心范畴。

正是因为感受到了上述压力，希望做些探索，我才在20余年前提出上述"5+1+1"基本范畴体系的构想。用"权"这个单字名词指称"权利权

[①] 这类教材中最有代表性的是：《法理学》编写组：《法理学》，人民出版社、高等教育出版社2020年版。

力剩余权"共同体,进而在此基础上将"权"划分为法内与法外两个部分,用"法权"专门指称法规范直接确认、调整的"权",是汉语在这个特定的点上对古今西语形成的巨大表意优势。由于西语中没有与"权"对应的名词,而汉语法学又受西语法学中心意识的影响甚深,故汉语法学长期忽视了自身拥有的这一独具优势的资源。这种状况早就应该有所改变。实践法理学的"5+1+1"基本范畴体系是基于中国特有基本情况提出来的,它有意识地试图补足原有汉语法学存在的那些短板,其主要特点和可能的优势集中表现在以下三个方面。

1. 该基本范畴体系的客观基础,首先和主要的是以宪法为基础的当代中国法律制度及其实施过程,即当代中国的法律实践,同时也较充分地考虑了与当代世界其他有影响的国家的相应情况和与中外法制史显示的资料的契合。易言之,"5+1+1"基本范畴体系是笔者努力让汉语法学反映中外今古法律制度和法律生活实际的产物。它充分观照到了18、19世纪与自由资本主义相适应的权利义务原理在国家机关直接作为生产资料所有制主体、财产所有权主体或宏观调控主体大规模进入经济过程的新的历史条件下,向以权利、权力(或权力、权利)现象解释体系转变的世界历史性趋势。

2. "5+1+1"基本范畴体系从正反两方面穷尽了今古中外各种利益、财产及它们在法内外社会规范中的存在形式及相应的规范载体。具体说来就是:(1)"5"即权利、权力、法权、剩余权、权在整体上或个别地从正面穷尽了中外今古各种利益、财产及其在法规范体系和法外规范体系中的表现形式。(2)第一个"1"即义务,它是"权"的负面表现,因此也区分为与"权"的具体表现形式——对应的个人义务、公职义务、法义务、法外义务。这全部五种义务概念从整体上或个别地穷尽了中外今古各种负利益、负值财产及其在法规范体系和法外规范体系中的表现形式。(3)第二个"1"指中外今古的各种法(或法律,后同),它是承载中外今古全部各种权和全部各种义务及相应利益、财产及其社会表现的制度之"筐"。如果说全部各种权和全部各种义务是内容,法可被理解为承载它们的载体。这样构成的"5+1+1"基本范畴体系为实践法理学对中外今古的法内外社会规范体系做利益分析、财产分析奠定了比较可靠的基础。

3. "5+1+1"基本范畴体系用立体概念展现了各个客观多样性的统一。

一个名词如果只反映所指称现象的范围，它至多是一个二维的平面概念。如果它除了反映所指称现象的范围外，还揭示出相关现象的一个或一个以上层次的本质，以及它们的外部联系或相互间的关系，它就是立体概念。如果它还能直接或间接反映出时间对相应现象范围和本质的影响，它就是动态的立体概念。读者不妨对照前引相关论著中直观的法权分析模型及其阐释来看看"5+1+1"体系中基本范畴的动态立体概念之特征。以权力为例：它的主体是公共机构（国家机关是其典型存在形式）、准公共机构；它在现象层面表现为法定权力及其具体存在形式职权、权限、正当公职特权、正当公职豁免等；它的第一层次本质是公共利益，第二层次的本质是公共财产；它像权利、剩余权一样，是权的一部分，其利益内容、财产内容也是权体现的利益内容、财产内容的一部分，而且与权利一起构成法权；一国权力的总量是随由公共机关控制和运用的财产的总量的增减而增减的，而权力的强度是随相应资源控制的集中程度高低而升降的。

还是以权力为例，立体的权力概念反映了权力多样性的统一，即权力以国家机构等公共机构为主体，以国家的权力及其具体存在形式职权、权限、正当公职特权、正当公职豁免为表现形式，以公共利益、国产为物质承担者，其体量、强度随国产体量、集中控制程度的变化而变化。这种反映对象颇具多样性而又统一的概念能让人们把统一在其中的多样性按其客观性质视为一个整体，它让人们不至于把这些不同的要素看成异己甚至对立的东西，不会出现诸如权力中心不等于公共利益中心、财产国家所有权中心或主导之类说法。其次，当我们说配置或重新配置权力的时候，就意味着配置或重新配置公共利益、公共机关拥有的财产。因为，从根本上说，它们是同样内容在三个层次的不同表现，若说有不同，那也只是在转化或还原过程中有时间差。这恰如大幅增加的公共预算要转化为现实的权力，有一个招募和培训新的公职人员和采购新装备的过程，少不了得花费一些时间。而且，由于权利、权力、剩余权三者中前两者的体量直接与财富的生产工具和生产状况相联系，而各种对应的财产在不同时代、不同时期甚至不同年份的总量及其分配情形处在发展变化中，因而权利、权力以及作为它们统一体的法权的总量及其内部比例结构随之也是不同的。因此，权利、权力、剩余权的量都是随对应的财产的量的消长而消长的。

中国的法是以汉语为载体的，它记载其中最重要内容的名词是"权"

以及构成"权"的权利和权力,但汉语法学和日语法学 100 多年来都没有学术勇气、学术能力和学术智慧面对"权"。于是,每当面对"权"时,就只好参照由西语翻译引进的权利、权力等名词对其做一番审视,对其加以辨识或必要时做相应的翻译,至于按这种逻辑思路无法辨识和翻译的"权",那就干脆忽视之、绕着走或以权利等名词不合理地"硬"译之。① 现行《宪法》第一百零二条中的两个"有权"和现行《刑事诉讼法》第三条中的"无权"中的两个"权"字的英语版翻译,即是"权"遭遇这种情况的典型例证。总之,汉语法学一直没能将"权"看作它本身、不愿承认它的独立法学地位。这不能不说是盲目排斥本民族特有优质法学资源乃至文化资源的表现。

通常,每种成熟的语言都会在某些点上有特定优势或特定局限性,这种情况也会反映到相关国家的法学话语上来。众多欧洲语言,如德语用 recht、俄语用 право 一个名词表述"法律"和"权利"两种有根本区别的概念,在每一个具体场合只能根据上下文才能区分它到底指其中哪一个。这是德、俄等语言和法学话语的特定局限性。汉语、日语、英语法学没有这种局限性,因而相对于前者具有特定的表意优势。同理,汉语可用"权"这个单字名词指称"权利+权力+剩余权"的共同体,进而在此基础上将"权"划分为法内与法外两个部分,并用"法权"专门指称"权"的法内部分(法规范直接确认、调整的权利和权力),这是汉语法学在这个特定点上相对于古今西语法学形成的巨大表意优势。但迄今为止,汉语法学圈对自己的这个优势资源仅只有初步意识,待开发的空间还很大。我这样说,并不是只看到自己民族语言特定方面的优势,看不到其特定方面的劣势。事实上,在做法学基础性教学和研究的过程中,我已一再赞赏英语法学将汉语法律文本和汉语法学中的"权利"区分为 right 和 privilege(在与 right 相联系的情形下,其准确含义是正当个人特权)的精准做法,认为汉语无法在单词层次上区分两者是一个缺憾。相较于汉语法学笼统用"权利"一词表述法现象,英语法学和法律文本一般用 right 指称个人依法享有的与生俱来的权利,用 privilege 指称并非与生俱来,而是需要个人通

---

① 前引现行《宪法》第一百零二条中的两个"有权"和《刑事诉讼法》第三条中的"无权"中的两个"权"字的英语版翻译,是"权"遭遇这种情况的经典例证。

过努力取得某种法定资格才能享有的那部分权利,如取得相应证照才能做律师、驾驶飞机、汽车等的资格。

"法权"的必要性和正当性,是与"权"的正当性相联系和由其决定的。早在20世纪末21世纪初,我已论证了权利权力统一体的存在,后将这个统一体命名为法权,提出了法权中心的猜想和证明,主张法学以法权为核心范畴。法权概念的外延,是处在法的范围内的各种权,而其本质或实质,是法定全部利益进而归属已定之全部财产。① 在这方面,本书还需要增加一些论证和说明。

百余年来"法权"一词反复出现,但到21世纪实际上只有指称权利权力统一体的"法权"概念得到过理论论述和逻辑证明,有明确的外延和充实的内容。"法权"这个名词原是日制汉语,我能查阅到的最早使用"法权"一词的日语法学著作是矶谷幸次郎1896年出版的《法学通论》,其中"法权"的大意为立法权所及的范围,但日语法学在20世纪初即放弃了这个概念和名词。② 此后汉语还短暂用其指称过治外法权,但随着历史上非殖民化过程的完成,治外法权和指称这种"法权"的名词也已自行消亡。但"法权"在中国真正近乎家喻户晓,是在20世纪70年代中国曾开展过的批判"资产阶级法权"活动。但1979年官方出面组织专家讨论,正本清源,正式发表澄清文告,结合马克思著作的翻译有根有据地详细说明了其中的"法权"是误译所致。该文告写道:马克思有关著作中的德语"recht""是个多义词,主要包含'法''权利'的意思,用在不同场合,分别指'法'或'权利'。英译本和日译本都根据原著行文的含义,分别译为law(法、法律)或right(权利),法或权利";"'法权'这个词意思含混,不能起到多义词的作用。因此,在翻译马列著作时,应当根据原著行文的含义,分别确定译为'法''权利'。"③ 这个宣告原"法权"过世的文告的形成和发表非常慎重,有理有据,学术界理应接受和尊重。

但是,有些遗憾的是,在中共中央马恩列斯著作编译局发表从学术上

---

① 有代表性演讲或论文:《"法理学向何处去"专题研讨会纪要》,《法学研究》2000年第1期;童之伟:《法权中心的猜想与证明》,《中国法学》2001年第6期。
② 礒谷幸次郎『法學通論』,东京:日本法律学校编辑部,1896年,第182—194页。
③ 中共中央马恩列斯著作编译局:《"资产阶级法权"应改译为"资产阶级权利"》,《人民日报》1977年12月12日第2版。

否定"法权"译法的文告之后，还存在如下两种不太合理的情况：（1）一方面，新的汉语版马克思主义创始人著作中的"法权"得以被"权利""法"或"法律"所取代；另一方面，因同样原因在此前被误译的汉译德国古典著作中的"法权"并未获纠正，还在继续出版。所以，到2012年印刷销售的汉译康德著作中还写道："一个享有法权的人——单个人或集体——被授权去判定行为是否合法，他就是法官或法庭。"① 同样，汉译黑格尔的著作中也能见到他对费希特的下列评价："他并没有就国家的本质加以理解，而只是把国家理解为法权状态，亦即理解为有限者与有限者的一种外在关系。"② （2）在汉语版马克思主义创始人有关著作放弃"法权"的译法后，有的汉译德语法学著作和用汉语写作的论著仍然在不说明任何理由的情况下延续被上述文告否定的不当做法，继续不时将"recht"译为"法权"或在用汉语写作时沿用上述意义含混的"法权"一词。不过，这类"法权"一到需要译为英语时就不得不写成"legal right"，从而显露出它并无独立对象可指称的原形。这实际上是不必要地重复当年被有关文告否定的下列不合适做法："有些读者对'法权'一词作望文生义的解释，说它是'法定权利''合法的权利''合制度规定的权利'。这样就在'权利'的含义上随意加进了法的内容"。③

不过，历史上短暂使用过"法权"一词，汉译马克思著作时因误译使用过"法权"一词，纠正后仍遗留下延续至今的后续影响等情况，都不妨碍实践法理学选定"法权"为核心范畴。百余年来"法权"一词虽反复出现，但到21世纪实际上只有实践法理学用以指称权利权力统一体的"法权"概念是经过严谨逻辑程序形成的，而且外延清楚明白，本质或内容确定、清晰，而其他"法权"都未能满足这些作为法学基本概念的必要条件，而且指称对象和含义与实践法理学所用的法权明显不一样。故不存在实践法理学的法权范畴与已实际消亡或源于误译形成的"法权"及其后遗表现的混淆问题。再说，发现和证明实践法理学的权利权力统一体这个实

---

① ［德］康德：《法的形而上学原理》，沈叔平译，商务印书馆1991年版，第68页。
② ［德］黑格尔：《哲学史讲演录》，贺麟、王太庆等译，商务印书馆2017年纪念版，第370页。
③ 中共中央马恩列斯著作编译局：《"资产阶级法权"应改译为"资产阶级权利"》，《人民日报》1977年12月12日第2版。

体本身的存在及其在中国法律体系中的广泛表现形式才是最重要最根本的，至于给它命名为"法权"还是其他什么，虽然并非无足重轻，但却肯定只是确定文字符号之选用意义上的事情。这正如某个家庭生了个盼望已久的孩子，这孩子本身来到了这个世界上才是根本，至于名字，即使与世界上成千上万人姓氏相同的人完全一样也无大碍是一样的道理，[①] 原因是，除姓名外还有其他大量参照指标可辨识他们。

六　简要的小结

汉语法学的现象解释体系，实际上是以核心范畴、基本范畴为骨架的现代中国法学概念体系的通俗表达。法现象只能以概念的形式进入法学思维。能够在覆盖范围和实质两方面较准确记载现实的法现象的特征并将其输送进法学思维的，只能是立足当代中国法律实践抽象出的对应法学概念，不可能与百年前陈旧的同名语言符合。古人云："工欲善其事，必先利其器。"如果说做好法学研究是人们欲做之"事"，那么，合格的法学基本概念就是"器"。推动汉语法学现象解释体系变革，实为下大力气"利"法学研究之"器"。我国法学需要在实践基础上按面向现代化、面向世界、面向未来的，民族的科学的大众的要求推进理论创新。形成和完善以法权为核心范畴的实践法理学现象解释体系，是法学一般理论研究朝这个方向探索的一个尝试。

[①] 据统计，全国户籍人口中单字名"伟"的人数为 323.6 万人。其中王、刘、李等大姓，完全同名同姓的，估计有的达数万甚至逾十万。《2021 年全国姓名报告出炉》，https：//appm.hangzhou.com.cn/article_pc.php? id=431849，2022 年 12 月 6 日访问。

第七章　权利、权力、义务概念合理程度的衡量标准[①]

[导读]

本章旨在从考察马克思、恩格斯的权利、权力、义务论述和相应的法学基本概念（或基本范畴）入手，找到一些可为我们今日所用的看待同类问题的原则、方法或参照点。法学基本概念及其体系的合理程度，从根本上决定相应法的一般理论的法现象解释能力或真理含量。马克思、恩格斯权利、权力、义务观的突出特点之一，是不仅将权利、权力、义务视为涉及利益、财产分配的法规则，更主要的是直接将它们视为利益或负利益、正值财产或负值财产本身。马克思、恩格斯往往直接从把握基本的法现象的本质载体入手来认识这些现象本身，其中本质载体指承担这类现象本质（或实质、内容）的物质实体，在市场经济社会它们最终可换算为商品的一般等价形式货币。我主张将足够的研究深度、足够的周延性及自身所处基本概念体系的自洽性，作为衡量权利、权力、义务乃至其他法学概念合理程度高低的三个尺度。用这三个尺度衡量，源于清末汉译日语和民国时期法学出版物的那种范围包括各种公共权力的和化的"权利"、"权利义务"都不是合格的当代汉语法学概念，不应被实践法理学现象解释体系所接纳。确立权利、权力、义务概念合理程度的衡量尺度，目的在于获取更优异的法学基本范畴乃至实践法理学的现象解释体系。

---

① 本章原以《权利、权力和义务概念合理程度的衡量标准》为题发表在《法律科学》2023年第1期，纳入本书时按基本概念统一、观点前后协调一致的标准做了必要修订。

现代法学认识各种权利、权力、义务现象的成果，理所当然集中记录、反映在权利、权力、义务概念中。现代中国法学研究者锁定的最基本研究对象的范围，几乎无出权利、权力、义务之外。如果这个锁定范围确实统摄了现代法律生活的最基本现象，那么，不同学者、学派获取的权利、权力、义务等概念的合理程度，应可直接决定与之相对应的法的一般理论的真理含量，从而也必然决定性地影响相关一般理论的法现象解释能力和法律实践效用。在确立自己的权利、权力、义务概念乃至基本概念体系方面，各学派都有自己的哲学方法论原则，且研究进路和结论会因研究者不同而产生较大差异。本章基于马克思、恩格斯的权利、权力、义务观，立足当今中国的经济关系和相应权利、权力、义务法律制度，参照欧美人文社科领域认同的相关标准，试概括出据以衡量权利、权力、义务和其他法学基本概念合理程度的三个尺度。希望这些尺度的形成和运用，能有助于我国法学，特别是法理和宪法学获取更优良的基本概念架构。

一 马克思恩格斯笔下的权利、权力、义务[①]

由我国的社会主义属性所决定，中国主流的法的一般理论必然表现为马克思主义的。马克思主义在方法上强调通过把握法现象后面决定该法现象之所以是该法现象而不是其他现象的根本性特征来把握该法现象本身。因此，马克思主义法学不同于强调经验和感觉之决定性作用的经验主义法学，而是一种本质主义法学。本质主义法学的应有特征和法的一般理论的性质、功能，决定了当代中国法学的基本概念体系至少必须具有这样几个特征：不同基本概念之间有根本性连接、整体性良好；能够全面、深入、符合社会生活实际地解释各种法现象本身及其内部外部联系；能够比旧有的基本概念体系更有助于解决法治国家、法治政府、法治社会建设过程中遭遇的问题。

现代汉语法学的基本概念有多少，具体是哪几个或更多，法学界看法

[①] 权利、权力、义务概念观不同于权利、权力、义务观，前者只是后者的一部分，主要关注这些现象的思维形式及其指称范围和所反映的实质（或本质、内容）。

不尽相同，但梳理 19 世纪末 20 世纪初以来常见法学流派的意见，似可概括为三种概念体系：（1）以源于清末汉译日语法学和民国法学入门型教材那种外延包括各种公共权力的和化的"权利"或"权利义务"概念为中心的体系；（2）权利、权力、义务并重的体系，其中的权利是外延不包括公共权力的"汉语权利"；（3）以指称权利、权力统一体的法权一词为中心的体系，其中的权利当然也是"汉语权利"。这表明，在现代汉语法学的诸多概念中，在常见性方面获得法学界最大共识的是权利、权力、义务三个名词。所以，我们探寻合理的法学基本概念筛选标准，可以从考察马克思主义创始人的论述和相应的法学基本概念入手，找到一些可为我们今日所用的一些看问题的原则、方法或参照点。马克思、恩格斯对权利、权力、义务的相关论述，特别是对其中义务的论述，较为充分地展现了他们看待相应法学基本概念的理路。

1. 马克思主义创始人往往直接从把握权利、权力、义务的本质载体入手来认识这些本身。本质载体指承担这类现象本质（或实质、内容）的物质实体，在市场经济社会它们最终可换算为商品的一般等价形式，即货币。马克思主义创始人的权利、权力、义务观的这一突出特点，可从他们的一系列相关论述中看出来。如作为个人利益之法律表现的权利，归根结底，其本质和本质载体是属私人所有之财产，① 因而，一种权利与另一种权利之间的法的关系，归根结底是财产的交换或让渡、占有关系。对此，马克思说得很明白：为了使这些物作为商品彼此发生关系，商品所有者之"一方只有符合另一方的意志，就是说每一方只有通过双方共同一致的意志行为，才能让渡自己的商品，占有别人的商品。可见，他们必须彼此承认对方是私有者。这种具有契约形式的（不管这种契约是不是用法律固定下来的）法的关系，是一种反映着经济关系的意志关系。这种法的关系或意志关系的内容是由这种经济关系本身决定的。"② 在持续发生商品交换的过程中，"充当一般等价物就成为被分离出来的商品的独特的社会职能。

---

① 关于权利和本书随后论及的权力、义务的实质（或本质）的论证，参见童之伟《法权说之应用》，中国社会科学出版社 2022 年版，第 3—8 页。

② ［德］马克思：《资本论》，《马克思恩格斯文集》（第 5 卷），人民出版社 2009 年版，第 103 页。

这个商品就成为货币。"① 处在这种交换关系中的商品，包括货币，表现在法律上就是权利。不同商品间的等价交换，在法律上就表现为质不同，但价值相等的权利间的交换。

对于权力同样是这样，恩格斯就是通过把握权力的本质实体来认识、说明权力现象本身的。公共权力是权力的具体存在形式。恩格斯说："这种公共权力在每一个国家里都存在。构成这种权力的，不仅有武装的人，而且还有物质的附属物，如监狱和各种强制设施，这些东西都是以前的氏族社会所没有的。""为了维持这种公共权力，就需要公民缴纳费用——捐税。"② 在这里，由个人"捐税"集成的公共财产及其维护的名义上的公共利益，是权力的本质，这正所谓"暴力（国家权力）也是一种经济力量"，③而"武装的人""监狱和各种强制设施"，则是权力的本质实体。

马克思、恩格斯通过把握义务的本质实体来认识、说明的研究进路体现得更充分。由于义务是同时与权利、权力二者相关联、相对立的，其实质也是与权利、权力二者相关联、相对立的负利益、负值财产。其中所谓负值财产，是在归根结底意义上说的，表现为义务主体的各种体力脑力支出、财物支出、机会成本付出或损失等，皆可换算成以一定量货币计量的"债"。马克思曾针对1848年德国的状况，从义务角度提出过一系列主张，这些主张可视为他运用把握某种事物的实质，从其本质实体角度认识和说明这种法现象本身的方法的经典。马克思写道："6. 无偿地废除一切至今还压在农民头上的封建义务，如徭役租、代役租和什一税……9. 在租佃制流行的地区，地租或租金作为赋税缴纳给国家。"对此，他们总结道："实行第6、7、8、9各条中提出的这些措施，是为了减轻农民和小租佃者所担负的社会义务和其他义务"。④ 同年，马克思在另一篇主张废除封建义务的文章中写道："这一大堆中世纪的义务和苛税，这一大堆太古时代的腐烂

---

① ［德］马克思：《资本论》，《马克思恩格斯文集》（第5卷），人民出版社2009年版，第106页。
② ［德］恩格斯：《家庭、私有制和国家的起源》，《马克思恩格斯选集》（第4卷），人民出版社2012年版，第187—188页。
③ ［德］恩格斯：《致卡尔·考茨基》，《马克思恩格斯选集》（第4卷），人民出版社2012年版，第613页。
④ ［德］马克思、恩格斯：《共产党在德国的要求》，《马克思恩格斯全集》（第5卷），人民出版社1958年版，第3—4页。

得发霉的废物,对我们来说,是多么不可理解!"① 这些"义务和苛税"包括赎买领主权的缴费、封地转为自由地的赎金、死亡税、好家畜使用权缴费、治疗税、保护金、权利宣告税、诉讼罚金、饲养税、屠宰什一税等。马克思针对相关的虚伪改革建议评论道:"吉尔克先生完全承认:一般说来,封建义务只能通过赎买来废除。因此,保存了农民那些最繁重、最普遍和最主要的义务。"② 这里,马克思批判了封建义务的苛重和不合理。我援引的这些话语表明,马克思对义务这类现象,也是从把握其实质、确定其各种本质载体的角度加以认识和说明的。

2. 马克思主义创始人认定权利、权力、义务都呈现为相应时代和国家的"经济关系"这一"现实基础"的"法律的和政治的上层建筑",以及与之相适应的"社会意识形式"两种不同存在形态。恩格斯说:"每一历史时代的经济生产以及必然由此产生的社会结构,是该时代政治的和精神的历史的基础"。③ 这里说到的"经济生产",即恩格斯晚年定义的经济关系。他写道:"我们视之为社会历史的决定性基础的经济关系,是指一定社会的人们生产生活资料和彼此交换产品(在有分工的条件下)的方式。因此,这里包括生产和运输的全部技术。这种技术,照我们的观点看来,也决定着产品的交换方式以及分配方式……决定着国家、政治、法等等"。④ "经济关系"还包括这些关系赖以发展的地理基础和事实上由过去沿袭下来的先前各经济发展阶段的残余,以及围绕着这一社会形式的外部环境。这种"经济关系"也就是马克思、恩格斯在另外一些场合说到的"市民社会""生产力、资金和社会交往形式的总和"⑤"物质生活条件"⑥,

---

① [德] 马克思:《废除封建义务的法案》,《马克思恩格斯全集》(第5卷),人民出版社1958年版,第325页。
② [德] 马克思:《废除封建义务的法案》,《马克思恩格斯全集》(第5卷),人民出版社1958年版,第326页。
③ [德] 恩格斯:《〈共产党宣言〉1883年德文版序言》,《马克思恩格斯选集》(第1卷),人民出版社2012年版,第380页。
④ [德] 恩格斯:《致瓦尔特·博尔吉乌斯》,《马克思恩格斯选集》(第4卷),人民出版社2012年版,第648页。
⑤ [德] 马克思、恩格斯:《德意志意识形态》,《马克思恩格斯选集》(第1卷),人民出版社2012年版,其中"市民社会"见第167、211、212页,其余见第173页。
⑥ [德] 马克思、恩格斯:《共产党宣言》,《马克思恩格斯选集》(第1卷),人民出版社2012年版,第417页。

以及"物质的生活关系""生产关系或财产关系(这只是生产关系的法律用语)"① 等。在这方面,马克思紧接前引话语做了如下概括性论述:"这些生产关系的总和构成社会的经济结构,即有法律的和政治的上层建筑竖立其上并有一定的社会意识形式与之相适应的现实基础。物质生活的生产方式制约着整个社会生活、政治生活和精神生活的过程"。② 对于"生产关系的总和"构成的"社会的经济结构"这种"现实基础",马克思主义创始人的后继者往往将其概括为"经济基础"一词,但不少学者在研究马恩原著时更愿意采用恩格斯晚年最终选定的"经济关系"这个术语。

　　选用哪个词来表达经济关系这种"现实基础"不太重要,关键是要充分理解马克思主义创始人以上论述中包含的如下意思:(1)法律条款规定的权利、权力、义务,在性质上是经济关系这种现实基础的"法律的和政治的上层建筑"的构成部分,即一定国家和时代的法律制度的组成部分。这些法律制度在马克思主义理论体系中属于社会存在的范畴,是"社会生活、政治生活"的内容之一。(2)作为法学基本概念的权利、权力、义务,属于"社会意识形式"范畴,是"精神生活"的内容的一部分。易言之,作为法学基本概念的权利、权力、义务与作为"法律的和政治的上层建筑"或法律制度的权利、权力、义务有共性,也有实质区别:共性在于,两者都是经济关系这种现实基础的上层建筑;实质区别在于,权利、权力、义务法律制度是客观的,属于社会存在范畴,权利、权力、义务概念属于社会意识、精神生活范畴。(3)由于上述原因,作为法学基本概念的权利、权力、义务,既要承受经济关系这种"现实基础"的决定性影响,又应该同时准确地反映现实的权利、权力、义务法律制度。换句话说,我们使用的合理的权利、权力、义务等法学基本概念,只能以本国本时代的经济关系为现实基础,且应该反映本国、本时代的权利、权力、义务制度。总体来说,权利、权力、义务等法学基本概念,应该与本国法律实践相适应。所谓本国法律实践,不妨初步认定为以本国经济关系为现实基础的法律制度及其运行情况,包括改革情况。

---

　　① [德]马克思:《〈政治经济学批判〉序言》,《马克思恩格斯选集》(第2卷),人民出版社2012年版,第2、3页。
　　② [德]马克思:《〈政治经济学批判〉序言》,《马克思恩格斯选集》(第2卷),人民出版社2012年版,第2页。

3. 按马克思主义创始人关于经济关系、政治法律上层建筑和社会意识关系的理论，法学者不论考察研究权利、权力、义务等以期形成合理的法学基本概念，还是完善、改进法学基本概念，都应该有这样三点坚持：(1) 认识须深入到经济、财产层面，努力在这个层面确认事物的实质；同样，法学基本概念是人认识的理论总结，所以，要衡量、评估这些基本概念的合理程度，必须关注它们揭示相应的法现象之实质的深入、准确程度。道理很清楚，因为法学基本概念是一定社会经济关系的上层建筑的一部分，它们是被经济关系决定的东西，它们的实质只能在经济关系层面寻找。(2) 基于以上同样原因，不同的法学基本概念之间的关系是多层次多方面的，但只有在经济关系层面的联系才具有根本性，故法学应该尽可能在物质资料的生产、交换、分配、消费层次说明权利、权力、义务等法学基本概念之间的关系和它们各自的内部不同构件之间的关系。(3) 权利、权力、义务等法学基本概念还应该准确反映本国现时代的权利、权力、义务法律制度，前者和后者不应错位。(4) 尤其要防止有意无意把外国的、过时的法学基本概念拿到中国，顶替应基于本国现时代的经济关系和反映本国现时代的权利、权力、义务法律制度的权利、权力、义务概念。同理，源于清末汉译日语法学和民国法学入门型教材那种外延包括各种公共权力的和化的"权利"，虽然长期盘踞在当代汉语法学教学话语中并占据要津，亦应予以清理。

二　马克思恩格斯的法学基本概念观

为了较为完整准确地理解马克思主义创始人的法学基本概念观，我们不妨基于以上原理，以义务为重心，在权利、权力和义务研究相结合的意义上梳理一下它们三者之间的关系。不论基于改善义务研究还是改善权利、权力研究的需要，法学都应当把马克思、恩格斯对与权力相关联的义务论说纳入研究视野。因为，现代法学义务概念的指称对象，除与权利关联的义务外，还有与权力相关联的义务。同权利、权力相关联的义务应当而且可以细分为三种：(1) "生产"权利、权力的义务。这部分义务表现为"生产"权利、权力的"成本"，即形成权利、权力的本质载体所需的人力物力等财产性资源投入，具体表现为形成权利、权力（来源于捐税等的公共财产）之对应财产性载体的人的体力、脑力和物力投入。(2) 伴随权利、权力的义务。即行为主体享有某项权利、行使某项权力的同时依公平正义原则或依法律规定应该承担的相应义务。前者如购物时按定价付钱的义务，后者如公安民警行使职权进行搜查时，"应当"向被搜查人或者他的家属出示搜查证的义务。(3) 处于权利、权力对立面的义务。前者常见的有民事合同中同甲方权利相对立的乙方义务，后者常见的有同行政机关权力（职权等）相对立的行政相对人的义务，另外还有各级人大及其常委会行使监督权时其他国家机关依法"应当"做出回应的义务，等等。

马克思主义创始人讨论同权力相关联的义务，多数时候是在论述国家起源、地位和功能的背景下展开的，其语境与讨论同权利相关联的义务大不相同。权力及与其相关联的义务，在权力主体仅仅担任"守夜人"足矣的资本主义发展初期，往往因其体量较小或因非民主政体等原因而不太为人们所关注，其中与权力相伴随的那部分义务有时甚至近乎被忽视。但是，在众多国家的公共机构早已随凯恩斯主义、"福利国家"和生产资料国家所有制、宏观经济调控等制度化变革全面介入现代社会的经济生活后，与权力相关联的义务已随权力的增长而极大提升了其在一国义务总量中的比例。在有些权力的体量和强度特别大的国家，这部分义务可能已接近、甚至超过了同权利相关联的义务在全部义务中所占的比重。此时若不将与权力相关联的义务纳入法学考量范围，势必造成法学理论严重脱离当代法律生活实际的状况。

由于所处时代的关系，马克思主义创始人对同权力相关联义务的论述不多，但非常值得关注。恩格斯曾说，自由的法兰克农民"被战争和掠夺弄得破产，不得不去乞求新贵或教会的保护，因为国王的权力太弱了，已经不能保护他们，不过这种保护使他们不得不付出很高的代价。"[①] 这里，"权力太弱"表明国王的权力体量和强度不够，无力履行在正常封建制度下国王应履行的与权力相伴随的义务，而"很高的代价"，应该就是"新贵或教会"控制和行使权力时，自由的法兰克农民获得受其保护的权利，

---

① [德] 恩格斯:《家庭、私有制和国家的起源》，《马克思恩格斯选集》（第4卷），人民出版社2012年版，第170页。

但却因此在物力人力等方面付出了很多的供给义务。恩格斯后来还针对国家的出现写道:"为了维持这种公共权力,就需要公民缴纳费用——捐税。"① 这里说到的"缴纳费用",即"生产"权力本质载体的成本,它是普通社会成员履行纳税义务的表现。马克思在总结巴黎公社经验时实际上还论及了在工人阶级领导的国家与权力相关联的义务。他说,"公社必须由各区全民投票选出的市政委员组成(因为巴黎是公社的首倡者和楷模,我们应引为范例),这些市政委员对选民负责,随时可以罢免。""法官也应该由选举产生,可以罢免,并且对选民负责。""市税由公社规定和征收,用于全国性的公共需要的税款由公社的公职人员征收"。② 这里的"负责",就是与权力相伴随的,以责任、职责形式出现的义务,而与市税"征收"的权力相对立的是个人的"税款"缴纳义务,其主体是作为权力相对人的市民。马克思说:"权利决不能超出社会的经济结构以及由经济结构制约的社会的文化发展。"③ 权利受社会的经济结构和相应文化发展的制约,权力和义务同样受这两种因素的制约,所不同的只是具体表现形式而已。

另一个应注意的方面,是有必要对法学界惯常引用的马克思、恩格斯一些相关义务的话语做必要澄清。"工人阶级的解放斗争不是要争取阶级特权和垄断权,而是要争取平等的权利和义务"。④ 这句话是马克思的本意,没有疑问。但马克思在同一篇文章中随后说到的被我国学者经常援引的下面这句话,其实并不真正反映马克思的本意:"没有无义务的权利,也没有无权利的义务。"⑤ 这句话是马克思在与其一起草拟《章程》的其他委员的坚持下不得不加入的,并不符合马克思的意愿。对此,该句所附的"注〔14〕"有如下说明:"带有宣言性质的这一段和前面一段,是马克思

---

① 〔德〕恩格斯:《家庭、私有制和国家的起源》,《马克思恩格斯选集》(第4卷),人民出版社2012年版,第188页。
② 〔德〕马克思:《法兰西内战》,《马克思恩格斯选集》(第3卷),人民出版社2012年版,第167、168页。
③ 〔德〕马克思:《哥达纲领批判》,《马克思恩格斯选集》(第3卷),人民出版社2012年版,第364页。
④ 〔德〕马克思:《协会临时章程》,《马克思恩格斯全集》(第16卷),人民出版社2007年版,第15页。
⑤ 〔德〕马克思:《协会临时章程》,《马克思恩格斯全集》(第16卷),人民出版社2007年版,第16页。

在起草委员会其他委员的坚持下加入章程的引言部分的,马克思在1864年11月写给恩格斯的信里曾谈到这件事。"① 马克思在这封信中写道:当时在其他委员坚持下,"我必须在章程导言中采纳'义务'和'权利'这两个词,以及'真理、道德和正义'等词,但是,对这些字眼已经妥为安排,使它们不可能造成危害。"② 马克思只是强调让关于"义务"和"权利"的前引话语"不可能造成危害",没有肯定比这更多的东西。我国过去一些法学论著把这句话作为马克思的话加以引用,试图以此证明马克思肯定权利与义务不可分割。这种理解不太恰当。其实,那句话至多只是委员们基于那个国家那个时代早已有之的权利义务话语,表达了他们对理想的权利义务分配状态的追求,无关马克思是否认为权利义务可以分割。

实事求是地看问题,说"没有无义务的权利,也没有无权利的义务"的判断,只有在以下意义上是对的:特定权利都有构成其本质载体成本的义务、与之相伴随的义务和与之相对立的义务;特定义务也都有由其所造成、与之相伴随和与之相对立的权利。但是,在事实上和法律上,权利义务在它们相互关联的三种意义上都是可以分割、可以分离的。恩格斯说,在"文明时代",权利义务的区别"连最愚蠢的人都能看得出来,因为它一方面几乎把一切权利赋予一个阶级,另一方面却几乎把一切义务推给另一个阶级"。③这其实是作为生产成果或作为既有利益、既有财产之法律表现的权利与生产这些权利本质载体的义务在行为主体意义上的分离。另外,权利同与其相伴随的义务,还有权利同与其相对立的义务,也都是可以分离的。前者如享有权利但却不履行、少履行相伴随的义务的情况,后者如债务的代偿或债务在一定条件下的消灭。应承认,在前社会主义的历史时期,权利与义务较大程度分离是常态。即使在社会主义条件下,只要还有商品交换,权利义务相一致在理论上也只是平均来说才存在,在每个个别场合往往也还是程度不同地分离的,因为,"在商品交换中,等价物的交换只是平均来说才存在,不是

---

① [德] 马克思:《协会临时章程》,《马克思恩格斯全集》(第16卷),人民出版社2007年版,第711页。

② [德] 马克思:《马克思致恩格斯》,《马克思恩格斯选集》(第4卷),人民出版社2012年版,第452—453页。

③ [德] 恩格斯:《家庭、私有制和国家的起源》,《马克思恩格斯选集》(第4卷),人民出版社2012年版,第194页。

存在于每个个别场合"①。商品等价交换"不是存在于每个个别场合",其本身表明权利义务相一致不是存在于每个个别场合。

三 衡量法学基本概念合理程度的通用尺度

马克思、恩格斯权利、权力、义务观的要点,可谓代表了他们的法学基本概念观。这些要点可以指引我们确立衡量法学基本概念合理程度的一般标准,帮助构建当代中国法学的基本概念架构。按评价和改进汉语法学现有的基本概念体系的需要,我们可将足够的研究深度、充分的周延性和与其自身所处的基本概念体系的自洽性,作为衡量法学基本概念乃至其他重要概念合理程度高低的一般标准。下面对这三个方面做简要论说。

1. 合理性高的法学基本概念,本身应反映出对相应法现象足够的研究深度,包括历史深度和理论深度。这里不妨从义务说起。讲义务研究的历史深度,不一定都要挖掘到夏商周或古希腊古罗马,但起码应基于本民族语言查清时下使用的义务概念的起源、出生、身世和含义变迁。至于义务研究的理论深度,按本质主义法学的要求,应是从根本上回答义务是什么的问题,亦可以说是要求揭示出义务的实质。汉语法学权利一词的含义是历史地形成的,它与中国现行法律制度基本一致,属范围不包括公共权力的"汉语权利",同范围包括各种公共权力的"和化权利"根本是两码事,而与其他国家不同时期不同学者用不同语言表达的"权利"的关系,也都有待具体确定。反过来说,与前述不同时代不同现象解释体系中的"权利"相关联的三种义务,同与权力相关联的三种义务,显然也有根本的不同。不仅如此,与复合型"权利"相关联的三种义务同与单纯型权利相关联的三种义务,更是有重大差别。

但是,在中国当代法的一般理论研究中有一种较常见的不合理现象,那就是,论者往往不结合任何时代任何国家法律的具体条款,只在文字上抽象地使用"权利""权力"或"义务",而且往往交叉援引不同国家不同时代

---

① [德]马克思:《哥达纲领批判》,《马克思恩格斯选集》(第3卷),人民出版社2012年版,第364页。

的学者的汉译同词形概念，不考虑这些概念在原文中的具体含义若何。人们这样做时有一未明言的假定：不论是在亚里士多德、康德、凯尔逊的汉译著作中的"权利"，还是在当代中国法律文本或中国法律学者的著作中的"权利""权力"或"义务"，含义都是一样的。实际上根本不是如此。正如我们在近二三十年来所看到的，仅仅权利一词，就有外延不包括公共权力的"汉语权利"和外延包括公共权力的"和化权利"的巨大含义差异。这种差异对于"权力""义务"两个名词，情况也不同程度地相似，尤其对于"义务"。所以，忽视具体时代、具体国度或不同的上下文，抽象讨论"权利""权力""义务"的特性等，实际上不可能有多少真实意义。所以，若欲避免流于不切实际地谈论法学基本概念的弊端，汉语法学首先当保证本民族主流的法现象解释体系中不多的几个基本概念如"权利""权力""义务"的指称范围和含义，同它们的起源和成长路径保持连贯性。这要求法学者在为正确使用这些基本概念而考察其指称范围和内容（或本质）时，应达到足够历史纵深，至少包括揭示其起源和发展的关键演变环节。

再看法学基本概念反映相应法现象的理论深度，即前者反映人们认识后者实质的程度。与经验主义法学不同，马克思主义法学虽然也重视法现象的一切看得见摸得着的表面特征，但它认识法现象主要不靠人对这些表面特征的感官直觉，而是主张人运用思维抽象力，透过法现象的表面特征把握住在相应法现象下面或后面决定着该法现象之所以成其为它自身而不是其他现象的决定性因素，从而把握该法现象本身。而那个在该法现象下面或后面对它起决定性作用的因素，就是人们通常所说的某法现象的本质或实质。但是，如何探寻乃至其他任何一种法现象的实质呢？这确实是个大问题。世界上不少法学流派根本不承认包括法现象在内的任何现象有实质，或认为即使有也不可能探求到。还有一些法律学派谈论某些法现象时虽也使用本质或实质一词，但一般只是基于相关法规则等可用感官直觉感知的东西与某事物的较密切联系，其内容与从唯物史观角度定位的法现象的本质或实质不是一码事。

与各个经验主义法学流派不一样，马克思、恩格斯关于法现象与经济关系或物质生活条件之间关系的原理，决定了其旗下的本质主义法学在探寻"权利""权力""义务"等法现象的本质或实质时应该使用的方法论原则是向法现象之下的经济关系、物质生活条件层面挖掘。因为，马克思、恩格斯把规定"权利""权力""义务"的法律规则视为经济关系、物质生活条件这种现实基础的法律制度上层建筑，性质属客观的社会存在。对作为法律制度上层建筑一部分的权利、权力、义务，欲探寻其本质或实质，只能向构成其基础的"根"部，即经济关系、物质生活条件层次挖掘，没有第二条路径。例如对义务，人们可以说它的实质是负利益，但仅仅达到负利益层面是不够的。因为：（1）负利益是一个外延过于宽泛的概念，其中有些含负值经济内容，有些没有，但只有负值经济内容，才是从唯物史观角度挖掘义务实质时必须予以集中关注的东西。（2）像对任何重要的法现象一样，对义务的本质或实质的把握，只探索到负利益是不够的，因为负利益只是表达在某种相互关系中对其中一方或几方有所不利的用语，含义过于宽泛，未能揭示出其具体的经济利益属性。按唯物史观，把握义务的本质应深及它的负值财产。然而，按唯物史观，权利、权力、义务既是经济关系的法律上层建筑，也是经济关系的观念（精神的）的上层建筑。所以，对义务实质的考察，必须挖掘到财产、财产关系层次。不仅应确认它们的财产或负值财产属性，还应努力分别查明与它们对应的财产、负值财产所处的具体形态。

按马克思、恩格斯关于精神上层建筑与经济关系、社会存在两者之关系的原理，作为法学基本概念的"权利""权力""义务"与作为法律制度的"权利""权力""义务"既有相同点又有根本区别：（1）相同点是，两者都是经济关系或物质生活条件的上层建筑，只不过前者属法律制度上层建筑，后者属精神上层建筑；（2）不同点是，作为法学基本概念的"权利""权力""义务"，既是"权利""权力""义务"法律制度这种社会存在也是它们赖以树立于其上的经济关系、物质生活条件的精神或观念的反映，归根结底以经济关系、物质生活条件为其内容。作为马克思主义法学的基本概念，权利、权力、义务，应该能够记录人们的研究，揭示出它们后面具体的正或负利益、正值财产或负值财产这样一些深刻的内容。把握感官直觉难以碰触到的东西主要靠运用抽象力，而运用抽象力从根本上而不是基于表面特征把握权利、权力、义务等并形成相应的基本概念，正是包括马克思主义法学在内的本质主义法学相对于各种经验主义法学的比较优势所在。

2. 合理程度高的法学基本概念应能足够周延地反映对应的法现象。

这个道理，根据具体情况结合权利、权力、义务做综合的说明可来得更容易。法现象是法学家面对的"自在之物"，而法学基本概念是人对法现象的认识成果的记录，属于主观世界。周延的法学基本概念，可通过下定义的方式大体确定相应名词指代的范围并辅以逐项列举等方式，穷尽自己所反映的那类法现象。而不周延的法学基本概念反映法现象必出现以下三种情况之一：（1）周延不及，指法学概念实际反映的法现象没有穷尽其应该包括的法现象，表现为反映不全面。我国法学论著一般未将本应算作权利的合法个人特权、个人豁免纳入权利概念的外延，可谓权利概念周延不及的实例。（2）周延过度，指法学概念所反映的对象或明或暗、不同程度地超出了自己应反映对象的范围，使得所运用的概念否定或部分地否定了它自身，成了另外的某种概念。百年来我国有些法学研究者偏离本国乃至各国法律实践，把几乎全部公共权力现象都纳入权利概念的外延，使权利概念实际上等同于法权（指称权利权力统一体的名词），是权利概念周延过度的显例。此种做法很大程度上否定了汉语法学传统的但也是基于当代中国法律制度的权利概念。（3）周延不及与周延过度的情况并存于一个概念中，即相关法学概念指称的法现象的范围，既没有把应该纳入的法现象纳入其指称范围，同时又把按性质不应纳入其范围的现象纳入了其中。这是在不同程度上很常见的情况，如有些学术论著使用的权力概念，没有按权利与权力实质分类标准[①]将正当公职特权、公职豁免纳入权力反映的范围，但却同时以称其为"职权"等形式把按性质不应纳入权力范围的私有企业内部管理机构的权能纳入了权力范围。即使是法律文本的相关条款也可能存在类似情况，如在草案讨论阶段受到质疑、正式通过的我国《民法典》，仍然保留的第八十条中包含的"权力""职权"两个名词，就可算这种情况存在的实例。[②]

[①] 指对可以用权字名之的现象，不是以无法准确度量因而往往似是而非的诸如"法律强制性"为基准区分权利与权力，而是以其后支撑它的财产属性来区分各种"权"是权利还是权力的划分标准。按照这种标准，直接以私有财产为其物质支撑之权能，都是权利，不应纳入权力概念的指称范围。

[②] 我国《民法典》第八十条规定："营利法人应当设权力机构。权力机构行使修改法人章程，选举或者更换执行机构、监督机构成员，以及法人章程规定的其他职权。"其中"权力""职权"两词的适当性在草案讨论阶段受到过质疑。童之伟：《宪法与民法典关系的四个理论问题》，《政治与法律》2020年第5期。

此处顺便说明，法学家使用的概念反映相应的法现象是否周延，应该以学理为根本依据，不能完全以本国和外国法律文本的用词为基准。因为，法律文本中的用词是受立法者群体的法现象认识水平制约的，难免不同程度地出现考虑不周详、使用概念出现偏差的情况。

概念周延地反映相应现象，是所有学科都应遵循的准则，法学研究当然也不可能例外。概念应具有周延性的准则，对法学研究者在概念方面至少提出了两个具体要求：(1) 对法学术语下定义须首先尽可能明确地圈定法现象的范围，并为达此目的对定义话语做必要解说。这方面，有学者以"知识产权"一词为例说得很实在。他写道："多数国家的法理专著、法律，乃至国际条约，均是从划定范围出发来明确知识产权这个概念，或给知识产权下定义的。"而我国曾有人打算跳出这个圈子，另辟"新"路去下定义，结果是兜了一圈又回来，并未辟出任何"新"路。对此，他的结论是："所以，这里我们仍从知识产权的范围开始了解这一概念，而不必求'新'去走弯路。"① 其实，我国法的一般理论研究在这方面的失败和教训更深刻，甚至可以说有些惨痛。例如，我国法理学把权利概念的重要性抬高到无以复加的地位，但却罕见有人下功夫给它直接、具体地划定指称范围，以致今天中国法学界使用的"权利"一词指称的对象的范围，到底包不包括权力，在不少相关论著、教材中还是未知数。义务也是如此，它到底是否包括与权力相伴随的职责等，在不少论著、教材中也是未知数。至于权力一词，它的指称对象的范围，是否包括正当公职特权和公职豁免，汉语法学数十年来更是几乎没见有学者明显关注或谈论过。(2) 对于所指称的现象比较复杂、相邻关系难以廓清的法学术语，应该对被涵盖的现象做详细列举，从而把应区分开来的不同性质现象，特别是把词形相近乃至相同但性质不同的现象具体地区分开来，同时防止性质相同但名称不同的现象被排除在外。用详细列举的方法配合定义以确定法学概念指称的范围，是法学研究和法学教学常见的方法，此处不赘述。在过去百余年间，如果汉语法学充分注意概念应周延准则的以上两个具体要求并努力满足之，权利与权力混淆、义务与职责等指代不明、关系不清等长期存于法学一般理论出版物中的困扰，原本在很大程度上是可以避免的。

---

① 郑成思：《论知识产权的概念》，《中国社会科学院研究生院学报》1996年第1期。

3. 合理程度高的法学基本概念应处在一个自洽的体系中。"洽"指融洽，原是拉丁文 constantia，后转化为英语 consistency，首要含义是作为整体的各部分或不同的特征彼此一致、和谐、协调、对应。自洽（self-consistency）是融洽的一种存在形态，可视为其一部分，因此，作为学术产品检验标准的融洽和自洽，两者应该是可以通用的词语。逻辑自洽原本纯粹是逻辑学对学术产品做检验的演绎推理标准，其传统可以回溯到古希腊。什么是逻辑自洽呢？现代有逻辑学家和数学家这样回答："如果两个断言语句理论上没有相互矛盾，或者换句话说，如果没有两个相互矛盾的陈述并存，或任何两个相互矛盾的句子中至少一个不能被证明，那就是一种称为融洽或无矛盾的演绎理论。"[1] 对自洽论的学术地位，当代有哲学家评论道："自洽或不自相矛盾的理智德性在西方传统中享有长期而稳固的支持。"[2]在近现代，自洽标准的适用超出了逻辑学范围，在数理、心理学、生物学、物理学等学科领域有了专业化、精细化的发展，也逐渐影响到包括法学在内的人文社会科学学科。对后者影响最大的是心理学领域的自洽说，特别是美国心理学家普雷斯科特·莱基在 20 世纪 20 年代在教学中提出、于 20 世纪 40 年代记载于有关著作的自洽说。

莱基的自洽说（或融洽说）是一种基于人的自然本能提出的保持独立人格、发展健全人格的方式和遭遇各种障碍如何动态处置的心理学理论。这种独立人格，对于一个法学基本概念体系来说相当于独立学格。他认为，使用名词要真实反映对象的状态，否则会造成不确定性，"如果契约被违反的几率与被遵守的几率一样大，那就没理由制定契约了。"[3] 在他看来，具体个人的头脑就是一个思想单位，会承载一个由很多观点构成的观念体系，该体系的中心是此人的自我意识或自我评价，他头脑中的其他观点环绕该中心形成一个各观点之间协调一致的、不矛盾的体系。在与外界的互动过程中，该体系会接受与体系中已经存在的观点（特别是其中的自我评价）能融洽共处的新想法，同时会抵制与之不融洽的观点。莱基认

---

[1] Alfred Tarski, *Introduction to Logic and to the Methodology of Deductive Sciences*, New York: Courier Publications, Inc., 1995, p.135.

[2] J. Baird Callicott, *Beyond the Land Ethic: More Essays in Environmental Philosophy*, State University of New York Press, 1999, p.34.

[3] Prescott Lecky, *Self-consistency, a Theory of Personality*, edited by John F. A. Taylor, New York, N.Y., Island Press, 1945, p.20.

为，这种反应属人的本能，很正常，且一个人只有这样才能保持自己的独立人格。而且，一个人为了特定目的，他须使他的解释与自己的经验相融洽。但为了保持个性，他又必须以形成内部融洽的观念体系为目标理顺各种观点。这种内部融洽不是客观的，而是主观的、私人的、个性化的。一方面，人们通过吸收相一致的观点来支持自己的体系；另一方面，人们要保护系统免受不融洽观点的冲击。[1]莱基说："我们将心灵或人格设想为一种由彼此融洽的观点构成的组织体。按这种认识，个人必须保留的所有观点应被协调组织成一个单一体系。为了迅速获得特定体系的接纳，基于新体验形成的观点必须让人觉得它与原体系中既有的那些观点都是融洽的。另外，在特定人格发展过程中不再能被包容的那些观点必须从系统中驱赶出去。因此，人的一生是个不断吸收新思想和驱逐旧思想的过程。"他接着写道："这种体系的核心是个人的自我观念或自我评价，体系的其他部分都围绕这个核心旋转。任何进入该体系的观点，如果同该人的自我评价不融洽，就不仅不能被该体系吸收，还会因导致不融洽而务须尽快予以清除。"[2]

要结合法学基本概念体系理解自洽，还须解说一下莱基心理学中"自我评价"（conception of himself, self-concept，或 self-identity 等）的地位。在心理学中，自我评价是对"我是谁"或"我们是谁"给出的总体答案，涉及身体上、情感上、社会上、精神上和任何其他方面的特征。它不是一成不变的，"我"或"我们"在一生中会根据对自己的了解来对之进行调整。按照相关学者的看法，自我评价不仅是一个从人们的反思过程中发展起来的复杂的认知和情感结构，它还构成一个自我激励体系，使得"自我"成为一种社会力量。自我激励可区分为两种："自尊激励和自洽激励。自尊激励是指维持和增强对自己积极或有利的评价的动机。它指的是人们希望自己获好评。自洽激励是指维持一个稳定或一致的自我评价的动机。由于存在自我评价，个人有获好评的积极性，愿意被视为始终如一的和连

---

[1] Prescott Lecky, *Self-consistency, a Theory of Personality*, edited by John F. A. Taylor, New York, N. Y., Island Press, 1945, p. 120.

[2] Prescott Lecky, *Self-consistency, a Theory of Personality*, edited by John F. A. Taylor, New York, N. Y., Island Press, 1945, p. 150.

贯的。"① 从这个意义上应该认定，尽可能实现自己学说的自洽，应该被视为学者的一项道德义务。"自我评价"对于法学基本概念体系来说，相当于确立核心概念或核心范畴。

自洽包括构成基本概念体系的各个语言符号之间的自洽和语言符号与相应客观事实之间的自洽。关于语言符号之间的自洽，以马克思改造黑格尔"绝对方法"后形成并用以构建政治经济学范畴体系的"从抽象到具体"的方法为例：这个体系最基础的概念是循从感性具体（千差万别的商品）到抽象（价值）的路径改造英国古典政治经济学原有的概念体系后创造性地形成的，它独特的基本概念"剩余价值"是循着从抽象到理性具体的路径从"价值"上升而来的最基本的概念，工资、利润、利息、地租等是循着价值、剩余价值概念进一步向理性具体上升而来的概念，如此等等。该体系中每一个基本概念在纵向上与价值、剩余价值的关系，横向上与相邻概念的关系都是清楚明白的。如此，任一基本概念都像直角坐标系平面中的一个点，它相对于公共原点在什么位置、在哪个象限，都是可以用类似横轴、纵轴的数字之类指标加以确认和表示的。所以，优良的法学基本概念往往都带有学派特点。因此，同一个名词记载的概念，在不同学派现象解释体系中的含义有的相同，有的会差别明显乃至根本不是一回事。数十年来中国法学一般理论研究中显现出的较严重弊病之一，是使用基本概念时只看汉语词形，不问它出自哪个时代，翻译自哪个国家哪位学者的论著，指代的现象的范围及其含义有何不同。于是，当代中国法学就出现了在讨论中国宪法、法律实施过程中碰到的诸如权利保障、权力监督等问题时，作者往往不加辨识地引用康德、黑格尔、霍菲尔德、哈特、美浓部达吉等人使用的"权利""权力"等名词的情况，好像他们说的"权利""权力"等就是中国宪法、法律文本中的"权利""权力"似的。实际上远非如此。以权利为例，他们笔下的"权利"很多时候不仅各人使用的外延、含义很不相同，即使他们每一个人自己在同一本书中用到的"权利"一词，外延、含义也常有根本性区别（主要是有时包括权力、有时不包括权力），更不用说与中国宪法、法律中遵循本国传统使用的权利一词

---

① Timothy J. Owens, Sheldon Stryker, Norman Goodman, *Extending Self-Esteem Theory and Research: Sociological and Psychological Currents*, Cambridge University Press, 2006, p. 87.

含义常常有巨大差异。"义务"一词的使用情形在很大程度上也是如此。诸如此类脱离汉语法学传统和中国法律制度的抽象权利、权力、义务研究，实际上都是不可能有任何理论和实际意义的。所以，谈论法学基本概念，不论是创造、使用还是评价其中任何一个，一定要看它是否处在逻辑自洽的语言符号体系中，不论是作者自己的语言符号体系还是前人、别人的。

法学基本概念逻辑自洽更高的要求是语言符号与相应法律生活事实之间的自洽。这实际上是法学理论与法律实践的关系问题。什么是法律实践？它在当代中国应该主要是指我国以宪法为核心的法律体系和修宪、立法、执法、司法、守法的过程、活动。法学一般理论也好，宪法学也好，它们的基本概念首先应准确反映中国基本的法律实践，此乃基本概念逻辑自洽的基本要求之一。因此，以当代中国经济关系为现实基础的、能准确反映中国当代法律实践的权利、权力、义务概念及其体系，才可谓逻辑自洽的法学基本概念和概念体系。基于这个道理我们可以做如下判断：(1) 范围包括各种权力（职权、权限、公权力等）的复合型"权利"不是逻辑自洽的权利概念，因为，它同当代中国宪法法律文本中权利一词的含义不是一码事。这种复合型"权利"实际上指的是以法权为名称的权利和权力的统一体。(2) 权力是马克思主义国家学说中的国家政权、军队、警察、法庭、监狱的法律表现，《中华人民共和国宪法》整个第三章，还有宪法其他章节中的许多条款，都是规定权力的，但在不少中国法的一般理论著作和教材确认或使用的基本概念中，竟然没有权力概念。这不能不说是这些法学出版物确认或采用的整个基本概念体系逻辑严重不自洽的表现。(3) 范围包括各种权力的复合型"权利"一词，裹挟、遮蔽了宪法法律制度、法律实践中的权力，因而间接遮蔽了与现实的权力相关联的义务，已经造成了义务概念在很大程度上逻辑不自洽。此类逻辑不自洽的外在表现，是法的一般理论和宪法学等著作和教材，鲜少讨论与权力相关联的义务。可以说，逻辑自洽的权利、权力、义务概念，只能基于本国当代经济关系、本国法律实践才能形成。任何外来的或历史上的法学基本概念体系，如果没有经过脱胎换骨的适应性改造，都不可能合理解释呈现在我们面前的全部法现象及其内部和外部联系。

确立法学基本概念合理程度的以上三个衡量标准，意味着要求法律学者在研究新的法现象的过程中自觉地遵循必要标准,将对于新现象的认知概括为优良的新概念,让法学思维形式跟上法律实践的发展。另外,确立这些标准也为评价和完善既有法学基本概念、重要概念乃至基本命题提供了必要基准。它们可谓三把功能搭配的"尺子",运用它们,法学研究者可较容易有根据地衡量任一法学概念的优劣。

以上三个衡量标准是我在研究权、权利、权力、法权、剩余权和义务六种对象及其对应概念时先后不自觉地、零散运用到的,上面只是将它们做了必要概括、完善和集中。如何运用这三个标准衡量具体法学基本概念的合理程度呢?让我们在与前引相关论文衔接的基础上,先简述20世纪中叶以降70多年来汉语法学的权利、权力、义务研究状况,然后以其中的义务为实例做衡量和评估。

四 运用三个尺度助推汉语法学基本范畴的更新

近现代法学史上大量的资料表明,自19世纪末、20世纪初年以来在汉语法学,尤其是汉语法学教学话语体系中占主导地位的,一直是以和化的"权利""权利义务"为核心的基本概念体系。这个体系的根源在18世纪、19世纪欧洲大陆的德、法等国,后融入日语法学,并以传入汉语法学的"权利"一词为中介,经变异形成和化的"权利""权利义务"概念。后者于20世纪初返流汉语法学并在竞争中压倒"汉语权利",于20世纪30—40年代在汉语法学中获取了主流地位。20世纪上半叶乃至更晚的苏联法学实际上也沿用了源于法、德等国以罗马法的权利、义务概念为重心的基本概念体系,因此,20世纪50年代的汉译俄语法学出版物在同频共振意义上也多少有助于后来以和化的"权利""权利义务"为核心范畴的汉语法学现象解释体系的复兴。

从20世纪初年到当代,除法学教育和研究处于停顿的年代之外,汉语法学现象解释体系,特别是其有代表性的教学话语体系一直是以清末汉译日语法学入门型教材的和化权利或和化权利、义务概念为核心范畴的。这就是说,就历来的法学入门型教材而言,汉语法学基本概念体系的根本性框架100多年来没有变动过。中国进入改革开放时期后,以"和化权利"

或和化"权利义务"为核心的法学基础性概念群在当代汉语法学中获得了再生。许多年来相关学者只对其中的非核心概念的组成做了适应性调整,核心部分(和化的"权利"和以其为重心的"权利义务")一字未变。这种微调不可能满足汉语法学现象解释体系与当代中国法律体系、法律实践相适应的需要。诚然,当代汉语法学已出现了适应当代中国法律体系革新以和化的"权利"或"权利义务"为核心的基本范畴体系的顽强努力。这种主要革新方向是:让和化的"权利"回归汉语的"权利";将"权力"和从权利权力中抽象出的上位概念"法权"添加到基本范畴中。这就实际上形成了法学基本概念群之多元核心的主张:和化的"权利义务"或"权利";权利、权力平行并重;权利、权力、义务三驾马车齐头并进;法权中心。这些努力及其成果在基础性法学研究和教学领域都有程度不同的反映。①

当代汉语法学中并无所有学者都认同的基本概念体系,各个法学家群体守持的基本概念体系中的核心部分也不完全相同,但基本集中在权利、权力、义务三个名词,较小程度上还有从权利权力中抽象出的上位概念法权一词。运用前述三个衡量标准对当代汉语法学的权利、权力、义务这三个有代表性核心概念选项做合理性衡量,寻找完善或再造每一个优良法学基本概念时普遍适用的标准,应该有助于我们获取更优异的法学基本范畴群。确立并运用三个标准对现有权利、权力、义务概念做具体衡量后,法学研究者在改善义务研究方面能顺理成章地获得哪些有益的启示呢?考虑到衡量权利、权力、义务的尺度、原则和方法都是一样的,为避免不必要的重复劳动,我以为,从这三个概念中选取义务做样本展示本书主张的衡量方法就可以了。如此选择,主要考虑从利益、财产层次看,权利、权力虽在法律上体现它们的正值内容,但其中任何一个都具有局部性,而义务虽在法律上只体现它们的负利益、负值财产内容,但它所体现的范围确具有整体性,同时还能从其另一面反映出权利、权力的状况。这样,主要以义务为实例,兼及权利、权力,我们可以把运用三个尺度衡量法学基本概念合理性带来的有益启示概括为以下三个对应方面。

---

① 本自然段涉及的事实和观点,可参见本书第二章,以及我 2020 年以来发表的探讨权、权利、权力、义务等概念的形成史方面的论文。

（一）改善权利权力和义务的研究深度

改善权利、权力、义务的研究深度，既包括对这三种的研究，也包括对相应基本概念的研究，但归根结底是要改善对前者的研究。因为，权利、权力、义务概念、语词，只是对迄今为止的人们认知权利、权力、义务现象的成果的记录，把功夫过多花在研究"记录"上，有舍本逐末之失。另外，改善权利、权力、义务研究深度，涉及历史和理论两个方面，其中，改善研究它们的历史深度不难，较难的是改善理论研究的深度。基于以上认识，我将改善权利、权力、义务研究深度应做的工作，归结为三点。

1. 改善对基本的法现象的认知、获得优良法学基本概念的关键，在于将认识的触角深入到经济关系层次，从总体上和一一具体地准确把握住它们的本质载体。20世纪中叶以降的汉语法学义务概念在不同程度上吸纳了19世纪末到20世纪上半叶包括汉译外文作品在内的汉语法学论著对权利、权力、义务的认识成果，先后较牢固确立了权利、权力、义务或其中一个或两个作为法学基本概念体系之核心的学科地位，但同时在对它们的研究深度、周延性及所在基本概念体系的自洽性方面，留下了不少有待继续探讨的课题。以义务为例，在这整个70余年的历程中，尤其是进入20世纪80年代以来，主流的汉语法学论著依循唯物史观和马克思主义创始人关于义务的一部分直接论述，有选择地吸纳了此前阶段的义务研究成就，其中主要涉及经济关系或物质生活条件与义务关系的原理，义务的法律属性、义务与权利的关系、义务课予规则、义务分类等方面的内容。但是，义务研究的关键即在认识义务本身、探寻义务的本质（或实质）方面，人们虽然努力贯彻马克思主义创始人的理论，但却长期停留在对相关原理的抽象阐释上，未能像马克思、恩格斯或者受他们影响的梁启超那样将义务定位于个人、国家机关等法律关系主体在利益方面做出的牺牲或克制，未归根结底定位于这些主体在财产、体力、脑力方面的给予、支出或放弃获得机会。这属于法学者在认识义务实质方面出现偏离自己奉行的原理的表现，它必然妨碍法学获得的义务概念记载相应现象之实质的准确性、反映现象的周延程度，也不利于义务概念在其所处的法学基本概念体系中获得自洽性。

2. 应基于对权利、权力、义务等本质载体的认识分别给反映它们的基本概念下定义。例如，对义务我们大体可以先这样下定义：义务是促使相应负利益、负值财产落实其归属而形成的应作为或不应作为的行为规则，其本质载体是与各种权之总量相等但性质相反，直接或间接体现出来的负利益，归根结底是负值财产。该定义表明，义务既是与权力、权利、剩余权（表现为法外之权或道德权利、道德权力）三者的利益内容、财产内容相反的现象，同时又是促使这些现象包含的负利益内容、负值财产内容得以实现的规则，包括法规则和法外规则。因此，义务不论就内容还是就规则而言，实际上包括三部分，即与权力相对应的义务、与权利相对应的义务、与剩余权相对应的义务，其中前两者属法义务，第三种属法外义务。而法义务是与各种法定权利、权力和作为权利权力统一体的法权之总量相等但实质相反的负利益、负值财产（债）在法上的各种表现形式。这里"各种法定权利、权力"或"作为权利权力统一体的法权"指称的范围，实际上同19世纪末、20世纪初由汉译日语法学论著传入中国的和化的"权利"指称的范围是一样的。因此，法义务既是与法的权利相伴随、也是与法的权力相伴随的义务。所不同的是，本书及其遵循的法权说严格区分了权利与法权：权利首先指我国法律制度或法律文本中记载的权利，即范围不包括诸如职权、权限等权力现象的外延单纯型权利，与这种权利相伴随的义务仅仅是与法权相伴随的义务的一部分。

历史上由于法学往往交替使用范围包括权力的和化"权利"和范围不包括权力的汉语的"权利"，因此，与这两个指称范围不同的"权利"相伴随的义务也有两个。因此，"义务"一词需要根据上下文确定具体含义：（1）与"和化权利"相伴随的义务，应属于同时与我国法律制度意义上的权利和权力两者相伴随的义务，但其中与权力对应的义务是隐形的；（2）与"汉语权利"相伴随的义务，是仅仅与我国法律体系中个人权利对应的义务。所以，人们对义务的认识，直接受制于他们守持的权利概念。这两种义务的差别，是法学理论研究不容忽视而事实上却经常被一些相关论著刻意掩饰或回避的。此外，义务还应分为实体性义务和程序性义务，前者有直接的负利益、负值财产内容，后者只有间接的负利益、负值财产内容。比照权利、权力、剩余权的内容可知，义务的内容是直接或间接同前三者的利益、财产内容的绝对值相等的对应负值。由于义务通常与包括权利、权力、剩余权、法权共四种法学单元在内的"权"相对应，所指对象十分宽泛，故在法规范性文件和法学论著中，其具体所指到底若何，也得根据上下文来确定。但无论如何，将义务的本质或实质从人们曾有所论述的负利益（或"不利益""负担"）明确推进到负值财产，是基于马克思主义创始人的相关思想考察研究义务的应有之义。

3. 采用实质标准辨识权利、权力、义务等，能获取周延的权利、权力、义务等法学基本概念。采用实质标准辨识权利、权力的意义，在前引我研究权利、权力的文章中已有必要论述，这里需要论述的只剩下用实质标准辨识义务了。运用义务辨识的实质标准，可确认法定义务、职责、相应责任和通过"应当""不得""无权"等用语明确的应作为或不应作为，都是义务概念指称的对象，不管它们与权利还是权力相关联。特别值得注意的是，有些行为完全不能从法律文本表述它的词语判断其性质，只能根据具体上下文看相关词语后面与行为主体相关的利益、财产内容才能判断其是否为义务。例如，对某种被称为"职责"的行为，其性质到底属于权力、权利还是义务，仅从纸面看有时是没法合理区分的，必须看这种"职责"与相关主体的关系，特别要看承担该"职责"是否给其行为主体输送利益，或者看该"职责"是作为利益在被竞相获取还是作为"包袱"在被回避、推诿。作为利益输送和被竞相获取的"职责"，只能是权利或权力，只有作为"包袱"被回避、推诿的"职责"才是义务。在这方面，在法律生活中，作为行为主体的个人或机构自己才是自身利益的最好判断者：被竞相获取的东西是利益，有直接或间接的私人的或公共的财产内容，属权利或权力，被回避、推诿的东西是不利益，有直接或间接的私人的或公共的负值财产内容，属义务。又如劳动，若某君从事特繁重单调的体力劳动，在职工薪与退休金差别又不大，此君一般来说是愿意提前退休的，或至少不愿意超越法定界限继续劳动，而在达到法定退休年龄前的一定时段他之所以坚持劳动，通常是因为要履行达到法定退休年龄的劳动义务。相反，若某人从事的是符合自己兴趣爱好、社会评价高而又工薪高的职业，此君即使到了法定退休年龄，他/她在可能的情况下通常是会争取延长工作年限的，此时劳动（工作）就不是义务，而是权利。在中外现实生活中，期待早日结束劳动义务和争取获取更长时间劳动权利的案例可谓俯拾皆是。在这些案例中，作为权利与作为义务的不同具体劳动行为的性质差异可谓不言而喻。这里列举的是一些很特殊的情况，只涉及实质辨识标准在类似情况下的具体运用。

简单地说,辨识相关行为是否为义务,在"灰色地带"或关键处,仅仅看法文件的相关表述文字是不够的。此时能依靠的,只能是权利、权力、义务辨识的实质标准和方法。

(二) 通过明辨存在形式实现权利权力和义务概念的周延

法学应明确权利、权力、义务在我国法律制度中的存在形式。对权利、权力、义务下尽可能严谨的定义,并在此基础上做分类列举和详细阐释,是汉语法学展示其获取的基本概念的周延性的正常路径,因而也是权利、权力、义务研究者应该不遗余力去做好的事情。只有结合中国宪法、法律明确权利、权力、义务在当代中国的存在形式,相应的义务概念才算结合了中国法律生活实际,才能真正为本国的社会各界所理解并形成相关的共识。汉语法学迄今为止在明确权利、权力、义务在中国法制中的表现形式方面,所做的事情显得多有欠缺,应该有所弥补。2021 年我曾对权利、权力在我国法律制度中的存在形式做过较详细列举,[①] 本章只需就法义务在我国法律制度中的表现略加归纳、申论。

就体现的行为规范而言,义务存在于法和法外两种规则体系中,存在于法规则体系中的义务是法义务,存在于其他规则体系(道德、团体章程等)中的义务是法外义务。法义务和法外义务的地位可以经由立法、释法等方式相互转换。相对而言,法学当然重点关注法义务在中国法制中的表现形式。按我的理解并用电脑统计,作为法学基本概念,法义务涵盖的范围在当代中国主要呈现为如下 7 种表现形式:(1) 以包括"应当"乃至"必须"的法规则课予个人、国家机关等主体的义务。我国宪法文本中规定了 16 种"应当"做的行为,如《宪法》序言最后自然段关于全国各族人民、一切国家机关和武装力量、各政党和各社会团体、各企业事业组织,"都必须以宪法为根本的活动准则"的规定;《宪法》第四十二条第三款"国有企业和城乡集体经济组织的劳动者都应当以国家主人翁的态度对待自己的劳动"的规定;《宪法》第一百二十七条第二款"监察机关办理职务违法和职务犯罪案件,应当与审判机关、检察机关、执法部门互相配

---

① 参见童之伟《汉语法学中的"权利"概念》,《中外法学》2021 年第 5 期;童之伟《汉语法学之"权力"源流考论》,《清华法学》2021 年第 6 期。

合，互相制约"的规定，等等。其中，"应当""必须"的主体有个人，也有政党、各级各类国家机关等组织。普通法律也有大量相似的规定，如《立法法》规定了93种国家机关"应当"做的行为，2种"必须"做的行为，而我国《民法典》规定民事主体"应当"做的行为超过了770种，"必须"做的行为有6种。(2)以"不得"乃至"禁止"的规定课予个人、国家机关等主体的义务。我国宪法规定了19种"不得"做的行为，其主体十分多样，包括"任何组织或者个人""任何国家机关、社会团体和个人"，如《宪法》第五条第五款，《宪法》第三十六条第二款的规定。《宪法》规定了12种"禁止"的行为，如第一条第二款"禁止任何组织或者个人破坏社会主义制度"，第三十七条第三款"禁止非法拘禁和以其他方法非法剥夺或者限制公民的人身自由，禁止非法搜查公民的身体。"这方面普通法律同样有大量相似的规定，如《立法法》规定了10种国家机关"不得"从事的行为。《民法典》规定了200余种民事主体"不得"做的行为，还规定了20来种"禁止"民事主体从事的行为。(3) 宪法、法律直接称为义务的行为，如中国《宪法》第二章中相关条款规定的公民基本义务，包括中国《宪法》第四十二条、第四十六条、第五十五条和第五十六条分别规定的劳动义务、受教育义务、服兵役义务、纳税义务等。它们与宪法、法律上通常称为职责、责任的现象是平行关系。(4) 与个人、组织特定身份、地位相联系的职责。如中国《宪法》第四十二条规定"劳动是一切有劳动能力的公民的光荣职责"和第八十九条规定的国务院"各部和各委员会的任务和职责"。(5) 与权力、权利相伴随的"责任"。[①] 如《立法法》第六条中"科学合理地规定公民、法人和其他组织的权利与义务、国家机关的权力与责任"，《民法典》第一百七十八条规定"二人以上依法承担连带责任的，权利人有权请求部分或者全部连带责任人承担责任"。(6) 同诸如民法对世权对应的应然的不作为，如民事主体的无资格、无权利，相当于霍菲尔德所说的无权利（no-right）。它是法学对存在于中国法律制度中负有某种不作为义务的法律状态或相对地位的描述，一般不表现为法律术语，但有时也可表现出来。表现出来的情况，如《民法典》

---

① 法律上规定的"责任"绝大多数并不直接表现为义务，不能以义务一词取代，但基本都用于设定义务，如民法典规定的违约责任、侵权责任、产品责任、医疗损害责任、环境污染和生态破坏责任，《刑法》规定的刑事责任，《国家赔偿法》规定的赔偿责任，等等。

第一百零二条规定的"非法人组织是不具有法人资格,但是能够依法以自己的名义从事民事活动的组织"中的"不具有……资格"。又如,《民法典》第六百三十九条规定的"试用买卖的当事人对标的物使用费没有约定或者约定不明确的,出卖人无权请求买受人支付"中的"无权"。(7)公共机关无权力,相当于霍菲尔德所说的无权力(no-power)。如《刑事诉讼法》第三条规定了公检法三机关的职权后写道:"除法律特别规定的以外,其他任何机关、团体和个人都无权行使这些权力",其中的"无权"对机关、团体而言指无权力;对个人而言指无权利。这里的"权"是典型的法权,即权利权力共同体。

以上结合中国法制和法律生活实际对义务的列举,可有针对性地回应中国法的一般理论研究中应明确却不甚明确的涉及基本概念的两个问题:第一,法律制度、法律生活中同权利和权力相关联的负利益、负值财产内容都表现为法义务,不论它们以什么样的形式和名称存在。这样列举法义务,人们可清楚明白地看清法义务不仅与民商事权利相关联,同时也与一国包括宪法、各种公法和民商法在内的全部法制中的各种权利、权力相关联。第二,作为法学基本概念,法义务在当今中国法制中是具体涵盖以上七种现象和相应名词的。

顺便说明,这里只讨论法义务,至于法外义务,相信比照法义务不难理解,此处不赘述。我国法学界对外国的和法律史上的相应性质的现象和对应词语,也应在根本上本着以上原理看待。如果做到这一点,汉语法学的权利、权力、义务等法学基本概念就可指称中外今古广泛的同质现象,尽管它们在不同国家和不同时代的表现形式和名称千差万别。

(三)从权利、权力、义务着手实现法学基本概念体系的自洽

按前引讨论法学核心范畴文章的概括,当代汉语法学的基本概念体系大体有三个:(1)19世纪下半叶自欧洲传入日本,又于19—20世纪之交随汉译日语基础性法学教材进入中国的和化的"权利—义务"体系;(2)着眼于纠和化的权利义务体系之偏,20世纪初年已形成框架,在20—21世纪之交进入研究和教学过程的"权利—权力—义务"体系;(3)同样着眼于纠和化的权利—义务体系之偏,20—21世纪之交出现了"法权—义务"体系。其中法权指从权利和权力中抽象出共性后形成的概念,也可以理解为权利权

力统一体的名称。汉语法学构成这三个体系的概念的数量，有的是9个，有的是7个，有的未明示数量，但从相关论著看，应视为10个左右。这三个基本概念体系中，一个聚焦权利、义务两种法现象和相应概念，两个聚焦权利、权力、义务三种法现象及其对应概念，所以，在基本概念体系建构方面总体上可以说当代汉语法学面对的核心课题或使命，实为自洽地解说权利、权力、义务本身以及三者之间的关系。在完成这一核心课题的过程中，研究者还得将其拆解为若干个子课题，其中主要是这样四个问题：（1）权利、权力、义务作为法学名词和主观存在，一一对应的客观基础是什么，是否真实？（2）权利、权力、义务本身归根结底是什么？（3）它们三者各自的范围和相互区分的边界如何具体确定？（4）它们三者之间或一个与另一个之间具体是什么关系？

　　面对这四个基础性问题，承载当代汉语法学三个基本概念体系的出版物，有的尝试全面回答这些子问题，有的只回答其中的一部分或仅仅回答了其中包含的某些片段，不一而足。但总体而言，三个体系的论著在不同程度上都存在一些明显的自洽性缺憾。（1）首要的自洽性缺憾是，当代汉语法学所使用的权利、权力、义务三个名词的客观基础或被反映对象，应该是当代中国法律制度中的权利、权力、义务，但实际上它们更像19世纪及此前欧美法律制度和法学出版物中的权利、权力、义务，因而很大程度上显得失真。失真的突出表现是，有的体系中只有民商事法律特征明显的权利义务，没有作为国家、政府之法律表现的权力（公共机构的职权、权限、公权力等）。现实中如此重要的法现象在概念体系中得不到反映、留下了逻辑空白，属特殊形式的不自洽。失真的另一种表现，是权力未获正视的情况还造成了概念体系中的义务通常只能反映出与权利相关联的那部分，没有或基本没有反映出与权力相关联的义务，因而形成了占应然范围近一半的盲区。（2）权利、权力、义务本身归根结底是什么的问题，各体系有代表性论著、教材论述不多，大都没有按自己所属体系信守的哲学方法论的要求说清楚，做不到自圆其说。（3）权利、权力、义务三者各自的具体范围、相互区分的边界，缺乏足够自洽的阐释。当代汉语法学出版物汗牛充栋，但下功夫研究这些基本问题的极少，包括支持和阐释上述三个基本概念体系的法学论著和基础性法学教材。（4）对权利、权力、义务三者的区别和联系，特别是权利与权力的区别和联系，各体系展示自己的论著中鲜少给予自洽的论述。即使有的论著做出予以自洽性论述的尝试,愿意关注和参与讨论的作品也很稀少。

法学基础性问题的研究是非常个性化的活动,因此,一个学者或群体应对批评、维持自己守持的基本概念体系的自洽,通常只是相关学者的道义义务,在正常情况下他或他们也会以实现自洽为目标自相激励。但是,如果一个概念体系进入某种涉及面很广泛的公共产品(公共机构指定的法学教科书),那它就成了整个学科的公共事务的一部分,相关学者应该有接受学术批评和认真做探讨的容量。关于一个基本概念体系的倡导者或支持者应如何完善自己钟爱的体系、如何对待外界的批评,心理学自洽论首创者莱基的理论今天仍然值得我们回顾和参考。在莱基看来,一个思想者的自我评价构成其生命观念的核心公理,他对待可能冲击他核心公理及相适应观点体系的外来评价,可以有几种不同态度:一是反击外来批评,维护自己既有体系的统一;二是改变自我评价,形成新体系。对此,莱基写道:"有时改变自我评价是必要的。这很困难,因为个人评价是人整个一生信守的核心公理。然而,逐渐改变自我评价对于人的正常发展和幸福极为重要"[1],这在性质上近似于价值观的自我革命;三是"当清楚地认识到不融洽时,个人可以依靠把问题变成自己的课题的方式,努力恢复融洽以改变自己的体系",通过完成这些课题恢复自己体系的统一,[2] 相对而言这在性质上属于自我改良。此处莱基还同时说明,人本来就存在一种不断将自己观念体系加以自洽的强烈冲动;只有当一个人无法使自己摆脱不自洽时,才会出现心理问题。无论如何,不懈寻求自己观点体系的自洽,是人实现认识进步的一种普遍方式。有哲学家将寻求自洽的传统视为人类文明不可或缺的组成部分,[3] 的确言之有理。

就现实性而言,包括权利、权力、义务研究在内的中国基础性法学,

---

[1] Prescott Lecky, *Self-consistency, a Theory of Personality*, edited by John F. A. Taylor, New York, N. Y., Island Press, 1945, p.151.

[2] Prescott Lecky, *Self-consistency, a Theory of Personality*, edited by John F. A. Taylor, New York, N. Y., Island Press, 1945, p.152.

[3] J. Baird Callicott, *Beyond the Land Ethic: More Essays in Environmental Philosophy*, State University of New York Press, 1999, p.34.

有必要适应社会对于"设定权力、规范权力、制约权力、监督权力"[①] 的长远、持续需要,增加研究权力和公职义务的资源投入。此举或许有助于改善长期以来忽视权力和权力研究,以及将义务研究重点主要集中于个人义务、回避国家机关及其官员义务的不平衡状况。关于直面权力强大的现实地位与权力研究薄弱之间的落差,投入更多学术资源研究权力之必要,前引以权力研究为主体的论文已做过较充分论述,无必要再赘述。下面不妨就公职义务研究补充些意见。

前引义务研究文章展现的文献资料表明,从19世纪末起,汉语法学的义务研究即已出现了结构性失衡的缺憾。失衡的主要表现,是注重与权利尤其是与民事权利相关联义务,不重视乃至往往结构性地忽视、"忘却"权力以及与权力相关联的义务。这种失衡状况在20世纪中叶之后的70余年来的汉语法学教学和研究中,比此前的阶段更加明显。[②] 易言之,长期以来汉语法学的义务研究存在重个人义务、民事义务,轻国家机关等公共机构及其官员的公职义务的倾向。造成这种不平衡状况的原因多种多样,但从理论上、逻辑上看,一个重要原因是义务所在的权利—义务基本概念体系自洽性较差。具体说来,就是这个体系中的范围包括权力的复合型"权利"在逻辑上包裹、遮蔽了法定的权力,从而逻辑上也间接遮蔽了伴随权力的近乎全部公职义务。这是公职义务在当代汉语法学各种法理学论著特别是教材中本应十分受关注而实际上未得到足够关注和研究的主要原因。在当代,已没有任何国家的法律体系、法律实践能支持从清末汉译日语法学和民国法学入门型教材中拿来的那种将范围包括权力的和化的"权利"作为法学基本概念。因为,这种"权利"概念已与它本应准确反映的中国乃至各国法律文本中规定的权利发生了大幅度错位。从实际情况看,两者的大幅度错位在我国很大一部分基础性法学论著尤其是法学一般理论教科书里,断续地存在了100多年。这是一个早就应该予以直面并纠正但却被汉语法学长期回避的直观法学现实。

---

① 《中共中央关于党的百年奋斗重大成就和历史经验的决议》,《人民日报》2021年11月17日第1—2版。

② 这主要是因为,在世界范围内,相较于20世纪中叶之前,国家机构以立法、行政、审判等方式直接和大范围地影响商品的生产、分配、交换和消费过程,权力在法权结构中所占的比例及其自身的绝对量都大幅度增加,而法学理论未能反映出这种变化,对权力没有给予足够重视。20世纪中叶后我国法学中权力研究和公职义务研究与这种状况不适应的具体表现,当另行撰文论述。

实现权利、权力、义务研究的相对平衡不仅是法学一般理论研究应该确立的目标，更是中国建设社会主义法治国家、法治政府、法治社会的客观需要。仅就个人义务与公职义务的平衡研究而言，公职义务近乎全部被和化的"权利"间接遮蔽的必然实践后果之一，是无形中助长人们在理论、学术乃至法律上漠视与权力相关联的义务。公职义务被间接遮蔽的必然后果是，一方面助长掌握和运用权力者淡忘与权力相伴随的职责、责任，另一方面使公民和社会各方昧于了解他们应负的职责、责任，从而不怎么关注监督掌握权力者行使权力应负的职责、责任。法学一般理论的这类不平衡状况与中共中央关于"管好权力、慎用权力""必须把权力关进制度的笼子里"的要求显得十分格格不入，也同中共中央关于权力是一把"双刃剑"，依法依规行使权力可以造福人民，违法违规行使权力必然祸害国家和人民的论断，非常不协调。① 所以，立足于当代中国经济关系和法律制度完善权利、权力、义务概念和对它们指称范围、实质的表述，是中国从事法的一般理论研究的学者在当代应尽的职业义务。

运用三个尺度衡量权利、权力、义务概念合理性的过程带给我们的上述五点启示中分别蕴含的学理或原则，应该可以类推适用于法学的每个基本概念和其他重要概念的完善或再造，其中应首先和主要应用于对源于清末汉译日语和民国时期法学出版物、外延包括各种公共权力的和化的权利概念的扬弃。因为，用上述三尺度衡量，不论在历史上还是在当代，尤其在现代，此种权利概念都是不合格的法学概念，不应被汉语法学现象解释体系所接纳，更遑论汉语实践法理学现象解释体系。它不合格的具体表现是：它完全照抄照搬自19世纪末20世纪上半叶的日语法学和清末、民国的入门型法学教科书，且都没有注明来源。循名责实，在中国法律体系、法律实践中没有与这种"权利"对应的权利；周延过度，吞噬了应该由权力概念表述的全部现象；语义上、逻辑上与相应法律生活事实之间，都不能自洽。

---

① 《中共中央关于党的百年奋斗重大成就和历史经验的决议》，《人民日报》2021年11月17日第1—2版。

第八章　当代公共财产生成权力的机理[①]

[导读]

本章基于世界各主要国家的情况写成，其中"公共财产"指的是属广义政府部门所有的财产，不一定是国有财产，但在中国会表现为国有资产（见下一章）。权力是马克思主义经典意义上的公共权力的法学名称，有丰富的具体存在形式。在中国以宪法为根本的法律体系中，权力指"中华人民共和国的一切权力""国家的权力""权力"，以及它们的具体存在形式"职权""权限""公权力"，还包括在法律中没有完整名称、但可从内容上概括为正当公职特权和正当公职豁免的那些内容。在世界范围内，权力是当代法律生活中两种最重要的法现象之一（另一种是权利），故实践法理学现象解释体系必须确立科学合理的权力概念。汉语法学领域研究权力各种具体存在形式的论著十分丰富，但从法的一般理论角度研究权力的成果很少，以致现在高等法学院校全国通用法理学教科书中并没有将"权力"作为一个正式的法学概念对待，而是沿用清末汉译日语和民国时期法学入门型教科书的做法，将各种权力作为"权利"概念外延的一部分加以处理。为加强、深化权力研究，我在2023年发表的相关论文中提出和论证过公共财产转化为权力假说，但并没有做到结合当代世界各主要国家的实际，细致充分具体地揭示权力的物质基础。本章致力于延续作者过去已做过的努力，通过较系统、较全面地解

[①] 本章原文以《当代公共财产生成权力的机理》为题发表在《湖北社会科学》（月刊）2024年第1期，纳入本书时按基本概念统一、观点前后协调一致的标准做了必要修订。

析公产转化为权力的路径，借以确立实践法理学的权力范畴。由于当代各国有相当一部分公产在预算支出中作为政府福利、转移支付等形式返还到了个人手中，回到个人财产的位置，本章还在附带的水平上相应地解析了我在2023年发表的相关论文中提出的个人财产转化为权利的假说。本章还欲显示：只有实际国产直接生成权力，名义国产只对权力生成起辅助作用，且往往最终会退出公产序列；广义政府部门对其投入经营性资产形成的公司享有的财产所有权是权力，不是权利；一国国产占该国全部财产的比重客观上是受限的，因而权力占法权的比重也是受限的，超过必要限度会有损于权利、法权乃至权力本身。

本章的立意，主要是揭示法的权力的现实来源和法律实践基础，从根本上深化法学对权力的认识。专章讨论公共财产与权力的关系，但没有专章讨论个人财产与权利的关系，主要基于三点简单的考虑：（1）公产、权力本身以及两者的相互关系，较之个产、权利本身及其相互关系更复杂、更难理解些；要动态地讲清公产，不能不交代一些个产在公产中进进出出的情况，故讨论公产时也会讲到一些个产的内容。（2）由社会历史原因所决定，即使在当代法治发达国家的法的一般理论中，权力概念的形成、确立也比权利概念晚一些，在我国更晚，尤其是基础性法学教学话语领域，因而有必要花更多工夫讨论权力概念的现实依托和基础。（3）要改善对权利的认识，必先确立权力概念，对权利、权力做较明确区分。

权力是以国家、国家机关为典型存在形式的公共机关及其社会功能的法律存在形式，其实质是法定公益和支撑它的公共财产。参照我国法律体系使用的术语来陈述，权力的构成要素是公共机关的"职权""权限""公权力"，外加正当的公职特权和公职豁免。我国现行《宪法》专门规定权力主体、权力种类、权力行使程序及其限制的第三章"国家机构"，其条款就占整部宪法全部条款的58.7%，其文字则相应地占53.8%，且《宪法》其他部分对权力做规定的段落或条款还不少。仅这个数据就足以表明权力极其重要的法律地位和现实地位。但是，我国法学一般理论对于权力却轻视到了近乎忽视的程度。以处于法学总论地位的21世纪全国政法院校通用法理学教材前后两个版本为例："权力"在其中连普通概念的地位都没有，即全书没有直接针对权力一词的任何一句解说（或定义），没有权力一词的指称范围、内容的任何说明，甚至整个地将权力的各种具体存在形式放进了完全没有法律依托的和化的"权利"概念中。21世纪我国曾使用过的其他法的一般理论教科书覆盖的时间空间范围比较小，但绝大多数也如此处理"权力"，极少例外。构成例外的极少法理学教材中虽有权力概念，但可惜因整个法学界对权力的研究薄弱，故尚无条件对权力的社会物质基础做充分的论述。[①] 宪法学教材是另一种情况，它们对国家机关具体职权、权限的论述很详细，但对"权力"，似乎也从来没有下过定义。[②] 以上两方面的情况，都要求我国法学加强权力研究。基于这种考虑，本章结合当代若干有样本意义的国家的广义政府预算收支状况，以相关既有研究成果为依托，[③] 通过具体揭示公产向权力转化的通常路径，主要补充论证了此前提出的公共财产转化为权力的假说（"公产→权力"）、同时也附带地补充论证了此前提出的个人财产转化为权利的假说（"个产→权利"）。

本章是在对一国之全部财富做广义政府部门所有之财产（公产，在中国表现为国有财产）与居民部门所有之财产（个产）二元划分的大框架下展开的，[④] 与此相对应的，是对全部法中之权（即法权），做权利与权力的二元划分。

[①] 参见《法理学》编写组《法理学》，人民出版社、高等教育出版社2010年版，第1—374页；《法理学》编写组《法理学》，人民出版社、高等教育出版社2020年版，第1—385页；21世纪使用过的中国法理学教材中，我查找到的讨论了权力概念的只有两种。参见沈宗灵主编《法理学》，北京大学出版社2014年版，第60—68页；公丕祥主编《法理学》，复旦大学出版社2002年版，第199—201页。

[②] 这个结论，是我查阅近40年来最通用的宪法学教科书后得出的，其中包括吴家麟主编：《宪法学》，群众出版社1985年版；许崇德主编：《中国宪法》，中国人民大学出版社1989年版；韩大元、胡锦光主编：《中国宪法》，法律出版社2018年版；《宪法学》编写组：《宪法学》，人民出版社、高等教育出版社2020年版和它的前身2011年版。

[③] 参见童之伟《法权说之应用》，中国社会科学出版社2022年版，第18—48页。

[④] 我国财政学者近年在做资产统计时采用了把社会的全部资产（或财富）做包括广义"公司"在内的居民（或住户、家庭，法学上可谓个人）部门与广义政府部门做二元划分的分析框架，包括将广义公司的资产按最相近原则分别划归上述两大部门（参见李扬、张晓晶等《中国国家资产负债表2020》，中国社会科学出版社2020年版，第1—15页）。本书亦选用这种分析框架，将一国归属已定的全部财富（或资产）及其对应的法权做了国产与个产、权力与权利的二元划分。

一　单纯型国家的公产体量及其向权力的转化

从做好法的一般理论研究的角度看，有必要基于政治与经济的不同组合关系将政治社会区分为单纯型国家和复合型国家。这种区分是形式的，与国家的历史类型没有必然联系，但与以各种劳动工具、技术装备为标志的生产力发展水平有较大程度的关联。单纯型国家的基本特征，是国家只维持军队、警察、法庭、监狱等公共机构的存在和运作，并保护公民人身和财产免受侵略、偷窃、诈骗、违约之害，不直接或鲜少直接介入社会的经济过程的任何环节。[1]

按照以上标准，20世纪之前的国家都是单纯型国家。进入20世纪之后，以第一个社会主义国家的出现和美国30年代的"新政"为大致的起点，单纯型国家才开始向复合型国家转变。单纯型国家是非常多样性的，无法全面关注，我们需要关注的是转变为复合型国家之前的一个典型时期的国家。这种国家用欧美政治哲学家的说法，是"守夜人国家"（night-watchman state）或"最弱意义上的国家"（minimal state）。[2]而这类国家的典型，则被认为是第一次世界大战前的那种"有最小政府牢固传统"的英国。[3]

"守夜人国家"在政治与经济关系方面的突出表现，是政府财政收支基本上只够支撑维护国家安全、维持政治统治和社会秩序的小规模国家机构，不直接介入社会的经济生活。这一点，我们从欧美一些国家在单纯型国家后期的财政数据可以看出来。例如，美国政府1900年、1910年、1920年、1930年财政总收入占GDP的百分比分别是3.0%、2.0%、

---

[1] 这里之所以用"基本""不直接"两个短语，是考虑到即使在自由资本主义及此前的政治社会，也有少许不适合私有、实际由公共机构直接掌控的实体。另外，公共机关制定或认可社会强行性规则的法律创制过程，具有间接分配财产、利益的性质。政治社会的这个阶段按其基本特点，可称为单纯型国家，它的起点应该是公共机关（其典型表现是国家机关）、法从而到权力、权利、法权、剩余权、权、义务等法现象刚出现的时期，具体时间点各地域间有差异。

[2] Robert Nozick, *Anarchy, state, and Utopia*, With a New Foreword by Thomas Nagel, Basic Books, Inc., 2013, pp. 17-18, 25.

[3] Charles Townshend, *The Oxford History of Modern War*, Oxford University Press, 2000, pp. 14-15.

11.1%和3.3%，同期财政总支出占GDP的百分比则分别为2.7%、2.0%、12.1%、3.5%。罗斯福新政前，美国政府的开支实际上长期维持在占GDP的3.0%左右（受参加第一次世界大战影响的那几年除外），到20世纪30年代实施"新政"后才快速增长。①

从其他较早实现工业化的国家的情况看，处在单纯型国家末期的这些国家，政府总支出也普遍很低或较低，这表明法律生活中权力的体量和在法权结构中所占比例都很小。根据1880年（或最早有记录年份）的数据，广义政府总支出（包括支付债务利息）占同年GDP的百分比是：美国3.0%，瑞士4.0%（1899年），比利时、瑞典、英国低于8.0%，葡萄牙、丹麦不足10.0%，德国、西班牙、意大利、俄罗斯、法国都介于11.3%—16.8%，希腊最高，但也不过是27.3%。② 另据统计，澳大利亚、奥地利、法国、德国、意大利、日本、挪威、瑞典、瑞士、美国等10个国家，1870年广义政府财政总支出占GDP的百分比平均数是10.7%，到1913年的平均数也只有11.9%，可谓在40多年间开支增长基本停滞，而那个时期正是这些国家加速走向工业化的时段。③ 至于个别国家，如英国，则是从1689年到1913年这200多年间，起点年份和终点年份的支出和收入，在图示上看起来差不多都在10%以下，相差不过2个百分点左右，虽然中间也有因对外战争开支大于收入较多且上升到20%左右的少数年份。④

"简朴国家"是单纯型国家发展的最后阶段，"个产→权利"和"公产→权力"转化关系总体来说表现很直观，但本书主要关注比"个产→权利"更为复杂的"公产→权力"转化机理。公产是靠从个人（包括自然人、法人，后同）那里提取的财产形成和维持的。以英国为例，它在"简朴国家"的典型时段即整个18—19两个世纪，财政收入的主要来源依重

---

① Michael Schuyler, *A Short History of Government Taxing and Spending in the United States*, Tax Foundation Fiscal Fact, Feb. 2014, No. 415, P. 5.

② Source：IMF Fiscal Affairs Departmental Data, based on Mauro et al. (2015), OurWorldInData. org/government-spending. CCBY.

③ Vito Tanzi and Ludger Schuknecht, *Public Spending in the 20th Century：A Global Perspective*, Cambridge University Press, 2000, pp. 6-8.

④ Philip Brien Matthew Keep, *The public finances：a historical overview*, Briefing Paper, Number 8265, 22 March 2018, British House of Commons Library, p. 4.

要程度排列的顺序是：货品和生产税，整个 18 世纪几乎完全靠这种税，整个 19 世纪里它也占到 50%以上，其次是直接所得税和财产税，再次是遗产税和其他税。不过，从 20 世纪 40 年代后期开始到现在，直接所得税和财产税一直占大头，其次才是货品和生产税。① 19 世纪英国政府的支出，直接反映出"公产→权力"转化关系。权力的物质存在形态是军队、国家机构等统治组织及其官员。一国财产收入、支出体现的公产数量，决定统治或管理的领域大小、事务的繁简乃至持续时间的长短和质量高低，而这些在政治、法律实践中就体现为权力的体量。因此，公产投入的数量，在通常情况下直接决定权力的体量。

就 19 世纪的英国而言，它公共开支占 GDP 的比重，从 1800 年的 10%左右到 1899 年 7%左右，始终处在较低水平，只有在与法国打仗的年份才一度超过了 15%。在这个体现"简朴国家"特征的典型世纪里，英国大多数年份公共开支总数中的 50%以上是军费，其次是所谓民政支出（主要是公共机构的人头费、办公费用等消耗，包括皇室用动），还有济贫开支和给释放了奴隶的原奴隶主的补偿费以及其他杂项，包括一些公共工程、科学和教育方面的支出。② 英国处在"简朴国家"阶段和平时期的军队规模，从 1900—1910 年的记录看，人数在 37.6 万人到 53.9 万人波动。③ 至于英国公务员的规模，1854 年统计是 1.6 万人左右，到 1902 年为 5 万人上下，另外还有一些蓝领雇员。④ 这些是有代表性的数字，如果详细列举，还应包括各级代议机关的组成人员、法官。

但无论如何，我们从这些数字，尤其是公务员数量可以看到，较小规模公产→较小政府→较小体量的权力。这就是"公产→权力"转化原理在"简朴国家"的体现，它直接揭示了一国公产多少大体决定权力体量大小之间的正相关关系。之所以说是"大体上"，是因为单纯型国家发展到

---

① Philip Brien Matthew Keep, *The public finances: a historical overview*, Briefing Paper, Number 8265, 22 March 2018, British House of Commons Library, p. 15.

② Philip Brien Matthew Keep, *The public finances: a historical overview*, Briefing Paper, Number 8265, 22 March 2018, British House of Commons Library, pp. 6–12.

③ Army cuts: how have UK armed forces personnel numbers changed over time? https://www.theguardian.com/news/datablog/2011/sep/01/ (accessed on Aug. 20, 2022).

④ Understanding the Civil Service, https://www.civilservant.org.uk/information-numbers.html (accessed on Aug. 20, 2022).

"简朴国家"阶段,已经不十分单纯。就英国而言,其内部在这个阶段已经萌生出一些通常在复合型国家才有的特征。按法权分析模型展示的原理,单纯型国家原本应完全遵循"公产→权力"和"个产→权利"转化关系逻辑,即全部公产都转化为权力,同时全部个产转化为权利,但实际情况如本书随后将要说到的那样,开始变得复杂起来。

二 复合型国家激增的公产与权力体量的关系

在世界范围内,单纯型国家的终点总体上可确定在20世纪上半叶,有一系列具体历史性事件发生的时间可以作为认定其终结的参照点:1917年俄国十月革命和随后苏俄进入社会主义阶段;美国罗斯福总统名为"新政"的国家垄断资本主义政策;德意日等国实行的军事统制经济;第二次世界大战后东欧系列社会主义国家的出现;中国新民主主义革命的成功和随后发展到社会主义初级阶段;西方的福利国家政策和一定程度上实行的经济国有化,等等。单纯型国家走到终点,同时就意味着相关国家或地域进入复合型国家的起点。所以,当代世界各国,基本上都是复合型国家,包括中国。在时间上,中国进入复合型国家的行列晚于经济发达国家,与当代大多数发展中国家差不多。

复合型国家的突出特征是由政府以征税等方式形成预算收入,从而占有和处分的财产占国内生产总值的比例显著增加,其中较大部分被投入到公用事业、公共工程、社会福利和从生产到消费的经济过程相关环节。最早实现工业化的国家进入复合型国家的具体时间点不一样,有些起步于第二次世界大战前,但普遍完成的时段是战后的20余年间。这反映在1945年至1980年间相关国家的政府开支较此前持续的、大幅度的增长上。经济合作与发展组织(OECD)统计的发达、较发达国家2021财政年度广义政府总支出占GDP的百分比是:低于30%的国家只有爱尔兰1个,27.37%;介于34.27%与38.40%的国家有4个,哥伦比亚、哥斯达黎加、韩国和瑞士;介于40.85%—49.23%的国家有13个,澳大利亚、捷克、爱沙尼亚、以色列、日本、拉脱维亚、立陶宛、卢森堡、荷兰、波兰、葡萄牙、斯洛伐克、美国;介于50.57%—59.77%的国家有15个,即奥地利、比利时、丹麦、芬兰、希腊、匈牙利、冰岛、意大利、挪威、斯洛文尼亚、西班牙、瑞典、英国、德国；最高的是法国，达到了61.44%。[①]进入21世纪以来的20余年间，这些国家的政府总收支在GDP中所占的比例，大体在35%—60%的范围内波动，维持在较高水平。

至于发达国家政府开支的绝对量，我们不妨以美国三级政府中的联邦政府为例，结合其在GDP中所占的比例感受一下其开支数量增长情况。作为发达国家领头羊的美国，政府支出占GDP的比重数十年来一直处在中等偏下水平，且波动比较大，如2012年以来的10年中，最初是40.2%，2015年是37.9%，2019年是35.68%，到2020年又猛升到了44%（与经合组织统计数有异）。[②] 参照2019年的情况，2022年联邦政府支出占GDP的比重估计在20%左右，其余16%左右是州和地方政府的支出。其中，美国联邦政府近一个世纪以来整数年份按当年价格计算的美元开支增长绝对量变化情况如下：1930年为33亿，1940年为95亿，1950年为426亿，1960年为922亿，1970年为1956亿，1980年为5909亿，1990年为12530亿，2000年为17890亿，2010年为34571亿，2020年为65504亿。[③] 扣除物价因素，政府开支增加的绝对量也是很大的，从法学角度看，这些数字在扣除了预算支出中给个人、家庭的转移支付后，直接体现出动态的权力总量。

第二次世界大战以后，原有的和新独立的发展中国家也进入了复合型国家。其外在标志是政府开支占同年GDP的百分比，其中少数已经达到了发达国家现今的中等水平。政府开支占同年GDP的百分比，印度1880年是8.14%，2011年为31.69%，智利是8.24%和23.29%，阿根廷是10.19%和43.27%，巴西为24.19%和43.34%。但是，多数发展中国家早期无统计数，其中有统计记录的一些主流发展中国家最早有记录的年份和2011年政府开支占GDP的百分比对照情况如表8-1所示。

[①] OECD, General government spending (indicator), 2022.
[②] US Bureau of Economic Analysis, https://tradingeconomics.com/united-states/government-spending-to-gdp (accessed on Jul. 9, 2022).
[③] Gerhard Peters, "Federal Budget Receipts and Outlays", The American Presidency Project, Santa Barbara, CA: University of California, 1999-2021 (accessed on Jul. 9, 2022).

表 8-1　　　　　　　　　部分国家财政支出占比

国家	最早有记录年份（%）	2011 年（%）
阿尔及利亚	27.33（1990 年）	40.68
津巴布韦	27.07（2005 年）	35.99
赞比亚	26.73（2000 年）	25.1
乌干达	20.65（1997 年）	21.69
坦桑尼亚	19.14（1991 年）	27.97
墨西哥	4.71（1900 年）	27.97
乌拉圭	10.97（1995 年）	35.54
叙利亚	28.55（1990 年）	27.97（2010 年）
巴基斯坦	5.27（1950 年）	23.03
泰国	8.98（1948 年）	25.75

还有一些国家，我们也不妨了解一下它们 2011 年财政总支出占 GDP 的百分比：柬埔寨 19.93%，埃及 37.78%，爱沙尼亚 42.62%，斐济 32.14%，印度 31.69%，伊朗 25.00%，伊拉克 45.35%，约旦 46.71%，科威特 38.57%，马来西亚 30.66%，蒙古 45.40%，尼泊尔 19.56%，尼加拉瓜 35.57%，菲律宾 20.69%。[1]顺便说明，与上面相同数据来源的中国相应百分比，1982 年是 27.86%，2011 年是 24.41%；但根据中国国家统计局提供的统计数据计算，中国 2016 年是 31.7%、2018 年为 30.4%。[2]

由于"公产→权力"转化关系的存在，公共财产占 GDP 比例的增加势必导致权力绝对量和在法权结构中的比重双双增大，从而历史性地提升了权力概念的法学地位。马克思说："经济范畴只不过是生产的社会关系的理论表现，即其抽象。""人们按照自己的物质生产率建立相应的社会关系，正是这些人又按照自己的社会关系创造了相应的原理、观念和范

---

[1] IMF Fiscal Affairs Departmental Data, based on Mauro et al., Source：International Monetary Fund（via World Bank），2015，OurWorldInData.org/government-spending. CCBY.

[2] 中国国家统计局编：《国家统计年鉴 2021》，http：//www.stats.gov.cn/tjsj/ndsj/2021/indexch.htm；财政部国库司，http：//www.stats.gov.cn/tjsj/zxfb/202202/t20220227_1827960.html，2022 年 10 月 9 日访问。

畴。"①权力现象与权力概念的关系当然也是如此：19世纪末、20世纪初处在单纯型国家阶段的西语法学、日语法学和汉语法学的"人们"按照当时权力体量很小的实际情况，将权力遮蔽甚至完全湮没在"权利"中，处在复合型国家阶段的21世纪的学人面对19世纪意义上的"权利"一词，已经无法遮蔽当代同法律实践中的权利一样高大威猛甚至更为高大威猛的权力。所以，21世纪的学人不能不顺应时势推出与19世纪乃至20世纪上半叶不同的权力观念。各国发展到复合型国家阶段后快速增长的公产，正是快速增长的权力的物质基础，尽管这些公产在法治条件下有一部分因广义"公司"分享、②政府对居民的转移支付而在最终消费的意义上回到了个产位置并转化成了权利。

在法的一般理论层面认识公产的权力生成机制，必须在世界范围内了解公产在一国财产总量中所占的比例、体量、占有和使用方式及其循着"公产→权力"逻辑生成权力并伴生权利的大致机理。同时，若欲揭示权力的经济根源，探寻权力概念何以必须被认定为法学基本范畴的深层原因，这也是不可不做的研究。但是，做这项研究是非常困难的，因为，不论是国际货币基金组织还是各国的经济统计数据，基本上都是服务于经济学研究的，法学在使用的时候必须根据自身的具体情况和需要做适当处理。

从公产与权力之关系的角度看，复合型国家的广义政府财政支出与单纯型国家的同类支出最明显的外在区别，是每个财年前者占GDP的比例比后者所占比例大数倍乃至十多倍，但同时更值得关注的其实应该是公产与个产开始纠缠在一起且形态不断变化，因而权力与权利的关系相应地也变得比从前更为复杂。在这种新的历史条件下，一方面，广义政府财政支出通常大部分还是像单纯型国家时期一样，通过提供安全保障和履行立法、行政、司法等职能的方式转化成了权力。但另一方面，广义政府财政支出中却有较大甚至很大一部分只是从政府手中经过了一下，最后还是回到了

---

① ［德］马克思：《哲学的贫困》，《马克思恩格斯选集》（第1卷），人民出版社2012年版，第222页。

② 国际货币基金组织、世界银行等权威经济组织一直使用广义的"公司"（corporations）概念，其范围不仅包括依法成立的法人公司，还包括合作社、有限责任合伙企业、准公司等。见 The System of National Accounts 2008（"SNA 2008"）, EC, IMF, OECD, United Nations and World Bank, New York, 2009, pp.75-81.

居民部门即家庭、个人手中并转化成了权利，如补助、补贴、服务等政府福利，还有政府对个人的各种形式的转移支付。所以，广义政府预算支出中由个人直接最终消费的部分，实际上对于作为二次分配者的政府来说只是"一过性"地经手，并未被政府消费，因而只是阶段性的名义公产，并非实际公产。名义公产应该从形成权力的公产中刨除并记到形成权利的个人财产的账户下。

　　反之也是一样的道理，有些名义私产、实际公产，在做相应统计时应该被排除到形成权利的个人财产范围外，并记在形成权力的公产的账户下。如我国《民法典》第九十七条、第九十八条规定的机关法人的"经费"就是如此。因为，"法人"只是广义政府机构进入市场做交易时为显示与市场其他主体地位平等而临时披上的一件外衣，离开市场就会脱下来，所涉财产仍然是公产，只是在市场上完成了等价的品种交换而已。在最终消费和归根结底的意义上说，名义公产、名义权力应归类于实际个产、实际权利，而名义个产、名义权利应归类于实际公产、实际权力。明确和记住这些关系，不仅可避免权利、权力界限划分和分类方面的许多不必要困扰，而且有助于人们透过相关表面现象定位到它们后面的实质内容。

　　由于以上情况，其中尤其是名义公产的存在，当代国家广义政府预算支出与权力的关系，已经在很大程度上失去了单纯型国家时代那种直接的对应性。易言之，当代国家那种庞大的预算收入和支出，所对应的并不全部是权力的形成和运用，而是包含着体量不等、最终要回归居民或个人的财产。所以，复合型国家时代权力的体量不能仅仅看广义政府预算收支占GDP或国民总收入的比重，更不能只看它的绝对量，而是要以这些数据为基础和对象做预算收支（其中主要是支出）的结构分析，看到底具体哪些公产和多大体量、多大比例的公产生成为权力。

三　两种形态公产在权力生成过程中的地位差异

　　财产的自然存在形态是财富，其中法律承认和保护的部分可谓归属已定之财产，公产是归属已定之财产中归广义政府所有的部分，其余的属包括法人在内的个人财产。公产与个人财产是相对称的，其中的个人在单纯型社会通常是自然人，但在复合型法治国家的表现形式，除自然人外，法人也成为普遍的存在形式。这里应当说明：各国公营公司都有"两权"分离问题，只不过我国《民法典》将"两权"称为国家财产所有权与法人财产权，而国际货币基金组织的规范性文件称为"法律所有权"和"经济所有权"。① 本书按对一国全部财富或资产做二元划分的要求，借鉴前引财政学论著的做法，选择将由国家机构行使的国家财产所有权或"法律所有权"归类于权力，将公营公司行使的法人财产权或"经济所有权"归类于权利。② 下面简要剖析处于存量状态的公产与处于流量状态的公产在当代世界一些有样本意义的国家生成权力的较典型情况。

（一）广义政府存量资产生成储备状态的权力

广义政府存量资产指的是以某个时间点为基准统计出来的广义政府资产净值，有正负之分，负净值表明政府资不抵债。按"公产→权力"的转化逻辑，转化是相应部分公产的一个耗用过程，没有耗用就没有实际转化，耗用会反映在年度预算支出中。因此，任何政府部门净资产只有进入特定财政年度收支范围，尤其是支出范围且被实际耗用，才会生成实际权力，没有被纳入政府财政支出范围、未被耗用的政府资产存量只是潜在的或处于储备状态的权力。同理，由于资产存量不是现实的权力的物质依托，广义政府资产净值为负数，如果不是绝对值超大，一般不会影响它实际享有和运用的权力。广义政府权力的现实依托，是它每个财政年度的预算收支。简而言之，广义政府净资产存量正值大小体现其权力储备多少，而其净资产负值多少则体现权力透支程度大小。

从国际货币基金组织（IMF）网站公布出来的各国政府资产负债表看，公产分为非金融资产和金融资产，与它们对应的是总负债。总资产减负债

---

① The System of National Accounts 2008 (SNA 2008), EC, IMF, OECD, United Nations and World Bank, New York, 2009, p. 20.

② 按同样原则，可将我国特有的集体财产所有权放在与国家财产所有权相对称的法人财产权里，作为权利的一个构成部分。这种处理方法的实在法依据是我国《民法典》第九十九条、第一百条关于农村集体经济组织、城镇农村的合作经济组织"依法取得法人资格"的规定。

就形成从静态上反映其存量的公共部门资产净值,包括金融资产净值。国际货币基金组织公布的各国政府资产负债表有统一的格式,它先从存量上把全部资产分为非金融资产和金融资产两大部分,其中非金融资产由固定资产、其他固定资产（other fixed assets）、土地、矿物能源资源、其他非生产性资产构成,金融资产由货币性黄金、特别提款权、货币、存款、债券、贷款、股票、投资基金份额、保险、养老金、金融衍生品和其他应收账款等构成。与全部资产相对应的是总负债,通常由特别提款权、货币、存款、债券、贷款、股权及投资基金股份、保险、养老金、金融衍生品和其他应付账款等金融工具构成。资产负债表最后会列出动态的经营报表,反映特定财政年度的收支情况,以及净运营余额、非金融资产投资净额、净贷款/借款等资讯。

世界上很多国家,特别是发达国家,其广义政府部门的公产净值的余额是负值,这表明政府资不抵债、权力有所透支。国际货币基金组织网站登出的各国政府资产负债表显示,2021年或相近年份以下国家广义政府公产净值为负值,负值净额占同年GDP的百分比分别是：美国-19.0%；英国-96.0%；法国-44.4%（2020财年）；德国-3.7%；日本为-15.7%（2020财年）；墨西哥-32.5%（2020财年）；巴西-4.10%（2020财年）。① 但是,少数发达国家和大多数发展中国家广义政府资产净值是正值,有的甚至数量庞大。以下是若干有指标意义的国家2020财年或有统计的最新财年广义政府资产净值占同年GDP的百分比：挪威430.3%；俄罗斯94.6%；韩国106.7%；印度尼西亚123.2%；加拿大68.8%（2021财年）。② 在国际货币基金组织的网站上,中国和印度没有直接提供这方面的数据。不过,实际上中国政府拥有数量巨大的净资产,这另当别论。根据各国广义政府的资产负债表,它们的资产、净资产不仅存在于各级各类国家机构,而且或多或少存在于一些公营非金融类公司和公营金融公司。

一国广义政府净资产或权力储备多少,很大程度上取决于本国自然资

---

① IMF Data Access to Macroeconomic & Financial Data, Public Sector Balance Sheet (PSBS), https://data.imf.org/ (accessed on Jun. 1, 2023).

② IMF Data Access to Macroeconomic & Financial Data, Public Sector Balance Sheet (PSBS), https://data.imf.org/ (accessed on Jun. 1, 2023).

源的丰裕程度和法律制度允许政府占有、使用、收益和处分的自然资源的范围大小，因而在很大程度上是个法律问题。能够成为资产的自然资源谓之自然资产，包括生物资产（生产的或野生的）、陆地和水域及其生态系统、土地资产等。国际货币基金组织登出的各国资产负债表显示，广义政府拥有的自然资产主要是土地和矿物能源。2020 财年或最新有统计财年广义政府资产负债表显示，以下国家土地和矿物能源两种资源占本国 GDP 的百分比分别是：加拿大 10.1%，51.9%；巴西 9.1%，111.7%；印度尼西亚 38.9%，75.4%；挪威 10.8%，65.6%；德国 19.8%，2.1%；法国 45.1%，0；日本 21.4%，0.1%；英国 8.1%，2.4%；俄罗斯 30.1%，154.5%（2016 财年）；美国 0，23.3%（2021 财年）；韩国 52.7%，0。[1]除此之外，国际货币基金组织认可的自然资产还有非栽培生物资源、水资源、无线电频谱和其他未分类资源。

在公产与权力关系方面，特别值得注意的是政府无形非生产资产（Intangible nonproduced assets）的价值和变现途径。无形非生产资产是指其所有者有权从事某些特定活动、生产某些特定商品或提供某些服务同时排除其他机构这样做（除非得到所有者的许可）以赚取垄断利润的资产，可有偿转让。按国际货币基金组织的有关手册，政府所能拥有的无形非生产资产分两类。其中一类称为契约、租赁和许可证，具体进一步分为：（1）可销售的经营租约，此种租约给承租人的经济利益应超过承租人支付的费用，此时承租人拥有可销售经营租赁类型的资产，并可通过转让租约合法和实际地实现其中的利益；（2）使用自然资源的许可证，如一个机构持有的捕鱼配额，能够合法和实际地出售给另一个机构；（3）从事特定业务的许可证，如出租车牌照、赌场牌照；（4）独家获得未来商品和服务的权利，如有权指定某机构独家生产和销售奥运吉祥物，等等。另一类政府拥有的无形非生产资产指商誉（Goodwill）和营销资产，这种商誉反映公营法人结构的价值以及管理、文化、分销网络和客户群对它的评价，往往与营销资产如品牌、名称、商标、徽标和域名等结合在一起。[2] 属政府所有

---

[1] IMF Data Access to Macroeconomic & Financial Data, Public Sector Balance Sheet (PSBS), https://data.imf.org/ (accessed on Jun. 1, 2023).

[2] *Government Finance Statistics Manual 2014*, Includes bibliographical references and index, International Monetary Fund, Washington, D.C., 2014, pp. 188-190.

的无形非生产资产可有偿转让,但它不论以公共机构还是法人的名义出面,其行为性质应该与政府采购一样,是附随于权力主体履行公共职能需要的市场交换行为。这类过程如果以缔结合同的方式完成,所缔结的合同应属民事合同,此时当事公共部门或机关法人的权利只是名义权利,实质上是公共机构的权力。

典型的单纯型国家的政府部门净资产基本都属于潜在的权力,不包含潜在权利,因为在那个历史条件下的公共支出一般不伴生权利。但在复合型国家就不同了,由于政府开支在预算支出过程中有个人(自然人和法人)参与分享,其中由公共部门最终消费掉的部分都转化成为权力自不待言,但由个人从不同路径分享到的公产份额实际上会成为个人财产,尤其是现金形式的政府对个人或私有企业的转移支付。这种转移支付落入接受者的口袋后,在法律上要么表现为自然人的权利,要么表现为法人的权利。从这个意义上说,政府部门净资产就不仅仅是权力储备,也关联着权利储备。但是,如果考虑到形成公产的历史初衷、基本使命和当代绝大多数国家的情况,应可以认为,政府部门净资产直接表现为储备状态的权力,只在间接意义上部分表现为储备状态的权利。

而且,在早中期的单纯型国家,处于存量状态的公共机构净资产比较容易转入支出过程,因为,那个阶段的国家多实行君主专制、人治,动用公产存量往往就是最高统治者一句话的事。但在实行民主、法治的国家,事情就没有那样简单了,往往要经过代议机关的审查批准,但总体说来也还是比较容易的。作为存量的净资产转化为流量状态的政府预算支出,是净资产进入向权力转化的行程的基本方式。

(二) 广义政府流量资产生成实际运作的权力

比公共部门资产净值更重要的是处于流量状态的公产,即按财政年度确定的进入政府预算收入或支出过程的公产,它生成现实的权力。虽然认识"公产→权力"关系主要直接涉及预算支出,但我们对当代国家预算收入构成,还是要有基本的了解。国际货币基金组织的手册和数据,几乎总是把各国的预算收入归结为四个来源:(1)税收,如所得税、资本利得税、房产税、商品和服务税等;(2)社会缴款,如社保缴款,还有其他社会缴款,包括各类雇主、雇员缴款、个人缴款,分强制的和自愿的;(3)赠款,指政府从其他居民、非居民政府单位、国际组织收到的无须付任何对价的资产；(4) 其他收入，如广义政府通过国有资本、技术和管理等要素参与社会生产和生活活动所产生的财产收入，以及租金、利息收入等。

以下是若干有样本意义的国家 2019 财政年度以本国货币计算的 GDP、广义政府预算收入及其构成比例（见表 8-2）。[①]

表 8-2　　部分国家 2019 年 GPD、广义政府预算收入及占比

国别	预算收入（本国货币，千亿）/占 GDP 比重（%）	税收收入（本国货币，千亿）/占预算收入比重（%）	社会缴款（本国货币，千亿）/占预算收入比重（%）	赠款；其他收入（本国货币，千亿）/占预算收入比重（%）
法国	12.59/52.1	7.40/58.8	4.05/32.2	—
德国	15.90/46.3	8.34/52.3	5.98/37.6	0.04；1.54/10.0
英国	8.13/36.07	5.95/73.1	1.46/18.0	0；0.73/9.0
俄罗斯	446.65/40.9	219.37/49.1	80.97/18.1	0；146.31/31.4
美国	64.34/30.09	40.06/62.7	14.30/22.2	0.01；9.42/14.6
日本	1973.74/35.36	1051.93/53.3	743.98/37.7	0.01；177.8/9.0
印度尼西亚	22593/14.3	17528/77.6	0/0.0	27；5037/22.3

复合型国家的预算支出执行过程，就是生成权力和有时有权利伴生的过程。公产与个产混合、权力与权利交织，在现代各国不仅是常见现象，而且有日益复杂的趋势。但是，这是不是就意味着各种财产与各种权力、权利的关系处在没有规律可循、没有理路可辨识的杂乱状态呢？绝对不是如此。"公产→权力""个产→权利"的转化关系仍然是我们把握和理顺各种财产与权力、权利关系的基本指引，其中包括把握和理顺政府部门的预算支出生成权力和在某些情况下伴生权利的路径。我们可以结合 IMF 网站公布的一些比较典型的国家的资产负债表或预算收支情况对这些路径做简单梳理。

当代各国政府部门资产负债表的资产运营状态栏，反映政府年度财政收支情况。这种资产负债表是政府对公产做动态、现实的运用状况及其结

[①] See IMF Data Access to Macroeconomic & Financial Data, Government Finance Statistics, GFS 2020, https：//data.imf.org/（accessed on Jan.3, 2023）.

果的记录。政府年度财政收支过程，特别是其支出的规模、结构、功能，大多直接生成现实的权力，但有一部分会返回到个人手中又还原为个产和权利。政府的年度财政预算是相对独立于其净资产拥有状况的，也就是说，政府资产净值即使是负数，只要不是特别巨大，不会直接影响政府正常"过日子"。

为获得直观印象，我们不妨在全球范围选定几个比较有样本意义的国家，以2016财政年度为例（俄罗斯只有2012年的数据），从各该国广义政府部门资产负债表看看它们总的预算支出的数据和占本国同年度GDP的比重。2016财年以下国家的政府资产负债、预算收支和执行结果等指标占本国同年度GDP的比重如表8-3所示。①

表8-3　　部分国家政府资产负债、预算收支和执行结果占比

	日本	美国	德国	英国	俄罗斯
预算支出占比（%）	38.1	35.6	43.5	42.0	44.05
净余额占比（%）	-2.8	-4.6	0.7	-4.4	0.71
非金融净投资占比（%）	0.5	0.5	-0.1	0.09	3.8
净贷款/借款占比（%）	-3.4	-5.0	0.8	-5.4	3.3

通过国家财政和税收等不同方式提取来自个人的预算收入，是通过几个大的渠道开支的，这些开支及其耗用过程在单纯型国家时期较直接地表现为公产形成权力的各个环节。那时，从个人财产或个人剩余劳动中提取的公产被用于保护个人财产和权利，但通常不会无偿转移到个人手中成为个人财产和相应的权利。但在社会发展进入复合型国家后，公产中有一部分仍然直接转化为权力，而另外一些的功能往往就程度不同地发生变异了。下面我们看看当代国家通常很庞大的公产中哪些在政府财政预算中继续循着"公产→权力"的路径运动，哪些在预算执行过程中因法治因素而发生分化，并进而派生出性质不同的"两权"，哪些在完成了社会政治使命后直接回到了不特定个人财产的位置，从而再次进入"个产→权利"的

---

① 主要根据国际货币基金组织网站上的相关国家的政府资产负债表提供的数据计算、编制而成，资料来源：Public Sector Balance Sheets（PSBS），https：//data.imf.org/（accessed on Jul. 4, 2022）。

法律生活逻辑。由于下文限于讨论名义公产生成现实权力和在某些情况下伴生权利的过程和机理，因而只涉及公共财政的一些对应方面，无意对公共财政做全面法学分析。

在市场经济和法治通常并行的当代世界各国，法学对广义政府部门以自身或机关法人名义从事的采购活动在生成权力和伴生权利方面的作用应予以必要解说。因为，"公产→权力"转化过程很大程度上是在政府预算开支的采购环节完成的。在经合组织的国民经济核算体系（SNA）中，广义政府的采购被定义为中间消耗、[1] 固定资本形成总额（不包括固定资产销售的资本收购，例如建造新道路）和通过市场生产者进行的社会性实物转移支付（一般政府购买市场生产者生产并提供给个人或家庭的商品和服务）。广义政府采购支出分布在预算支出的广泛领域，包括一般公共服务，国防，公共秩序与安全，经济事务，环保，住房和社区设施，医疗保健，娱乐、文化和宗教，教育，社会保障。当代世界各国政府普遍经常性地依赖并采购非公共部门提供的商品和服务，包括建设大型基础设施项目的招标和发包。关于政府采购的规模，我们不妨先看看一些有样本意义的经合组织成员国和向经合组织报送数据的国家的广义政府在 2016 财政年度或有统计的较新的采购总额占本国 GDP 的比重：奥地利 13.63%；加拿大 13.43%；丹麦 14.24%；芬兰 17.71%；法国 14.46%；德国 15.53%；意大利 10.20%；荷兰 19.54%；挪威 14.72%；波兰 10.97%；葡萄牙 9.01%；西班牙 9.55%；瑞典 16.26%；英国 13.35%；以下国家还只有 2015 财年或更早财政年度的数据：以色列 14.23%；澳大利亚 13.15%；日本 16.22%；新西兰 14.69%；韩国 12.54%；瑞士 8.76%；土耳其 10.85%；美国 9.35%；经合国家平均 13.18%；俄罗斯 9.33%（2014 年）；南非 12.04%（2014 年）。[2] 这些数据显示，各国政府采购的体量总体看来十分庞大。

至于政府采购在其预算支出中的地位，我们再看看最近若干年上述国家广义政府采购支出占政府总支出的比重及某些结构变化。以下国家 2016 财年广义政府采购支出占总支出的比重是：奥地利 26.69%；加拿大

---

[1] 中间消费是国民经济核算的一个概念，它衡量的是生产过程中作为投入而消耗的商品和服务的价值，即政府购买自用的商品和服务，如会计或信息技术服务。

[2] General Government Procurement Expenditure, Government at a Glance—OECD（2017），OurWorldInData.org/government-spending. CCBY.

32.31%；丹麦 26.55%；芬兰 31.55%；法国 5.59%；德国 35.06%；意大利 20.57%；荷兰 44.77%；挪威 28.83%；波兰 26.58%；西班牙 22.53%；瑞典 32.50%；英国 31.73%；以下国家只有 2015 财年或更早财年的数据：澳大利亚 35.36%；以色列 35.89%；新西兰 37.21%；日本 41.20%；经合国家平均 30.26%；韩国 38.73%；瑞士 25.85%；土耳其 32.76%；美国 24.76%；俄罗斯 24.05%（2014 年）。① 从经合组织、欧盟成员国的情况看，在政府全部采购支出中，绝大多数国家传统上占第一位的是医疗保健。资料还显示，2019 财政年度以下国家或国家集团广义政府采购支出中医疗保健方面的采购比重为：奥地利 36.3%；比利时 46.7%；智利 25.3%；丹麦 32.0%；芬兰 23.0%；法国 38.1%；德国 39.6%；希腊 8.6%；以色列 27.5%；意大利 42.3%；日本 44.4%；韩国 32.2%；荷兰 35.9%；挪威 24.4%；波兰 28.8%；葡萄牙 35.3%；西班牙 32.4%；瑞典 21.7%；瑞士 1.9%；英国 32.1%；罗马尼亚 29.7%；美国 13.6%；经合组织 29.3%；欧盟 36.4%；瑞士 21.8%；美国 13.6%。这些国家中显得比较另类的是瑞士和美国，瑞士政府采购的最大两个项目依次是一般公共服务（21.8%）和社保（21.6%），美国相应的两个最大项目是经济事务（22.3%）和国防（21.7%）。从 2020 财政年度的情况看，各国政府为应对 COVID-19 疫情而提供的一揽子支持措施大大增加了政府总支出，经合组织和欧盟国家平均达到了 GDP 的 53.6%，增加的部分自然较多地体现在政府采购的医疗保健领域。②

理解政府采购与"公产→权力"转化以及相关的"个产→权利"转化之间的关系，有赖于把握以下三个要点。（1）要明确区分政府采购与政府对个人（或家庭）的转移支付的差别。政府转移支付至少表面上看起来是单方面的"给予"，个人、非公营法人无须付出对价，而政府采购与个人、非公营法人之间是一种等价交换关系。对于政府来说，采购的结果是一种公产（典型形式是货币）通过交换变成另一种公产（货品和服务），政府无所"失"。因而，从法律角度看，这个过程完全是运用公产、行使权力，

---

① See General Government Procurement, Government at a Glance – OECD (2017), OurWorldInData.org/government-spending. CCBY.

② OECD National Accounts Statistics, Eurostat Government Finance Statistics, https://doi.org/10.1787/888934258382 (accessed on Jan. 8, 2023).

没有公产无偿转移到个人手中伴生权利的情况。当然，在个人或非公营法人方面，有一个卖出自己的产品和劳务，实现了与它们相对应的权利的内容，但这是在市场上等价交换的结果，并未从采购方无偿得到什么东西。（2）政府以工程招标或法人采买的方式做采购，有诸如机关法人行使权利的问题需要做出合逻辑解释。所谓机关法人，实为政府等公共机关为了行使权力的需要，在进入市场做等价交换之时临时性披上的一件法律外衣，交换完成之后立即就脱掉了。因此，机关法人的权利只是一种形式权利，并没有实际的个产与之对应，与之对应的实际上是以个产名义出现在市场上的公产。这种权利只有一过性的虚名，是在市场上出现时不得不临时"屈居"权利地位的权力，它在归类时最终不应计入权利总量，或即使计入也应事后扣除。（3）"公产→权力""个产→权利"中的"公产""个产"，都是在归根结底最终由谁消费、消耗意义上的财产，不是走程序、暂时经手意义上的财产。所以，政府对个人转移支付经手的公产归根结底是个产，生成的是权利，而政府披上法人外衣进入市场用公产换得的私产归根结底是公产，所生成的只能是权力，除非它们最终被作为福利、转移支付等无偿发放给了个人。

四　公共预算中集体最终消费支出生成的权力

政府财政预算支出有很多分类标准，其中比较适合解说公共财产与权力、权利关系的应该是以广义政府财政支出最终服务对象是集体还是个人为标准做的分类。这种分类在最终用途意义上将全部预算支出分成两类：第一类是政府为全社会或社会的大部分人受益而付出的开支，通常称为政府集体最终消费支出；第二类是政府为个人及其家庭的利益做的支出，通常称为政府个人最终消费支出。这种分类是相对的，不同区域的国家间或不同时期往往多少有些差别。从单纯型国家到复合型国家，在个人财产因生产力进步而增加，从而权利总量随之增加的同时，通常公产也因其总量的增加导致权力总量的相应增长。本书采用欧盟和经合组织的分类标准，对集体最终消费支出中具体生成权力、有时伴生权利的典型路径做简明展示。

（一）集体最终消费支出中单纯生成权力的部分

按欧盟和经合组织的分类标准，从一些有样本意义的国家或国家集团2020财政年度的广义政府预算用于集体的最终消费支出占GDP的比重看，这些国家相当接近：澳大利亚8.044%；奥地利7.639%；比利时7.639%；巴西8.681%（2019年）；加拿大8.570%；智利6.444%；哥伦比亚10.956%；哥斯达黎加5.473%；捷克9.423%；丹麦7.289%；爱沙尼亚8.920%；欧元区8.356%；欧盟8.405%；芬兰8.157%；法国8.624%；德国8.108%；希腊12.166%；匈牙利11.235%；冰岛9.832%；印度7.854%（2019年）；印度尼西亚5.737%；爱尔兰4.243%；以色列10.044%；意大利8.678%；日本8.208%；韩国8.079%；卢森堡7.121%；墨西哥6.20%；荷兰8.491%；新西兰7.937%；挪威8.912%；经合组织平均8.315%；波兰8.595%；葡萄牙8.383%；俄罗斯11.609%；南非12.232%；西班牙8.657%；瑞典7.233%；瑞士5.158%；土耳其9.778%；英国7.403%；美国8.495%。[1]

以上国家广义政府预算集体最终消费支出中涵盖六个方面的公共货品和服务，其中前三个方面在理论上应全部转化为权力，没有权利伴生。按此前2012年确定的分类方法，这三个方面及其中各自包括的具体项目有：（1）一般公共服务，包括行政和立法机构、财政和金融、对外事务、对外经济援助、一般事务、基础性研究、一般公共服务研发、一般公共事务、公债交易、各级政府之间一般性质的转移支付；（2）国防，包括领土防御、民防、对外军事援助、防御研发；（3）公共秩序与安全，包括警务、消防、法院、监狱、公共秩序与安全。[2]这些方面的政府预算支出可谓直接保护国家主权、维持国家机构等公共组织存在和运行，实现政府基本职能的那部分公共开支。从马克思主义创始人角度看，这首先是维持包括军队警察法庭监狱在内的整套国家机器存在和使其能有效运行的费用，理论上会全部转化为权力。

---

[1] OECD（2022），General Government Spending by Destination（indicator），doi：10.1787/d853db3b-en（accessed on Dec. 8, 2022）.

[2] OECD（2012），Collective Services，in Eurostat-OECD Methodological Manual on Purchasing Power Parities，https://doi.org/10.1787/9789264189232-12-en（accessed on Dec. 2, 2022）.

上述政府集体最终消费支出的三个方面中，首先是一般公共服务支出，它转换为权力的方式，是给各级各类公共机关的公职人员支付薪酬（包括现金、实物、福利待遇），提供办公场所、设备、装备和其他经费，还有公债支出，包括还本付息，以及各级政府间的一般性转移支付款项。IMF 网站提供的相关国家资产预算支出资料表明，以下有指标意义的国家 2019 年财政年度一般公共服务支出及其占广义政府支出的比重如下：法国 1.340 千亿欧元，占总支出的 9.94%；德国 1.940 千亿欧元，占总支出 12.46%；日本 201.930 千亿日元，占总支出的 9.42%；俄罗斯 90.460 千亿卢布，占总支出的 13.61%；美国 117.90 千亿美元，占总支出的 15.14%；英国 0.950 千亿英镑，占总支出的 10.45%；印度尼西亚 7.360 千亿卢比，占总支出的 28.36%。①

权力的体量首先取决于从政府预算资金支付薪酬"养活"的各类公职人员的数量多少和素质高低。政府花在公职人员薪酬方面的预算支出，不同国家之间的差异非常大。在整个欧洲、北美，用于政府雇员薪酬的政府支出比例在 5% 到 15%。相比之下，在非洲大部分地区，现有的数字在 30% 到 50%。下面是 2019 年和有统计的最近年份一些有指标意义的国家的政府雇员薪酬（包括现金、实物、福利）占中央政府预算支出的百分比。其中，有些国家不到 10%，具体在 5.8% 到 9.6%，如德国、韩国、西班牙、瑞典、瑞士、印度、比利时、芬兰、美国；有些在 10% 以上 20% 以下，如澳大利亚、奥地利、阿根廷、巴西、俄罗斯、意大利、波兰、印度尼西亚、英国、法国；有些国家超过 20%，但在 30% 以下，如希腊、智利、新加坡、泰国、以色列、孟加拉国、埃及；有些国家占 30% 以上 40% 以下，如安哥拉、菲律宾、伊朗；少数国家接近或超过 50%，如柬埔寨、几内亚比绍、博茨瓦纳、加蓬、伊拉克、沙特阿拉伯、莫桑比克、伯利兹；个别国家如纳米比亚竟达到 66.3%，比世界各国同年平均水平 21.6% 高三倍有余。② IMF 网站没有提供中国这方面数据。

在政府集体最终消费支出中，明显都直接转化为权力的第二方面预算支

---

① IMF Data Access to Macroeconomic & Financial Data, Government Finance Statistics（GFS），https://data.imf.org/（accessed on Dec. 28, 2022）.

② International Monetary Fund（via World Bank），OurWorldInData.org/government-spending. CCBY.

出是国防开支或军费，它是形成和维持马克思主义国家学说特别重视的军队及其作用的支出。下面是若干有指标意义的国家2020年或最近有统计财政年度军费支出占广义政府公共支出的百分比，其中没超过3%的国家或国家集团有：奥地利、日本、意大利、加拿大、尼加拉瓜、比利时、蒙古、德国、丹麦；另外欧元区国家平均2.8%，欧盟国家平均2.9%。2020年军费占GDP在3%至10%的国家有：中国、法国、印度尼西亚、墨西哥、马来西亚、秘鲁、菲律宾、澳大利亚、塔吉克斯坦、巴西、乌克兰、英国、泰国、智利、越南、土耳其、美国、印度；经合组织成员国平均4.9%；亚太地区国家平均4.7%。同一财政年度军费超过总支出10%的国家有：柬埔寨、韩国、俄罗斯、伊朗、以色列、阿塞拜疆、缅甸、叙利亚，其中白俄罗斯高达30.8%；阿拉伯世界平均17.0%；世界各国平均占5.5%。从军费绝对量来看，以当年价换算的美元计，2020年美国7782.32亿美元，中国2523.04亿美元，俄罗斯617.23亿美元，英国592.38亿美元，法国527.48亿美元，日本491.48亿美元。[①] 国防开支转化为权力的方式，是招募、培训军人，支付军饷，建设军事设施和购买、维护军事装备等。

公共秩序与安全，是政府集体最终消费支出直接全部转化为权力的第三个方面内容。从前引IMF网站公布的相关国家资产负债表可见，2018年广义政府公共秩序与安全开支金额为：美国4100亿美元、法国390亿欧元、日本69460亿日元（2019年）、英国400亿英镑（2019年）、俄罗斯23830亿卢布。这方面的支出，实际上就是马克思主义国家学说中所说的形成和维持警察、法庭、监狱等方面的支出，同样基本上都转化为权力。这种转化很直观，如美国2021年度公共秩序与安全支出4511.38亿美元，全部用在四个具体项目：警务支出2050.51亿美元，消防支出731.48亿美元，法庭支出665.68亿美元，监狱支出1063.371亿美元。[②]

以上三方面的支出在理论上都应转化为权力、不伴生权利的主要原因，是它们与个人（自然人和法人）最多只发生货品或服务的购买或交换关系，其中任何部分不会直接或间接无偿地转付到个人手中成为个人财

[①] Military Expenditure, https://data.worldbank.org/indicator/MS.MIL.XPND.ZS（accessed on Oct. 10, 2022）.

[②] Government Current Expenditures by Function: Annual, https://fred.stlouisfed.org/release/tables?rid=53&eid=5221（accessed on Oct. 10, 2022）.

产。就这一点而言，这三方面的政府开支与政府其他预算支出有较明显的差别。这一部分预算支出所要生成的是保障全社会的安全、维护法律秩序方面的权力，受保护的内容有两大方面：一是公民在人身（包括人格尊严）、财产、表达、参政、社会生活和获得公正审判等方面的基本权利，二是公共机关本身和他们依宪享有的权力及正常行使权力的条件。顺便说明，本书认定广义政府以上几项预算支出都应转化为权力，真实的意思是说，客观上难免或多或少出现一些削减乃至阻碍相关支出转化为权力的情况。如预算执行过程中贪污、浪费、公务人员玩忽职守乃至运用失当等情况，都会造成一定数量公产的毁损，从而相应地减损按预算本应转化为权力的体量。接下来我们看广义政府预算中既生成权力又伴生权利的那一部分公共货品和服务支出。

（二）集体最终消费支出中生成权力的部分

按欧盟和经合组织的标准，相关国家广义政府用于公共货品和服务六方面的后三个方面，往往既生成权力又伴生一些权利。这三个方面及其包括的具体项目是：（1）经济事务，包括一般经济、商业及劳工事务、农林渔猎、燃料与能源、采矿业、制造业和建筑业、运输、通信、其他行业、经济研发；（2）环境保护，包括废物管理、废水管理、减少污染、生物多样性与景观保护、环保研发；（3）住房和社区设施，包括房屋发展、社区发展、供水、街道照明、住房研发、住房和社区设施。政府的财政支出生成权力的同时还伴生权利，从根本上说是国家发展到复合型阶段特有的现象，此前只在单纯型国家的末期有些这方面的萌芽，但在当代已是大规模的、常态化的政府安排。

我们先基于一些有指标意义的国家的记录看看上述既生成权力又伴生权利的三方面项目（经济事务；环保；住房和社区设施）在当代国家的支出规模和占广义政府预算支出的比例。综合 IMF 公布的相关数据可知，一些有指标意义的国家 2019（美国是 2018）财年在上述三种项目上的支出数字（本国币；单位：千亿）及其占广义政府支出总额的比例（单位:%）[1]

---

[1] IMF Data Access to Macroeconomic & Financial Data, https://data.imf.org/ (accessed on Jan. 12, 2023).

表 8-4　　　　　部分国家三支支出及经济事务支出占比

国家	支出（本国货币，千亿）	占广义政府总支出比例（%）
法国（三项合计）	1.950	14.46
经济事务	1.450	7.60
德国（三项合计）	2.019	9.70
经济事务	1.150	7.39
日本（三项合计）	298.460	13.92
经济事务	201.360	9.39
英国（三项合计）	1.110	12.21
经济事务	0.780	8.58
俄罗斯（三项合计）	62.920	15.19
经济事务	47.250	11.40
美国（三项合计）	7.880	10.12
经济事务	6.900	8.86
印度尼西亚（三项合计）	6.620	25.51
经济事务	4.390	16.91

在这部分，"经济事务"之所以特别值得挑出来说，一是因为它在三项（美国环保支出为0）中体量远超其他两项之和，而且比较集中体现了公共机构的经济权力的体量或政府用经济手段干预、调控经济生活的力度。那么，政府在经济事务、环境保护、住房和社区设施三方面的预算支出是如何生成权力的呢？该如何按"个产→权利"转化的逻辑解释这个过程伴生的相应权利？对这些问题，大体看看政府投入以上三方面的不同预算资金的支出方式就应该清楚了。

1. 政府投入公营公司的预算支出生成的权力和伴生的权利。IMF 网站展示的各国资产负债表的运营状态部分，都几乎无一例外地列出了两种通常有法人资格的政府独资、控股或参股机构：（1）公营非金融公司，由政府或其他公营法人控制的非金融机构，包括公营航空、铁路、电力、农业、矿业、能源、制造业、建筑、交通、通信、医疗、教育等组织体。（2）公营金融公司，由政府直接或间接控制的金融机构，包括中央银行、政策性银行、政府控股的各种商业银行、保险公司、信托投资公司、证券公司、基金管理公司、证券登记公司、财务公司和其他非银行金融机构。所有法治国家广义政府向这些机构的注资，都在事实上、法律上形成"两权"，即广义政府的权力和法人权利。

在多数国家，这些"公司"通常都是非营利机构，但它们的人事安排、重要决策和经营方向等重要方面，受政府控制的程度往往由政府出资比例决定。独资公司、控股公司受政府控制多，参股公司受政府控制少，而政府的这些控制力，不论强弱，都表现为权力。同时，这些公营机构作为法人组织，都或多或少有相对独立于政府的权利。在财政学"政府部门—居民（或家庭、个人）部门"二元区分的统计口径下，公营法人的权利也处于个人权利的范围。因此，政府预算支出款项进入公司法人的账簿，就受"公产→权力""个产→权利"双重逻辑支配，一部分表现为公共机构的权力，另一部分表现为法人财产权利，后者即法人依法拥有的一部分占有、使用、收益和处分的权利。这是国家对经济实行法治化治理的必然结果。

对于各国的以上现象，读者如果参照中国《宪法》第十六条"国有企业在法律规定的范围内有权自主经营"的规定来理解，可以说是国家财产所有权与公营公司自主经营权分离的表现。如果参照中国《民法典》第二百六十八至二百六十九条的规定，则是国家财产所有权与法人财产权的分离。中国《民法典》第二百六十八条规定的"国家……所有的不动产或者动产投到企业的，由出资人按照约定或者出资比例享有资产收益、重大决策以及选择经营管理者等权利"。需要特别注意的是，这项规定中的出资人"权利"，仅仅从民法角度看是"权利"，从中国宪法和法的一般理论角度看，它都不是"权利"而是权力。在政府独资、控股或参股的法人机构中，由国家机关或其相关部门行使的所有权是权力，不是权利。这样看问题，不仅是因为它们行使的这种"所有权"的权能只有权力特征，并无权利特征，还因为根据中国现行宪法，国家机关及其部门在国内法的范围内只是权力（国家机关的职权或权限）主体，不是权利主体。

对于公产经政府预算拨付给公营公司后，[①] 在生成权力之外还形成法

[①] 同中国法律制度对照可知，国际货币基金组织各种文件中的"公营公司"，不包括我国《民法典》中的机关法人，但包括所有国有企业法人、事业法人和社团法人。我国法律制度中没有"公营法人""公共法人""公法人"之类概念，但本书适应其他国家的情况，故使用"公营公司"一词。

人权利的事实，是否与"公产→权力""个产→权利"的逻辑或原理相抵触呢？答案是不抵触。从包括法人的个人那里提取财产形成公产后，政府又出于履行公共职能的需要，以预算支出的形式，将公产的一部分附条件转交给公营公司形成法人财产，实际上是一种处理公共事务的方式。但值得注意的是，这种方式包含了让部分公产返回个产位置的安排，法人财产权利正是由公产返回个产位置的那部分财产遵循"个产→权利"转化逻辑的表现。同一份具体的经营性公产，会多大程度转化为公共机关的权力，多大比例回归个产位置进而转化成法人权利，很难在度量衡意义上加以区分。不过，权力、权利通常会反映在对相关公营公司具体事务的控制上，其中由政府决定的事项表现为权力，由公营公司自主处理的内容表现为权利。由此看来，经验地区分并不困难。

2. 政府投入私人团体的预算支出生成的权力和伴生的权利。公共工程方面的公产支出与法权的关系，复合型法治国家发生了与单纯型国家时期很不一样的变化。具有法人地位的机构的历史虽可以追溯到古罗马时代，即使在中世纪人们也可以从某些国家的教会中看到它的一部分特征，但在国家进入复合型阶段之前，法人总体上看来不是有普遍影响力的社会的、经济的行为主体，事实上在绝大多数单纯型国家的典型时期根本不存在。所以，单纯型时期的国家举办公共工程，如古埃及修建金字塔，中国秦朝、明朝修造长城，隋朝开凿大运河，都是政权组织和官员直接征调民财民力，官方机构和官员一手包办。因此，那时政府全部开支都转化为权力。但是，自从法制进步，出现了法人制度并普遍推行之后，上述情况就发生了改变。改变主要体现在两个方面，其中首先是出现了法人组织并有了公营法人和非公营法人（或私法人）的区别。公营法人进入政府预算开支领域对权力、权利的影响上文已有所论述，这里只需关注政府预算开支作用于非公营法人的方式及其对权力、权利的影响。在国家发展到复合型时代后，非公营法人进入政府开支领域可谓常态。

包括中国在内的当代世界各国，广义政府通过财政预算与各种非公营法人结成的典型关系是公私伙伴关系（简称PPP）模式。当今不少国家或国家集团的财政部门设立了处理这方面关系的组织，如欧盟、英国、西班牙、加拿大、美国、墨西哥、印度等。在PPP模式中，投资项目资产的所有权取决于PPP的结构。如其中最常见的BOT（buy-operate-transfer）协议，根据政府部门与非公营法人实体间订立的特许协议，在特许期间，投资项目资产的所有权通常归私人公司所有，在项目完成、协议执行完毕时，所有权转移到公共部门。在这种协议下，风险通常由公共部门和私人公司共同承担，利润共享。[1] PPP 的模式有很多，包括：建造、运营、移交（BOT）；民间主动融资（PFI）；建造、拥有、运营、移交（BOOT）；建设、移交、运营（BTO）；重建、运营、移交（ROT）；设计建造（DB）；移交、运营、移交（TOT）等。这类项目的发起，最常见的办法是采用竞争性招标程序，私人公司根据政府发出的项目征求建议书（RFP）参与竞争，RFP 会记载明确和透明的标准。这类项目的政府出资比例，据统计，在20世纪与21世纪之交的前后30年中，有的国家的私人融资由政府直接偿还的比例从17%提升到了44%。[2]

在 PPP 模式下，政府预算支出的性质，是向私人部门购买货品和服务，因此，这部分政府预算支出借助这个过程全部转化成了权力。政府与私人部门之间只是进行了等价交换，在此过程中，相关公产即预算支出完成了向权力的转化，其中所有支出都是有对价的，没有任何转移支付的成分，因而并不伴生权利。

3. 政府财政预算给予私人公司的补贴生成的权力和伴生的权利。当代世界各国，每个国家都有自己的经济事务支出，其中一项重要内容是利用补贴推进自己的产业政策并展开国际经济竞争。如美国联邦、州和地方三级财政预算都有补贴非公营法人的支出，而且形式多样，其中较常见的有：直接的大额补贴，指三级政府为推行特定产业政策或者为创造就业岗位、稳定就业等目的向企业发放数量从数千万到数亿乃至更多美元不等的补贴；拨款，指三级政府为了实现公共目的向企业直接给予财政拨款支持；税收优惠，包括实行税收抵免、退税、财产税减免；税收增额融资，指地方政府将特定区域内待开发建设所产生的土地财产价值增长带来的税收预期证券化，获得融资用于该区域开发。美国国会 2022 年 7 月通过的

---

[1] S. Hakim, R. M. Clark, E. A. Blackstone (editors), *Handbook on Public Private Partnerships in Transportation*, Vol. II: *Roads, Bridges, and Parking*, Springer International Publishing, 2022, pp. 2-13, 222-244, 306-320.

[2] Public-Private Partnerships for Transportation and Water Infrastructure, January 2020, https://www.cbo.gov/publication/56044 (accessed on Oct. 19, 2021).

《芯片与科学法》是政府财政预算补贴本国乃至在美国投资的外资企业以实现经济管治目标、促进本国综合利益的广为人知的实例。该法是美国政府落实2800亿美元产业政策支持计划的规范化形式。美国政府无意投资设立公营公司，主要还是会通过附条件给各种补贴的方式支持选择在美国建立新业务或扩大现有业务的本土或外来芯片制造商，以及支持人工智能、机器人和量子计算等领域的创新研究。其中，为鼓励美国公司在本国建立新的芯片制造厂，该法规定了390亿美元的税收优惠和其他激励措施。所谓附条件，就是有关企业要被纳入或服务于美国政府的政策和管理目标，包括促进半导体制造回流美国、减少供应链对外国半导体来源的依赖、确保接受补助的公司在美国投资、服务于美国的军备需要、获补助期间不得在特定国家投资28纳米以下制程技术，等等。[①] 欧盟同美国差不多，其经济事务开支占GDP的比例，2020年财年为6.1%，2021财年上升到6.3%，达9180亿欧元。[②] 由于美国2022年推出了庞大的工业补贴计划，欧盟决策机构担心新的投资会转移到美国而不是欧洲，也开始考虑以欧洲主权基金设置补贴项目来对抗美国政府对私人公司的补贴，主要涉及电池、电动汽车、风力发电和芯片等领域。

美国、欧盟各国和其他国家用财政补贴手段进行引导式管理的过程，都是柔性行使权力的过程。其权力源于预算支出，但这方面的全部预算支出中只有政府消耗的部分直接转化成了权力，余下部分往往会以补贴、补助等形式付给私人公司，相当于对私人公司履行合同义务给予的回报，实为变相地购买了后者的劳务，将相应的预算开支隐蔽地转化成了权力。

五　公共预算中个人最终消费支出生成的权力

公共财政预算支出中直接用于个人的最终消费支出，虽然从体量上看

[①] Ana Swanson, "Congress Is Giving Billions to the Chip Industry", *The New York Times*, Aug. 3, 2022; What-s in the recently passed CHIPS Act? https://usafacts.org/articles/whats-in-the-recently-passed-chips-act/（accessed on Oct. 19, 2022）.

[②] Government Expenditure on Economic Affairs, https://ec.europa.eu/eurostat/statistics-explained/index.php?title=Government_expenditure_on_economic_affairs（Jun. 2, 2023）.

主要是"个产→权利"关系的曲折表现,但却是以政府预算支出行为推动的。所以,这个过程中起主导作用的是"公产→权力"关系和逻辑,其中包含的"个产→权利"关系服从、服务于前者的需要。

在国家发展的单纯型阶段,通常情况是政府不安排社会性公共支出,只有英国等极少数国家在那个历史阶段的晚期不得已做了少许这类安排,其他国家在不同历史时期有的也有过诸如"开仓济贫"之类的"赈灾"记录,这很罕见,非常态。但是,到了复合型国家阶段,特别是到了20世纪中叶以后,发达国家的社会性公共支出部分开始大幅度增长起来。以下是相关国家由包括医保、养老、丧失工作能力、家庭、就业和住房等方面福利项目在内的社会公共支出从1880年到2016年占同年GDP的比重变化。其中每组第一个数字反映1880的情况或有统计的最早年份的情况,第二个数字反映2016年或有统计的最新年份的情况:澳大利亚0.00—19.15%;奥地利0.00—27.79%;比利时0.17—29.00%;加拿大0.00—7.21%（2015年）；丹麦0.96—28.68%；芬兰0.66—30.78%；法国0.46—31.55%；德国0.50—25.29%；希腊0.00—27.03%；意大利0.00—28.87%；日本0.05—23.06%（2013年）；荷兰0.29—22.01%；新西兰0.17—19.67%（2015年）；挪威1.07—25.07%；葡萄牙0.00—24.11%；西班牙0.00—24.61%；瑞典0.72—27.06%；英国0.86—21.49%；美国0.29—19.32%。[1]新兴国家往往没有完整数据,但从有限的数据来看显然所占比例都还低一些,但绝对量并不小。例如,同以上老牌发达国家相对应的若干新兴国家的这方面的数字是:墨西哥1.70%（1985年）—7.50%（2010年）；智利9.83%（1990年）—11.18%（2015年）；韩国2.68%（1990年）—22.83%；土耳其3.97%（1980年）—13.51%（2014年）。资料库中没有提供中国的相关数据。从这些数字和时间跨度可以看出以上有样本意义的国家100多年来社会性支出增长的速度和在当代的体量。

在政府财政预算的社会性支出中,有一个与权利的关系异常密切、同时与权力的关系较为淡漠的部分的属性特别值得关注。它就是财政预算中用于个人的最终消费支出,即由政府支出但归个人（包括家庭）享用的部分,实际上是

---

[1] Social Expenditure % of GDP – （OWID Extrapolated series）, https://ourworldindata.org/grapher/social-spending-oecd-longrun? tab=table（accessed on Oct. 19, 2022）.

政府向个人间接或直接的转移支付。因为，这类预算支出中相当大一部分会回到个人手中，成为个人的财产性收益，因而最终表现为个人在经济、社会方面的某种权利，同时也会有一部分会生成为权力。按欧盟和经合组织的分类，作为政府社会性支出的一部分，划入政府预算个人最终消费支出范围的有四方面的货品和服务：(1) 医保方面，包括医疗货品、器械和设备、门诊服务、医院服务、公共卫生服务、健康研发、卫生状况；(2) 娱乐—文化—宗教方面，包括娱乐和体育服务、文化服务、广播出版服务、宗教及其他社区服务、娱乐研发等；(3) 教育方面，包括学前教育、初等教育、中等教育、高等教育、其他教育、教育附属服务、教育研发；(4) 社会保障方面，包括疾病与残疾人、老年人、大屠杀幸存者、家庭、儿童、失业、住房、社会保护、消除歧视等。需说明的是，有些国家把住房方面的支出算在政府提供的社保类支出中，但欧盟和经合组织都把住房作为单独的类别。

笔者根据 IMF 相关数据计算，获知在若干有样本意义的国家的广义政府 2019 财政年度预算支出中，用于个人的最终消费支出所占比重以及在四个项目中居第一、第二的项目所占的比重如表 8-5 所示。[①]

表 8-5　　部分国家公共预算中个人最终消费支出占比

国别	用于个人最终消费支出（本国货币，千亿元）/占预算支出比重（%）	社保支出（本国货币，千亿元）/占用于个人最终消费支出比重（%）	医保支出（本国货币，千亿元）/占用于个人最终消费支出比重（%）	教育支出（本国货币，千亿元）/占用于个人最终消费支出比重（%）
法国	9.370/69.51	5.790/61.79	1.950/20.81	—
德国	11.200/71.98	5.790/51.70	2.540/40.53	—
英国	6.190/68.10	3.270/52.83	1.710/27.63	—
俄罗斯	216.590/52.29	130.710/60.35	—	38.470/17.76
美国	47.480/60.98	15.520/32.69	19.150/40.33	—
日本	1524.340/71.08	895.680/56.76	429.760/28.19	—
印度尼西亚	9.160/35.30	—	2.340/25.55	4.500/49.13
中国	106.640/46.23	52.820/49.53	—	28.300/26.54

---

① IMF Data Access to Macroeconomic & Financial Data, Government Finance Statistics, GFS 2020, China (P. R. Mainland, GFS 2018), https://data.imf.org/ (accessed on Jan. 3, 2023).

为了获得公共预算用于个人最终消费支出与权力、权利关系更全面的印象，我们不妨再在国际货币基金组织网站上看看一些有指标意义的国家或国家集团 2021 年或有记录的最新财政年度广义政府预算个人最终消费支出占本国当年 GDP 的百分比：澳大利亚 13.384%（2020 年）；奥地利 14.252%；比利时 15.450%；巴西 8.777%（2019 年）；加拿大 13.489%；智利 8.610%；哥伦比亚 6.211%（2020 年）；捷克 12.588%；丹麦 17.291%；欧元区 14.011%；欧盟 13.896%；芬兰 16.242%；法国 16.111；德国 14.151%；希腊 9.977%；匈牙利 9.443%；冰岛 17.923%；印度 3.374%（2019 年）；印度尼西亚 3.889%；爱尔兰 8.186%；以色列 12.629%；意大利 11.679%；日本 12.824%（2020 年）；韩国 9.960%（2020 年）；拉脱维亚 9.759%；立陶宛 11.095%；卢森堡 10.828%；墨西哥 6.361%（2020 年）；荷兰 17.998%；新西兰 12.650%（2020 年）；挪威 15.597%；经合组织国家（平均）10.279%（2020 年）；波兰 10.319%；葡萄牙 10.673%；俄罗斯 9.096%（2020 年）；斯洛伐克 12.750%；南非 12.344%（2020 年）；西班牙 12.933%；瑞典 18.714%；瑞士 6.713%（2020 年）；土耳其 4.644%；英国 14.665%；美国 6.236%（2020 年）。[①] 该网站没有提供中国相关数据。

还要看到，在医疗保健、娱乐—文化—宗教、教育、社保四个方面的政府预算个人最终消费支出中，社保方面对个人的现金转移支付，长期以来趋于不断增长。20 世纪中后期及之前，政府预算个人最终消费支出大部分是非现金的转移支付，即接受者免费或以较低的价格从政府获得特定的货品和服务。但是，当代情况已经有所不同，现金转移支付（通过银行账号、支付平台或以现钞、汇款、支票等形式进行）在发达国家已成主要形式。在那里，广义政府现金转移支付在 2010 年前后已平均占到 GDP 的 10%—15%，但在欠发达国家，尤其是非洲和亚洲欠发达国家比例还较低，中东北非只有 5% 左右，拉美国家 6% 左右，亚太和非洲一些国家不到 2%。[②] 现金转移支付是将钱直接支付给符合条件的人，其中有的不附条

[①] OECD（2022）, General Government Spending by Destination（indicator）, doi: 10.1787/d853db3b-en (accessed on Oct. 15, 2022).

[②] F. Bastagli, D. Coady, and S. Gupta, Income Inequality and Fiscal Policy (No. 12/08R), June 28, 2012, Fiscal Affairs Department, IMF, p. 16.

件，有的附有条件。英国研究国际发展和人道主义居领先地位的独立智库海外发展研究所（ODI）对 82 个国家（其中 37 个高收入国家、25 个中高收入国家、13 个中低收入国家和 7 个低收入国家）2018 财年或最新财政年度预算支出的研究报告表明，所得税和直接转移支付在高收入国家、中高收入国家、中低收入国家和低收入国家，都将较高的市场所得基尼系数（Gini Coefficient）降低为较低的可支配收入基尼系数，幅度依次分别是 15 个、4 个、2 个和 1 个百分点，降幅为 32%、8%、6% 和 3%。[1] 在发达国家，政府转移支付成了降低基尼系数、实现收入平等的主要手段。税收政策在这方面的功能已退居其次，尽管转移支付还得靠直接税提供财源。[2]

这里涉及的政府对个人的转移支付，实际上是公共机构把通过广义税收（包括社保缴款）等方式从不特定个人口袋里提取的个产集中起来形成公产，然后以二次分配的形式又将其返还给不特定个人，在经历了一个"个产→公产→个产"的过山车般旅行后又回到个人财产位置。它的社会功能，是公共机构从高收入、较高收入阶层的人们口袋里掏出些钱，分给低收入、很低收入的那些人，以降低收入方面的基尼系数、缓和社会冲突。为此目的收上去的钱，实际上会有两个走向，其中的大部分通常会最终回到个产的位置，从而在法律上重新表现为权利。政府预算支出中为个人最终消费支出的款项，通常是单方面、无对价的，这一点将它与政府为履行法定职能而在市场上购买货品和劳务区分开来。这里特别应注意的是，政府通过二次分配、转移支付给个人的是货品、服务或现金等财产（服务可折算为现金），并不是权利，只有它们被返还到个人手中之后，在法律上才有了权利特征。所以：（1）政府转移支付过程的实质方面是"个产→公产→个产–"，"–"是个产在运动过程中政府为执行再分配职能发生的财产消耗（办公成本）。作为公产被消耗掉部分的体量和占比有多大，权力的体量和占比就多大；（2）不论何种政府对个人的转移支付，"公产→权利"是假象，"个产→权利"才是真相；最终完成转移支付到达个人手中的财产，实际上是"过路"公产、名义公产，因为它们最后还是回

---

[1] H. Granger, L. Abramovsky, and J. Pudussery, *Fiscal Policy and Income Inequality: the Role of Taxes and Social Spending*, London: ODI Report, 2022, p. 36.

[2] S. Gupta, Income Inequality and Fiscal Policy: Agenda for Reform in Developing Countries Working Paper, commissioned by the Group of 24 and Friedrich-Ebert-Stiftung, New York, 2018, pp. 6-7.

到了个产的位置；只有在这个过程中被公共机构正常消费掉的部分才是形成了权力的实际公产。

当代发达国家，尤其是西欧北欧国家的政府财政，历史上在推行高水平社会福利方面，有"保姆式政府""家长式政府"和对个人"从摇篮到坟墓"在时间上全覆盖之类很普遍的说法。但是，"保姆""家长"工作或服务的时候也是要穿衣吃饭和使用场地、设施、装备的。有关国家负责这方面工作的政府部门，如社会福利部和下属机构等，其经费都是这方面开支的组成部分，而这些经费的耗用本身就是形成权力和行使权力的表现。尽管从分类上可以把所需要耗用的支出放在前述一般公共服务支出项下，但它们实际上是因办理这方面的事务产生的，如何记账只是会计层面的技术问题。

所以，当代国家以政府二次分配、"福利国家"、"看得见的手"为主要标识的行为生成的特有法现象，都是以"公产→权力""个产→权利"转化逻辑辅以前引论著中"个产—公产、个益—公益、权利—权力"相通原理可以较顺畅解释的。其中，通过政府预算支出给居民、个人的福利如医保、文体活动、受教育费减免、失业救济、补贴、补助、养老金等，形式上是公产转移到了个人手里生成了权利，但从全过程看，实际情形是经二次分配形成了"个产→公产→个产-"循环，"羊毛出在羊身上"。其中"个产-"表示数量有所减少的个人财产。为什么"个产"循环下来的结果有所减少、形成了"-"的局面呢？因为，原有的全部个人财产在这个循环过程中被公共机关以官员工薪、办公场地租金或折旧、办公经费、设施、装备损耗费等形式消耗了一部分，总量有所减少。所以，二次分配是一个全社会个产总量从而使得权利总量较之初始分配有所减少但能使反映分配不平等的基尼系数有所降低的过程，同时也是公产从而使得权力体量难免有所增加的过程。以现金转移支付为例，有关款项从财政学角度看无外乎经历了这样一个循环：一部分个人财产被以所得税等形式征收、集中到政府手中成为公产，政府再以预算支出方式通过相关机构、官员发放给不特定个人，回到个人手中，成为他们个人的财产和相应权利。所有二次分配、"福利国家"和政府介入，都或多或少包含一些这样的内容。

当代世界各国虽然以现金转移支付的方式实施的二次分配多了起来，但总体看主要采用的还是非现金形式，因而此时公产本身也往往有一个因转换所有权主体而生成权力、伴生权利的过程。以免费教育为例，所需经费由不特定个人以纳税等形式集中到政府手中形成公产、进入财政预算后，政府不论如何支出，都会是附条件将其放到教育机构法人财产权利或自然人财产权利（如免掉的学费）的位置，从而形成类似于公产注入公营公司生成的"两权"：政府的相应管理权力；学校作为法人机构的权利（法人财产权、办学自主权）或学生享有的来校上学、听课、参加考试和考试合格获得文凭的权利等。这类过程都在"公产→权力""个产→权利"转化关系和"个产—公产、个益—公益、权利—权力"相通关系原理起作用的范围内。

六　几点小结

上文在关注到处于存量状态的公产与权力的关系的同时，重点考察了流量状态的公产循着"公产→权力"转化逻辑生成权力的具体机理，同时也努力解析了其中包含的一些"个产→权利"转化路径。至此，本书得出的结论主要有以下四点。

1. 欲把握一国公产与权力的关系，当首先对公产本身的构成等基本的方面有较确切的认识。确定一国公产构成是一件十分复杂而且容易引起争议的工作，而且，法学不同于财政学，法学需要根据自己的基本情况，按照宪法和相关学理来确定公产范围、划分公产与个产的界限。基于这一要求，实践法理学首先应将一国之公产区分为存量和流量两部分，即区分为广义政府部门资产净值与相关财政年度广义政府预算收入，并在必要时将两者以合理方式汇总，作为确认一国之权力的体量的物质基础。其次，实践法理学还应按财年将广义政府部门的流量资产即预算收入区分为来源于狭义税收的和来源于社会缴款的两个部分。如此划分在实施宪法和法律方面的好处表现在两个方面：一是区分、明确源于税收的广义政府部门预算支出生成的权力，相对于宪法规定的公民基本权利和本国法律体系中公法保障的个人权利、自由、正当个人特权和豁免的对应保障义务；二是区分、明确源于社会缴款的广义政府部门预算支出生成的权力，相对于个人或居民在经济的、社会的权利方面的对应保障义务。在这两个领域，权力与权利之间，法理上构成内容有差别的对应债权债务关系。

直接生成权力是公产出现的历史初衷和基本的现实需要，但广义政府部门资产净值（存量资产）由于不自动进入政府预算支出体现的公共消费过程，因而并不直接生成现实的权力，只表现为权力储备。所以，对于权力的生成和形成法律效应来说，公产净值并不是广义政府部门必不可少的，没有它公共机构通常也能依靠自身以税收为主的财税管道筹集足够的资产以维持社会对权力的需求。这正好解释当代多数发达国家广义政府部门资产净值为负数但却仍能维持权力存在和运转的原因。可见，公产中处于动态的流量公产即政府预算收支才是权力现实的、直接的来源，它不可缺少而且体量必须足够。

2. 公产应区分为名义公产和实际公产。实际公产直接生成权力，名义公产只是在政府预算支出中作为分配对象发挥辅助调节功能的"过客"，最终会回归居民部门或个人。从权力生成角度看，实际公产在政府年度财政预算中表现为政府可最终用于消费支出的部分，它可进一步分为三块：（1）政府集体最终消费支出中单纯生成权力的部分，即一般公共服务支出、国防支出和公共秩序与安全支出。这一部分很直观，容易统计、计算。对于生成权力的公产来说，这部分是最典型最纯粹的，实际上是单纯型国家时期财政预算结构、功能的延续。（2）前述权力和权利"两权"分离情况下投入各类公营公司的公产中直接为履行政府职能消耗的部分，包括但不限于政府机构和官员的耗用。以非金融公营公司为例，不论哪个国家由公产投资创办的公司，终归政府要行使一部分控制权（权力），公司或多或少有一部分相对于政府权力的法人权利。从理论上说，其中政府贯彻自己施政目标消耗掉的那部分属实际公产，与法人权利相对应的部分不是实际公产。不过，在"两权"共享的财产中很难辨识、很难定量区分与权力相对应的财产和与权利相对应的财产，只能做大体的评估。各国金融公营公司同中国法制中的国有事业法人、社团法人的情况大同小异，不妨比照解释。（3）广义政府预算用于个人、居民部门的最终消费支出中由公共机构耗用的部分。如政府预算支出用于公立学校、公立医院的支出，以及发放现金或实物类转移支付支出等，无不是有政府部门和官员出面做规范、管理方面的工作的，他们在工薪、实施、装备等各方面的消耗，就属于这一类。

3. 在对一国全部财富或财产做二元划分的框架下，广义政府部门对其投入经营性资产形成的公司享有的财产所有权是权力，不是权利。这是指政府预算经营性支出投入市场和经济过程后形成的"两权"中的权力部分。具体说来，以公产独资企业为例，在政企完全不分的情况下它没有"两权"关系问题，相应的公产只生成权力，不生成权利。但是，即使在政企分开的情况下，公产也会有相当大的部分生成权力，至于其生成的权力具体占多大比例则须视不同国家、不同时期的具体制度或政策而定。按中国《宪法》第九条、第十条的规定和精神，以及《民法典》第二百四十六条的规定，注入国有公司的资产首当形成国家财产所有权，它表现为由国务院或地方人民政府履行的"出资人职责"或享有的"出资人权益"（《民法典》第二百五十七条），这些都是在中国法律体系下权力的具体存在形式。按中国《宪法》第三章的规定和精神，这里的"所有权""职责""权益"都处在国务院或地方人民政府行使的"职权""权限"范围内，属于权力。因为，同样根据中国《宪法》的上述规定和精神，在国内法范围内任何国家机关都只是权力主体，即职权、权限的主体，不可能是权利主体。按前引国际货币基金组织等国际权威组织发布的"SNA 2008"的归类，它属于由广义政府部门行使的"法律所有权"。我国民商事立法将国家财产所有权及其具体表现（由国家机关行使、"出资人职责"享有的"出资人权益"）定位于权利是可以理解的，因为它们毕竟是民商事法律。但是，法学界不能忽视这种理解与宪法的规定、精神和法学学理的不协调之处。无论如何，宪法学和法理学应坚持本学科对它的权力定性。从另一方面看，法学也不能因广义政府对公营公司的财产享有诸如"出资人职责""出资人权益"或"法律所有权"而否认公营公司拥有的"法人财产权"（如中国《公司法》第三条的规定）和它们对其不动产和动产享有的"占有、使用、收益和处分权利"（如中国《民法典》第二百六十九条的规定）以及"SNA 2008"认定的公营法人"经济所有权"属于权利。因为，这些现象处在与权力对称的位置，支撑它的财产实际上是进入法人组织，从经济属性看因为主体转换已经成了法人可自主占有、使用、收益和处分的部分，在法律上应当视同自然人财产拥有的财产。

4. 一国公产占该国全部财产的比重客观上受拉弗曲线和本书第十章展示的法权曲线认定的禁区限制，因而权力的体量占法权的比重也是受限的，超过必要限度会产生有损于权利、法权乃至权力本身的法律效应。以2020财政年度为例，以下有样本意义的国家的税收占广义政府财政收入的比重为：英国71.8%；美国69.4%；巴西75.1%；德国50.6%；法国58.9%；俄罗斯50.3%；日本54.3%；中国66.3%。[①] 这些数据表明：在各国政府年度预算收入中，通常都是税收占大头，其他几方面收入加在一起构成其小头；预算收入主要源于税收，后者是公产的基本来源。这个事实的法学含义是，税收是权力的主要来源。但是，由税收转换而成的实际公产和与之相对应的权力，全部或主要是用于公共消费的，不是或主要不是生产性的，虽然在这方面实行不同基本经济制度的国家有程度差别。所以，即使单纯从经济生活角度看，税率也不能过高，其法学含义是，权力在法权中所占比重不能过大。客观性得到经济实践检验的拉弗曲线揭示了税率与税收收入之间的如下关系：在很低的税率水平上，税率每增加一个百分点，边际税收收入是递增的；但税率到达某个由本国诸多因素决定的某个高点位后，会进入一个税收禁区；此后若持续增加税率，每增加一个百分点的边际税收收入会变为负数；此时，由于增加税率导致边际税收收入递减，税收收入总量将不增反降。[②] 拉弗曲线揭示的税率与税收收入之间关系的客观性是中外经济学界都承认的。

由一国公产与税收收入的依存关系所决定，法权曲线中权力率与法权之间的关系，高度类似于税率与税收收入之间的关系。因此，权力在法权中的比重不能过高，否则会形成从体量上减损权利、权力体量乃至法权体量的法律效应。这个道理警示人们，要寻求良好法律效应，公共机构有时需要扩充权力，有时需要放弃一部分既有权力。在具体法权配置格局下，面对复杂情势到底是选择扩充权力还是放弃一部分权力更能实现人们所期待的法律效应，需主事者全面、客观地做衡量。这里假定的是权力集中或分散程度恒定的情况，在这种情况下，权力体量的增减与其强度的增减会呈正相关关系。通常的情况是，同样的体量，权力愈集中其强度愈高，反之其强度愈低。因此，在原有的基数上提升或降低权力集中程度，一定会

---

① See OECD (2023), General Government Revenue (indicator). doi：10.1787/b68b04ae-en (Accessed on Jan. 14, 2023).

② See Arthur B. Laffer, Stephen Moore, Peter Tanous, *The End of Prosperity：How Higher Taxes Will Doom the Economy—If We Let It Happen*, Simon and Schuster, Inc., pp. 23-42.

相应程度地改变原有的法权结构平衡，即改变原有的权力与权利平衡。

　　公产与权力、权利的关系在当代固然错综复杂，但笔者相信，通过跨学科深度研究，完全可以充分揭示它们互动的规律性并善加运用。在实践法理学现象解释体系下，本书仅仅研究了引言部分交代的数种财产、利益与对应法现象之间双向度关系中的很小一部分，即"公产→权力"转化关系及附着在其中的一些"个产→权利"转化关系。显然，本书只能算是有了一个开头，希望它能起到抛砖引玉的作用。

第九章　当代我国财产与权力权利之关系[①]

[导读]

　　有必要在对归属已定财产做二元划分的基础上，结合我国基本经济制度具体揭示"公共财产转化为权力"和"个人财产转化为权利"的实现机理、路径。上一章基于一些有样本意义的国家的情况主要讨论了国外公共财产向权力转化的情况。但这些国家基本经济制度与我国大不相同，真正理解我国国有财产与权力的关系还得结合我国具体情况做考察。在对归属已定财产做二元划分的框架下，"公共财产"在我国应定位于国有财产。本章关于我国国有财产权力生成机理、路径的揭示，可理解为与本书上一章相匹配的文字。所以，本章的重点，实际上是对个产对应和间接转化为基本权利、公法权利，直接转化为私权利的论述。本章的权利概念指称的法现象的范围，主要是我国法律体系规定的个人"权利""自由"，还有可描述为正当个人特权、个人豁免等的资格或获益。像现代其他国家一样，我国公共预算支出中直接由广义政府部门最终消费的部分生成权力，而回到居民部门并由其最终消费、无须付对价的部分生成权利。国民总收入初始分配后居民部门向广义政府缴纳之税和费，构成居民部门成员享有宪法规定的基本权利和包括诉权在内的各项公法权利的对应财产内容。居民部门可支配收入主要是与民商事权利直接对应的物质内容。国有资产"两权"中广义政府部门行使的财产所有权是权力，而国有公司可自主行使之

[①] 本章原文以《当代我国财产与权利、权力之关系》为题发表在《政治与法律》2023年第9期，纳入本书时按基本概念统一、观点前后协调一致的标准做了必要修订。

权是权利。集体经济组织的财产的属性，取决于这些组织与国家机关等公共机构的实际关系，在历史上"政社合一"的时期它无异于国有资产，在现行法律体系下划归居民部门比较合适。居民生命、身体应是居民部门首要财产，它们作为整体在宪法上表现为生命权这项不证自明的前提性基本权利，具体地看，它们理所当然应表现为公法权利和私法权利。

"国有财产转化为权力"和"个人财产转化为权利"这两个命题，在获理论、逻辑证明前可谓两个假说或猜想，获证明后可视为相应原理。当然，它们作为原理能否站得住脚，能否经得起时间考验和实践的检验，那是另一码事。现代汉语基础性法学中，中国学者自主提出和证明的"理"太少，我们这代专业法学教学研究人员未能做出像样贡献，难免感到有压力、难为情。这两个假说，是我30余年前提出来的，提出后又断断续续不遗余力从不同侧面做了论证。我将此书的上一章和这一章，作为给论证这两个猜想的漫长过程所画的句号。

揭示法的权利、权力的财产内容，是当代汉语实践法理学应该特别关注的基础性课题。从已有成果看，虽然我曾提出和论证过"公共财产转化为权力"和"个人财产转化为权利"这两个基础性假说，但对于一国归属已定的全部财产如何具体划分为国产与私产两部分，以及它们怎样分别具体实现相应转化，仍有语焉不详之缺憾。[①] 为弥补此缺憾，形成可反复运用的相关原理，本章拟在当代中国基本经济制度框架下对上述两种基本经济现象对应地转化为两种基本法律现象的具体机理做较系统的揭示。我确信，解决好这个问题后，汉语实践法理学基本范畴体系中不同于源自日语和制汉语的"权利""权利义务"法学的新型权利、权力概念就有了现实的物质依托。恰巧，我国财政学者近年研究和编制本国国家资产负债表时采用了一种很值得我做这项研究时借鉴的专业方法，其要点是把"社会净财富按一定比例分配到居民和政府手中；企业部门的净资产根据居民和政府的股权持有比例进行分割，最终也归居民或政府所持有，企业部门净值为零"。[②] 易言之，

[①] 参见童之伟《法权说之应用》，中国社会科学出版社2022年版，第1—37页。
[②] 李扬、张晓晶等：《中国国家资产负债表2020》，中国社会科学出版社2020年版，第15页。在对一国全部资产做二元划分的框架下，其中的居民部门资产包括公营非金融企业部门、金融机构部门和为居民服务的非营利机构部门的"经济所有权"，其含义见后文。

这就是把社会的全部财富做包括广义"公司"①、集体经济组织在内的居民（或住户、家庭，转化为法学话语就是个人）部门与广义政府部门的二元划分。② 按照这种划分方法，公共财产在我国就表现为国有财产，因此，它与权力的关系应表述为"国有财产转化为权力"（简称"国产→权力"）。本章对"国产→权力"和"个人财产转化为权利"（简称"个产→权利"）具体转化机理的揭示，是与财政学者对一国归属已定全部资产做二元划分的方法相对应的。

一　我国国有财产及其权力生成路径

从经济学、财政学角度看，资产与财产是不同的，"资产是一种价值储存，代表经济所有者在一定时期内通过持有或使用其实体所产生的一种或一系列经济利益。"③ 资产不是普通财产，而是能生财的财产，因而只是财产的一部分。但从实践法理学"国产→权力""个产→权利"研究的实际需要看，一般并无必要严格区分资产和财产。因此，在对国民财富做二元划分的方法论背景下，法学在多数情况下可以乃至应该将国有资产、国产视为同义词。

按前引相关论著已给予论证的"国产→权力"转化逻辑，应该是国有财产总量或体量决定权力总量或体量。但是，如何确定国有财产的总量或体量呢？在盘点我国国产的"家底"方面，财政学者编写的"中国广义政府部门资产负债表（2000—2019年）"给我们提供了不少有用信息。以当年人民币值计价，2019财政年度我国广义政府部门拥有资产的情况可这

---

① 国际货币基金组织、世界银行、欧盟等国际经济组织使用的"公司"（corporations）概念比一般商法上的公司范围广泛得多，不仅包括依法成立的法人公司，还包括合作社、有限责任合伙企业、准公司等。See The System of National Accounts 2008（以下简称"SNA 2008"，汉译为《2008年国民账户体系》），EC, IMF, OECD, United Nations and World Bank, New York, 2009, pp. 75–81.

② 参见《国务院关于中国国民经济核算体系（2016）的批复》中的附件《中国国民经济核算体系2016》（实为"SNA 2008"的中国简明版），第8—9页。

③ The System of National Accounts 2008 (SNA 2008), EC, IMF, OECD, United Nations and World Bank, New York, 2009, p. 42.

样概括：(1) 非金融资产 665.987 千亿元，其中包括固定资产 136.748 千亿元，在建工程 72.589 千亿元，通货（流通中的纸币、铸币、信用货币）5.335 千亿元，国有建设用地资产 314.975 千亿元，公共基础设施 124.925 千亿元，无形资产 7.415 千亿元；(2) 金融资产 1341.939 千亿元，其中通货 1.568 千亿元，存款 339.179 千亿元，债券 8.578 千亿元，持有企业股权 850.000 千亿元，证券投资基金份额 96.545 千亿元，其他金融资产 46.068 千亿元；(3) 共有总资产 2207.926 千亿元，负债 379.577 千亿元；总资产减负债，有净资产 1628.349 千亿元（原文此处似计算有误，应为 1828.349 千亿元），[1] 其中净金融资产 962.361 千亿元。[2] 从 2000 年至 2019 年，净资产从 82.832 千亿元增加到 1628.349 千亿元，占 GDP 的比例从 83% 上升到 164%。净资产中国有建设用地资产是国有资产的大头，2011 年比重一度达到政府非金融资产的 71.7%（现阶段在 50% 左右）。在金融资产内部，持有企业股权一直是政府金融资产中最大的项，2000 年一度达到 85%，2019 年仍占 63.3%，其次是证券投资基金。[3]

按"国产→权力"转化原理剖析广义政府资产负债表，需要明了相关基本现象之间的客观联系，舍此难以合理评估由非金融资产净值、金融资产净值构成的广义政府资产净值对权力生成的意义。相关的道理包括：(1) 广义政府部门资产净值，不论是正值还是负值，都只表现为潜在的权力，即政府部门资产净值体现为潜在的、储备的权力，净资产负净值体现为潜在、隐性的义务（或责任，下同）。(2) 广义政府部门资产净值的绝对量大小表明处于储备状态的权力或隐形义务的量的规模或大小，资产净值的体量大小决定处于储备状态的权力的体量大小，其负净值的体量大小决定隐性义务的体量大小；储备状态的权力、隐性的义务在法治条件下可循着预设的批准程序向现实的权力或义务转化，在非法治条件下的转化往往是简单地服从掌握权力者的意愿，但无论如何，这些转化都是以相应财产的随之转移为基础的。(3) 从法学的角度看，广义政府部门的全部资

---

[1] 此处相差整整 200 千亿元对不上，不知错误到底出在哪里，故我选择采信原文数据，不轻率纠正。好在即使原文数据确实有误，引用也不会影响本章所欲证明的原理。

[2] 我根据财政学者提供的数据进行统计整理。参见李扬、张晓晶等《中国国家资产负债表 2020》，中国社会科学出版社 2020 年版，第 97—99 页。

[3] 参见李扬、张晓晶等《中国国家资产负债表 2020》，中国社会科学出版社 2020 年版，第 100—103 页。

产，由特定财政年度年初静态的国产存量和财政年度中动态的国产流量两部分构成，其中后者表现为广义政府预算收入或支出。（4）广义政府特定年度预算收支所支撑的是活生生的、现实的权力，它在法律上独立于政府部门净资产及其体现的储备状态的权力。所以，即使政府部门资产净值存量为零，甚至是很大的负值，只要它不是特别巨大而造成难以控制的并发症，往往并不影响国家机构的正常运转和相应体量的现实的权力正常发挥统治功能。（5）特定时段（如财政年度）衡量权力体量的可靠客观指标，应该是相关时段广义政府部门净资产与财政年度预算收入或支出（更确切地说应为预算支出）之和。虽然就构成而言，政府净资产仅体现为权力储备，预算收支才是现实的权力，但这两种状态的国产毕竟都掌握在广义政府部门手中，是相通的，只不过被法律程序给区隔了开来。具体财政年度政府预算支出的绝对量，在扣除最终归个人或住户消费（公共福利、转移支付等）之后，都会形成最终的公共消费，体现为行动中的权力。

我们不妨仍以2019财政年度为例看看该年度我国支撑权力的国有财产体量。在这个财政年度，我国国产中的存量，是以人民币当年价计算的国有净资产1628.349千亿元，这体现为处于储备状态的权力。而其中的流量，若从预算收入角度看，以决算数为准，2019财年我国广义政府预算收入总额人民币为353.62千亿元，它们中有些全部或大部分生成权力，有些作为社会福利或政府对个人的转移支付回归个人财产位置，伴生出权利。《预算法》第四条规定："政府的全部收入和支出都应当纳入预算。"第五条规定："预算包括一般公共预算、政府性基金预算、国有资本经营预算、社会保险基金预算。"2019年全国一般公共预算收入预算数为192.5千亿元，决算数为190.39千亿元；[1] 全国政府性基金预算收入预算数为77.948千亿元，决算数为84.518千亿元；[2] 全国国有资本经营预算收入预算数为3.366千亿元，决算数为3.972千亿元；[3] 全国社会保险基金预算收入预算

---

[1] 参见财政部《2019年全国一般公共预算收入决算表》，http://yss.mof.gov.cn/2019qgczjs/202007/t20200731_3559686.htm，2023年2月18日访问。

[2] 参见财政部《2019年全国政府性基金收入决算表》，http://yss.mof.gov.cn/2019qgczjs/202007/t20200731_3559743.htm，2023年2月18日访问。

[3] 参见财政部《2019年全国国有资本经营收入决算表》，http://yss.mof.gov.cn/2019qgczjs/202007/t20200731_3559761.htm，2023年3月25日访问。

数为 74.252 千亿元，决算数为 74.74 千亿元。① 以决算数为准，2019 年广义政府预算收入总额为 353.62 千亿元。353.62 千亿元流量加上 1628.349 千亿元存量，等于 1981.969 千亿元，这就是从预算收入角度看过去的 2019 年我国公共机构权力的全部物质支撑。如果从预算支出角度看，这个数字更大一些，因为当年全国一般公共预算支出存在 27.6 千亿元赤字（其他方面的结余相对而言微不足道），② 把这笔数字添加进预算总收入后的得数为 2009.569 千亿元，才是动静结合反映我国权力物质基础的更准确数字。

若考虑到 2019 年美国 GDP 约 213.7 千亿美元，广义政府财政收入 64.338 千亿美元，支出约 76.845 千亿美元，且净资产负值超过 230 千亿美元，按当年美元与人民币平均汇率 1:6.896 算下来，中美两国很有对比分析的意义。上述数字表明，美国广义政府现实的权力总量因其财政支出中包括占比较大的政府对居民部门的转移支付，应有所扣除，但总量还是较大的，同时体现其权力储备的负值很大。不过，这不能说明太多问题，值得注意的是它体现的法权结构（权力/权利）。按 2018 年底的数据，该年度美国 GDP 为 206.119 千亿美元，全社会净财富为 1102.087 千亿美元。考虑到其广义政府资产净值为负 230 千亿美元，2019 年美国体现权力的广义政府部门净资产与当年财政收入或支出之和相对于我国而言是很小的，国产相对于居民部门财产很低。③ 此种状况反映到美国法权结构上必然是权力占比很小，权利占比很高。或许这也正好解释何以美国各地常常表现出一定程度的无政府状态。当然，管理过度也不好，法治要求的是法权综合平衡，即实现权力与权利之间体量、强度两方面的平衡。广义政府预算支出中最终用于政府部门消费的数量决定权力的体量，但是，在体量一定的情况下，权力的集中程度决定其强度，集中程度愈高强度愈高，反之则愈低。

在前述资产负债表的框架下，国家财产实际上在我国表现为广义政府部门的国有资产，是国有的一切财产、财产权利之总和，其中包括国家依

---

① 参见财政部《2019 年全国社会保险基金支出决算表》，http：//yss.mof.gov.cn/2019qgczjs/202007/t20200731_3559854.htm，2023 年 4 月 16 日访问。

② 参见财政部《关于 2019 年中央和地方预算执行情况与 2020 年中央和地方预算草案的报告》，http：//www.gov.cn/xinwen/2020-05/30/content_5516231.htm，2023 年 4 月 20 日访问。

③ See IMF Data Access to Macroeconomic & Financial Data, https：//data.imf.org/? sk = A0867067-D23C-4EBC-AD23-D3B015045405, Accessed on Jan. 22, 2023.

权力和依法取得、认定的资产，国家资本金及其收益形成的资产，国家向行政和国有事业单位拨款形成的资产，对国有企业减免税、退税形成的资产，国有自然资源和接受国际援助形成的财产等。根据有关政府部门公布的数据（人民币）计算，2021年中国全年国内生产总值1149.237千亿元。同年，全国广义政府一般公共预算的决算支出为245.673千亿元，政府性基金预算决算支出为113.390千亿元，国有资本经营预算的决算支出2.622千亿元，社会保险基金决算支出86.694千亿元，共448.379千亿元。这就是2021年我国广义政府总开支，约占同年GDP的39.02%。[1] 这个比例比国际货币基金组织公布的1982年的27.86%和2011年的24.41%高许多。[2] 之所以差别如此之大，很大程度上是2014年修改、次年生效的《预算法》包括的预算支出内容扩大造成的。2021年广义政府部门净财富还没有数据，但2019年有相应数据，总量为人民币1628.349千亿元，[3] 按两年间增长6%的保守估算，2021年应当是1726.05千亿元，加上当年财政总支出448.379千亿元，2021年我国综合国产总量应可以确定为人民币2174.428千亿元。

按"国产→权力"转化原理，在资产负债表的框架下，以上2174.428千亿元人民币大体来说就是支撑我国现今广义政府部门的权力的国有资产总量，但其中79.38%是净资产，表现为权力储备，20.62%是预算支出，且其中大部分转化为现实的权力，因而后者应该是关注重心。为突出研究重心，至此本章可撇开体现权力储备的1726.05千亿元人民币不论，集中文字资源研究一下占比20.62%的那448.379千亿元人民币大部分转化为现实的权力、少部分辗转伴生为权利的具体机理。说这448.379千亿元"大部分"转化成了现实的权力有三层含义：（1）资产负债表不是为法学编制的，并不完全适应法学研究的需要，生成权力的财产因素需要按实事求是的原则做增或减。有些不会形成权力的财产须拿下来，有些会形成权力的要素若没有放进去，应当添加。（2）这些财政支出中的一部分执行着传统的主权保护、政治统治

---

[1] 根据中国国家统计局编《国家统计年鉴2021》（http：//www.stats.gov.cn/tjsj/zxfb/202202/t20220227_1827960.html）和下文将援引的财政部公布的2021年各项预算支出决算表统计。

[2] Government expenditure (% of GDP), https://ourworldindata.org/grapher/historical-gov-spending-gdp?tab=table, Accessed on Jan. 24, 2023.

[3] 参见李扬、张晓晶等《中国国家资产负债表2020》，中国社会科学出版社2020年版，第14、97—99页。

和社会秩序维持职能，基本上都会转化成权力。由于这些开支用于国家的传统职能，因此，往往这一类开支在发展中国家政府预算支出中占比较大，在发达国家相应的占比较低。(3) 政府预算支出中的另一部分，主要是执行国家在诸如政府调控、社会福利、"二次分配"等事项中的支出。这类政府开支覆盖的领域很广泛，但其中只要被转移支付到了居民（或个人、家庭、住户）部门财产的位置，由后者最终消费，就会生成为权利。

我们先参照以宪法为根本的法律制度从法学角度看看哪些财富内容应该添加进能够生成权力的财产的范围。应增加进上述资产负债表中政府部门资产的，首先应该是能够作价但遗漏了的国有自然资源。我国《宪法》第九条规定："矿藏、水流、森林、山岭、草原、荒地、滩涂等自然资源，都属于国家所有，即全民所有；由法律规定属于集体所有的森林和山岭、草原、荒地、滩涂除外。"国有自然资源是我国国有资产的重要组成部分，虽然很难具体定价和计算，但这只是技术问题，应该能找到相对合理的定价办法，只要合理地评估下来，国有自然资源的价格总量相对客观即可。还有国有非建设用地，上述政府部门资产负债表未将国有农地、荒地计算进资产范围，从法学角度看理由不能成立。如对农地不计价，相关学者提出的理由是："国有农地因不具备足够流动性和变现能力，难以直接形成有实际财务意义的政府资产。"① 实际上，如果价格合理，政策允许出售，相当大一部分国有农地是完全可变现的，哪怕仅仅是其使用权。农地没有变现，很大程度上是因为没有相应的鼓励政策。

再看进入了广义政府部门资产负债表的预算收支中哪些应该从生成权力的国家财产中排除。应排除的，首先是广义政府预算支出中以"二次分配"为标识的社会福利支出和对个人的转移支付开支。因为，这些支出会进入个人最终消费部分，即事实上会还原为个人财产，形成"个产→权利"转化关系。只是，相较于欧美"福利国家"那套做法的开销，我国这方面的支出还比较少。其次，还要扣除国有广义"公司"分享自政府预算的那一部分数额。在二元划分框架下，国有广义公司分享自政府预算支出但可自主支配的收入应归类于居民部门。国有广义公司的财产权利，也是与公共机构的权力相对称的，划入权利的范围理所应当，尽管其中有些只

---

① 李扬、张晓晶等：《中国国家资产负债表2020》，中国社会科学出版社2020年版，第92页。

是一过性形式的权利,其后面的物质内容只是一过性形式的个产,如机关法人进入市场披上法人外衣后的采购行为运用的公产,就是进入市场的一过性个产,退出市场后立即恢复了公产面目。20 世纪中叶以来,各国普遍出现了占比大小不等的政府预算经营性支出。在法治条件下,它们中有一部分必然转移到广义公司手中,从而形成相应个产及其支撑的权利,这种情况在社会主义法治条件下也是一样。

下面不妨以 2021 年我国广义政府预算支出中的决算数人民币 448.379 千亿元为例,较为详细地展示构成它的全部四个部分在总的预算支出中所占比例和它们生成权力、伴生权利的具体内容和路径。

1. 政府一般公共预算支出按项目区分,大部分完全转化为权力,少部分在生成权力的同时也伴生权利,但总体说来构成一国全部权力的基础。我国 2021 财政年度全国一般公共预算支出决算数为人民币 245.673 千亿元,占全国广义政府支出的比重是 55.01%,具体投入的管理领域和所占的比例为:科技 3.9%、教育 15.3%、外交、国防 5.8%、一般公共服务 8.1%、文化旅游与传媒、灾害防治及应急管理 6.3%、债务利息 4.2%、住房保障 2.9%、公共安全 5.6%、社会保障和就业 13.7%、城乡社区 7.9%、节能环保 2.2%、卫生健康 7.8%、农林水 9%、交通运输 4.6%、资源勘探工业信息等 2.7%。[①] 一般公共预算支出中比较明显完全转化为权力的项目主要是一般公共服务(各级各类公共机构其中主要是国家机构)支出、外交支出、国防支出、公共安全支出。一般公共预算支出中有些看似不是行使权力的支出,细看也是实实在在行使公共权力的耗用,科学技术、文化旅游体育与传媒、灾害防治及应急管理、城乡社区事务、农林水、交通运输等方面的支出就属于这种情况。这些都是保护国家、国家机器正常运转,保障社会正常发展和既定法律秩序的支出,主要表现为公职人员的工薪、设施装备购置维修花费和开展公共管理活动的经费。

然而,我国一般公共预算支出中,包括一些按国际货币基金组织、经合组织的标准通常放在个人或住户最终消费项目下的支出,如教育、社会保障和就业方面的支出。但是,我国教育项目下的支出情况与资本主义国家有很

---

① 参见财政部《2021 年全国一般公共预算支出决算表》,http://yss.mof.gov.cn/2021zyjs/202207/t20220728_3830482.htm,2023 年 4 月 20 日访问。

大的不同，总体来说是涉及面比较广泛，既有生成权力的部分，又有些由本国公民或住户最终消费从而伴生权利的内容，须根据具体情况具体分析。2021财政年度全国广义政府一般公共预算支出中教育支出的决算数为19.880千亿元，花费在教育管理事务、普通教育、职业教育、成人教育、留学教育（其中的外国人来华留学教育系外交支出，从而划入生成权力的范围）、特殊教育（包括为教育、挽救有违法犯罪行为的青少年学生开办的工读学校教育）、进修及培训（包括干部教育、培训支出、退役士兵能力提升）和教育费附加安排的支出（主要是城乡中小学教育设施、校舍建设）等十多个方面。显然，其中有一部分是公共管理性支出，生成权力；有一部分属以个人或住户为最终消费主体的福利性支出，如费用减免的义务教育，生成权利。社会保障和就业方面的情况可比照教育方面的支出来理解。需说明的是，这样看问题遵循了"国产→权力""个产→权利"转化逻辑，因为，相关财产到底算国产还是个产，不是看经过了谁的手或在流动过程中曾经属于谁所有，而是要看它最终落到谁手、由谁消费。义务教育和社保支出，其中作为组织管理费用最终由公共机构消费的部分转化成权力，最终由个人或住户消费的部分则实际上回到个人手中、转化成了权利。

2. 全国政府性基金预算支出，同样主要生成权力，但也伴生一部分权利。我国2021财政年度政府性基金决算支出为113.390千亿元，占广义政府年度预算总支出的25.29%。这笔预算支出主要用于24个项目：农网还贷资金，铁路建设基金，民航发展基金，旅游发展基金，电影事业专项资金安排，国有土地使用权出让金收入安排，国有土地收益基金安排，农地开发资金安排，中央水库移民扶持基金，中央特别国债经营基金，彩票公益金安排，城市基础设施配套费安排，地方水库移民扶持基金，重大水利工程建设基金安排，车辆通行费安排，核电站乏燃料处理处置基金，可再生能源电价附加收入安排，船舶油污损害赔偿，废弃电器电子产品处理基金，抗疫特别国债财务基金，其他政府性基金。其中最大的一笔是国有土地使用权出让金，决算支出76.163千亿元，占全国政府性基金决算支出的67.17%，有结余。[1]

---

[1] 参见财政部《2021年全国政府性基金支出决算表》，http：//yss.mof.gov.cn/2021zyjs/202207/t20220728_3830603.htm，2023年4月18日访问。

上述预算支出，实际上主要是管理性支出，因而也大都生成权力，这点集中体现在国有土地使用权出让金收支（土地财政）方面。土地财政在2021年5月21日前是由政府自然资源部门负责以招、拍、挂和协议方式出让国有土地使用权的，此后划转给税务部门负责征收，许多年来一直是地方政府最重要的收入来源或其中之一。从对拟出让的土地进行地价评估开始，到确定出让底价和批准，都是政府主导的。接下来发生的征地和拆迁补偿支出、土地开发支出、支农支出、城市建设支出和其他各种支出，其间很多事情虽说是由开发商出面的，但在整个收支过程中发生的事务，政府与开发商之间是买卖关系，与被征地对象之间发生的是行政关系，政府支出中没有二次分配意义上的提供社会福利和对个人或住户的转移支付性质的开销，因而始终只生成权力，即行使职权或权限，没有伴生权利。但是，全国政府性基金预算支出也有少许转移到国有广义公司手中伴生权利的内容，如一些政府性建设、发展基金对于相关国有企业的投资，电影事业专项资金对城市电影院的维修改造和对少数民族地区电影企业特殊困难的资助支出，等等。

3. 国有资本经营预算支出的内容，主要是根据产业发展规划、国有经济布局和结构调整、国企发展要求以及国家战略、安全需要的支出和弥补国企改革成本方面的支出，基本属管理性支出，所生成的应归类于权力。2021财年全国国有资本经营决算支出2.622千亿元，仅占广义政府财政总支出的0.06%。① 这笔钱主要用于四个项目：解决历史遗留问题及改革成本支出，国有企业资本金注入，国有企业政策性补贴，外加少量其他国有资本经营预算支出。

4. 全国社会保险基金于2021财年决算支出86.694千亿元，占广义政府财政决算支出的19.33%，全部或主要转移到个人手中，它们全部或主要生成权利。② 社保基金由七部分组成：企业职工基本养老保险基金支出，含医疗补助金支出、丧葬抚恤补助支出；城乡居民基本养老保险基金支出，含个人账户养老金支出、丧葬抚恤补助支出；机关事业单位基本养老

---

① 参见财政部《2021年全国国有资本经营支出决算表》，http://yss.mof.gov.cn/2021zyjs/202207/t20220728_3830640.htm，2023年4月20日访问。

② 参见财政部《2021年全国社会保险基金支出决算表》，http://yss.mof.gov.cn/2021zyjs/202207/t20220728_3830645.htm，2023年4月25日访问。

保险基金支出；职工基本医保基金支出，含职工基本医保统筹基金支出、职工基本医保个人账户基金支出；城乡居民基本医保基金支出，含大病保险支出；工伤保险基金支出，含工伤保险待遇支出、劳动能力鉴定支出、工伤预防费用支出；失业保险基金支出，含医疗保险费支出、丧葬抚恤补助支出、职业培训和职业介绍补贴支出等。如果广义政府部门管理这些事务的支出不计入社保基金支出项目而是计入上述政府一般公共预算支出，那么，社会保险基金支出就应全部算作公共福利和政府对个人的转移支付，其性质属提取自个人的财产经政府转手回到个人手中，应视为"个产→权利"转化关系的一种特殊表现。

或许有读者会问，这些国产即政府预算支出到底哪些循着"国产→权力"转化逻辑做了转化，哪些在形式上从政府部门手里过了一下，在完成预设功能后又回到个人手中并生成为权利，还是不清楚啊！确实，有必要再行简要概括一下：任何纸面上看起来比较不容易辨别转化去向的国有财产，到底是生成为权力还是经转手后生成为权利，只能就具体支出项目具体分析；无论如何，其中直接由广义政府部门最终消费的部分必生成为权力，而以实物或现金的形式回到个人手中、由个人或居民部门最终消费、无须付对价的部分必生成为权利。

"国产→权力"转化逻辑是在实质意义上讲的，因而即使法治不健全、即使存在诸如现在已属罕见的政府预算外收支等情况，那也不影响这种关系的认定。也就是说，只要财产到了广义政府部门手中并由其最终消费，不论是什么名目，不论是否纳入预算范围，只要没有被贪污、浪费或不当使用，它们都会生成权力。同理，作为国产消费主体的广义政府部门，也是从实质意义上讲的，只要一个机构或组织执行着政治治理职能，无论其名称如何，它们最终耗用的国有财产通常也都会生成为权力。

二　我国个人财产及其权利生成路径

在国民财富二元划分的大框架下结合中国具体情况阐明个人财产转化为权利的具体发生路径或机理，是实践法理学研究的另一个重要子课题。要阐明个人财产及其权利生成路径，首先要弄清"个人"的范围。各国经济学讨论个人收入或财产,通常是以住户(household,亦译家庭、居民)为单位的,如前引"SNA 2008"系统就是如此。"住户是指这样一些人的群体:他们共用住宅,把成员的某些或全部收入或财产集中起来使用,集体性地消费某些货物和服务,其中主要是住房和食品。总的来说,住户的每一个成员都应具有的部分索取集体资源的权利。至少某些影响消费或者其他经济活动的决策,必须由住户成员一起做出来。"[①] 按这个体系的分类,与雇主共同居住在同一住所内的家政服务人员并不构成该雇主住户的一部分,但非法人企业、准公司可纳入住户范围,一些永久性居住在一个机构里或者预计会无限期居住在一个机构中的人可视为某种机构性住户,如住在寺院、修道院或者类似宗教机构中的人,以及长期住院的病人和长期服刑的犯人。

　　法学的个人财产同经济学的住户财产、居民财产、家庭财产是同义词,故个人财产理所当然包括非公营广义公司财产,但是,国民财富二元划分研究框架的特别之处在于按最相近原则和相对合理的考虑将公营广义公司的"经济所有权"纳入个产范围。其中,"经济所有权"是"SNA 2008"国民账户体系和与之相适应的《中国国民经济核算体系 2016》中的说法,其内容在此处实际上只能是我国《宪法》第十六条规定的国有企业自主经营权和依《民法典》第二百六十九条规定确认的国有企事业组织的法人财产权,即营利法人对其不动产和动产依法依规享有的"占有、使用、收益和处分的权利"及营利法人以外的法人对其不动产和动产的权利。[②] 对此,后文还会做进一步讨论。

　　一国的个人财产或经济学上的居民、家庭财产,孤立地、具体地看,似乎很容易确定范围和计算方法,但在对全部财产做二元划分框架下将其作为整体来把握,实际上要比能想象的困难很多。我只能以一个法律学者通过一番艰苦阅读能够达到的水准,由远及近,从不同侧面来努力展示自己对个人财产转化为权利原理具体发生机制的认识。

[①] The System of National Accounts 2008 (SNA 2008), EC, IMF, OECD, United Nations and World Bank, New York, 2009, p.462.

[②] 机关法人的权利是一种与任何其他权利都不一样的形式权利,只是国产进入市场时披挂的一件包装外衣,其下的内容是权力。

(一) 把个产、权利作为局部，放在它们各自所在的整体中加以把握

认识个产及其权利生成关系，必须将个产放在一国的国民财富（亦称国民财产，即法学所称的归属已定全部财产）中来理解；同理，个产生成的权利也只能放在权利权力统一体法权中来理解。在二元划分的框架下，一国的国民财富由居民部门财产和广义政府部门财产两方面构成，与这三种经济现象对应的法现象正好是法权、权利、权力，其中前三者是后三者的物质内容，后三者是前三者的法律表现。国民财富总量是对一国归属已定全部财产的静态描述，从指标上反映一个经济体基础资本的存量。在实质意义上说，国民财富中居民部门财产生成权利，广义政府部门财产生成权力，而其本身则是法权的全部物质内容。像国民收入不同于国民财富一样，个人收入也不同于个人财产。国民财富如限定在一定时段内计算，可理解为由年度特定财政国民财富存量与截至同年度末的增加值之和。即使是对于国民财富，人们的认识差异也是很大的，较常见的差异表现在是否将自然资源计入其范围。不过，从世界银行对国民财富内容的认定看，他们只将进入经济循环的自然资源算作财富。世界银行最新的做法，是将国民财富主要视为由人力资产、自然资产、生产资产和外汇资产构成的整体。根据世界银行的统计，2014年全球由各种资产构成的财富总额是：人力资产742.07万亿美元、生产资产303.55万亿美元、自然资产107.43万亿美元，减去外汇净资产负值4.58万亿美元后，为1184.47万亿美元。[1] 这是以2014年美元国际平均价，根据各国生活成本的差异和通货膨胀情况进行调整后得到的数字。此种算法与传统算法最大的不同，是将人力资产纳入了国民财富范围，而且承认它在全球范围的首要地位，虽然这主要反映了发达国家的情况，与低收入国家以自然资产为最主要资产的情况很不一样。世界银行如此看待财富，改变了传统经济学见物不见人、轻视人、不把生命和人的身体本身当财产看待的缺乏人文关怀的财产观，它有助于法学确立尊重人的生命、身体的人本主义权利观。

---

[1] See Total wealth by asset group, World, 2014, OurWorldInData.org/the-missing-economic-measure-wealth. CCBY.

广义政府部门财产与个人部门财产之间量的比例，形成一国的国民财富结构，而国民财富结构从根本上决定法权的比例结构（权力/权利）。国外经济学者主导的一项研究估计，1978年我国国民财富中国有财产占比约70%，个产占比约30%，到2015年，这个比例反转为国有财产占30%，个产占70%。[1] 从1978年和此前两年"一大二公"程度已有所缓和的情况反向推算，我国1978年前应该还出现过国产占国民财富比例在70%以上和个产占比低于30%的情况。我国学者独立开发的国家资产负债表显示：2019年，我国675.5万亿元的社会净财富（实为国民财富净值）总量中，居民部门为512.6万亿元，占比达76%；政府部门为162.8万亿元，占比达24%。[2] 另据瑞士信托银行2022年的统计，中国（大陆）2021年财富总额为638.270千亿美元，成年人人均财富占有量是58544美元。如果维持上述中国学者确认的比例，按瑞信的标准计算，中国2021年个人财富总量是485.085千亿美元，居民部门成年人个人人均应是44493.4美元。比较而言，同年日本、美国的总财富分别为256.920千亿、1457.930千亿美元，成年人人均财富分别为425238、579021美元。[3] 由于这两国的广义政府资产净值为负数，他们的这两个数字同时也就可算是居民部门财产净值拥有量和居民部门成人人均财产净值的数量。

除体量外，权利和权力也都是有强度的，在体量一定的情况下，它们的强度由集中程度决定，即愈是集中，强度愈大。就权利而言，其强度体现在两个方面，其中首先是相对于权力或对抗权力的强度，其次是一种权利或一部分人的权利相对于其他权利或对抗其他人权利的强度。权利体量与权利强度的关系，权利与权力的平衡以及与国民财富配置的关系等，是需要另行做专题研究的课题。

（二）实事求是地解释个人基本权利、公法权利与个产的关系

从"个产→权利"的转化机理看，居民部门用国民总收入初始分配所

---

[1] See Thomas Piketty, Li Yang, and Gabriel Zucman, "Capital Accumulation, Private Property, and Rising Inequality in China", 1978-2015, *American Economic Review* 2019, 109 (7), pp.2471, 2481.

[2] 参见李扬、张晓晶等《中国国家资产负债表2020》，中国社会科学出版社2020年版，第14—17页。

[3] See The Credit Suisse Research Institute (CSRI), Global Wealth Databook 2022, pp.20-24.

得的一部分向政府纳税、所做之各项缴纳，构成居民部门成员（公民）享有宪法规定的基本权利的对应经济内容。其中基本权利通过宪法实施形成法律体系确认和保障的各种具体权利、自由等。居民部门初始收入与居民部门可支配收入总额之间有一个差额，该差额是因居民部门向广义政府部门纳税和做各项社会缴纳造成的。居民部门的初次分配收入主要由居民工薪净额、财产收入净额、营业盈余构成，而广义政府部门的初次分配收入主要是非税收入，即政府运用国家资源、信誉、国有资产或提供特定公共服务、准公共服务取得的财政性资金，以及国企按相关规定除纳税外应向政府上缴的那部分国有资本投资收益，如财政部、国资委发布的《中央企业国有资本收益收取管理暂行办法》所规定的国企应上缴收益。我国经济学通常是把全部初始收入按三部分划分和统计的，而且不甚合理地把生产税（有关生产、销售、购买、使用货物和服务的各种税，如增值税、营业税、消费税）、进口税也纳入政府部门的初始收入。按这种统计法，以2018财年为例，我国居民部门、企业部门、政府部门三方初次分配所得占国民收入的比重为61.19%、26.03%、12.79%。① 这种分三部门的统计数据需做较多改进才能适用于同二元划分相适应的法学研究需要，主要改进的方式是在把税收排除到政府初始收入范围之外的同时，将企业部门的初始收入按财产权属性最相近原则和相对合理标准在居民部门与广义政府部门之间做分割。这方面，法学目前尚只有条件确定原理、原则，技术性安排只好留待日后讨论。但无论如何，所有各种税都应该计入居民部门的原初收入，不应作为政府的原初收入，因为，作为财产，它们归根结底都是政府征收自居民部门的，原属居民的创造。

要合理确定居民部门初始收入及其人均数量，需结合不同国家的基本经济制度来识别居民部门初始收入与国民收入及它们的人均数有所不同的地方。居民部门初始分配收入只是国民收入（GNI）中由个人分享的部分，国民收入的其余部分是由广义政府部门分享的。② 2021年中国（大陆）官

---

① 参见罗志恒《中国宏观收入分配格局研究》，http：//finance.sina.com.cn/zl/china/2021-09-06/zl-iktzqtyt4347187.shtml，2023年2月20日访问。
② GNI和GDP衡量的对象，都是由一国全体常住机构单位或部门所构成的经济总体，覆盖的范围是一样的，差别只在于GNI用于衡量收入，而GDP用于衡量产出。所以，它们之间量的差别通常微乎其微，几可忽略不计，如2019年我国GDP是990.865千亿元，而GNI为988.529千亿元，差率不过0.2%而已，此前10余年间差率最多的年份也仅是0.8%。

方公布的国民总收入为人民币 1133.518 千亿元，① 世界银行和经合组织的统计数是人民币 1133.240 千亿元，以时价计算折合为 175.723 千亿美元。② 按经合组织的统计，2020 年以美元计价的国民收入，中国（大陆地区）为人均 17055 美元。③ 在广义政府部门只有很少初始收入的国家，居民部门人均初始收入和人均国民收入相差很小。但在以国有经济为主导的我国，国民收入中的政府性基金预算收入、国有资本经营预算收入都应算作政府获得的初始收入，它们之外的其余部分才能作为居民部门分享的初始收入，可由居民部门按人数加以平均。从前述 2021 年的相关数据看，中国居民部门成员可分享到的初始收入占国民总收入的比例大体在 75%—76%。对于法学研究很重要的居民部门初始收入总额和平均数似乎不是经济学十分关注的项目，所以，中外似乎都很少发布这方面的具体统计数字。但根据已知数据不难推算出个人相关初始收入数字，因为，就我国而言，以下公式不言而喻应该是能够成立的：居民部门初始分配所得总额＝居民可支配收入总额＋纳税＋社会缴纳。若要求相应平均数，除以全国人口数或成年人人口数就可以得到了。

（三）准确理解基本权利、公法权利与权力主体义务（或责任）的关系

在相关年度国民收入初始分配形成的居民部门初始收入总额中，有相当一部分会以纳税和其他社会缴纳（如社保缴费）的形式集中到广义政府部门手里，通过预算收支形成权力，然后再回过头来给居民提供货品、服务等公共产品。结合我国宪法的公民基本权利条款认识这个过程，是看清宪法保障的公民基本权利和法律保障的公权利之个产内容的关键。在实际法律生活和法学教学中，从民商法角度理解 "个产→权利" 相对而言是比较容易的，但要理解我国《宪法》从第三十三条公民 "在法律面前一律平等" 到第五十条涉及的广泛权利、自由，就往往显得比较困

---

① 参见国家统计局《中华人民共和国 2021 年国民经济和社会发展统计公报》，http://www.gov.cn/xinwen/2022-02/28/content_ 5676015.htm，2023 年 4 月 5 日访问。
② 参见世界银行和经合组织国民经济核算数据，https://data.worldbank.org.cn/indicator/NY.GNP.MKTP.CD，2023 年 3 月 5 日访问。
③ See OECD（2023），Gross national income（indicator）.doi：10.1787/8a36773a-en，Accessed on May 4，2023.

难。因为很难确定个产与这些权利、自由的对应性：试想，法律面前一律平等、选举权、被选举权、言论出版自由、人格尊严的对应个产内容如何确定？人们之所以会感到难以找到个产与这些权利、自由的对应性，从认识方法角度看，根本原因在于忽视了国民收入初始分配形成的居民部门收入与居民部门可支配收入之间的差额及其宪法、法律功能。居民部门获得的初始分配收入，从法律的角度看就是个人获得的初始权利，在人民代表大会制度下，表现为公民尚未通过选举投票委托出部分权利之前的全部权利。这层关系的公式表达是：公民初始权利＝公民依法享有的权利＋公民委托给人民代表大会的全部权利。其中，"委托给人民代表大会的全部权利"集合到公共机构手中就成为权力，即宪法规定的"国家的权力"或国家的"一切权力"。

  总体来说，作为原初权利物质内容的居民部门原初分配收入有两个去向：其一是向广义政府部门缴纳，主要是纳税，还有社保等其他形式的缴纳；其二是形成居民可支配收入。居民部门所纳之税在整体上支撑着广义政府部门的存在和运作，其中绝大部分由广义政府部门最终转化为权力并在其行使过程中被消耗掉。居民部门上缴给广义政府的社保缴款等也集中到广义政府手中形成预算收支，但其中除通常较少的部分作为办公成本形成权力外，其余都会以实物（包括服务）或现金的形式转化为居民的最终消费，以公共福利方面的基本权利的形式终结其存在。从"个产→权力"转化的角度看，一国宪法确认的基本权利和公法确认的所有权利，包括诉权、享有法律秩序保障的各种自由，均应理解为广义政府部门对公民、个人承诺的服务项目。居民部门成员依法向政府纳税和做其他各种缴纳，都意味着向后者购买了相应项目的服务或对其做了投资，从而处于债权人的相对位置，而广义政府部门相应处于债务人的位置。因此，宪法确认的所有基本权利，都应理解为是居民部门投入一部分初始收入预定、换取的。这些投入的居民初始收入，就是理论上与各项基本权利或各种具体权利、自由对应的个产内容。2022年我国广义政府一般公共预算收入203.704千亿元（其中税收收入166.614千亿元），政府性基金预算收入77.879千亿元，国有资本经营预算收入5.689千亿元，社会保险基金预算收入101.523千亿元，共388.795千亿元。其中，税收占42.85%，社保缴纳占29.97%，两者预算收入占总数的72.82%,① 这些就是宪法确认的各项基本权利和法律保障的各项具体权利、自由的个产基础。当然,"个产→权利"关系在这些方面是以权力为中介或以权力形式过渡的。

若以我国《宪法》第二章确认的基本权利中的法律面前平等、各种自由乃至人格尊严不受侵犯为例来论说,它们都是广义政府以实施宪法的名义从居民部门提取初始收入时承诺要加以保障的对象,即居民部门已向广义政府部门缴费购买了这些方面的保障和服务,后者理应依宪法提供。同理,对居民部门任何有行为能力的成员来说,如果宪法确认的基本权利受到广义政府部门或居民部门内部其他人员的非法剥夺或损害,从法理上说他/她都应该获得相应财产性赔偿。至于一个国家有没有以及有无必要制定这方面的赔偿立法,那是应由各国立法者根据一国实际情况裁量决定的问题。

(四) 个人可支配收入主要与民商事权利直接对应

个人原初分配收入在做了公共缴纳之后形成居民可支配收入,其数量从整体上或个别地直接反映出特定时段人们的私权利享有状况。国家统计局2023年初发布的统计公报显示:2022年全国居民人均可支配收入36883元,人均可支配收入中位数31370元;按常住地分,城镇居民人均可支配收入49283元,农村居民人均可支配收入20133元。居民可支配收入主要有四个来源,它们在居民全部可支配收入中所占的比重分别是:工资性收入55.8%,经营净收入6.7%,财产净收入8.7%,转移净收入18.7%。② 个人可支配收入是国民收入再分配("二次分配")的结果。我国统计国民收入再分配结果通常是按居民、企业、广义政府三部门进行的,如果改为对国民可支配收入做居民部门和政府部门二元划分,如前所述,采用三元划分法形成的属于企业部门的国有企业可支配收入就应做拆分,拆分的原则应该是按规定须上缴国家的部分或须按政府指示使用的部分划归广义

---

① 参见财政部《关于2022年中央和地方预算执行情况与2023年中央和地方预算草案的报告》,http://www.mof.gov.cn/gkml/caizhengshuju/202303/t20230316_3872867.htm,2023年4月5日访问。

② 参见国家统计局《2022年居民收入和消费支出情况》,http://www.stats.gov.cn/sj/zxfb/202302/t20230203_1901715.html,2023年4月15日访问。

政府部门，国有企业本身可自主支配的部分划归居民部门。至于非国有企业，那通常当然是整体放在居民部门。

如果说居民部门向政府所纳之税和其他各种缴纳是宪定各种基本权利和法律保护的公权利的物质内容，那么居民部门可支配收入就是私权利的物质内容，而且具有直接的对应性。居民部门可支配收入通常分为消费支出和储蓄（包括投资）两部分，其中消费支出直接体现"个产→权利"转化关系，储蓄则是将相应数量的可支配收入放到权利储备的位置。2022年，我国全国居民人均消费支出24538元，其中城镇居民人均消费支出30391元，农村居民人均消费支出16632元。2022年，全国居民人均消费支出的比重结构是：食品烟酒消费30.5%，衣着消费5.6%，居住消费24.0%，生活用品及服务消费5.8%，交通通信消费13.0%，教育文化娱乐消费10.1%，医疗保健消费8.6%，其他用品及服务消费2.4%。[1] 在这里，"个产→权利"转化关系表现得非常直观、具体。以食品烟酒消费为例：食物是肉食还是素食？肉是羊肉牛肉还是猪肉鸡肉，1斤还是5斤？素食是大白菜还是虫草、燕窝，多少千克？香烟是便宜的红塔山牌还是较贵的中华牌，多少包？酒是老白干还是茅台，多少瓶？这些食品烟酒按质都处在不同价格档次，按量都有不同的数字，它们一一对应着具体种类、具体质量和具体数量的权利。其他各项支出，以一般等价物货币的数量体现的财产量与人们能获得的相应商品、服务的权利的关系无不都是如此。

居民部门可支配收入只有消费过了，才能算完成"个产→权利"转化过程，若转入储蓄，那相应可支配收入只能算进入了权利储备的存在状态。中国的储蓄率一直是比较高的，2010年为38.48%，2019年为34.79%，2022年从已有的数字看是33.47%。相比较而言，2019年，以下国家的储蓄率分别是：欧盟国家平均6.12%，法国9.21%，德国10.78%，日本3.36%，意大利2.4%，英国-0.66%，美国9.13%。[2] 这些可对比的储蓄率数据，所反映的是处于储备状态的、待转化为权利的个产占居民部门可支配收入的比例。

---

[1] 参见国家统计局《2022年居民收入和消费支出情况》，http://www.stats.gov.cn/sj/zxfb/202302/t20230203_1901715.html，2023年4月19日访问。

[2] See OECD（2023），Household savings（indicator）. doi：10.1787/cfc6f499-en, Accessed on May 5, 2023.

个产是私权利的基础，它的有无和数量直接决定个人私权利的有无和数量，但在一定条件下也会直接或间接影响公权利。私权利与个产的存在状态密切相关，处于存量状态的个产形成储备状态的私权利而非享用状态的私权利，从实体意义上说，个产只有最终消费、耗用了，才算真正完成了向相应权利的转化。个产的体量决定相对应权利的体量，两者呈正相关关系。个产对个人公权利的影响一般是间接的，往往因各国法制的不同而有所不同，如对个人财产在选举中的运用，各国法律的规定不同。另外，关于私权利的具体财产基础，还要结合下文将有所涉及的个产范围来理解。

（五）权利不可能超出社会的经济结构以及受其制约的社会的文化发展

我国现有相关资产负债表较客观展示了居民（个人）部门的权利体量和种类结构，但需要补充完善才能更合理地用之于法学研究。从有关学者编制的居民部门资产负债表中，人们能够获得我国居民在财产方面一些比较客观的信息。以 2019 财年为例，这年全国居民部门非金融资产为 2499.331 千亿元，其中城镇住房资产合计 2324.587 千亿元，汽车资产 139.796 千亿元，农村居民生产性固定资产 34.948 千亿元。估算方法调整后，私有住房资产合计 1937.982 千亿元，占总资产的 36.2%，占净资产的 40.6%，居民积累较为倚重房产，排在住房之后的是汽车、农村生产性固定资产。[①] 同年全国居民金融资产 3250.274 千亿元，其中通货 63.840 千亿元，存款 1120.669 千亿元，保险准备金 129.690 千亿元，证券投资基金份额 192.424 千亿元，股票及股权 1702.111 千亿元，债券 27.336 千亿元，贷款 14.204 千亿元。同年全国居民部门总资产为 5749.605 千亿元，其中非金融资产占比为 43.47%，金融资产占比为 56.53%。居民部门总资产减去金融负债贷款 623.383 千亿元，净资产总值为 5126.222 千亿元，居民部门人均净资产为 36.7 万元。[②] 居民部

[①] 参见李扬、张晓晶等《中国国家资产负债表 2020》，中国社会科学出版社 2020 年版，第 41—45 页。

[②] 参见李扬、张晓晶等《中国国家资产负债表 2020》，中国社会科学出版社 2020 年版，第 38—46 页。

门的这些基础性财务数据可分别从总体和人均角度反映出我国公民的权利享有状况。

循着"个产→权利"的线索看，以上国民收入再分配形成的基础性经济指标，是当今我国法律实践中私权利的主要物质基础。马克思说："权利决不能超出社会的经济结构以及由经济结构制约的社会的文化发展。"① 这个道理对于同国民收入初始分配和再分配状况相对应的公民基本权利保障、公权利保障和私权利保障，都是适用的。"经济结构"不是看不见摸不着的东西，说到底它就是生产力发展水平以及体现它的财产总量和财产结构。因此可以说，个人部门资产在社会全部资产中所占的比重，就是个人部门资产在"经济结构"中所处的实际地位。"制约"权利一切方面的、特别是"制约"权利的体量、存在形式和相对于权力的地位等的"社会的经济结构以及由经济结构制约的社会的文化发展"，都应该在物质资料生产、积累、分配、消费的大框架内理解。说得更直白一些就是：权利的生成、体量、种类和在法权中所占比重等，取决于包括生成权力的国产在内的全部归属已定财产的生产状况；权利与由国产生成的权力的关系是间接的，前者直接取决于个产的体量，后者取决于国产的体量，而个产与国产是相通的；个产中的可支配收入支出范围的广泛性、数量决定与之相对应的权利的多样性、体量。社会主义的优越性在于个产占有的公平、公正性和良好的增长前景，不在于绝对量在当下超过其他社会形态的国家。在公民享有权利的多样性和体量方面，道理与此相同。

结合国民收入初始分配和二次分配居民部门所得来认识权利，个人财产转化为权利原理的法现象解释力很强且系统、全面，范围涵盖了基本权利、公权利和私权利。但是，也有一些不尽如人意的地方，其中主要是居民财产的范围只限于物，不包括人的生命和身体本身。法学讨论个产与权利的关系，或许需要从基础上弥补把人的生命、身体及其构件排斥在个人财产范围之外的缺憾。

---

① ［德］马克思：《哥达纲领批判》，《马克思恩格斯选集》（第3卷），人民出版社2012年版，第364页。

三 证成财产向权利、权力转化假说须回应的理论问题

如果国有财产全部由公共机关消耗，理论上国有财产会全部转化成权力，这没有多少疑问。但是，不仅中国出现而且其他国家更早出现的一种典型情况是，公共机关往往假手由它出资设立但设立后有独立民事主体资格的法人组织来运用相关公有资产，因而相关国有财产形成了诸如国家财产所有权和法人财产权之类的"两权"分离后果。其中，显然前者是权力，后者是权利。上述情况的出现或存在向实践法理学提出了如下挑战：这种现象该如何解释，它是否足以否定"国产→权力""个产→权利"的假说？另外，个产转化为权利的过程很直观，但如何合理确定个产的范围却成了越来越突出的问题，其中的关键是，人的生命、身体及其构件应否算作个人财产。

在结合我国具体情况研究财产与权利、权力关系的过程中，我感到学界早已有所讨论但一直没有解决好的两个理论问题时常妨碍其他相关话题的推进。下面试分别讨论这两个问题，期待其过程和初步结论对全面深入认识我国财产和权利、权力的关系有所助益。

（一）国资分解为"两权"是否是对国产→权力、个产→权利假说的否定？

"两权"一般指国有经营性资产在有法可依的条件下投入运营后分解成的两部分"权"：由国家机关享有、行使的国家财产所有权（如出资者权益）与国有企业法人享有、行使的自主经营权或法人财产权。在现代法治和法人制度下，政府投入公司的财产中有一部分事实上是由广义公司占有、使用、收益和处分的，因而形成了财产的国家所有权与公司对同一部分财产享有的那部分权相分离的情况。或许以国有独资公司资产为例来讨论一下相关国有资产与"两权"的关系会有助于说明问题。在典型计划经济体制下，我国实行的是"政企合一"体制，不存在基于国有资产的"两权"区分和分离问题，即只有国家财产所有权这一"权"，而且它从形式

到实质都是由国家机关等政权组织行使的权力。那时，国有企业只是国家政权组织加长的手臂，没有自己相对独立的权利，因而当时属国家所有的财产的国家性处于顶峰，近乎全部表现为权力。但是，在中国启动市场经济取向的经济体制改革后，情况很快发生了改变。先是有学者提出了财产国家所有权和国有企业法人所有权可以分开和并存的观点，那是1981年的事情。[1] 稍后1982年《宪法》诞生，其中第十六条第一款规定："国有企业在法律规定的范围内有权自主经营。国有企业依照法律规定，通过职工代表大会和其他形式，实行民主管理。"按理说，学术界此后关于国有企业"权"或"两权"的讨论，应该在《宪法》第十六条的框架内展开，但可惜并不是这样。以致在1982年宪法生效10年后，国家国有资产管理局的官员仍习惯于在财产国家所有权和"国有企业法人所有权"的框架下讨论中国经济体制改革中的国有企业改革问题。[2]

不过，法学界在1987年已有学者表示不赞成企业法人所有权的提法，并开始结合《宪法》第十六条关于国有企业"有权自主经营"的规定讨论"国有企业法人财产权"。[3] 自那时起到1990年前后法学界的相关讨论，可以理解为将《宪法》第十六条规定的国有企业自主经营权解说为法人财产权的努力。1993年中共中央《关于建立社会主义市场经济体制若干问题的决定》和随后通过的《公司法》采纳了"法人财产权"概念。《公司法》第三条规定："公司是企业法人，有独立的法人财产，享有法人财产权。"这就正式确认了对于同一份国有财产，其国家所有权和法人财产权分开又并存。2021年开始施行的《民法典》沿用了这种安排，该法典第二百四十六条、二百六十九条分别规定："法律规定属于国家所有的财产，属于国家所有即全民所有。国有财产由国务院代表国家行使所有权。""营利法人对其不动产和动产依照法律、行政法规以及章程享有占有、使用、收益和处分的权利。"这样，法律再次确认国有企业法人实际上分享了原属于国家财产所有权的一部分权能。而中国国家统计局发布的业务指导规则采用"SNA 2008"的提法，将国家财产所有权分解为"法定所有者的法定所有

---

[1] 参见梁慧星《论企业法人与企业法人所有权》，《法学研究》1981年第1期。
[2] 参见王开国《论国有企业法人所有权的确立与国家最终所有权的行使》，《经济理论与经济管理》1994年第3期。
[3] 参见史际春《国有企业财产权性质辨析》，《上海社会科学院学术季刊》1987年第2期。

权和经济所有者的经济所有权"。① 实际上，这个"经济所有权"与我国宪法规定的企业经营自主权、民法典规定的法人财产权基本上是一回事，只是为了与"SNA 2008"衔接才采用了后者中的提法。

通过以上回顾可看到，一部分国家财产所有权在法治和市场经济条件下必然分解为"两权"，这是我国宪法、法律和国家统计部门工作规则早已确认的现实，也是法学界共识。但这方面也不无遗憾：在1982年《宪法》公布施行后，法学界讨论与财产国家所有权对称的国有企业权利时何以不依据《宪法》第十六条里国有企业"有权自主经营"的规定？这就是国有企业经营自主权啊！国有资产的法人所有权、法人财产权、经济所有权这些提法，原本都应根据宪法表述为国企自主经营权，后者在内容上完全可以解释成法人财产权，其间至多需要在立法时附加些说明。

不过，这个标题下要探讨的主要问题是：应否将广义政府行使的国家财产所有权归类于权力范围，同时将国有广义公司的"法人财产权"归类于权利范围。还有相关的其他附随性问题。

回应以上问题应作出的基本判断是，"两权"中相关政府部门行使的财产"所有权"属于权力范围，而国有广义公司可自主行使之权不论叫什么名称，都应归属于权利范围。一些学者已不约而同地证明由国家行政机关和其中资管理部门行使的国家财产所有权属于权力范围。② 因为，按实践法理学多年来确定的标准，任何一种权的属性是权利还是权力抑或是法外之权，主要看其背后支撑的财产是国产、个产还是归属未定财产，而不是传统的强制力的有无或大小。③ 当代法律实践显示，现代国家经营性国产的所有权实际上是、通常也只能是通过相关国家机关行使权力和广义公司行使权利相结合的方式来实现的。在政府预算非经常性支出形成的国产"两权"不同程度分离的情况下，尽管其国家财产所有权的名词维持不变，但却不可避免地出现国家性与个人性以权为标志分开和并存的情况。历史地看，国有企业相应权利是国家机关收缩自己的财产所有权范围、释出一些空间后的产物。当然，广义政府与国有企业的关系很复杂，国有企

---

① 《国务院关于中国国民经济核算体系（2016）的批复》，附件《中国国民经济核算体系2016》，第9页。
② 参见徐祥民《自然资源国家所有权之国家所有制说》，《法学研究》2013年第4期。
③ 参见童之伟《中文法学中的"权利"概念》，《中外法学》2021年第5期。

业行使之权也并不全然是权利,本章所称国企权利,限于《宪法》规定的国有企业经营自主权、《民法典》等法律规定的国有公司法人财产权范围。另外,以国有资产入股民营企业形成的黄金股、优先股、特殊管理股,拥有一股多票或一票否决的特权,故这类国有股体现的权也属于权力范围。

政府预算经营性支出与政府预算经常性支出形成的资产的法律属性并不完全相同,前者在所有权实现形式上表现出国家与个人(法人)双重属性,因而在法律实践中会形成权力和权利两方面内容,而政府预算经常性支出形成的资产通常单纯表现为权力。显然,在与国家机关的结合度方面,政府经营性预算支出没有政府经常性预算支出那么紧密,前者须让民法上的"个人"分享一部分权才能有效运作,因而其本身在主体意义上包括了"个人"性。正是政府经营预算支出形成的国有资产法律地位有与个产近似的一些属性,决定了其中一部分能转化为民事性质的权利。

再看我国国有事业单位资产与权利、权力的关系。我国有大量国有事业单位,它们可分为18类:教育类,文化类,卫生类,社会福利类,交通类,城市公用类,农林牧渔水类,信息咨询类,中介服务类,地震测防类,环境类,检验检测类,知识产权类,还有机关后勤服务类。从与国有资产的关系看,这众多事业单位可划分为三类,即:国家全额拨款事业单位,如学校、科研单位、疾病预防控制、工商管理等;国家差额拨款事业单位,这类单位的人员费用由国家财政拨款,其他费用自筹,如医院;自主事业单位,国家不拨款,自收自支,如政府部门办的公证处、印刷厂、测绘所、规划院、酒店等。这众多事业单位中,承担基础性社会职能的,都是由国家全额拨款或差额拨款形成的事业单位法人。

事业单位法人国有资产"两权"的关系,同企业国有资产"两权"关系,道理是一样的,可比照做学理解释。以高等学校为例,《高等教育法》第十三至十四条分别规定:"国务院统一领导和管理全国高等教育事业。省、自治区、直辖市人民政府统筹协调本行政区域内的高等教育事业,管理主要为地方培养人才和国务院授权管理的高等学校。""国务院教育行政部门主管全国高等教育工作,管理由国务院确定的主要为全国培养人才的高等学校。国务院其他有关部门在国务院规定的职责范围内,负责有关的高等教育工作。"国务院及其下属部门和地方政府享有的这些权力,包括任命领导人的权力,有些可理解为基于国家政权形成的,有些应理解为基于出资人资格形成的。这一点，对比《民办教育促进法》的相关规定可以看出来：各级国家行政机关对民办高校行使的权力小得多，包括不行使聘任校长的权力。至于基于国家投资高等学校形成事业单位法人后形成的权利，《民法典》第二百五十六条规定："国家举办的事业单位对其直接支配的不动产和动产，享有占有、使用以及依照法律和国务院的有关规定收益、处分的权利。"

政府经营预算支出主要形成国有广义公司的资产，其他机构的国有经营性财产占比很小，但它们占有和使用的国有资产与"两权"的关系，应该都可以比照上述分析来理解或解释。不过，由于国有事业单位与国家机关关系的紧密程度不同，职能也不同，因而基于国有经营性资产形成的法权结构也会不一样。

国有资产在实践上分解为"两权"，不是国家财产独有的现象，个人财产也能如此。但需要注意的是，国有资产分解后形成的是权力和权利，个产分解后形成的只是功能不同的两种权利。各国通用的 2008 国民账户体系从区分财产"法律所有权"（legal ownership）和"经济所有权"（economic ownership）的角度解说了这种情况。在该账户体系中，法定所有者指依法对产品价值中所蕴含收益享有利益的单位。它有可能与另一单位签协议同意由后者在生产中使用其资产，承担相应风险并享有相应利益，同时自己也得到蕴含风险较小的一笔钱。例子是，一家银行在法律上拥有一架飞机，但它同意某航空公司使用这架飞机，自己依合同得到相应经济回报。航空公司有权决定该机飞行频次、目的地和票价等。这样，相关航空公司就被视为这架飞机的经济所有者，飞机记录为该航空公司所购买，同时银行仍是其法律所有者。[①] 在这里，处在银行位置的如果是广义政府，飞机的法律所有权属权力范围；如果处在银行位置的是任何民营经济实体，飞机的法律所有权则属权利范围，同时，在任何情况下飞机的经济所有权都是权利。这里采用的是权利与权力实质分类标准，即只看相应的权后面归根结底是国产还是个产，而支撑经济所有权的是个产，即与广义政府对称的真实的法人财产。

[①] See *The System of National Accounts* 2008（SNA 2008），EC, IMF, OECD, United Nations and World Bank, New York, 2009, p. 20.

对国民收入做居民部门与广义政府部门二元划分,和对进入法中之权做权利权力二元划分,二者是同一个过程在两个不同层面的表现。要结合中国实际情况把这种划分做彻底,集体所有的财产与"权"的关系也需要基于"个产→权利""国有财产→权力"的转化假说有所交代。在二元划分框架下,现阶段集体所有的财产在法律实践中最接近个人(农村集体经济组织法人、城镇农村的合作经济组织法人)或个人合伙的财产,按权利权力实质分类标准,它通常会形成权利,不会形成权力。但在历史上曾经有过的"政社合一"时期,实际上出现过集体所有的财产事实上成为权力的物质支撑的情形,这种情况到1982年《宪法》诞生才正式结束。这部《宪法》第八条规定:"农村集体经济组织实行家庭承包经营为基础、统分结合的双层经营体制。""参加农村集体经济组织的劳动者,有权在法律规定的范围内经营自留地、自留山、家庭副业和饲养自留畜。"在现行法制下,集体所有的财产支撑两种权利,即作为《民法典》第九十六条规定的特别法人的民事权利和参加农村集体经济组织的劳动者的经营权。如果必要,按"2008国民账户体系",也可以理解为特别法人的集体财产法律所有权和其中劳动者(家庭)的经济所有权。

至于基层群众性自治组织,它们虽然可以作为特别法人,但属它们所有的财产与"两权"的关系需要做具体分析。《居民委员会组织法》第二条、第三条的规定确认居委会是基层群众性自治组织,但很大程度上是协助不设区的市、市辖区的人民政府或者它的派出机关工作的机构,其承担的6项"任务"实际上主要是公共事务管理工作。从该法第十七条的规定看,它的工作经费、人头费和办公设施来自地方政府,属国有资产。从《村民委员会组织法》第二条的规定看,村委会在一定程度上也是协助乡镇政府工作的机构。该法第三十七条规定:政府对村委会协助政府开展工作应当提供必要的条件;政府有关部门委托村委会开展工作需要经费的,由委托部门承担,办理本村公益事业所需经费确有困难的,由地方政府给予适当支持。综合起来看,《居民委员会组织法》规定的居委会"任务"和《村民委员会组织法》规定的"职责""职权",都是在不同程度上由国有资产作为物质依托的,因而在不同程度上处在权力范围。与此同时,居委会的民事权利类同国有企业的法人财产权,村委会的民事权利主要依托集体所有的财产,后者本来就处在二元划分框架中的居民部门财产范围内。

(二) 生命、身体及其构件是否个人财产？

单纯从经济学角度看，资产负债表能较客观地反映一个企业的财务状况，但在现有指标体系下要让它反映一国经济的综合状况，看来也有明显不甚合理处。这首先是因为其指标体系忽略一国的人力资源总量这个重大的和关键的经济要素，人口、人身不被视为生产过程的产品或成果。与经济学领域这种状况相对应，法律实践和法学也没有对人的生命、身体及其构成部分是否为个人（或家庭）财产的问题作出圆满的回答。就像世界银行将人力资源视为财富之首的认定极可能深入影响各国经济生活和经济学一样，相信对承载人力资源的人的生命、身体及其构件（器官、肢体等）之财产内容的新认识，也极可能会深刻影响法律实践和法学。

在人的生命、身体及其构件（肢体、细胞、组织、器官、遗体等）是否为财产的问题上，我愿意在学界已有论证的基础上更明确地提出自己的基本观点：[1] 生命、身体及其构件是个人的首要财产，它们作为整体，在宪法上表现为不证自明的前提性基本权利，即生命权；作为基本权利的生命权在我国立法实践中尚有待更充分的保障。对于包括生命权在内的基本权利，多数国家的宪法是不列举的，尽管美国独立宣言提出了生命权和《世界人权宣言》第三条规定"人人有权享有生命、自由和人身安全"。我国《宪法》对基本权利采用了列举的方式，但制宪者显然因为生命权是享有其他一切基本权利的前提、公民享有生命权不言而喻等原因而没有列举。在这方面，我国《民法典》准确反映了宪法精神，确认了自然人的生命权、身体权和健康权，以及身体权包含的自然人对自己身体细胞、组织、器官、遗体的权利。但是，由于法学缺乏对生命权、身体权和健康权的财产内容的认识，民法典乃至整个法律体系对这些权利的保护仅从纸面上看就缺少对应财产内容。推进这方面研究会形成一个宏大的课题，本章的研究只能主要以生命权为例做些论述。

认识生命权的关键，是辨识和回答人的生命、身体及其构件是否为个人财产之问。只要确认它们是个人财产，就必然承认它们表现为人身权利，但归根结底主要是财产权利。事实上，人是生产过程的产物，从孕育

---

[1] 已有的论证可参见童之伟《再论法理学的更新》，《法学研究》1999 年第 2 期。

到出生、成长,维持生命延续,被称为人的生产和再生产过程。在现代社会,人的基本生产单位是家庭,社会、国家也会以不同的形式参与这个过程。不过要注意,生产过程的产品是财产,但产品、财产不等于商品。产品、财产是物的自然属性,法律是否允许它们成为能买卖的商品是由它们所处的社会历史条件决定的。所以,商品是立法者赋予具体产品、财产的法律属性,受社会进步和政治、伦理观念等多方面因素影响。关于人口是生产和再生产的产品的观念,首先是英国古典政治经济学的学者提出来的。如马克思曾援引牛津大学政治经济学教授赫·梅里韦尔1841—1842年出版的著作中这样一句话:"人的再生产不管多么快,要把成年工人补充起来,总需要有一代人的时间。"①

马克思1867年在英国古典政治经济学基础上更深入地论述了人口生产和再生产:"过剩的工人人口形成一支可供支配的产业后备军,它绝对地从属于资本,就好像它是由资本出钱养大的一样。过剩的工人人口不受人口实际增长的限制,为不断变化的资本增殖需要创造出随时可供剥削的人身材料。""而工业周期的阶段变换又使过剩人口得到新的补充,并且成为过剩人口再生产的最有力的因素之一。"② 到1884年,恩格斯又总结性地论述了人口生产和再生产:"(生产本身有两种)一方面是生活资料即食物、衣服、住房以及为此所必需的工具的生产;另一方面是人自身的生产,即种的繁衍。"③ 显然,在英国古典政治经济学和马克思、恩格斯那里,人在经济学意义上是被视为生产过程产出的产品看待的,马克思所说的被创造出的"人身材料",就是人的生命、身体、器官、肢体等构件。

我阅读英国古典政治经济学和马克思、恩格斯以上论述得到的直接启发有三点,而这三点正好反映了把人的生命、身体乃至人口作为资产予以承认的必要性,以及不予承认的不合理性:(1)每一个个体的人,从胚胎到成年,无时不需要有人"出钱养大",而"养"的内容,是随时代发展而不断发展的,从最基本的吃饭穿衣,到受义务教育、职业训练,再到受

---

① [德] 马克思:《资本论》,《马克思恩格斯文集》(第5卷),人民出版社2009年版,第730页。
② [德] 马克思:《资本论》,《马克思恩格斯文集》(第5卷),人民出版社2009年版,第728—729页。
③ [德] 恩格斯:《家庭、私有制和国家的起源》,《马克思恩格斯选集》(第4卷),人民出版社2012年版,第13页。

程度不同的高等教育，涉及领域极其丰富多样。这就是人的生产，同时也是劳动力（特殊商品）的生产。(2) 正常的成年人，他们要养活自己，解决衣食住行问题，有特殊困难时在可能的情况下还会接受家人、社会或国家的帮助。这是个体的人的再生产，也是劳动力的再生产。这里都有生产成本、个别成本和社会平均成本的差别和计算问题。(3) 作为产品的具体的人，是由各种"人身材料"构成的，这些人身材料的形成成本从而价值和使用价值往往是不一样的。"人身材料"无外乎人的身体器官和肢体，从产品生产的角度看，它们都是投入后的产出，投入的不仅有衣食，更有教育和职业技能训练，因而不同的人的同一种器官或肢体，其客观的价值和使用价值是不同的。如普通人的大脑与能做极端复杂脑力劳动的科学家的大脑，普通人的脚与芭蕾舞演员的脚，普通人的腿和足球运动员的腿，普通人的手指与提琴手的手指，其价值在客观上是有很大差别的。广为报道的例子有葡萄牙球星 C 罗曾为双脚和腿购买了 1.44 亿美元的保险，英国球星贝克汉姆曾为腿、脚趾头和脸共投保 1 亿英镑，著名演员詹妮弗·洛佩兹一度为腿投保达 10 亿美元，钢琴家郎朗 10 根手指投保的人民币过亿，女演员亚美莉卡·费雷拉给自己独特的微笑投保 1000 万美元。这些情况表明，社会、市场早就承认了人的身体构件是个人自己的财产。

在开发富于现代性的财富记账方法和会计实践方面，世界银行一直处于探索的前沿，其近年有两个做法富有革命性，共同特点都是注重人、人口数量和素质。而人的这些因素的载体都是人的生命、身体及其构件等"人身材料"，在法律上只能表现为人力资源性权利。其做法之一是采用了"真正储蓄"（genuine saving，亦称"调整后的净储蓄"或"综合投资"）概念以纠正 GDP 这个指标忽视人的因素的偏颇，其定义是：真正储蓄＝净固定生产资本集资和海外投资＋自然资本变化＋教育支出。[①] 这样一来，对财富的衡量就不仅纳入了基础生产资本、自然资本和金融资本，还纳入了人力资本。世界银行的另一新做法，是将国民财富主要认定为由人力资产、自然资产、生产资产和外汇资产构成的整体。这种方法旨在聚焦人力资产的终身价值，从而使人们能够在将资产、收入和消费与未来可持续发

[①] See S. Tzvetkova and C. Hepburn, The missing economic measure: Wealth, Our World in Data, March 26, 2018, https://ourworldindata.org/the-missing-economic-measure-wealth.

展联系起来的框架内审视它们。新财富账户最重要的改进是纳入了人力资本，并以终身收入的贴现值计算人力资本。在新的财富账号里，人力资本占全球全部财富的比重，1995年是69%，2014年是65%，之所以下降，主要原因是劳动人口迅速老龄化。尽管如此，根据世界银行统计的2014年的数据，除低收入国家外，人力资产仍是各国财富四个组成部分中最大的一个。①

在法律发展史上，人们在古代凭直觉就悟出了财产与人的生命、身体及其构件的相同关系和等值性，并且直观地利用这种认识来进行审判和立法。很多国家的古代法都包含这方面的实例，但相对而言还是《埃塞伯特法典》最典型。下面是该法第21条至第70条范围内包括的这类规定：一个人杀死了另一个人，赔100先令；伤人致露出骨头赔3先令，致骨头破损赔4先令；致头皮破损赔10先令；致人头盖骨和头皮两者都损伤赔20先令；致人肩残疾赔30先令；致人任一只耳朵听力破坏赔25先令；割掉他人一只耳朵赔12先令；致人失去听觉赔3先令；致人一耳被撕裂赔6先令；将他人眼球打出赔50先令，伤害人鼻子赔9先令；致人鼻破裂赔6先令；打碎他人下巴骨赔20先令；打脱他人前牙每颗赔6先令，旁牙4先令；致人手臂骨折赔6先令；毁掉他人大拇指赔20先令；打掉他人拇指指甲赔3先令；毁掉他人食指赔9先令，中指赔4先令，无名指赔6先令；致人重伤赔30先令；毁掉他人生殖器官赔人命价格的3倍（300先令）；致人大腿骨折赔12先令；致人肋骨骨折一根赔3先令；刺穿他人大腿，赔6先令；刺1英寸深赔1先令，刺2—3英寸深赔2先令，3英寸及以上3先令；致人失去一只脚赔50先令。②那时诸法合一，这些是民事赔偿还是刑罚罚金并没人关心。

或许有学者会说：你这该不是把人的生命、人的身体商品化，像古希腊古罗马奴隶社会那样把人当"会说话的工具吧"？不是！如实确认人的生命、身体及其构件是经济过程的产品和个人的首要财产，只是还原它们的本来面目，揭示它们的客观物质属性，与主张将它们商品化完全是两码

---

① See Total wealth by asset group, World, 2014, OurWorldinData.org/the-missing-economic-measure-wealth CCBY.

② See F. L. Attenborough (edited and translated), *The laws of the earliest English kings*, Cambridge University Press, 1922, pp. 7-13.

事。人是宇宙的精灵，万物的主宰者，但人同时也是社会的生产和再生产过程的产物。承认这些只是正视客观现实，不仅不贬低人，甚至是让人获得人格尊严和应有权利所不可缺少的主观条件之一。欧洲奴隶社会奴隶主、自由人把奴隶当作"会说话的工具"，其不公正不合理在于人与人之间的不平等，一部分人处在另一部分人的工具的地位。从逻辑上道义上看，只有确认人的生命、身体及其构件是个人财产，它们在受到剥夺、伤害时才能获得公正赔偿。试想，某个家庭只有独子或独女，其父母把努力学习的他/她培养到博士毕业，他/她的生命、身体中储藏着多少劳动和资产投入？作为产品，他/她的生命、身体首先是他/她自己的财产，其次也是他/她所在家庭的财产，这天经地义。当一个人被杀害或伤害致残的时候，将人的生命、身体认定为财产的立法、司法与无视人的生命、身体财产属性的立法、司法，处理结果绝对是不一样的。两相比较，一定是将人的生命、身体认定为财产的立法、司法的处理结果更公平。因为，至少这后一种立法、司法不会忽视、轻视杀人、伤人的相应民事赔偿责任，而另一种立法、司法从逻辑上看几乎必然忽视或轻视杀人、伤人的民事赔偿责任而片面关注刑事责任。制宪、立法和司法认定人的生命、身体及其构件是财产，人的生命、身体及其构件才"值钱"，否则必然可能"不值钱"！这是客观的因果关系逻辑。人的生命、身体、肢体等在法律上不值钱，人格能有尊严？不可能。确实，我国《民法典》第一千一百七十九条有关于侵害他人生命权、身体权、健康权赔偿医疗费、护理费和造成死亡时付死亡赔偿金等承担民事责任的抽象规定。但是，试想如果我们能在理论上把人的生命、身体认定为人的最宝贵财产，《民法典》的相关规定能像现在这样简单、抽象吗？应该不会。至少"死亡赔偿金"补偿受害人家人财产损失之类的条款应该由《民法典》本身做更为具体的规定，不会留待司法解释这种较低位阶"法"去处理。[①] 从这些讨论不难看到，确认人的生命、身体及其构件的财产属性，不仅不会否定人格尊严，相反倒是必然促进对人的尊严等基本权利的法律保障。

当然，产品、财产不一定是商品，有产品、财产属性是某物作为商品

[①] 比如最高人民法院《关于审理人身损害赔偿案件适用法律若干问题的解释》2022 年 2 月 15 日最高人民法院审判委员会第 1864 次会议对该司法解释作出修改。

出售的必备条件，但不是充分必要条件。产品、财产能否或能在多大程度上成为商品，取决于主权者或制宪、立法者当时守持的社会伦理观念是否允许以及社会生存、发展是否有必要。所以，任何社会都有具备产品、财产属性而不能作为商品买卖的物，这属于再正常不过的情况。人的生命、身体等产品按其经济属性和效用，皆可成为商品或买卖对象，历史上都曾经是现实。只是由于生产的进步促成的伦理观念进步和法制发展逐步限制乃至禁止了相关做法，这很正常。限制或禁止某种产品、财产作为商品流通，并不会改变相关产品、财产自身原本具有的其他各种属性，限制或禁止流通的产品、财产不少，其中或许枪支、弹药最容易被人们想到。

　　面对以上两个理论问题，我国法学界对第一个有较多研究，但往往局限于本国范围和国有资产领域，还缺乏这方面跨国的和跨资产性质的比较研究。相对而言，第二个问题今天更值得关注，研究结论对于法学理论和法律实践或许有牵动全局的意义。

第十章　权力率、权利率与法权曲线[①]

[导读]

法权指纳入法中之权，它以归属已定财产为物质依托，以法承认、保护的利益为社会内容，是权利权力的统一体或共同体。权利在法权中所占的比例为权利率；权力在法权中所占的比例为权力率。

如果说实践法理学现象解释体系是一座建筑物，那可把法权曲线视为其顶层的重要组成部分。因为，法权曲线不是即兴之作，而是在做了许多前期建设后形成的。按逻辑顺序，也是实际做法，第一步是清理场地，把源于汉译日语法学入门型教科书的那些不仅无助于反而妨碍当代中国人正确理解、实施中国法律体系的那些话语挪到了一边，其中尤其是外延包括各种公共权力的和化"权利"和以其为基础的"权利义务"概念（或范畴）。第二步是依托当代中国法律体系、法律实践和汉语传统形成包括核心范畴在内的新的基本范畴群，其标志是"权""法权""剩余权"，以及指称范围不包括任何公共权力的汉语"权利"和"权力"，还有与以上新的或经脱胎换骨改造的法学基本范畴相适应的"义务"和"法（或法律）"。第三步是基于新的基本范畴群形成若干关键的基础性命题，包括"权利权力从根本上看是一个可称为法权的统一体""国有财产转化为权力"和"个人财产转化为权利"。完成前面的三步骤之后，才有可能走出第四步，即推出权力率、权利率、法权曲线及它们间的相互关系等有较丰

[①] 本章原文以《权力率、权利率与法权曲线》为题发表在《法学评论》2023年第5期，纳入本书时按基本概念统一、观点前后协调一致的标准做了必要修订。

富思想含量的现象解释工具。作为实践法理学现象解释体系的核心范畴，法权在本章中展示了不可替代的法学构建功能。有了法权概念，法学才谈得上借鉴拉弗曲线并将其改造为法权曲线，借以揭示权力率、权利率与法权值的关系。法权曲线表明，权力、权利在法权中所占的比例只有在一定范围内增长才具有合理性，超过了某个限度就会造成法权减损，最终也减损权力或权利本身。

应然法权曲线是随社会经济的和科技文化的发展水平变化而不断改变的，然而它有规律可循但却无定型。各国客观上一定存在与本国实现法权中长期最大化需要相适应的权力率或权利率，主观追寻的法权曲线与之完全吻合的只能是偶然的、个别的情况，通常的情况会是后者以前者为基线上下波动。显然，波动的幅度越小，实践中的代价就越小。因此，每个国家和时代都有必要不时探究现实的法权曲线是否偏离应然法权曲线以及偏离幅度的大小并适时调整权利率或权力率。

在法权（权利权力统一体或共同体）分配方面，它的两个构成部分权力、权利分别占多大比例以及反映这两个比例的权力率和权利率对于法权本身的发展产生何种法律效应，是法的一般理论需要予以解答的基本问题之一。美国经济学家学者 A. 拉弗（Arthur Laffer）对于政府实行的税率与税收收入之间的关系提出了一种以拉弗曲线（Laffer Curve）之名而广为人知的假说。鉴于权力率/权利率（"/"在本章表示"或""或者"，后同）与法权的关系，从原理上看类同征税率与税收收入之间的关系，故我刻意参照拉弗曲线和相关原理，开发出法权曲线及其多种变体，借以揭示和阐释权力率、权利率与法权的复杂联系和其中的规律性。本章对于所有处于或进入法中之权，皆做权力与权利的二元划分，即认定法中任何一种权，非权力即权利，不存在既非权力又非权利的权或既是权力又是权利的权。对于处于或进入法中之权的这种划分，与我国一些经济学、财政学论著对一国全部财富做居民（或住户、家庭）部门与广义政府部门二元划分、"企业部门的净资产根据居民和政府的股权持有比例进行分割，最终也归居民或政府所持有"的技术安排是相互匹配的。[①] 本章所说的国有财产

---

① 参见李扬、张晓晶等《中国国家资产负债表2020》，中国社会科学出版社2020年版，第15页。

(国产) 是就我国的情况而言的，对国外，严格地说应该称为广义政府部门财产，包括联邦国家成员单位的财产和地方政府的财产。

一 实践法理学视角下的拉弗曲线

根据"公共财产转化为权力"和"个人财产转化为权利"原理，[①] 对于任何国家来说，权力的体量及其在法权结构（权力与权利之比）中所占的比重，从根本上看都受政府能从个产（指二元划分框架下的个人私有财产加上法人财产）中提取份额形成的预算收入（处于流量状态的国产）比重的限制。美国学者 A. 拉弗 1974 年提出、后来又加以系统论述的税率与税收收入关系曲线有助于说明这个道理。当然，现代国家税收种类繁多、税率也差别很大，这里我们假定可以求得一个加权平均税率，或直接以所得税、流转税、财产税、社保缴款（经合组织国家和其他许多国家往往视其为广义的税）的平均税率，结合这些税在税收总额中的比例来理解。因为，包括社保缴款在内的这几种税构成了当代国家税收的主体。以绝大多数发达国家所在的经合组织国家平均数为例，它们占到了那些国家税收总额的 97.5%，其中，所得税占 33.1%、流转税占 32.1%、社保缴款占 26.6%、财产税占 5.7%。[②]

在拉弗本人的论著中，后来被人称为拉弗曲线的这幅图形像一个开口紧贴 Y 轴、底部向右、中心线与 X 轴平行的大写英文字母 U，代表着一种关于税率和税收收入之间的关系以及当政者在其间做权衡的假说。[③] 按拉弗的解说，税率的变化对税收收入有两方面效应：一是算术效应，指立即发生的影响，如税率每降低一个百分点引起的每一美元税基的税收收入会立即相应减少；反之则会相应增加。二是经济效应，指在此后一段时间里逐步起作用形成的影响，如较低的税率对工作、产出和就业产生的积极影

[①] 童之伟：《当代我国财产与权利、权力之关系》，《政治与法律》2023 年第 9 期。

[②] Data from Revenue Statistics 2022, the Impact of COVID-19 on OECD Tax Revenues, p. 2, https://www.oecd.org/tax/tax-policy/revenue-statistics-highlights-brochure.pdf.

[③] See A. B. Laffer, S. Moore, P. Tanous, *The End of Prosperity: How Higher Taxes Will Doom the Economy—If We Let It Happen*, Simon and Schuster, 2009, p. 30.

响、能扩大税基，而提高税率会抑制这些活动、形成减少税基的消极经济后果。算术效应总是与经济效应的作用方向相反，因而两者的作用在一定程度上会相互抵消，使得税率变化对税收收入的影响不会像数字显示的那样明显。税收收入在形成政府预算后，还有相应的支出效应会影响产出、就业和生产。在拉弗的理论中，政府税收收入的多少取决于税率和税基这两个变量，前者等于后两者相乘之积，即税收收入＝税率×税基。图 10-1 是拉弗曲线的原始画法。

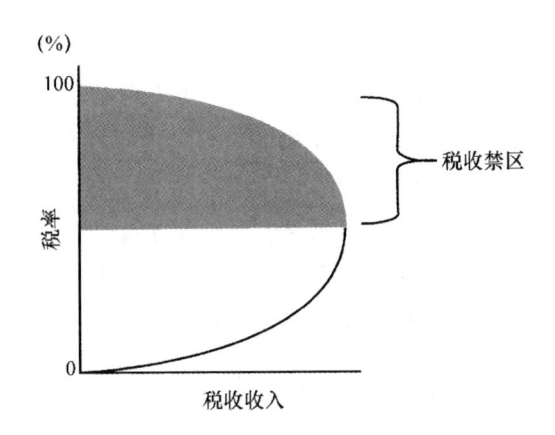

图 10-1　拉弗本人一直坚持采用的拉弗曲线图形

拉弗曲线图形显示：政府不征税时或无政府时，税率为 0%，个人所得全部归自己，政府税收收入为 0；当税率 100% 时，人们因得不到任何税后收入而不愿工作，政府税收收入也是 0；当税率从 0% 开始上升时，每提高一个百分点都会给政府带来一份递增的边际税收收入，使税收收入增加；但当税率超过某个高度时，税率每提高一个百分点，税收收入不仅不会增加、反而会导致边际税收收入递减和税收总收入减少，因为太高的税率会抑制经济增长，使税基缩小；当税率进入因过高点位形成的禁区时，只有减税才能刺激经济增长，扩大税基，增加税收总收入。[①] 拉弗曲线主要涉及一国以财政年度为单位计算的国民总收入（GNI）初始分配，与静

[①] See Arthur Laffer, *The Laffer Curve: Past, Present, and Future*, Published by the Heritage Foundation, No. 1765, June 1, 2004, pp. 1-3.

态的财产净值存量关系不大。① 各国税收立法实际上大都把年度国民总收入划分为非课税财产和课税财产两部分,将前者排除在税基外,只将后者作为税基对待。

　　本来,拉弗曲线告诉人们,政府为了获得最大税收收入,税率若过低应提高税率,税率若过高应降低税率,但实际上以拉弗为代表的供给学派经济学家半个世纪以来往往并不做具体分析,而是始终认定税率过高、始终不倦地致力于降低税率。他们认为,从 20 世纪 70 年代后期起,随着工业和金融放松管制以及贸易壁垒大幅降低,拉弗曲线体现的相关经济学原理"引发了长达 25 年的繁荣,这在美国或世界经济史上很少见",以致"美国重新获得了经济超级大国的地位。"② 半个世纪以来,美国共和党人一直利用拉弗曲线来证明降低税率的必要性,而不论他们说话的"当下"的税率处在 X 轴的哪个点位。所以,从里根以降,经布什父子到特朗普,半个世纪以来共和党当政者几乎无不推崇拉弗曲线,特朗普还授予拉弗总统自由勋章,尽管有亲民主党政策倾向的经济学者不客气地称这条曲线臭名昭著。③ 这里需说明,或许是为了视觉平衡,中外经济学界绝大多数学者宁愿用 X 轴表示税率,用 Y 轴表示税收收入,从而把拉弗曲线画成一个开口向下、倒扣在 X 轴上的 U。本章此后对拉弗曲线图形的画法也从众而为。

　　图 10-2 是包括美国学者在内的各国经济学家惯常使用的拉弗曲线图形。从曲线图形上我们可看到一个说明税率(T)与征收到的税收收入(R)之间关系的函数 R(T)。函数 R(T)对于 T=0% 和 T=100% 时都是 0,且假定 T 在 0% 和 100% 之间的值为正数。根据罗尔定理(Rolle-s Theorem),函数在 T 从 0% 到 100% 之间在横轴 X 上的某个点位会达到最大值,此时曲线的斜率 $f-(\xi)=0$,处于顶点。图中与税率 50% 对应的纵轴 Y 上的位置(0.25)是顶点,它表明税收收入在这个税率上实现了最大化。此图形被普林斯顿大学的经济学家 A. S. 布林德戏称为拉弗山(the Laffer

---

① GDP 与 GNI 的差别,主要在于前者按生产者所在国家计算,后者按生产者所属国籍计算,计算结果差别极小,过去十余年间我国每年两者的差率介于 0.02%—0.08% 之间。

② A. B. Laffer, S. Moore, P. Tanous, *The End of Prosperity*: *How Higher Taxes Will Doom the Economy—If We Let It Happen*, Simon and Schuster, 2009, foreword, p. x.

③ See E. P. Berman, The notorious "Laffer Curve" explained, *The Washington Post*, https://www.washingtonpost.com, 2019/06/01.

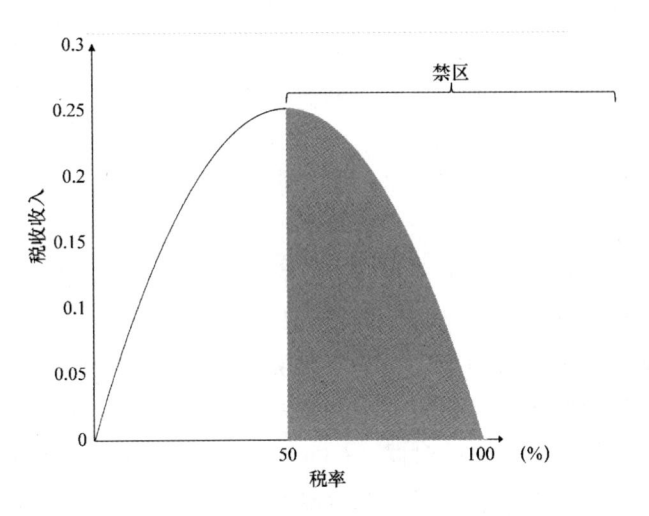

第十章 权力率、权利率与法权曲线 ❖ 291

图 10-2 中外经济学界常用的拉弗曲线图形

hill），其两边因而也被叫作上坡和下坡（禁区）。① 不过，这个税率50%点位只是假定能使税收实现最大化的、古今和未来无数可能的税率之一。如果把可实现税收收入最大化的税率称为 T_{max}，那么可以说，考虑到历史、现状和未来，理论上 T_{max} 可能曾经、将会或正处于某国或某区域在0%—100%之间的任何税率的点位上。在这方面，拉弗本人乃至他的支持者都没有给出系统的数据和相应图形，而笔者也显然没有必要在经济学的这个方面下太多功夫。至于某个具体国家具体时段 T_{max} 的位置到底处在哪个税率点位以及由哪些参数决定，美国经济学界虽有些猜想，但尚未见取得共识的或特别值得援引的认识成果。

二 拉弗曲线与法权分配的相关性

结合法学研究合理评估拉弗曲线的经济学效用，读者宜注意如下三点：（1）拉弗曲线与税收收入最大化相对应的最佳税率 T_{max} 是不能直接

---

① See A. S. Blinder, "Thoughts on the Laffer Curve", *Federal Reserve Bank of St. Louis Review*, May 1981, pp. 81-92.

观察到的，这就造成了其运用方面的最大困难：不知"当下"实然的税率是处在拉弗山左侧的上坡、还是处在其右侧的下坡（"禁区"），抑或是正好处于理论上应然的顶点。弄清这一点，需要人们集思广益下功夫做研究、评估，以求得基本共识，尽管结论难免始终有争议。（2）T_{max}肯定不是短期的最优税率，它可以是但并不一定是中长期最优税率，因为，设定税率应该多目标兼顾，高税收入只能是税收追求的多种目标之一，更高的目标应该是个人和广义政府部门财产或财富总量的最大化。把税收收入作为唯一最高目标，无论短期还是中长期，从法学角度看很大程度上无异于追求权力至上，为正常宪制和法治原则所不容，尤其是考虑到追求税收收入最大化可能采用提高税率和压缩非课税财产的比例以增大税基两种方式并举的时候。（3）一国某时期与税收收入最大化相匹配的T_{max}会因相关参数较多还难以真正在数量上做精准确定，至少现今还只能在充分讨论的情况下做概略的估计。我注意到，为寻找确定T_{max}的方法，有的学者考虑过资本供给弹性、资本利率弹性、储蓄的利率弹性、资本收入税率、劳动收入税率、工资率、资本回报率、价值观、历史、文化背景、经济环境等参数，但似乎并不很成功。[1] 不过，按照拉弗曲线的原理，一些极端的做法的不合理性和纠正的必要，还是可以下判断的：如 20 世纪 60 年代美国个人所得税的边际税率最高曾达到 91%，即纳税者税前多挣 1 美元，得到的可支配收入只有 9 美分，这个税率后来在减税政策调整后下降到 70%。[2]

拉弗曲线在原理上并没有首创性，对此，拉弗是非常直白地承认的。拉弗曲线表达的思想无非是：在 0 以上较低的税率下，提高税率会增加税收收入，但税率若高于某个百分点，税收收入和以其为根本依托的政府财政预算收入不仅不会增加，反而会随税率的提高而递减。拉弗本人首先将相关原理归功于 14 世纪的穆斯林哲学家 I. 赫勒敦，其次是 20 世纪著名经济学家 J. M. 凯恩斯，认为他们已经十分明确地表达了拉弗曲线展示的税

---

[1] Ibid；R. Borkowski, K. M. Ostaszewski, The Inflection Point of the Laffer Curve, Hawaii University International Conference Arts, Humanities, Social Sciences & Education, Jan. 3–6, 2017.

[2] A. B. Laffer, S. Moore, P. Tanous, *The End of Prosperity: How Higher Taxes Will Doom the Economy—If We Let It Happen*, Simon and Schuster, 2009, foreword, p. 46.

率和税收收入之间关系的内容。① 后来又有学者查明，19 世纪法国学者 J. 裘布依明确说过：“如果税收从零逐渐增加到令人望而却步的程度，其收益最初为零，然后逐步增加，直到达到最大值，此后逐渐下降，直到再次变为零”；1774 年 E. 伯克在英国议会发言反对对北美殖民者过度征税时也表达过同样的思想，认为这条曲线应该称为"裘布依曲线"或"伯克曲线"。② 但是，这些都不能否定拉弗结合经济生活实际用相应曲线把这一原理概括、表达出来的行为本身具有的独特学术价值。

面对拉弗曲线，当代中国法律学者或许很自然地首先会想到，中国历史上把统治者运用权力横征暴敛形容为"杀鸡取卵"的说法中已包括对拉弗曲线划定的税收"禁区"的认识。从哲理上说，中国古人"全则必缺，极则必反"（《吕氏春秋·博志》）、"过犹不及"（《论语·先进》）的训诫和马克思主义关于矛盾着的对立面相互依存，在一定条件下会相互转化的理论，都包含着这方面的道理。

经济与政治、经济与法的密切关联性决定了拉弗曲线所表达的基本原理和拉弗曲线本身，在做必要改造和置换相关参数后，也适用于看待权力率或权利率与法权总量的关系。直接看，拉弗曲线是一种税率与税收收入关系的假说，间接看，它也是以税基乃至国民收入最大化为目标的优化国民收入分配比例的假说。因为，国民收入最大化乃税收收入最大化的根本保障，追求它们两者最大化的过程是统一而不可分割的。特别值得关注的是，法权的权力率/权利率与法权总量之间的关系同税率与税收收入进而与税基、国民总收入之间的关系，表面上看起来虽有所不同，但两者的根本内容和两者各自内部关系的原理，却近乎完全一样。正是基于这一认识，我才将拉弗曲线与法权分配挂钩，并在早已证明法权即权利权力统一体或共同体的基础上，③ 提出和努力阐释法权曲线及其法学效用。此外，作为权利权力共同体的法权的物质承载体的归属已定的财产，不论其中的国产还是个产，只有结合相关方资产负债表和特定年度收支才能获得较具体的确认。

---

① Colin, *The Rise and Fall of an Economic Empire: With Lessons for Aspiring Economies*, Springer, 2010, p. 19.
② Alan S. Blinder, "Thoughts on the Laffer Curve", *Federal Reserve Bank of St. Louis Review*, May 1981, pp. 81-92.
③ 参见童之伟《法权中心的猜想与证明》，《中国法学》2001 年第 6 期。

三 表达权力率/权利率与法权关系的法权曲线

拉弗曲线及相关原理要改造和延伸运用到法学中，必须以能满足两个条件为前提。第一个条件是形成或接纳表述权利权力统一体或共同体的法权概念。只有承认、接纳法权，才谈得上权力率、权利率和它们与法权的关系。我提出法权曲线和相关原理，只是为将拉弗曲线和相关原理运用到法学中做了必要工作，其中主要是借助历史悠久的汉语名词"权"证明了法权不仅是一个合格法学概念，而且是一个客观法律实体，[①] 以及基于该实体的权力率、权利率的存在。第二个条件是承认"国产→权力""个产→权利"和"归属已定全部财产→法权"三方面的转化关系并对相关基本事实有必要认识，这是相对于前者更为重要的前提条件。显然，权力、权利也好，它们的统一体法权也好，都是不能直接看见、直接触摸到的非物质存在，甚至利益也只是一种体现在社会关系中的内容，在没有找到与它们相对应的物质载体之前，人们是很难对它们做较精准的量化把握和研究的，因而只能通过确定背后支撑它们的各种财产来间接地把握它们。如一国的法权，其背后是该国归属已定之全部财产，在现实性上既可体现为一定时间段（如 1 年）期初存量和该年度国民收入净值之和，也可以体现为该年度末全部资产存量。其中，国民收入净值是按财政年度计算的归属已定之新增财产，税收立法和实施基本上是对它做分配，而政府财政预算支出的基本内容则是消费政府通过税收分配到的那部分国民收入。这个消费过程在本质上是现实的权力的生产和运用过程，但从最终消费角度看，其中有大小不等的部分在配合其他国产完成政治统治职能后，会以服务、实物或现金转移支付等形式转化为居民或个人的最终消费，表现为权利。预算支出中这些部分各占多少，在统计数据健全的国家都能做较准确统计。

上述国产与权力、个产与权利、归属已定全部财产与法权关系的确认，使得法学研究者开始有了以各种财产及其运动为媒介对权力、权利、

[①] 参见童之伟《从尊重传统到反映当代法律实践》，《法商研究》2023 年第 3 期。在此文中，作者证明了法权不仅是一个从相关的法现象中抽象出来的法学范畴，也是中国以宪法为基础的法律体系确认的一个完整法律实体。

法权做较精准定量研究的可能性。例如，根据瑞士信贷银行全球财富报告数据，截至2021年底，全球财富总量为463.6万亿美元，平均每个成年人87489美元，而下列国家财富总量（单位：万亿美元）占全球财富比例（%）和成人人均（美元）数三项指标分别是：中国（大陆）85.107，18.36%，76639；印度14.225，3.07%，15535；日本25.692，5.54%，245238；法国16.159，3.49%，322074；德国17.489，3.77%，256985；英国16.261，3.51%，309375；俄罗斯3.789，0.82%，34005；墨西哥4.167，0.9%，48138；巴西3.327，0.72%，21429；美国145.793，31.45%，579051。[1]

从实践法理学角度看，以上数字可推定为在2021年末全部存量的意义上反映了全球和相对应国家的下列基础性指标：全球法权总存量、成年人人均法权存量；各国法权总存量；各国法权存量占全球法权存量的比例；成年人人均法权存量。同理，把全球法权总存量、各国法权总存量或成年人人均法权存量在二元划分框架下按广义居民（或家庭、住户、个人）部门和广义政府部门分开，自然就形成了权利存量与权力存量两部分，因而也就有了按国别区分的法权、权力、权利指标和三者关系，以及权力率、权利率与法权量的关系。中国相关的资产负债表显示：在二元划分框架下，2019年中国675.5万亿元的社会净财富总量中，广义居民部门财富为512.6万亿元，占比为76%；广义政府部门财富为162.8万亿元，占比为24%。[2] 广义政府部门财富占24%，这个比例在当今世界各国有样本性意义的国家中差不多是最高的，因为，绝大多数发达国家的政府部门净资产存量是负值，体现权力的只有每个财政年度的国产流量，即广义政府预算收支，其中特别是预算支出。在1978年，这个数字差不多是倒过来的，即那时居民部门财富只占社会净财富总量的30%，广义政府部门占70%。[3] 不过，这些数字只从存量角度间接反映中国法权、权力、权利的体量，不反映相同体量下它们的强度，因为强度主要取决于它们分别集中运用的程度。

---

[1] The Credit Suisse Research Institute (CSRI), *Global Wealth Report* 2022, Global Wealth Databook 2022, pp. 2 (preface), 20—24.

[2] 李扬、张晓晶等：《中国国家资产负债表2020》，中国社会科学出版社2020年版，第14—17页。

[3] Thomas Piketty, Li Yang, and Gabriel Zucman, "Capital Accumulation, Private Property, and Rising Inequality in China, 1978-2015", *American Economic Review*, 2019, 109 (7), pp. 2471, 2481.

这里还有两点须注意：(1) 各国现实的权力、权利主要反映在一定时段的政府预算收入或支出（主要是支出）和居民部门同期最终消费支出中，国产和个产存量主要体现为处于储备状态的权力、权利。在计算方法上，我主张对同权力、权利、法权对应的财产量认定为一定时段（如年）开始时的存量加同一时段中的增加值之和。(2) 中国广义政府部门财富占24%，这个比例在当今世界各国有样本意义的国家中差不多是最高的。与此形成对照的是，绝大多数发达国家的政府部门净资产存量是负值，如G7国家，除加拿大外其他都是负值。这种状况在各国金融当局（如中央银行）可随时获得并控制的储备资产方面也有表现。根据经合组织的统计，2014年以下各国拥有的以特别提款权（SDR）为单位的储备资产是：澳大利亚350.73亿、巴西2492.21亿、加拿大514.83亿、中国26648.70亿、法国269.39亿、德国467.85亿、印度2100.79亿、日本8505.31亿、俄罗斯235.60亿、英国664.02亿、美国913.23亿。[1] 政府部门净资产为负债的国家的储备资产虽为正值，但数量通常很少。

不过，任何时代和国家，真正体现现实的权力体量、权利体量、权力率、权利率和法权总量的经济指标，都应该从财产流量角度来考察。因为，财产流量虽然受存量制约，但它本身是相对独立于存量的，尤其从权力、权利与对应财产的关系角度看是这样：以自然年或财政年度为单位，不论财产存量是正值还是负值，只要广义政府部门、广义居民部门有钱开销，这个过程中的最终消费就会形成现实的权力、权利。具体地说，每个财政年度会直接形成现实权力的国产流量，是该财政年度全部公共预算支出中由广义政府最终消费的部分，即全部公共预算支出减去通过社会福利、转移支付"返还"给居民或个人的部分后的余数。而同期直接形成现实权利的个产，则是广义居民部门的全部最终消费支出。具体地说，就是广义居民部门的全部可支配收入和储蓄中投入最终消费的部分加上同期从政府部门获得的实物（包括服务）或现金形式的福利。对于当代发达和较发达国家来说，这些方面的数据都比较齐全，研究过程中很容易实现量化。本章主要考虑篇幅限制，才不做这方面的展示。

---

[1] OECD (2023), Government reserves (indicator). doi：10.1787/1edb11ee-en (Accessed on 12 May 2023).

或许有学者会说，与个人财产相联系的权利的性质属于私权利，不是宪法规定的基本权利和公法保障的公权利，因此，还必须解释基本权利和公权利的个产内容。如此看问题和提出问题确实有道理、有必要。理解这个问题，关键是要注意个人收入分为国民收入初始分配所得和再分配（二次分配）所得的事实。个人可支配收入和得自政府福利的收入，都是再分配之所得，确实只直接支撑私权利。支撑基本权利和公权利的个产，只能是居民或个人初始分配所得和再分配所得之间的差额，即他们获得初始收入之后向政府缴纳的税收（广义的，包括狭义的税和社保缴款）。居民做出这些缴纳，是因为政府依宪法法律承诺保障他们的基本权利和公法权利，包括私权利受到侵害后的诉权。这个过程确认了居民与广义政府之间形成了类似私法上的债权债务关系，前者是债权人，后者是债务人。这里，基本权利、公法权利的个产内容是真实的，但在法律上却只能是间接和程序意义上的，实体上要靠公共机关严格按宪法、法律运用权力才能兑现。之所以把基本权利、公法权利定位于间接的、程序性的，主要是因为它们实际上只能是居民的相应享有资格和请求资格，因为，它们缴纳的个产不是由它们直接、亲自运用的，而是由公共机构代为运用的。所以，基本权利和公法权利的落实要比落实私权利复杂得多，往往不得不通过很多中间环节，其中任何一个环节受阻都无法实现。也正因为如此，基本权利、公法权利是比私权利层次更高的权利，其真实性大小是衡量社会进步程度的首要标尺。无论如何，借助国民收入初始分配所得和再分配所得及其最终消费路径这个中介，基本权利、公法权利也是可以定量研究的，尽管做起来要比对私权利做定量研究复杂得多。

本章参照拉弗曲线及相关原理做出如下安排：相对于拉弗曲线中由纵轴 Y 体现的税收收入的，是法权曲线纵轴 Y 上的 F，它代表设定某种权力率/权利率、已发生了法律效应后形成的法权值（或量）；处在拉弗曲线税率横轴 X 位置的分别是权力率（P）/权利率（R），至于到底是其中哪一个，视着眼点或研究需要而定；横轴 X 在拉弗曲线中代表税基（我将其理解为以课税对象价值计量的一个总额），在法权曲线中代表既有的、权力率/权利率已确定但未来得及发生法律效应时的全部法权；横轴 X 代表的法权量可分为存量和流量两部分，其中首先和基本的是现实的流量，至于作为法权储备的存量如何折算为流量，同流量整合为一个整体，尚属待确定的技术性细节;这里所有数据都是与它们对应的财产及其数量相联系的,如果忘记了这方面的客观联系,就不可能结合一国的法律生活实际讨论法权曲线。

四 法权曲线标准图形的技术特征

在做了这些说明之后,本章将权力率/权利率与发生法律效应后形成的法权值的关系,先用图10-3中这条曲线来做理论的表达。

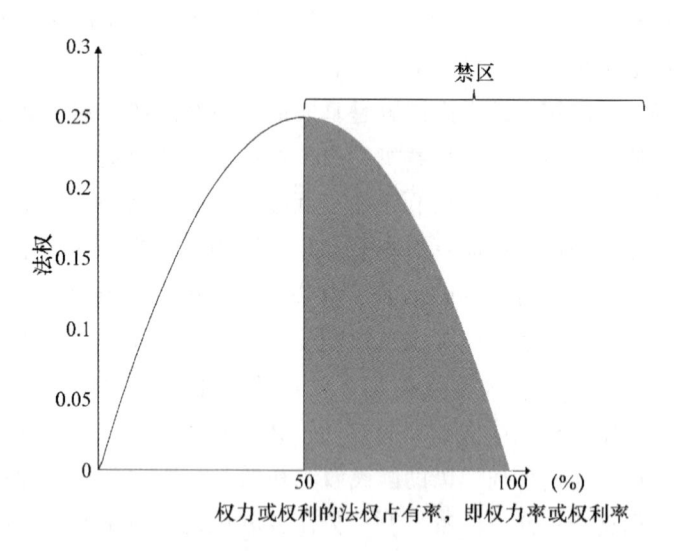

图 10-3 平衡型(权力率/权利率 50%)法权曲线

平衡型法权曲线的形状是随权力率/权利率的变化而变化的法权弹性的函数。权力/权利主导型法权曲线与从0%到100%的权力率/权利率(P/R,其中"/"表示"或")一一对应的法权(F)值可基于公式 $F(X) = X \times (1-X)$ 代入相应数值后求得:如果选用权力主导型法权曲线,就以表示权力率的P及具体百分数(如P3%)代入,表达为 $F(P3\%) = P3\% \times (1-P3\%)$,"×"表示"乘以";如果是权利主导型法权曲线,就以表示权利率的R及具体百分数(如R3%)代入,表达为 $F(R3\%) = R3\% \times (1-R3\%)$;上述两公式也可合并表达为 $F(X) = P/R \times (1-P/R)$,其中"/"表示"或"。在做如此约定后,其中一些关键的数值及其含义如下:(1) F(P/R0%) = P/R0%×(1−P/R0%) = 0,法权以0%为起点开始爬升,从F(P/R1%) = P/R1%×(1−P/R1%) = 0.0099、F(P/R2%) = P/R2%×(1−P/R2%) = 0.0196 向 F(P/R3%) = P/R3%×(1−P/R3%) = 0.0291爬升,如此一直做边际递增,直到法权量十分接近和到达顶点,其数值表现为F(P/R48%) = P/R48%×(1−P/R48%) = 0.2496,F(P/R49%) = P/R49%×(1−P/R49%) = 0.2499 和 F(P/R50%) = P/R50%×(1−P/R50%) = 0.25。这Y轴上标示的法权值0.25就是与X轴上使法权达到最大化的最优权力率/权利率(T_{max})50%对应的法权曲线的顶点或拐点(此后所有线型都以0.25为顶点或拐点)。(2) 在权力率/权利率超过50%的拐点后,法权量随着权力率/权利率每提高1个百分点而发生边际递减,如F(P/R51%) = P/R51%×(1−P/R51%) = 0.2499,F(P/R52%) = P/R52%×(1−P/R52%) = 0.2496等,在十分接近和等于100%的时候,权力率/权利率每增加1个百分点,法权值持续边际递减,到F(P/R98%) = P/R98%×(1−P/R98%) = 0.0196,F(P/R99%) = P/R99%×(1−P/R99%) = 0.0099,直到F(P/R100%) = P/R100%×(1−P/R100%) = 0。将如此计算出来的权力率/权利率从0%到100%的每一个点位的得数在坐标上对应的点串联起来,就是平衡型法权曲线的图形。

平衡型法权曲线主要是以数理形式从权力、权利、法权现象到利益、财产三个层次上表明,权力也好,权利也好,其在法权中所占的比例只有在一定范围内增长才具有合理性,超过某个限度就会与相关行为主体的愿望相违背,既减损法权发展前景,也从根本上减损权力或权利本身。要准确理解平衡型法权曲线,读者须了解实践法理学基于全面、深入、准确解释法现象的追求对权力、权利、法权三个名词的范围和内容做出的认定:

1. 权力者何也?权力是以下多样性的统一:(1) 它是法权中广义政府部门获得和行使的部分;(2) 它是法律直接或间接规定的属公共机构的职权、权限、公权力、正当公职特权、公职豁免;(3) 它同时是法确认和保护的公共利益,不包括由道德等法外行为规则维护的公共利益;(4) 它归根结底是在居民部门与广义政府部门财富或财产二元划分的框架下划归后者占有、使用、收益和处分的财产。

2. 权利者何也?权利是以下多样性的统一:(1) 法权中由居民部门或

个人、"SNA 2008"体系下广义公司享有的部分;① （2）法直接或间接规定的权利、自由、正当个人特权、个人豁免；（3）法保护的个人利益；（4）上述二元划分框架下属居民部门或包括法人在内的个人所有的财产。

3. 法权者何也？法权是以下多样性的统一：（1）进入或处于法中、由法分配之各种权；（2）法的权利权力统一体或共同体；（3）一国（或一地域、社会）法承认和保护的全部利益或者说整体利益；（4）归属已定全部财产，或一国之全部国民财富（存量与流量不区分），或特定时段（如财政年度）期初国民财富（存量）+该时段国民净收入（流量）之和。

以上对权力、权利、法权的界定方式，分别尝试从法现象到利益、财产层面较全面较深入地反映法学界对相应法现象客观上是多样性的统一的认识，而不是仅仅片面看到或把握其中任一种属性。实际上，当代法学论著使用的概念只能片面反映相应法现象一个方面属性的情况是十分常见的，如只从"利益""法益"一个层次看法现象，就是典型的片面性的表现。从实践法理学角度看，侵害任何个人或公共机构的违法行为，一定同时是侵害合法权利或权力、侵害合法利益、直接或间接侵害合法财产三者的统一。面对发生的侵害，学者、学术界如果只引导人们着眼于其中任何一个层次（如着眼于合法利益）的侵害，都是片面的或挂少漏多的说法。用"利益""法益"之类概念对权利、权力保护或损害做一般性表述，挂少漏多是必然的。运用实践法理学的立体概念表述侵害或保护权力、权利的行为可避免这类弊端，因为，立体概念把它们视为三层次内容的统一，认定侵害或保护权力、权利的事实，同时也就是认定了侵害或保护公共的或个人的利益，侵害或保护了公共的或个人的财产。实践法理学讨论权、法权、权力、权利分配，含义与此完全相同，即同时把相关行为视为对各种权、利益、财产的分配或分配方案的落实。

五　标准图形揭示的权力率权利率与法权关系原理

明确实践法理学中权力、权利、法权三个名词的立体概念特征后，就

---

① "SNA 2008" namely "the System of National Accounts 2008", by EC, IMF, OECD, United Nations and World Bank, New York, 2009, pp. 75–81.

有条件对平衡型法权曲线做几点技术性说明了：(1) 代表法权的纵轴 Y 上的刻度是与不同权力率/权利率对应的函数值。法权体现着一国的全部合法利益和归属已定全部财产，它超越权力和权利、公益和个益、国产和个产，因而是人们追求的最重要的有形目标。其中的归属已定全部财产，它与前文论及的在一定时段期初公共部门、居民部门拥有的财产净值加年度国民收入之和，实为同一种实体。(2) 横轴 X 代表权力/权利占法权的比例，实际上指的是权力/权利在法权中所占的份额（%）。但在现实性上，权力与权利在"1"的范围内构成此消彼长的关系，若权力率是1%、2%、3%，权利率就是99%、98%、97%，其余类推；反之亦然。所以，权力率/权利率（P/R）在0%—100%区间内有着理论上无限多样的组合方式（后文在分别讨论权力和权利主导型法权曲线时再进一步展开），尽管值得考虑的、有法律实践意义的组合方式比较有限，其中包括本章会讨论到的若干。(3) 像拉弗曲线一样，法权曲线是一个过程，描述的是权力率或权利率中长期影响法权形成的演变结果。因此，刚刚推行某种权力率/权利率时的法权曲线与中长期保持同样比率、发生了法律效应后形成的法权曲线肯定有显著不同。从根本上说，法权曲线指的不是权力率或权利率发生后立即出现的情况，而是经过一个较长时段、其间发生法律效应后的情况。至于说"较长时段"是多久，则要看具体改变的是什么分配规则，以及形成后果需要多长"发酵"时间。

将图10-3称为法权曲线的平衡型，是基于以下考虑：不论着眼于权力率还是着眼于权利率看其与法权的关系，都不过是从不同着眼点观察、考察同一个问题，两者皆可行；它的 T_{max} 处于50%的点位，尽管在中外今古的法律实践中至多只有1%的可能性出现这种局面，显然只是一种便于说明相关原理的假定；影响曲线图形的参数具有多样性，但基本型法权曲线只考虑权力率/权利率和对应的法权体量，而且它们归根结底是可借助相应财产量加以权衡和计量的。不过，到此为止，本章讨论权利、权力、法权，只涉及了它们最基础的方面，即体量，还没有考虑它们的强度。

实际情况应该是，强度是影响法权曲线形态的十分重要的参数。权利、权力任何一方的强度改变，都会打破以上曲线展现的权利与权力平衡，甚至法权本身也有强度问题须关注，尤其在对两个或两个以上国家的法权体系做国际比较研究的时候。战国时，在回答赵国孝成王关于"王者之兵，设何道何行而可"的问题时，荀子曰："权出一者强，权出二者弱，是强弱之常也。"（《荀子·议兵》）"权"在古代通"兵"，这里的"权"也是指军队指挥权，属权力。此言意指权力掌握在一人手里时强，掌握在二人手里时弱，此乃一般规律。根据同样原理，可得出掌握权力者每多一个人（或一个机构），其边际强度就会递减相应比例。如果说同样体量的权力掌握在 1 个主体手中强度为 1 的话，那么完全可以假定由 2 个主体掌握时强度会下降到原来的一半，由 3 个主体分掌时强度约相当于原有的 33.3%，由 4 人分掌时强度只相当于原来的 25%，其余结论可照此类推。这个强度，当然是在与权利对立、抗衡或比较中显现的。但在掌握权力的主体做二分或多分的情况下，权力的不同部分也有相互比较或抗衡的问题。

所以，若上述推导成立，而权利体量、强度又保持不变的话，那么完全可以得出这样的结论：（1）如果平衡型法权曲线中的权力原本是由 1 个主体掌握的，在改为 2 个主体分掌后，其强度会仅相当于 50%权力率对应权力强度的一半，此时若欲在强度上平衡权利，实现法权值的最大化（达到或保持最高点的位置），与 T_{max} 对应的权力率将不得不在原有基础上提升到 75%的点位；相应地，与 T_{max} 对应所需的权力率，在有 3 个主体时需上调到约 83.35%，在 4 个主体时得上调到 87.5%。（2）如果平衡型法权曲线中的权力原本是由 4 个行为主体平均分掌的，在减少权力主体后，同样权力强度下与 T_{max} 对应的权力率会发生这样的变化：3 个主体时可由原有的 50%下调至约 46%，2 个主体时下可调为 37.5%，1 个主体时只需 12.5%。权力率的降低意味着国产消耗比例的降低。可见，在相同的体量下，权力的掌控主体减少可相应提升权力的强度或效能，至少在短期的算术效应上是这样，由此我们可以正面理解许多时候人们何以会不知不觉形成集中权力的愿望乃至行为。但同样应当留意如此行事的中长期不良法律效应。

权利也有强度问题，通常既表现为对冲、平衡权力的能力，也表现为权利的不同部分彼此抗衡和对冲的能力。同样是荀子，在谈论权力主体多寡与其强度的关系时，实际上也提出了可适用于权利主体与权利强度关系的原理，即"民齐者强，民不齐者弱"（《荀子·议兵》）。换句话说，就是权利主体联合起来趋于一则强，一盘散沙则弱。权利对冲、抗衡权力时是如此，一部分权利对冲、抗衡另一部分权利时也是如此。同样，若权力体量、强度保持不变，平衡型法权曲线中权利的主体的联合程度若发生趋紧或趋松的变化，也会相应幅度地改变权利的强度，同样会引起打破上述法权曲线权利率与权力率平衡的变化，道理同前。共产党人在新民主主义革命时期组织工会农会与反动政府做斗争，就是运用这个原理的较典型表现。马克思、恩格斯"全世界无产者联合起来"这一著名口号的提出一定程度上也包含着这个原理，它既涉及联合对抗资本主义的国家权力，也涉及联合对抗基于私人资本的权利。另外，不同行为主体的权利之间也有能否平衡或抗衡的问题。"店大欺客，客大欺店"的民俗话语，则反映了人们对一部分行为主体的权利体量、强度压倒另一部分行为主体的权利体量、强度的情形的社会认知。

为更具体地说明权力率、权利率与法权的关系，下面分别考察权力/权利主导的法权曲线及它们曾有和可能会有的几种较典型变体。

六　与不同权力率/权利率对应的法权曲线

显然，与权力率对应的法权曲线和与权利率对应的法权曲线是不同的，不同点至少会表现在两个方面：作为观察、研究者有着眼点、视角的不同，作为被研究对象在相关法律实践中有着力点、着手点的不同，而且这两方面的差别不可能不影响相应的后续过程。但是，从更实质的意义上说，它们有让人们很容易触类旁通的共同点。那就是，作为影响法权曲线的两个基本参数，它们分别作用于法权的原理相同，且权利率与权力率之和为1，故知权利率即知权力率，反之也一样。由这些基本情况决定，除上述两种形式差异外，在实际内容方面的情形是：权利率和权力率各占50%的平衡型法权曲线相同；权利率1%、2%、3%、4%、5%的法权曲线依次分别与权力率99%、98%、97%、96%、95%的法权曲线相同，其余类推，直到权利率99%等于权力率1%、权利率100%等于权力率0%。

文章有篇幅限制，只能在很有限的篇幅内尽可能表达完整的见解，这就不能没有应对之策。我的应对策略，是在承认上述两种曲线不同的前提下，相对更看重它们相同的方面，这就使我们可以通过研究权力曲线而触类旁通地很自然地推想出对应权利曲线的参数和形状。因此，只在权利主导的法权曲线和权力主导的法权曲线中选择一种加以展示就可以了。从实质意义上说，选择权利主导的曲线和权力曲线展示是一样的，但考虑到迄今为止高等法学院校法的一般理论教材基本没有阐释权力、相关论著也鲜少讨论权力，为了促进法的一般理论对权力的平衡认识，笔者选择从权力率入手展示法权曲线，只在十分必要时论及权利率。

先看几种较典型的权力主导的法权曲线及其对应的法权分配状况。权力主导的法权曲线指着眼于权力率或以优化权力率为指导思想形成的各种权力率与对应法权值之间的函数关系图形，它的平衡型可绘成如图 10-4 所示。

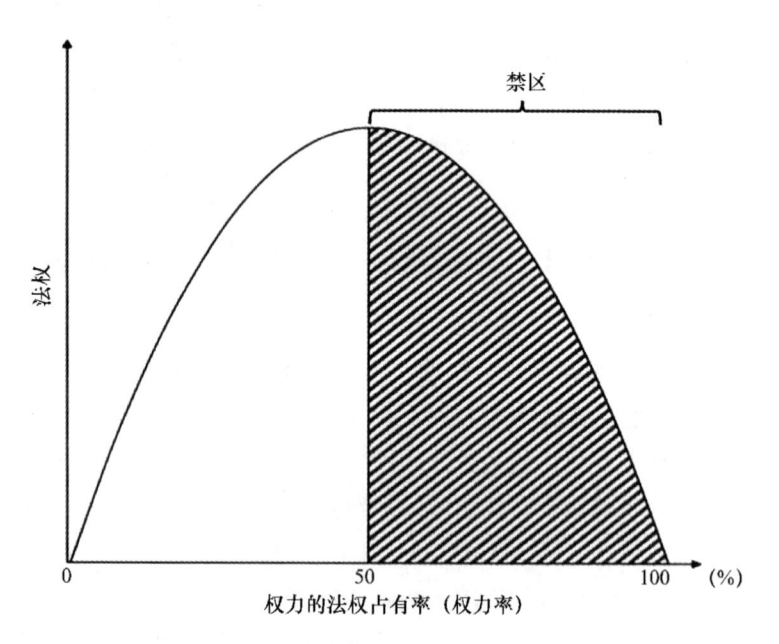

图 10-4　权力主导的权利权力平衡型法权曲线

与权力率（P）0%—100%——对应的各项法权（F）数值可基于前面用到的公式 F（X）= X×（1-X）代入具体数据后求得，如 F（P0%）= P0%×（1-P0%）= 0，F（P1%）= P1%×（1-P1%）= 0.0099，F（P2%）= P2%×（1-P2%）= 0.0196，F（P3%）= P3%×（1-P3%）= 0.0291，等等。由此，权力主导的平衡型法权曲线的有代表性数据可展示如下，其中每组数据第一项是 X 轴表示的权力率，第二项是 Y 轴表示的法权值：1%—0.0099；10%—0.09；20%—0.16；30%—0.21；40%—0.24；

50%（T_{max}）—0.25；70%—0.21；90%—0.09；99%—0.0099；100%—0。

这条曲线体现了权力主导的法权结构中权力和权利两部分的相互平衡。在与权利权力平衡型法权结构相适应的社会经济背景下，权利如果占绝对优势，势必造成相应程度的无政府状态；权力如果占绝对优势则势必造成相应程度的权力专横。如果我们考虑到法权绝对平衡只能在理论逻辑上存在，在法律实践中最好情况下也只能是权力对权利略微居优势或权利对权力略微居优势的法权结构，因而应该把一端对另一端稍微占优势的两种状况都理解为法权平衡。在这个意义上说，我们可以认定，形成法权平衡是一国作为整体的法治和法学都应该追求的理想状态。已故著名法学家罗豪才先生从行政法学角度以"平衡论"为学术标识表达了这种思想。他说：平衡论"关注行政权力与公民权利的平衡配置"，主张实现两者的"动态平衡"；"对两方都要激励，都要制约，但是重点不一样。对公权，首先要制约它，制约是重点"，因为我国较多的情况下是权利太弱，不足以平衡权力；"个人权利和公共权力是一对矛盾，这对矛盾你可以从不同角度看。二者之间的对立、对抗有没有呢？有！个别地方甚至还很尖锐，个人和公权力之间闹得很凶，有些还出现人员伤亡"。但他认为，面对这种情况，更多地应强调权利与权力的互动合作，这样才可以扩大共同利益，实现共赢。[①] 在这里，"共同利益"就是法权在社会关系层面的表现形式。我以为，权力与权利相互平衡不仅是行政法学、公法学应该追求的法治理想，也是宪法学、法的一般理论应该确认的法治理想。

就以上意义而言，权力、权利相互平衡的法权分配局面在法律实践中虽然是当代完全能做到的，但更多的情况下只能是一种法治理想或应努力达到的目标。但是，不同时代、不同民族的具体情况不同，因而促使法权达到最大化的权力率也必然是不同的。人类社会曾经、正处于或将会处于的使法权达到最大化的权力率点位应该是非常多样的，从0%到100%区间的任何点位都有可能，至少理论、逻辑上是如此。下面以很有限的几条线型展示本章欲展示的无限多样的线型，未绘出的更多的线型只好寄望于读者的想象力。

---

① 参见罗豪才《为了权利与权力的平衡——法治中国建设与软法之治》，五洲传播出版社2016年版，第234、236、244页。

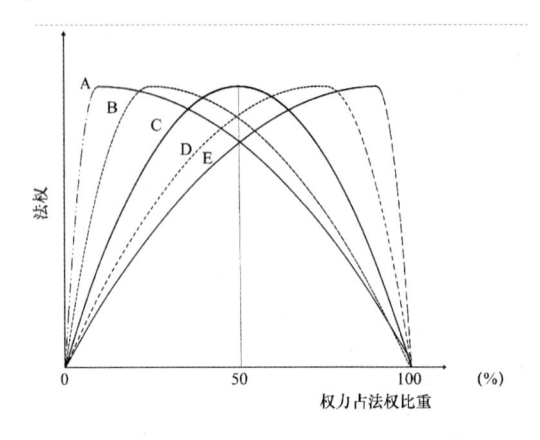

图 10-5　权力主导的法权曲线的无限多样性示意

图 10-5 展示的是从理论、逻辑上有无限多样性的权力主导的法权曲线中 5 种较典型的线型（权且从左至右命名为 A、B、C、D、E）或情形，其中权力率超低（10%）的 A 线型和权力率超高（90%）的 E 线型相对而言分别最为靠近两端（见图 10-5，不另行做图示）。显然，A 属权力率超低的法权曲线，其权力率一起步就以平衡型法权曲线 5 倍的速度推动法权增长，权力率从 0% 上升到 10% 时，法权值即快速到达顶点（0.25，对应于 T_{max}）。在 0%—100% 之间，可选取以下有代表性数据展示图 10-5 中权力率超低的 A 型线的基本特点，其中每组数据第一项是 X 轴表示的权力率，第二项是 Y 轴表示的法权值：1%—0.0475；4%—0.16；6%—0.21；10%（T_{max}）—0.25；20%—0.2470；40%—0.2228；60%—0.1744；80%—0.1018；90%—0.0564；100%—0。

超高权力率法权曲线 E 的情形与 A 相反，但它们两者的数值正好反过来形成对称：E 线中权力率从 0%、1%、2% 一直向 90% 缓慢上升过程一一对应的法权值，正是 A 线型权力率从 100%、99%、98% 一直向 10% 缓慢收缩的法权值；E 线权力率从顶点 90% 快速下降到 100% 的法权值，也正好是 A 线权力率从在 10% 时达到顶点快速收缩到 0% 过程中一一对应的法权值，即 E 线 90% 点位对应 A 线 10% 的点位，E 线 99% 的点位对应 A 线 1% 的点位，等等。

权力率超低法权曲线 A 对应着这样一些国家或政治实体，在那里，只需要极少的公共强制力就能维持既定法律秩序和社会正常发展，居民行为自治或自律程度甚高。这样的国家离我们今天比较遥远，但有证据表明它们在历史上确实存在过。权力和它的载体"国家并不是从来就有的。曾经有过不需要国家，而且根本不知国家和国家权力为何物的社会。"[①] 因此，国家和权力必然有一个从无到有、从处于超低权力率到进入较低权力率的历史过渡时期，与这一过渡时期相适应的，必然是对应着权力率超低法权曲线的国家。有学者证明，中外文明史上向国家转变的酋邦的酋长只能使用强迫劳力建筑庙宇和坟墓，但国君能使用强迫劳力为他们建造居住用的宫殿，那时权力受剩余产品数量少的自然限制；而中国早期国家的权力是同青铜器相联系的，当然也受到它数量很少这种生产力发展水平的限制，[②] 显然权力率都非常有限。古希腊城邦国家也是如此，尤其是在其社会成员政治参与度较高、统治组织较简单的早期。那时，抽签选定公共机构官员的做法"几乎给了每个雅典公民一个议会成员席位"；而且，由于外邦进贡等原因，雅典财富充裕，"获得运营政府所需的钱并不困难，日常开支很少"。[③] 在富裕的情况下公共开支很少或占比例很小，这本身是权力率很低的社会的写照。

另外，从财政史提供的资料看，自由资本主义时代的"夜警"国家、"最弱意义的国家"，也应该算权力率超低的国家或社会。如美国政府在第一次世界大战前的100年间财政总收入或支出占GDP的百分比通常都在2%—4%，[④] 权力率一度处在有记录的国家历史上最低的点位。18—19世纪的瑞士、比利时、瑞典、英国、葡萄牙、丹麦等国，财政收入或支出占GDP的比例，通常也在10.0%以下。[⑤] 从政府预算支出量与权力量的必然联系和发展状况看，它们都是历史上曾经处在超低权力率法权曲线下的国

[①] ［德］恩格斯：《家庭、私有制和国家的起源》，《马克思恩格斯选集》（第4卷），人民出版社2012年版，第190页。

[②] 参见张光直《中国青铜时代》，生活·读书·知识三联书店1999年版，第94—96、475—483页。

[③] James Wycliffe Headlam, *Election by Lot at Athens*, London: C. J. Clay and Sons, Cambridge University Press Warehouse, 1891, pp. 49, 118-119.

[④] See Michael Schuyler, "A Short History of Government Taxing and Spending in the United States", *Tax Foundation Fiscal Fact*, Feb. 2014, No. 415, p. 5.

[⑤] Source：IMF Fiscal Affairs Departmental Data, based on Mauro et al. (2015), OurWorldInData. org/government-spending. CCBY.

家。用美国政治哲学家 R. 诺兹克的话说，是"最弱国家"或"超最弱意义的国家"，也就是承担义务或责任最少或超少的国家。①

同以上情况截然相反，权力率超高法权曲线 E 对应的是这样一些国家或政治实体，在那里，公共机构权力极大，居民或个人权利、自由极少，而正是这样一些特点，才使得其社会得以存在和正常发展。易言之，这是没有其他选择的选择；如果只选择较高而不是超高权力率，其社会或国家就要衰落甚至走向毁灭。E 线型的权力率只以平衡型法权曲线约 56% 的速度缓慢走向法权最大化的点位 T_{max}，其推动法权最大化的权力率必须达到 90%。在 0%—100%，可选取以下有代表性数据展示权力率超高的法权曲线 E 的基本特点，其中每组数据第一项是 X 轴表示的权力率，第二项是 Y 轴表示的法权值：1%—0.0056；15%—0.0757；30%—0.1378；50%—0.1994；70%—0.2368；90%（T_{max}）—0.25；95%—0.1875；99%—0.0475；100%—0。

与权力率超高法权曲线 E 对应的社会或国家，或许可以选定古希腊城邦国家之一、公元前 6 世纪的斯巴达。那时斯巴达的公共机构权力极大，个人权利和自由几乎被压缩到了最低程度。对斯巴达人军营式社会的严酷生活环境的细节，史书有详细的描述。② 一般认为，在特殊的社会历史和地缘政治条件下，斯巴达为了生存只能如此。因而，那种权力率似乎超过 90% 的实然状态，或许正好反映了他们应该设定 90% 权力率或 10% 权利率的客观要求。

法权结构是与国家相联系的，国家存在数千年和民族国家存在数百年的事实意味着法权结构形成和发展有同样久远的历史，它的运行必然趋于同社会发展水平相适应。这意味着与权力主导型法权曲线的极端线型相对应的情形在当代会比较罕见，现今真正需要多花功夫研究的，除了前面已有所论述的权利率权力率平衡型外，主要应该是权力率较低型和权力率较高型。下面先看如图 10-6 所示的典型的权力率较低型法权曲线的图形。

---

① Robert Nozick, Anarchy, *State and Utopia*, Basic Books Inc., 1974, pp. 26-27, 113-115, 119.
② 参见［美］杰克逊·J. 斯皮瓦格尔《西方文明简史》，董仲瑜等译，北京大学出版社 2010 年版，第 64 页。

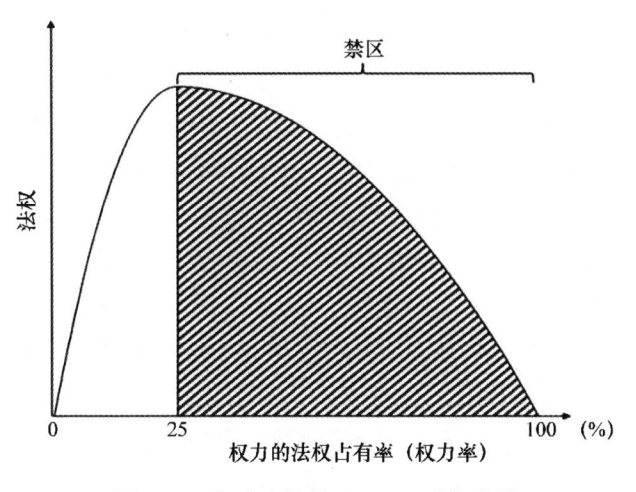

图 10-6 权力率较低 (25%) 法权曲线

我们将这一曲线中对应于法权最大化的点位 T_{max} 假定在权力率 25%。下面是这一曲线的若干关键数据，其中每组数据第一项是 X 轴表示的权力率，第二项是 Y 轴表示的法权值：1%—0.0196；10%—0.16；20%—0.24；25%（T_{max}）—0.25；30%—0.2486；50%—0.2200；70%—0.1670；90%—0.0718；99%—0.0042；100%—0。

以 25%的权力率为中心，人为地上下波动 15 个百分点，这一曲线的覆盖范围就是 10%—40%权力率。从理论、逻辑上看，所有走出超低权力率的国家、社会，或已进入权力率较高、很高状态的国家、社会，它们的权力率必然进入或经历过这一阶段。按马克思、恩格斯国家学说，国家将来在走向消亡的过程中也不可能不再次经历这一阶段。从实然意义上说，历史上和当今大多数国家，尤其是当代绝大多数发展中国家，包括中国在内，处在这一曲线覆盖的空间内。当然，这只是基于同公共财政预算中广义政府最终消费支出相联系的权力体量做的评估，没有考虑权力强度。按体量标准衡量一国权力率是否处于这一较低范围是将权力率与广义政府公共产品花费（General government production costs，即形成公共货品和服务的花费）联系起来，看它占 GDP 的比例多高。这样做是因为，政府公共产品花费不包括公共福利和对个人的转移支付，而且 GDP 与法学更关注的国民总收入（GNI）只是在统计对象上小有差别，两者总量差异在宏观层次可忽略不计。经合组织公布的不完全统计数据显示，下列国家或国家集团2021财年或最新财年广义政府公共产品开销占GDP的百分比如下：澳大利亚24.94%，奥地利26.11%，比利时26.97%，加拿大26.19%，哥伦比亚17.91%（2020年），哥斯达黎加18.19%，捷克24.50%，丹麦27.73%，芬兰30.83%，法国27.87%，德国26.09%，以色列23.99%，意大利22.21%，日本22.54%（2020年），韩国19.65%，墨西哥12.58%（2020年），荷兰29.28%，挪威27.35%，经合组织—平均23.36%，葡萄牙21.95%，斯洛文尼亚24.30%，西班牙23.66%，瑞典29.60%，瑞士16.58%，土耳其18.23%（2020年），英国24.57%，美国18.30%。[1] 相关网站没有中国的统计数，但我计算，将性质近似的一般公共预算支出、政府性基金预算支出和国有资本经营预算支出加总，中国2021年的政府公共产品开销占GDP的比例应该是31.9%。[2]

以上数据表明，当代大多数国家法权分配的实然状况与权力率较低法权曲线的特点相吻合。如果我们真以假定的25%为基准统一衡量的话，我们会看到，有些国家权力率偏低，有些国家偏高。为什么权力率偏低？或许是因为民众自律程度高，如瑞士，或者是愿意让较多的经济事务由"看不见的手"主导，甚至在某些方面容忍一定程度的无政府状态（如美国的枪支管理），原因不一而足。为什么权力率偏高？或许是偏重社会秩序和安全，也可能是相信经济的某些领域政府调控优于"看不见的手"等。至于它们有没有或在多大程度上有降低或提升权力率的需要，不可一概而论，只能按各国基本情况逐一具体研究才适合做判断。但无论如何，一国用以描述实然的权力率和相关参数的法权曲线与一国应然的权力率和相关参数构成的应然法权曲线是两码事。后者表现为一种认识成果，如果主事者意欲将认识成果付诸施行，就会设法推进相应的改革。

一国的主事者如果按照应然法权曲线降低或提升权力率，那就意味着同时相应提高或降低权利率，这形同对法权及其体现的利益和财产做再分配，会非常困难。但是，负责任的政治人物着眼于法权发展的整体需要，

---

[1] OECD (2023), Government production costs (indicator). doi: 10.1787/44ec61e6-en (Accessed on May 4, 2023).

[2] 财政部：《关于2021年中央和地方预算执行情况与2022年中央和地方预算草案的报告》，http://www.mof.gov.cn/zhengwuxinxi/caizhengxinwen/202203/t20220314_3794760.htm。

还是应努力按知行合一精神贯彻既定认识。前引资料显示，一方面1978年我国广义政府部门拥有社会净财富的70%，到2019年降低到24%，这个数字变化显示出40余年间，我国现实的法权曲线中权力率大幅降低（虽然不会与上述百分比直接对应）、权利率相应大幅提高的情况，而与此相关的系列改革措施无疑是40年来我国法权总量急剧增长的最重要原因之一，应该被视我国法权分配制度中权力率大幅降低形成的法律效应。另一方面，2023年法国政府将退休年龄从62岁提高到64岁的改革，则实质上是小幅提高权力率、相应降低权利率的改革举措，竟然引发了全国性社会冲突，[1] 可见即使是统治集团，要想按自己的认识调整法权分配格局也十分不容易。

下面我们再看权力率较高型法权曲线的图形（见图10-7），它覆盖的权力率范围应该是60%—90%。

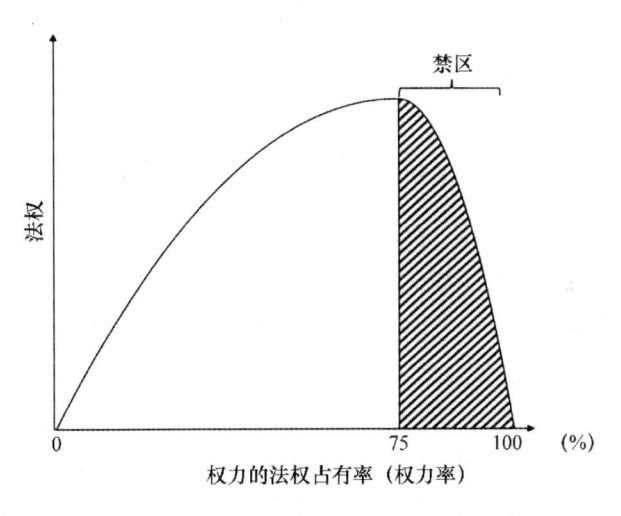

图 10-7　权力率较高（75%）的法权曲线

本章将这一线型对应于法权最大化的点位 T_{max} 假定在75%，下面是其关键数据，其中每组数据第一项是X轴表示的权力率，第二项是Y轴表示的法权值：1%—0.0068；15%—0.0916；30%—0.1624；45%—0.2124；65%—

---

[1] 参见唐霁和乔本孝《法国政府以法律形式颁布实行退休制度改革方案》，http://www.xinhuanet.com/world/2023-04/15/c_1129526164.htm。

0.2466；75%（T_{max}）—0.25；85%—0.21；99%—0.0196；100%—0。

这一曲线反映了具有下面这些特点的法权分配格局：权力率很高，它表明，只有将权力率提升到这个高度，法权总量才有可能达到其最大值；但是，权力率如此之高，相应的权利率被压缩得如此之低，权力主体与权利主体之间的关系一定是高度紧张的，弓的弦绷得太紧，脆断的可能性很大。从中外史书对商鞅改革后的秦社会和斯巴达社会的描述看，如果说秦的权力率比斯巴达低一点的话，那也低不了多少，大体可能处在权力率相对很高、十分贴近权力率超高的区域。古人在总结秦一度十分强盛但很快败亡的教训时，谓"仁义不施而攻守之势异也"（《贾谊·过秦论》）。用今天的法学语言翻译，"仁义不施"其实等于说给居民权利和自由太少。借助法权曲线解释，就是权力率持续无所顾忌地增长达到T_{max}点位后没有及时按停止键，以至越过曲线顶点后突然滑下极陡峭的山坡，发生了惨烈的"意外"。显然，在并吞六国实现华夏一统后，为长治久安计，秦的权力率应该有较明显的降低或收缩。

七　对法权曲线的进一步阐释和总结

以上三部分主要只是拉弗曲线及由其发展、改造而来的法权曲线各个线型的相关数据和含义，下面基于以上内容对法权曲线做些概括的阐释，同时也顺势对本研究做个总结。

（一）任何一般理论都要解决好相关实体归根结底从哪里来到哪里去的问题，法的一般理论中法的权力、权利、法权乃至国家、法（法律）的最早起源和最终归属，都可以通过考察权力率/权利率为0（或0%）和1（或100%）两种极端情况及其变化来阐明。以权力主导型法权曲线为例，在 X 轴标示的权力率为 0 和 1 两种极端情况下，它至少有如下四重法学含义。

1. 法的权力与法的权利，终其"一生"相互依存。法权曲线中，一个极端是权力率为0，这意味着没有法的权力，因而也没有与之对应的国家、政府、法律。在这种社会状态下，当然也不会有法的权利和法权，那只能是原始的、或处于无政府状态的、或古典自然法学派杜撰的"自然状态"。

另一个极端是权力率100%，权利率为0%。在这种状况下，不论从逻辑上定义还是从事实上看，都没有法的权利、没有法权。因为，从逻辑上看，法的权力和法的权利都是与对立面共存的，它们互相以对方的存在为自己存在的前提，没有其中一方，也就没有了另一方，这就像没有左就没有右，没有前就没了后。而只要法的权力、权利二者中无其一，也就谈不上有法权这一权利权力统一体或共同体。从事实上看，无论是哪种社会形态，都不存在只有法的权力没有法的权利的情形，因此权力率达到100%，同时意味着法权和法权结构归零。

2. 权力率（P）和权利率（R）都大于（>）0，是法的权利、法的权力、法权和法权曲线存在的前提条件。没有法的权利、法的权力，但有原始权利、原始权力的社会，我们在摩尔根的《古代社会》和恩格斯的《家庭、私有制和国家的起源》中都能找到相关描述。欧美古典自然法学派的学者们杜撰的自然状态对此类情状也有描述，但他们都是从想象的100%"自然权利"入手讨论的，罕见谈论"自然权力"。法的权利和法权都是有了公共机构和法的权力之后才有的。

3. 从理论逻辑上看，法的权力应该是先于法的权利的，有了法的权力才可能有法和法的权利，因此，历史上一定存在过一个权力刚刚从混沌的"权"中走出、权力率仅略微>0的时期。如果权力率刚>0的起点是1%的话，那么，反映实然法权分配状况的权力主导型法权曲线的关键特征应该从以下数据中看出来：X轴标示的权力率为1%；而且，由于别无选项或别无可能，对应于法权值最大化点位T_{max}的实然点位就是它的应然点位，应然的情形和实然的情形重合，因而X轴上权力率1%在Y轴对应的法权值应该是0.25，即在那种历史条件下是实现了法权最大化的。另外，国家是要消亡的，而消亡是一个逐渐的社会过程，因此，权力率不论曾经或将会多么高，它在将来不可避免地会回归至0。在回归之路上，权力率会在另一种历史条件下退回并再次途经X轴上权力率1%的点位，而且Y轴上对应的法权值仍应是0.25。因为，在将来那种历史时刻，与T_{max}对应的应然权力率恰好就是必然再次经过的1%这个点位。

4. 同理，与法的权力相反，法的权利从处于混沌状态的"权"中现身时，在X轴上标示的起点权利率应该是99%。因为，法出现之初，除其首批禁止的不多行为外，原有的全部原始权利都自然地转换成了合法权利，其中的剩余权不违法，虽不是法确认、保障的权利。同样因别无可能的选项，此时对应于实然法权分配状况的法权曲线与应然法权曲线不可能有差别，故实然和应然两种法权曲线在 Y 轴上的点位 T_{max} 都对应着 0.25。同样，因为国家最终要消亡，权力不论曾经或将要如何膨胀，但总有一天要接近和归 0，在走出归零的最后一步之前，反映实然法权分配状况和应然分配状况的权利主导型法权曲线的关键特征都应该是：X 轴标示的权利率为 99%；99% 的权利率就是对应于法权最大化的点位 T_{max}，在最后这一步的时候，与这个权利率对应的法权及其函数已失去了弹性，因此它对应于 Y 轴的法权值应该也是最高的，即 0.25。

（二）像税率增减一样，权力率/权利率增减也会形成两种效应，可相应地称为算术效应和法律效应。算术效应指权力率/权利率增减对权力/权利在法权中所占比例、相对方所占比例和法权总量的立即、直接的影响。仍以权力率的调整为例来解说：权力率每增加 1 个百分点，除自身数字减少外，权利率会相应地减少 1 个百分点；反之，权利率的变化亦然，因为，权力、权利在特定时间点上所占比例之和始终等于 1，如法权曲线 X 轴所示。法律效应指权力率改变对此后社会或国家的法律生活产生的较长期、较持久的影响和后果。对于利害关系密切的人们来说，相关领域权力率增减及其对权利率的影响是很容易经验地感受到的，但对于整个社会来说，如果不是利益涉及面比较广泛，情况就不一定是这样。权力率增减的法律效应一般都是通过各种社会、经济、政治的管道甚至人的心理等复杂因素发挥作用的。权力率增减在全社会的规模上发生作用和形成稳定的后果需要长短不等的时间，通常表现为一个过程，少则一年半载，有时数年或更长。如 2021 年 8 月我国全国人大常委会通过了关于修改《人口与计划生育法》的决定，修改后的人口计生法规定一对夫妻可以生育三个子女，实际上是在计生领域降低了权力率、提高了权利率。这里，立法者所期待的法律效应是维持人口合理增长、防止人口老年化带来的社会问题。可以想象，这方面降低权力率、提升权利率的立法行为要产生显著法律效应，可能需十几年乃至几十年时间。

权力率/权利率增减的法律效应可进一步区分为对其自身、对两者相互间、对法权三方面的中长期影响。从中长期看，两者增减的后果不仅不一定是权力、权利、法权绝对量的同比例增减，甚至可能适得其反。这恰如在拉弗曲线下税率增减形成的经济效应一样，完全取决于增减税率的具体百分比和作出增减决策时权力率/权利率客观上所处的具体位置。

1. 以权力率为例，如果某国由各种参数决定的应然法权曲线是权力权利平衡型的，对应于法权最大化顶点的权力率 T_{max} 应该在 X 轴的 50% 点位，那么，只要该国实然的权力率因小于 50% 而处在法权山左侧的上坡段，权力率每增加 1 个百分点，对法权的边际贡献都会是递增的；在这个区间，对应曲线的坡度向上而且没有多少变化，它表明权利保障、法权增长对权力率一直保持着增加的需求。但是，当权力率接近横轴 50% 点位时，增加 1 个百分点对法权的边际贡献开始趋向于 0。此时总体上看已经进入继续增加权力率会导致边际法权贡献递减的过渡区域。法权曲线如果有生命，它此时应提醒执政者，权力供给产生正值法律效应的空间已经或接近用完，不能再指望通过提高权力率来解决有待解决的各种问题了。

2. 如果执政者对本国实际的法权分配中 T_{max} 处于法权山左侧上坡段这一客观情况无认知，做出现实的权力率过高的主观评价，从而不是采取措施提高权力率而是降低权力率，那就犯了方向性错误，必导致法权和权力本身的减损，在严重的情况下也会导致权利一并减损。在这方面，原南联盟解体就是实例，那里在解体前夕，南联盟因成员单位权力不断扩大和权力主体增多（如代议机构采三院制）等法律创制措施导致权力强度不断降低，在权力体量没有相应增加的情况下实际权力率大幅度降低，法权值大概率大受损害，联邦国家逐渐走向崩溃、一度生灵涂炭。

3. 如果执政者对本国实际法权分配格局中实然的权力率早已越过了应然的 T_{max} 点位、已经处于法权山右侧下坡的客观情况无所认识，把面临的许多困难和问题归咎于权力率过低，进而做出继续提升权力率的决定，那就必然让既有的困难局面变得更严重。我国在 20 世纪 50 年代末有过这样的教训。那时，"在总路线提出后轻率地发动了'大跃进'运动和农村人民公社化运动，使得以高指标、瞎指挥、浮夸风和'共产风'为主要标志的'左'倾错误严重地泛滥开来。"1958 年的庐山会议本应纠正这种"左"倾错误，可是却反而"在全党错误地开展了'反右倾'斗争"，"在经济上打断了纠正'左'倾错误的进程，使错误延续了更长时间。""主要由于'大跃进'和'反右倾'的错误"，"我国国民经济在 1959 年到 1961

年发生严重困难,国家和人民遭到重大损失。"[1] 这个经济决策过程及其后果,从法学角度看,其实质是国家在经济方面的权力率原本已过高很多,本应降低权力率以增加权利率,但是却错误地继续在经济领域反对增加权利率,以致权力率被推得更高,造成了重大法权减损。这种经济权力率过高的情况一直延续到20世纪70年代末。1978年秋,安徽省凤阳县小岗村18位村民按下红手印、秘密立下"生死状"推动以"大包干"为标志的家庭联产承包责任制。其所体现的法的精神,就是在农村经济生活中村民当时为争取降低权力率、提升权利率而展开的"生死"博弈。可以说,包括农村在内的整个中国,40多年来改革开放的伟大成就很大程度上是我国经济领域大幅降低权力率、相应提升权利率造成的法律效应。

(三)在权力率/权利率到达对应于法权最大化的 T_{max} 点位之前,从0开始,权力率/权利率每增加1个百分点,它对法权的边际贡献都是递增的,而法权增长应该是其中的权力体量或权利体量甚至两者一起不同程度递增的综合表现。权利率与权力率之和是1,它们的消长是同步的,因此,权力率增长若干百分点对法权值增长的贡献,同时就是权利率减少若干百分点对法权值增长的贡献,反之亦然。只要能让在X轴上的点位靠近或重合于 T_{max},权力率/权利率的增或减,对法权增长的贡献就都是正面的。但是,如果考察权力、权利的经济属性就会看到,从发展和过程的角度看,不论是权力的增长还是权利自身的增长,归根结底都源于权利和支撑它的个产(包括对全部财产做二元划分框架下的国有公司能独立占有、使用、收益和处分的那部分财产)的增加。说明这个道理的关键,在于认清权力是政府预算支出中单纯的消费品,在消耗过程中不会形成价值增殖。而支撑权利的个产具有消费和生产双重属性,可以在消耗的同时创造出大于其损耗的财产。这样,广义政府部门才能从中提取一部分,维持权力的再生产,其余的留给个人,实现权利的再生产和增殖。

权利、权力是法权的两个构成部分,在法权山左侧权力率每增加1个百分点对权力自身体量和对权利体量的边际贡献从理论上看应该是与对法权的边际贡献等比例和同步的。增加权力率只是在将要实施的规则的意义

---

[1]《中共中央关于建国以来党的若干历史问题的决议》,中共中央文献研究室《三中全会以来重要文献选编》(下),人民出版社1982年版,第805—806页。

上提高了权力占法权的份额，从算术效应上增加了权力的体量。但是，此举的法律效应可以不仅补充权利之所失，而且可以让其有所增加，因而法权值也会递增。对于法权的增殖，权力只是提供条件，真正直接创造出大于其所消耗的部分的余额的，还是权利及支撑它的个产的运动。因为，法权增殖的本源在个产增殖和由此创造的可分配的新增法权。法权增殖从根本上体现为剩余劳动的成果的增加，很难想象法权增殖部分不是权利增殖造成而是权力增殖造成的情况。就背后的财产属性看，权力纯粹是消费性的，只有权利在消费性之外还有生产性。其实，马克思在这方面也说得很清楚，剩余劳动时间、剩余价值，从法律角度看，都是劳动力这种特殊商品创造的，劳动力自由地买和卖只是其法律表现。

其实，历史地看，法律世界最初是事实上的权力（公共权力）的出现、增长推动了法的出现和法的权力、权利、法权的生成、增长。正常社会或国家为保障权利、促进法权的最大化，必须维持足够体量和强度的权力。如果权力没出现，人类还会停留在原始社会，那种历史条件下个人只有原始权利，没有法的权利，也无所谓法权。法律生活实践和理性都告诉我们，与一国特定历史时期法权最大化相对应的权力率/权利率客观上一定处于横轴0%—100%的某个位置，问题只在于人们在主观上能否把握到它的确切位置。

本章有时基于中庸权衡和演示的需要，把最优权力比重假设在50%的点位，这只是一种很有实际可能的假设。从不存在权力到出现权力、增加权力率之所以能够产生增加权利体量和法权体量的法律效应，首要的原因是权力和它足够的体量带来了"秩序"，让社会避免了无谓的斗争和自我毁灭。这方面恩格斯有经典的论述：当社会陷入了不可解决的自我矛盾，分裂为不可调和的对立面而又无力摆脱这些对立面的时候，"为了使这些对立面，这些经济利益互相冲突的阶级，不致在无谓的斗争中把自己和社会消灭，就需要有一种表面上凌驾于社会之上的力量，这种力量应当缓和冲突，把冲突保持在'秩序'的范围以内"。[①] 这种力量就是由国家机关等公共机构体现的权力。人类历史上所有由无序到有序、由乱到治而带来经

---

① ［德］恩格斯：《家庭、私有制和国家的起源》，《马克思恩格斯选集》（第4卷），人民出版社2012年版，第187页。

济成长、文化繁荣、社会进步、个人生存状况改善的事实,都可以成为形成权力、在一定幅度内增加权力率能促进权利、法权形成和增殖的可信证明。

(四)如超过 T_{max} 点位对应的曲线顶点,权力率/权利率每增加1个百分点,它对于法权值的边际贡献就会转变为负数,即增加的百分点会成为对法权起减损效应的因素。平衡型法权曲线显示,权力率/权利率超过与该线型顶点对应的 T_{max} 点位(50%)后,每增加1个百分点,新增的权力率或权利率对法权值的边际贡献就会递减。因此,从权力率/权利率50%—100%,在曲线平面上构成类似拉弗曲线税收禁区的一个权力或权利"禁区"。权力率/权利率只要进入其中,其进入部分后来造成的法律效应就会表现为对法权的减损。以权力率为例,它进入禁区产生危害的机理是多方面的,其中主要是,因为权力基本上是由居民部门缴纳的税收支撑,是单纯消耗性而非生产性的,非必要地增大权力率必然减少生产性资源,使生产者负担过重,以及随之而来的公共机构体量膨胀、人浮于事、官僚主义等多方面的问题。而且,体量和强度过大的权力会压缩权利的生存空间,压制权利主体的积极性、主动性和首创精神,而所有这些都必然最终对法权值或法权总量造成减损。

所以,一旦权力率过高,进入了法权山右侧下坡的权力"禁区",权力率提升愈多,法权总量就会愈少。权力率入"禁区"后,社会若欲增加法权值,唯一出路是进行"放权"改革,即降低权力率,让权利率回升。在历史上,如各国封建社会的晚期,就普遍遇到了上述情况。那个时代,社会、经济、文化,往往所有重要的方面,都有待于从过高权力率造成的束缚下获得解放。马克思、恩格斯曾描述过资本主义社会最初不到100年所创造的生产力,"比过去一切世代创造的全部生产力还要多,还要大。自然力的征服,机器的采用,化学在工业和农业中的应用,轮船的行驶,铁路的通行,电报的使用,整个大陆的开垦,河川的通航,仿佛用法术从地下呼唤出来的大量人口——过去哪一个世纪料想到在社会劳动里蕴藏有这样的生产力呢?"[①] 对于做到这一点的原因,用法权曲线可这样解释:在

[①] [德] 马克思、恩格斯:《共产党宣言》,《马克思恩格斯选集》(第1卷),人民出版社2012年版,第405页。

此之前的欧洲，实际的权力率已经差不多处在 X 轴上 90% 的点位，而这个点位与曲线的相交点对应着 Y 轴 0.09 的极低位置，只相当于应然的最优数值 0.25 的 36%。这表明长期增加和透支资源勉强维持的高权力率形成的法律效应严重阻碍、减损了法权发展。而 17、18 世纪社会革命后，处于资本主义上升时期的相关国家大幅度收缩了权力率，从 19 世纪的政府财政支出看，英美等典型资本主义国家，与法权曲线顶点对应的 T_{max} 点位收缩到了 10% 上下甚至更低。此举可谓那时相关国家的法制适应经济关系的深刻变化，在政治法律上层建筑做大幅度适应性调整的表现。马克思、恩格斯描述的资本主义初期的那种景象，正是相关国家权力率大幅收缩形成的法律效应。这类法律效应与解放生产力、发展生产力，是同一个社会历史进程在两个侧面的不同表现，其本身并非特定性质的社会所独有。

（五）一国权力率方面的基本格局，主要取决于基本政治制度、基本经济制度，但执政团队对当下所处状况的认识和根据既有认识改善现状的努力也很重要，有时甚至是关键性的。在经济学中，按拉弗的说法，一国能使税收收入实现最大化的最佳税率高低取决于一国的税收制度、受关注的时段、转入地下经济的容易程度、当时的税率水平、法律和会计方面制度漏洞的普遍程度等多方面客观情况。[①] 这个说法避开了一些根本的方面，是非常表面化的描述，不足以供我们讨论法权曲线时比照，但可做参考。应该说，一国的最优权力率/权利率，是由该国所处社会发展水平、基本经济制度、民众整体行为自律水平、历史传统、资源丰裕程度等多方面情况决定的，因而不存在不同时代、不同国家普遍适用的最优权力率/权利率。其中的"社会发展水平"，首先和主要指"我们视之为社会历史的决定性基础的经济关系，是指一定社会的人们生产生活资料和彼此交换产品（在有分工的条件下）的方式。因此，这里包括生产和运输的全部技术。"这种经济关系还包括它赖以发展的地理基础和事实上由过去沿袭下来的先前各经济发展阶段的残余，以及相应的外部环境。[②]

所以，一国权力率/权利率的高低，从根本上说，是由基本政治制度

[①] See Arthur Laffer, *The Laffer Curve: Past, Present, and Future*, Published by the Heritage Foundation, No. 1765, June 1, 2004, p. 2.

[②] 参见［德］恩格斯《恩格斯致瓦尔特·博尔吉乌斯》，《马克思恩格斯选集》（第 4 卷），人民出版社 2012 年版，第 648 页。

和基本经济制度决定的,政府通常只能在政策水平上有或增或减的主导作用,但某些国家的社会转型时期也会有例外。不过,即使是执政团队发挥巨大主导作用,要将发挥主导作用的认识和改良或改革成果稳定下来,还是得通过基本政治制度和基本经济制度。这个方面的典型例证,或许可选用 20 世纪 30 年代的罗斯福"新政"。"新政"在当时美国民主党执政团队主导下事实上大幅提升了美国社会经济领域的权力率,大幅降低了同一领域的权利率,完成了美国经济领域的权力率从适应资本主义社会低级阶段上升到适应较高级阶段的大幅度改良,可以视为在那个特定社会历史条件下推动法权值接近最大化且较有成效的努力。另外,中国自 20 世纪 70 年代后期改革开放 40 多年以来收获的伟大经济成就,则可视为在经济领域降低权力率、增加权利率取得辉煌成功的例证。

法权永远是有限的,只要国家还没有消亡,它始终会是社会各方,尤其是居民部门和广义政府部门竞相获取的稀缺资源。所以,从宏观上看,一国法制的根本效用,应该是以实现法权值最大化为根本寻求最优权力率/权利率并在后续的发展进程中根据实际需要及时调整。

一方面,政府能够从国民收入等财富中提取出来作为国产的比例有限,其势头一旦超过某个合理限度,事情就会走到减损社会的财富总量的境地。这个道理的法学含义是:在任何国家,通过提高权力率或进而通过提高其强度能解决问题的范围是有限的,超出一定范围,提高权力率和权力强度将有损人们追求的目的;政府面对的问题,理论上看,有一半的可能性是权力率过高、权力强度过高造成的,降低权力率和权力强度应该是公共机构应对各种困难的常备工具之一。

另一方面,权利率也是这样,因为"权利决不能超出社会的经济结构以及由经济结构制约的社会的文化发展。"[1] 单就经济权利来说,前面列举的实例中不少涉及权利受社会的经济结构制约方面的例证。资本主义 19 世纪那么宽泛的经济权利和自由,到 21 世纪被限制、压缩了多少?英美等典型资本主义国家与经济权力率相联系的经济事务干预性支出从无到有且总体来说持续增长的事实回答了这个问题。19 世纪英美广义政府预算开支中

---

[1] [德]马克思:《哥达纲领批判》,《马克思恩格斯选集》(第 3 卷),人民出版社 2012 年版,第 364 页。

的"经济事务"都是0，但2021财年英国广义政府的经济事务支出为1315.69亿英镑，占预算支出总额的11.97%。美国尚只有2020财年的数据，这年它广义政府经济事务支出14341.43亿美元，占预算支出总额的14.36%。[①] 将这些现象纳入法权曲线，可以将其理解为过去一个多世纪中英美广义政府在实现法权最大化的压力下不得不让实然权利率/权力率向应然权利率/权力率 T_{max} 点位靠拢的表现。这里说的"压力"不是虚言，它会表现为使各方不得不这样做或那样做的客观情势，如1929—1933年的美国大萧条，经济的、政治的、社会的种种冲击。

（六）权力率、权利率与法权值关系的历史和变化规律研究，涉及相关国家法制建设关键走向的合理应对，重大价值不言而喻，问题只在于如何深入研究。从理论逻辑上看，任一国家都存在与本国中长期法权最大化的需要相适应的权力率或权利率，我国也一样，因此，我们有必要结合本国情况深化这方面的研究，为本国的法制现代化建设事业服务。本章以上的讨论，多数情况下是以有多大体量就有多大强度、体量反映同等强度为假定的前提展开的。但这只是讨论问题由简入繁、循序展开的一种研究方略，并不能准确反映或甚至很大程度上不能反映强度方面的真实情况。从理论上说，权力率0%和100%之间，处在X轴两端之间的从1%到99%的任何点位，都可能有过或会有属于自己特有的法权曲线线型和顶点。从走出原始氏族社会形成的初期国家到后来权力占比重很大的国家，就像捐税、国产和公共支出必然是从少到多逐渐增长的一样，权力率也只能踏着同样的步伐走来。其中的每一步的脚印，都会踏过事实上当时使法权得以最大化的权力率，只是人们通常感受不到而已。权力和它的组织载体国家走向消亡的过程，理论和逻辑上也应该是这样离去。但是，这里没分体量与强度，而实际上是以权利或权力体量为基础（更确切地说是以后面支撑权力、权利的相应财产量为基础）做论说的。如果明确地将权利与权力关系的讨论改为以强度为基础并相应计算权利率、权力率，结果一定会有很大不同，其原因本章前面实际上已经做了交代。

在权力率、权利率与法权值三者关系的研究方面，本章至多只是一个

[①] IMF Data Access to Macroeconomic & Financial Data, https://data.imf.org/ (accessed on May. 8, 2023).

可起抛砖引玉作用的开端，需进一步研究的问题还不少，但其中主要是两个：（1）如何将决定对应于法权曲线顶点、使法权值得以实现最大化的权力率/权利率点位 T_{max} 的各项因素做定量化处理，形成一个可反复使用的数学表达式。具体地说，各项自变因素中最主要的应该是：以恩格斯说的"生产和运输的全部技术"为标志的生产力发展水平，基本经济制度，包括国家机构组织形式、国家结构性能在内的基本政治制度，以某个时间点为基准、用合理方法计算的居民部门净资产总量，广义政府部门净资产总量，包括两大部门的全社会净资产总量，上述诸项的人均数，政府年度预算收支总量，居民部门年均收入和年均可支配收入，等等。（2）对本国、所欲研究的对象国现有的或它们在历史上特定时期存在的实然的权利率、权力率和法权值与该国同时段应然的法权曲线做比较研究和得失评估。不论上述自变因素的定量化处理是否完成，这类研究都可以进行。因为，完全可以在时间等资源消耗不大的情况下先决定若干粗线条的衡量标准。客观上各国一定存在与本国实现法权中长期最大化需要相适应的应然的权力率或权利率，都有必要不时探讨两者在当下应有的最优比率并适时调整之。

  做这项研究，在以本国为主要对象时，最紧要的是做到畅所欲言、百家争鸣、充分讨论。充分讨论不一定能求得最佳权力率或最佳权利率，但它一定是最能接近最佳权力率或最佳权利率的唯一路径。

第十一章　对实践法理学现象解释体系商榷意见的综合回应[①]

[导读]

　　包括法学在内的任何学科，如果讨论的是真问题、真学问，就必须有质疑、批评和论辩，否则很难真正取得进步。本章的原文，是为回应秦前红教授在21世纪初年发表的文章中对法权说的质疑而写的，回应的时间有点晚，但回答的问题并没有过时。下面对本章涉及的一部分内容做三点说明：(1) 本章"法权"这个词，与"文化大革命"时期批判的"资产阶级法权"中的"法权"风马牛不相及，后者其实是个已经"死亡"的名词。确实，"法权"用得稍微有点滥，这表明它的使用处于某种竞争状态。相信法学市场只要有最必要的正常竞争，"看不见的手"必然淘汰伪劣"法权"，留下有生命力的"法权"。(2) 确立权利权力识别新标准是法的一般理论研究的重大课题，不是简单的技术问题。传统的强行性、强制力标准太原始、太落后，无论如何无法严格区分权利与权力，更不可能严格区分权与法权、法权与剩余权，以及区分各种权与义务。确立和推广以利益归属、进而以财产归属为权利与权力、权与法权、法权与剩余权，以及各种权与义务的根本区分标准，是推动法的一般理论革命性变革的一个方面、一种尝试。(3) 本章原文单独作为文章发表的时候，主张继续深入研究权利权力的财产内容。而承载本书第七章、第八章、第九章文字的相关论文恰好是在那之后"继续深入"研究权利权力的财产内容的关键部分。

[①] 本章原以《法权说对各种"权"的基础性定位》为题发表在《学术界》2021年第2期，纳入本书时按基本概念统一、观点前后协调一致的标准做了必要修订。

不过，它们的发表只是在原有基础上推进了这项研究，远没有终结"继续研究"的必要性。

就实际内容而言，实践法理学现象解释体系研究的启动时间是20世纪90年代初，那时我刚从政治学领域转到法学领域，当时的研究旨趣在于为完成宪法学博士学位论文寻找法的一般理论工具。不过，那时及其后相当长一段时间还远没有实践法理学的说法，倾力构建的重点，一直是实践法理学的核心部分法权说。在那个时段，先是赵世义教授、邹平学教授，稍后是刘旺洪教授，对我的相关文章的论点提出了很有学术分量的商榷意见，我也比较及时地给予了回应，自觉从辩论、交流中获益匪浅。时至2002年，秦前红教授发表了《评法权宪法论之法理基础》（以下简称"评法权文"），对法权说本身及将其应用于法学研究过程中的得失从法理角度做了评说。文章在肯定法权说若干基本概念和主要命题之后，逐项列举了其中存在的"不少缺陷甚至是比较重大的缺陷"。[1] 评法权文对法权说提出的批评，我拖到差不多20年后才答辩，当年忙于非学术俗务耽误回应时机是一个原因，但更主要的原因还是思考不成熟。近年随着法权说向实践法理学现象解释体系建设阶段推进的明朗化，感到若再不对评法权文提出的那些深刻批评做出有理有据的回应，研究工作将难以为继。好在经过了近20年的断断续续思考，对相关问题的认识自觉已有所提升，今特撰下面的文字，对评法权文当年提出的商榷意见做正式的回应，如果有可能，希望秦前红教授和其他任何对这些话题有兴趣的学者在方便的时候以适当形式继续赐教。

一　法权概念必要而适当，舍此别无更好选择

评法权文认为，法权说存在的第一个缺陷，是"法权"一词原本已用得过滥，现又采用法权一词指称权利权力统一体，容易给人造成文字符号混乱的印象，不易为人们自然地接受和传播。很大程度上确实如评法权文

---

[1] 秦前红：《评法权宪法论之法理基础》，《法学研究》2002年第1期。

所批评的，但这种批评不能否定法权概念的合理性。法权概念之所以必要，首先在于权利权力统一体是一个客观存在的实体，这点是我写不少论文证明过，评法权文也承认的。既然如此，这个通过研究者运用抽象思维把握到的实体（可视之为法学实体）就应该有个名称。提出"法权"一词，首要的考虑是给权利和权力统一体命名。在法学教学活动中，我把权利和权力统一体比喻为南极大洋上中间凹入水中，只有甲乙两个山头露出水面的一个巨大冰山。从水平面上看去，甲山头与乙山头（如权利与权力）确实是分开的，但在水下面它们是连在一起的，上下构成一个巨型冰冻体（如法权）。所以，我们既应该承认甲乙两个山头的存在和区别，并分别为其命名，又要看到它们是水下相连构成一个整体，是一个统一的客观物理实体，也得给它命一个名，如"双峰冰山"，以便于它同南极其他大大小小的冰山相区别。同理，既然法权是由权利和权力构成的客观实体，那么，它就是非常重要的社会存在，法学界无论如何应该给它命一个名，不管把它的名称定为张三、李四还是王五。这就像对待一个新生儿，给他/她定个再差的姓名（如阿猫或阿狗）也比他/她没有姓名好。这样看来，法权这个名称不能说有多么好，但它可能确实是法学界迄今能找到并用于为其命名的最不坏的名词。批评应该是建设性的，否则没有意义甚至有害。评法权文如果对这个命名没有更好的建议，就应该容忍和暂时接受法权。

其次，法权原来曾用做治外法权的简称，也曾于20世纪50年代译马列著作时被生造出来予以应对无法区分相应德语或俄语词是权利还是法律含义的情况（"资产阶级法权"的起因）。但是，这两重意义上的法权一词已因为其指代对象消亡或被宣告消亡而失去指代对象和内容、成了空壳名词，而这恰恰是为学术界用法权二字命名权利权力统一体创造了正当性和合理性。现在也不时有学者将法律权利简称为法权，但这种情形一目了然，并不妨碍学术界用法权指代权利权力统一体。同一个名词在不同的上下文中指代两个或两个以上实体，这在中外文里都属较常见现象。

另外，作为思维形式，法权概念的内容是人对于权利权力统一体范围和实质的认识，是客观的，法权这个语词只是记录人对于相关客观认识的文字载体。这就是说，评法权文实际上是在承认权利权力统一体客观性的前提下讨论记录对权利权力统一体认识的语词载体问题，也可谓权利权力统一体的命名问题。毫无疑问,"法权"二字是可以取代、变化、改进的,可惜的是,评法权文仅仅说法权不好,没有给出取代法权的建议或任何其他建设性意见。评法权文如果在这方面谈些改进的想法或方向,其自身的学术意义会更大些。

二 义务重要性低于权利权力的判断符合客观实际

评法权文认为,法权说存在的第二个缺陷,是"对义务的定位不恰当","实际上陷入了自我矛盾:一方面,他承认与权利相应的是义务,与权力相应的也是义务;另一方面,他将权利和权力都视为最重要、最常见的法现象,而把义务排斥在外";"义务既然同时与权力和权利相对应,那就表明它的常见程度等于权利与权力之和,而超过权利与权力两者中的任何一方,既然如此,凭什么说权利、权力比义务更重要、更常见呢?"

要判断评法权文说法是否有道理,须先看法权说对义务的定位。确实,法权说基于中国法律制度和各国当代的法律生活实际,认定权利和权力是最重要、最常见法现象,义务其次。但与此同时,法权说承认义务的重要性并给予了它应有的法学地位,这集中表现在从 20 世纪末起,此说一直将义务定位于法学的七个基本范畴之一。[①] 至于说权利、权力比义务更重要、更常见,法权说的主要凭据是:权利、权力与义务,客观上有地位差异,实际上前者是主,后者是从;前者是正,后者是反(或负);前者是面,后者是里;前者是形,后者是影。所以,在作为社会存在的当代各国宪法法律制度中,分配和保障的都是着重于权利、权力,而不是同时着重于义务。如在公民基本权利和义务方面,迄今为止,各国宪法在以不同方式确认或保障公民基本权利的同时,都采用了不列举或少列举公民义务的做法。所以,历史上或当代有作为宪法组成部分的"权利法案""人权宣言""被剥削劳动人民权利宣言",但没有任何形式的"义务法案""义务宣言"。中国宪法属于比较强调权利义务平衡的一种,但中国宪法整个

[①] 参见童之伟《论法学的核心范畴与基本范畴》,《法学》1999 年第 6 期。

公民的基本权利和义务一章，正文出现"权利"20次，权利概念范围的"自由"10次，"义务"12次，属于义务概念范围的"责任"为零，实际上权利义务之比为30∶12。在普通法律位阶上，我国有《妇女权益保障法》等不少落实基本权利保障的法律，都是突出权利。在权力方面也一样，各国宪法、法律都是突出权力配置，如政权组织形式、政体、单一制、联邦制，这些宪法制度，从文字形式到具体规定，都是纵横向配置"权""权力"的，较少或很少提到相应的"义务""职责"。结合实际综合地看，在整部中国宪法（2018年官方公布文本）中，电脑统计表明，直接出现指代权利和权力的"权"字102次，但"义务"只出现15次。这些情况非常直观地表明，义务的重要、常见程度低于权利、权力。

另外，绝对不能因为主从相随，正反（负）共存，面子里子相伴，形影不离，就认为主和从、正和反（负）、面子和里子、形和影同样重要、同样常见。这不是事实，不符合实际。就像一件大衣，面子和里子，虽然"终生"在一起，其面子（面料）肯定会比里子（里料）好一些、贵一些，曝光率高一些，更受重视一些。权利、权力、法权与义务、法义务之间的关系，同大衣面子与里子的关系，道理几乎完全一样。

三　权利权力识别新标准有巨大理论优势

评法权文写道：法权说"对于权力的定位存在较严重问题"，具体表现是：（1）法权说对权力的新定位"没有消除前面所提及的在社会科学理论上有关权力用语的混乱现象"；（2）"同时这种权力概念还存在外延太狭窄的问题。只有法律权力，不足以适应分析社会生活的需要"；（3）法权说否认西方反对派领袖和豪商巨贾所掌握之权是权力，并反问道，"西方那种反对派政治领袖或比尔·盖茨那种世界级豪商巨贾，他们所掌握的权力难道就不是权力吗？"

无论中外，法学基础性研究最大的难点之一是合理区分权利与权力，其中包括设立合理的权力识别标准。传统的权力识别标准，是一权当前，马上看其强制力的有无，倾向把凡是有强制力的权都看成权力，把无强制力的权都看成权利。这种鉴别权力的方式有相当的道理，因为，毕竟权力的核心部分是有组织的公共暴力，由公共预算供养的军队、警察、法庭、监狱体现出来。但是，对紧邻的不同事物做识别的真正困难，不在于识别它们各自的核心部分，而在于区分它们的边缘部分。权利和权力既然如法权说所论证的那样，从根本上说是个统一体，那么，造成权力识别困难的根本原因，就不在于评法权文所言权力一词有三种用法造成的混乱，而在于权力所体现的利益内容、财产内容与权利体现的相应内容的密切关联性、紧邻性。由于传统的"强制力"识别标准过于抽象、笼统，而且十分表面化，故运用这个标准对权做识别，虽可以较容易地识别其中最典型的那一部分权力，但面对典型权力之外那些为数众多的权，要一一鉴别到底哪些是权力哪些不是，就显得无能为力了。甚至坚持运用"强制力"的权力识别标准的学者们，也往往不能彻底贯彻这个原则，如中国父母对未成年子女的监护权，在实践中的强制力度是很大的，事实上包含不少暴力强制成分，但他们却都将其视为民事权利。

正是因为传统"强制力"识别标准过于粗放、浅显，数百年来各国法学家面对权力属性和权利属性都不明显的那些权，一直无法从中准确识别、区分出权力和权利。在难以做出鉴别的权中，较典型的有罗马法中的家父权、中国历史上的夫权、社会团体对其成员行为的不同程度的控制权、豪商巨贾掌握的权，还有近期推特封杀时任美国总统特朗普账号之权、中国《民法典》中企业法人的股东会、董事会行使之权，等等。对具体的权的属性做鉴别，关键在于确立合理的识别标准，不能完全以法律文本中采用的概念为准，因为，法律在这些问题上的规定，反映的也是人的认识。面对异彩纷呈的权，每个习惯于运用传统识别标准的法律学者都可以按自己对强制力的理解来认定其中的权力，因而不同学者区分处于权利与权力交界之模糊地带的权的结果，往往大相径庭。个别地看，对权力存在很大认识差异似乎没关系，好像自圆其说即可，但从法学研究的全局看，差别过大，必然的后果之一是在相关的基本问题上无法达成必要共识，甚至往往无法有效对话。

法权说之所以致力于为权力和权利设立新的识别标准，正是为了结束权力与权利不能严格地加以区分的状态。法权说设定的理想的区分目标是，在法的一般理论层次用统一的识别标准衡量，对所有的权都有根有据地做到权利与权力的二元划分。这样，在同一个理论体系中就不会出现在此处被视为权利，而在彼处视为权力的权，同时也没有既是权力又是权利的权，或既不是权利又不是权力的权。

为实现严格区分权利与权力，包括合理识别权力的目标，法权说完全放弃了将强制力作为权力最重要属性的传统识别标准，转而采用了以识别对象的利益属性，归根结底是以其财产属性为主要衡量尺度，同时辅以考虑主体属性的综合权力识别标准或综合性权利权力鉴别标准。法权论者一直使用同时也展现在法权分析模型中的权力、权利综合识别实质标准运用了三个具体衡量尺度，其运用结果体现在相应的三点结论：（1）权力是以公共机关或公共机关委托、授权的组织为主体的权能或资格，但不包括公共机关变换身份以民事主体名义运用之权。这些权能或资格在不同国家的宪法、法律中名称不同，在中国宪法、法律中称为"国家权力""权力""职权""权限""公权力"，还有宪法、法律没有用术语加以概括，但参照国际学术界的用语可概括为公职特权、公职豁免的法现象。（2）体现法定公共利益而不是体现个人或法律地位相当于个人的企事业组织、社会团体的利益。以道德（包括私德和公德）维护的法外公共利益不在此限。（3）以政府财政预算等公共资源、国有财产为其物质承载体。法权说设立的这三条权力识别尺度，最根本的是其中第三个尺度。如果我们可以将传统的"强制力"衡量尺度称为权力识别形式标准，那么我们就可以将以财产属性为根本的权力综合识别标准称为权力识别实质标准。当然，还有权利识别实质标准，与权力识别实质标准结合在一起运用，可以将法权分析模型化。

运用权力识别实质标准，我们不仅能够像运用权力识别形式标准一样识别出学术界已有共识的所有显性权力，还能有效识别出运用形式识别标准无法有效识别的权力，甚至可以识别出用同一个名词指代的权的两种不同性质，并把它们分放在权利与权力两种不同的法现象排列中。权力识别实质标准的这种应用优势具体表现在以下三方面。

1. 对于运用传统形式标准能识别的显性权力，运用权力识别实质标准都能识别，而且识别能力还有大幅富余。在中国，显性权力表现为宪法、法律中载明的"国家权力""权力""职权""权限""公权力"。在欧美国家，以英语为例，显性权力指宪法、法律或裁判文书中用 power、authority 两个名词表达的公共机关权能。相对而言，中国宪法、法律中有规定但未用专门术语加以概括的公职特权、公职豁免方面的内容,以及英美法律文本和判例文书中用 privilege、immunity 表达且由公共财产维持的内容,都属于隐性权力。用传统形式标准无法识别异彩纷呈的各种权中的隐性权力、权利和剩余权。

2. 运用权力识别实质标准,能有效解决用权力识别形式标准无法有效鉴别各种权何者为权利,何者为权力的问题。前述家父权、夫权、豪商巨贾掌握的权、推特封杀总统账号之权、民营企业中股东会之权,甚至还有父母对未成年人的监护权,虽都有明显的强行性,但按实质标准来鉴别,它们都不是权力,而是权利。因为,在主体、利益和财产全部三个层次上,这些"权"都与显性权力完全不同,但却与显性权利(个人自由、个人人身权利和私人财产权利)没有差别。又如,公职特权、公职豁免本身完全没有显性权力那样的强制性,表面上看起来与隐性权利无异,但若用权利、权力识别实质标准来辨识,它们却并不是权利,而是实实在在的权力,因为它们具有与显性权力完全一样的三个特征。

至于西方反对派领袖握有之"权"是权利还是权力,则要看具体情况,不能一概而论。如果他进入国家代议机关等公共机关担任相应角色,或者从国家预算中领取薪酬,他的"权"属权力;如果他不是代议机关或任何其他公共机关成员,不拿公共机关薪酬,只有民间身份,他运用的"权"就是权利,不是权力。实质区分标准为在理论和实践上合理看待、对待这些"权"提供了有用的指引。

3. 运用实质标准能揭示在同一个名词掩盖下的权在根本上的不同属性。如在国际接轨意义上,我国宪法、法律中规定的不少合法、正当法现象应该以特权(privilege)[①] 一词来描述,它们实际上属于权的范畴。其中较典型的有个人基于各种从业执照取得的专业资格、企业法人基于行政许可取得的生产经营资格和人民警察基于工作需要依法优先乘坐公共交通工具的资格等。从文字描述看,这些资格都是特权,用传统形式标准完全不能识别它们是不是属于权的范围,或者即使凭直觉认定它们在权的范围内,也不能进一步识别它们是权利还是权力。但是,如果运用实质标准来

[①] 我国《宪法》第五条中规定:"任何组织或者个人都不得有超越宪法和法律的特权。"这里的特权是法外特权。但在国际接轨的意义上看,我国宪法、法律中存在不少合法、正当的特权(privilege),其中,有的属于权利的存在形式,有的属于权力的存在形式。

看这些现象，我们不仅能一眼看出它们属于权的范围，而且可以轻易识别出公民个人和企业法人获取的相应资格属于权利的范围，而人民警察依法享有的优先资格属于权力的范围。

豁免（immunity）也有同特权一样的问题，需要运用权力、权利识别实质标准来应对。豁免指在法定情况下免除或减轻违法甚至犯罪责任者应负的法律责任。其涉及的相关资格和利益，字面上都是用"豁免"一词来描述或规定，但实际上个人违法、犯罪行为依法获得的豁免（如未成年人的犯罪行为减轻或免除刑事责任）属于权利的范围，而公职人员依法享有的豁免（如人大代表在各种会议上的言论免责、外交官的豁免）属于权力的范围。这也是按传统"强制力"标准完全无法区分的，但在权力、权利识别实质标准下，可顺理成章、有根有据地加以区分、鉴别。这种鉴别结构符合它们本身的客观性质。

评法权文认为，法权说的"权力概念有着诸多缺憾"，但实际上只具体指出了两个方面的"缺憾"。在我看来，导致评法权文如此批评的，有法权说当年论述不充分的因素，但主要还是因为评法权文作者没花足够功夫阅读和消化那些原本基本写清楚了的论著，因而产生了误解。下面具体做回应。

其一，评法权文下面这条批评意见没有道理，不能成立："只有法律权力，不足以适应分析社会生活的需要"；"孤立单纯地在法律意义上谈论权力问题，难以揭示权力的真谛，也难以全面、深入地解释全部法律现象。"何以没有道理、不能成立？法权说中权力概念的外延虽涵盖宪法、法律明示的"国家权力""权力""职权""权限""公权力"和公职特权、公职豁免，但确实限于法的范围内。但是，评法权文作者没有注意到以下相关需要和道理：

（1）法学研究的专业化要求法律意义的权力自成一个研究分析单位，因而不应对法律意义的权力与法外各种的"权力"不加区分，即不能将这两类性质不同的现象由同一个概念来表达。确立法律意义的权力概念并不意味着法学排斥或忽视法外的"权力"。恰恰相反，这样做是为了给评法权文论及的其他"权力"留下能够更合适的容身和得到关注、研究的逻辑空间。

（2）法权说设定的五个基本概念（权利、权力、法权、剩余权、权）

已从正面穷尽了古今中外所有的权，因而这样的理论不可能像评法权文担心的那样排拒或遗漏任何可能存在的"权力"现象。评法权文认为客观上存在而法权说的权力概念没有纳入其范围的那些"权力"，实际上要么已被法权说归类于权利概念的范围，如比尔·盖茨、扎克伯格等人或大公司那样的"一些事实上的权势"，要么作为法外的影响力或道德影响力被法权说纳入了剩余权概念的范围，如有些国家卸任后的政界领袖（如曼德拉）、道德权威（如印度历史上的甘地、美国的马丁·路德·金），并无任何遗漏。事实上评法权文所说到的"权力"，多数在权利概念的范围，例如，"豪商巨贾""宗教集团、家族集团、跨国公司，甚至一些行会组织"掌控之权。按法权说确立的权力识别实质标准衡量，它们都不是权力，而是权利。至于说这些权利由于体量大和集中运用而产生了近似于权力的效能和强制力，可能需要动用立法或行政等权力来控制、限制等问题，那的确是值得讨论的，但宜另当别论。

（3）在法权说出现前，法学领域所用到的"权"字，从来没有被提升到法学概念高度，甚至没有被承认为一个法学名词。法权说通过认定权的外延和内涵，将其提升为法学概念，但当年考虑到现代汉语不习惯用单字名词做学术概念的文字载体，而习惯于用两字名词、三字名词，故法权说一度选用"总体权"来解决这个问题。评法权文作者没有留意法权说的用意，也没注意尽管"总体权"这个文字载体可能看起来别扭，但并不影响它承载的内容本身的客观性和确定性。法学到底应该用"权""总体权"或其他某个更合适的名词记载一国全部财产和一国全部利益的整体现实表现（法内法外各种各样的权）这一内容，今天仍然是一个有待解决的技术难题。法权说近年来在这个技术问题的解决方案上从"总体权"退回到了"权"，且其英语译法"quan"（权）以及"faquan"（法权）已开始被欧美主流出版机构接受。概念是其客观内容和其语词承载体的统一，客观内容需要合适的名词做载体。但是，有并非一定是最不合适的名词（如"权"或"整体权"）做载体比没有载体好得多。有了它们中的任何一个，相应的内容"一国全部财产和一国全部利益的整体现实表现（法内法外各种各样的权）"就能进入人的法学思维。

其二，评法权文认为，把权力定位于公共机关、准公共机关"所享有的职权、权限"，"完全排斥了公民作为当代社会的主人掌握权力的可能性"。从这个判断可以看出,评法权文对代议民主制和法权说的权力理论都存在很深的误解。确实,在代议民主制下,如我国的人大制度下,国家的"一切权力属于人民"(《宪法》第二条第一款)。但要注意,现代宪法中,一切权力的主体是"人民",这是从政治上做的规定,而且,公民不等于人民,不是直接行使权力的主体,通常仅仅是权力的千万亿个间接主体之一。每个适格的个人只能以人民一分子即公民的资格,通过依法行使相关权利的路径间接参与行使权力。因此,主权意义上的人民的权力,法学上应该放在公民基本权利部分探讨。

一句话,政治上人民的权力是通过法律上公民行使相关权利体现的——这就是代议民主制的真谛。所谓公民的相关权利,首要的和基本的是选举权,有的国家还辅以罢免代议机关代表的权利和参与全民公决投票的权利等。对于人民的权力、公民个人的权利和国家机关的权力三者之间的关系,孙中山早在差不多一百年前就有深入的论述。他将人民作为一个整体的权力称为"权""政权",将国家机构行使的权力称为"能""治权",并反复多次说明公民个人参与行使权、政权的首要路径是行使选举的权利。但他认为这个路径太狭窄,因而又提出了罢免、创制和复决,但所有这些参政形式,都只能以公民行使权利的方式落实。[①] 我国宪法规定:"人民行使国家权力的机关是全国人民代表大会和地方各级人民代表大会。人民依照法律规定,通过各种途径和形式,管理国家事务,管理经济和文化事业,管理社会事务。"可见当代中国属于人民的"一切权力"首先和主要也是通过公民个人行使选举、被选举的权利落实的。至于其他"各种途径和形式",则还有《宪法》第四十一条规定的向国家机关及其工作人员提出批评建议的权利,以及村民委员会、居民委员会自治等,无一例外在法律上都是个人行使权利。

另外,根据法权分析模型展示的权力、权利识别实质标准,相应的大体量、高强度的权利仍然是权利,权利不会因体量增加和显现出强制力而改变自身性质变成权力。任何学说都有自己独特的现象分类和分析框架。法权说的法现象分类和分析框架是针对传统中外法理学的弊端提出来的,其最突出的特点和优势,正是对权、权利、权力做分类和识别时不考虑强制力的有无

[①] 孙中山:《民权主义》,《孙中山选集》(上册),广东人民出版社2006年版,第546—592页。

和大小，而是特别注重它们所体现的利益和所依托的财产的主体属性。当然在研究它们的过程中还分别重视它们本身体量的大小和配置平衡。

四　权力一词的外延控制在实在法限度内更合理

　　法权说属于实践法理学的范围，是与本本主义的和化的权利义务法理学相对称的。因此，它的基本概念体系的确立，完全立足于再现、重建现实世界尤其是当代中国的法律制度和基础性法律生活，包括让其中的权力概念尽可能准确地反映实在法和真实法律生活中主要以职权、权限的面貌出现的权力本身的实际地位和效用。对法权说的权力概念，评法权文是这样提出批评的："法权理论中的权力概念只说明了权力的实在法依据，却并未反映权力的真实社会基础，更不能解释全球一体化趋势和网络技术发展所带来的权力现象逾越国界和权力在虚拟空间广泛存在的客观现实"；"仅把权力界定为一个依凭实在法而定的概念"；"法权理论欲以权力权利的分析框架代替传统法学上的权利义务分析框架，而又主张权力主要表现为国家和国家机关行使之职权或权限，这种权力应主要由立法者通过宪法这个载体加以规限，其必然结果便是导致公法和私法不分"；也"不能解释具有强制色彩的权利到底与权力如何界分"等问题。

　　相信读者通过前一自然段展示的对比文字可以看出法权说的权力概念与评法权文显露的权力观的一大分歧：法权说基于对当代世界特别是中国法律体系和法律生活中权力现象的认识形成权力概念，但评法权文主张超越法权说圈定的权力现象的范围，把权力概念的外延扩大到法律之外和国内外一切对个人或组织具有强行性的影响力。这让人想起托夫勒借以提出"社会权力"概念的《权力的转移》一书，此书将权力定义为对别人有特殊企图的控制，认为权力主要由财富、暴力和知识构成。[①] 笔者不知道如果像评法权文主张的那样定义权力，这种权力概念如何适用于法学研究和法律生活。即使设定这样含义宽泛、脱离实在法的权力概念，但为了与指代范围极其宽泛的权力概念区分开来，中国法学还是得基于法律的规定另

[①]　［美］阿尔文·托夫勒：《权力的转移》，吴迎春、傅凌译，中信出版社2006年版。

行设定与之相对应的狭义的权力概念,广狭两义的权力概念还会遇到汉语文字载体如何安排的课题,实际上只能导致问题更加复杂。所以,按评法权文的设想只能形成一个对法学和法律生活基本无用的社会学权力概念。

在评法权文看来,以汉语权力权利分析框架代替和化权利义务分析框架而又主张权力主要表现为国家机关行使之职权或权限,必然导致公法和私法不分。从评法权文的表述看,好像如此一来,立法机关就会滥用权力于民商事领域,把私法拉向公法。这种看法不合逻辑,至少是缺乏必要论证的。用汉语权力权利分析框架代替和化权利义务分析框架是尊重法律实践,让概念体系符合法律生活实际,而权力主要表现为职权(power)或权限(authority),是中外法律制度中的客观事实。贴近法律生活实践和尊重客观法律实际,这是法学作为一门学问应有的品格,朝这个方向演进是法学进步的表现,它不可能成为权力滥用和横行、使私法变得像公法的原因。即使真有这种后果,那也肯定不是法学的一个符合自身品格的改变造成的。因为,法学也好,其他社科学术也好,从来没有也不可能有全面左右一国立法内容和权力走向的威力。

这里还有一个学者如何理性处置学理与某种现实需要的关系的态度问题值得讨论。作为社会的一个成员,人通常是要做职业身份定位的。学者应该重学理,按求真求实的精神把阐明客观的学理和提升自己从事的学科的学术品格放在第一位,至于客观的学理获阐明后可能会有的这种或那种影响,不是学者应该过多考虑的事情,应留给担任其他社会角色的人们去设法应对。学者们按社会分工做学术研究,还是应该像太史公说的那样,"务正学以言,无曲学以阿世"。[①]

还要看到,评法权文在相关自然段提出的关于权力的问题,基本都是运用以强制力为根本特征的传统识别标准识别和确认权力而形成的。如果不承认这个前提,就没有那些问题,而法权说的权力、权利识别实质标准恰好都不承认强制力的有无和大小与某种权是不是权力有任何关系。因此,评法权文在这部分提出的相关问题,按法权说的权力识别标准和逻辑,都不成其为问题,也无须回答。例如,"具有强制色彩的权利到底与权力如何界分"就是实例,因为,法权分析模型直观地表明,不论权利是

---

① (汉)司马迁撰:《史记》(四),中华书局2008年版,第2360页。

否"具有强制色彩",它与权力一样,都是基于利益属性,最终基于财产属性来确定。再说,在按权力识别实质标准确认的权力中,有为数不少的种类(如各种公职特权、公职豁免)的强制力低于权利的高强度部分(如大公司因资本体量和集中程度形成的强制力),因而不可比。

五 确立权和剩余权概念是名与实相一致的要求

评法权文对于法权说重视实践标准的研究方法和基于这种方法形成的基本概念的批评,存在较明显的认知不足,不能成立。

评法权文批评道:"法权理论提出的哲理法学的思想图式,似乎过分拘泥于具体的经验或一己的生活感受,如对权利义务的现实地位、理论地位的否定和对权利权力现实地位、理论地位的肯定,都有这种痕迹。"评法权文还直接、间接提出了几个颇有分量的质疑:"法权法理的范畴大厦中的许多范畴如总体权、剩余权等缺乏足够的事实依据,不知在现实中所指为何物(何种对象),在它们被作为基本范畴推导出来后,立即就消失了,从此极少出现。人们不禁要问:如此罕见、如此可有可无的概念,能否作为基本范畴存在?难道这不违反现实重要性与理论重要性相适应的原则?"

先看看评法权文关于法权说"对权利义务的现实地位、理论地位的否定和对权利权力现实地位、理论地位的肯定",是否"过分拘泥于具体的经验或一己的生活感受"的问题。确实,法权说重视实践标准,相信法学理论和逻辑,尤其是其中的基本概念和基本命题,首先应该致力于重建、再现或准确反映当今世界尤其是当代中国法律体系和法律生活实际并接受后者检验,然后才谈得上积极影响后者的发展。评法权文在此处对法权说的批评,说到底,是指其提出者"拘泥于具体的经验或一己的生活感受",太重视权力,并认为重视权力、强调权利和权力的学科地位不符合"在宏观的生活实践层面或时空更为广大的社会生活的经验世界"的实际情况。这里涉及的是对法学最基本研究对象的把握问题,相关选择的正确性本身是很难论证的。所以,马克思研究资本主义经济生活,把最基本对象定位于商品,按汉字计算只用了50多个单字,没有做任何论证,可参见《资本论》正文第一自然段。

做这样重大的选择虽然可以不予论证（主要是无法论证，是否确当要靠后来的展开过程和结论检验，最终接受社会实践检验），但学者做这种选择却需要动用自己的全部人生经历、生活体验和理论学术潜能。在这个问题上，评法权文作者与我，可能见仁见智，谁也不服谁，但这里我只指明几个基本的事实，请评法权文作者和有兴趣的读者关注并认真思考，不急于下结论：不论按马克思主义国家学说还是就客观事实而言，从主体上看，权力就是军队、警察、法庭、监狱；按我国宪法和法律制度，从主体角度看，权力就是全国人大和地方各级人大及其常委会、国务院和地方各级人民政府、中央军委及其统率的全国武装力量、国家监察委和地方各级监察委、最高人民法院和其下级各级各类法院、最高人民检察院和其下级各级各类检察院；按党规党法，从同样角度看，还有中共中央和地方各级党委，等等。法学上重视权力就是承认、正视和尊重所有这些基本事实。世界范围内看，权力在法律实践和法律生活中的地位同权利的地位相比，不同国家的情况不一样，但两者至少旗鼓相当，而在中国的法权结构（权力与权利之比率）中，权力的体量和强度相对于权利应该说是比较明显的（这在很大程度上说是社会稳定的需要）。从法权分析模型这个法学理论工具中，我们可以清楚看到，这是由关于公私财产的体量结构与权利、权力体量结构之间的客观联系决定的，同任何人的个人经验和生活感受没有关系，尽管后者对于学者研究工作的成败和观点的深刻度也有至关重要的影响。

现在再让我在合并同类项的同时稍微调整先后顺序，回答评法权文针对权（当年用的名词是"总体权"，后来回归于"权"，但内容丝毫未变）、剩余权概念的理论、逻辑地位提出的三个问题。

1. 权、剩余权是不是"可有可无"？它们"能否作为基本概念存在"？按照马克思主义政治、国家、法律理论也好，基于实际的法律生活看问题也好，研究法律问题或现象，最应该重视其包含的社会的和经济的内容，具体说来就是他们的利益内容和财产内容。法权说为了对法现象进行全面的利益分析和财产分析，选择通过五个概念穷尽古今中外全部利益类型和财产种类。这五个概念中有些是原有的，有些是首创的，原有的需要适应新的理论背景做重新定义，首创的需要做艰苦论证。除法权外，权、剩余权也可以算法权说首创的概念。其中，权是一国全部利益内容、全部财产内容在法律和法外规则中的总体反映，但它一旦进入法律体系，由法律分配和规范它的运用行为，权就成为法权，而留在法外的部分表现为剩余权。如前文和相关论文所述，权不仅是社会生活中大量使用的名词，也是我国宪法、法律文本大量使用的名词、术语，只不过，法学要对它进入法律的部分和留在法外的部分做严格区分，把进入法内的部分视为法权。严格地说，权是我国社会生活、法律体系中长期存在但却长期受忽视的名词、术语。权在客观上早就被作为概念使用，只是因为人们对之视而不见，没有让它有机会见诸法学词典或以本来面目出现在法学教材、论著中而已。我的相关研究活动的作用，只不过是"发现"了权这个概念，并以专题论文的形式把权作为法学基本概念、基本范畴展示了出来。[①] 剩余权指代和反映归属未定财产（或财富，从民法角度看指无主财产，但法理学不适合照搬民法概念）支撑的法外利益和法外之权。从实质意义上说，缺少它们中任何一个，法权说或任何其他汉语法学理论都不可能对法律世界或法律生活做全面的利益分析和财产分析。所以，从理论结构上看，它们中每一个都关乎全局，是绝对必要的。而且，它们既然分别体现了全部五种财产、全部五类利益和相应的全部五类法现象之一，加在一起就可谓"五分天下有其二，这个地位本身就说明了它们的现实重要性和理论、逻辑上的重要性。所以，评法权文第一个问题的答案很清楚，权、剩余权概念绝对必要，而且必须放在法学基本概念、基本范畴的位置。

2. 权、剩余权概念（或范畴）是不是十分"罕见"？正面回答这个问题前，必须再次提请评法权文作者和读者区分概念的内容和概念的载体，前者是概念的实质方面，后者是概念的形式方面。权的内容方面，如法权分析模型显示的，从法现象层面看，是各种法定的权利、权力和法外之权（如人们常说的道德权利、道德权力或道义权利、道义权力等）；权还可以说是各种场合日常语言的"我有权""你有权""他无权"等话语中的"权"；权的实质是所有这些法现象和法外现象后面的利益内容和财产内容。所以，权概念的内容，是人们每日每时、睁眼皆可见，举手投足都能碰到的东西。至于权这个概念的汉语载体"总体权"三字，确实是法权说首先用的，为的是给看起来像儿童乳名的"权"一个正式的"大名"，完

[①] 参见本书第五章和童之伟《"权"字向中文法学基础性范畴的跨越》，《法学》2021年第11期。

全出于善意。这个"大名"确实不会有很多人看到,且看到的人或许会说不好,不如用乳名"权"。行,那就退回去,还是用原名"权"!相信这时人们会恍然大悟:生活话语中是大量的,宪法、法律文本中也是大量的,太常见了!只要不忘把权做法内法外的区分就好。其实,剩余权概念也是如此,其现象层面的表现实际上是"权"的法外部分,十分常见,即法外之权、道义权利、道义权力、获得法律制度认可前的默示权力或暗含权力等,其后面的利益内容和财产内容在法权模型里一望即可知,不再赘述。对于剩余权,现有的法学论著通常称为道德权利,但道德权利一词能够涵盖的外延显得太狭窄。出于改善相应研究对象和认识成果的汉语载体,将其提升为学术概念的动机,法权说才统称"道义权利""道义权力"为"剩余权",意思是指权减去法的权利、法的权力的剩余部分。对上述情况,法权说当时的作品都交代得很清楚,但文字比较分散,评法权文作者如果真下足够功夫收集和仔细阅读它们,本来是轻易能看出来的,但可惜其作者没舍得花功夫仔细读。

3. 把权、剩余权概念作为基本范畴难道不"违反现实重要性与理论重要性相适应的原则"?从上述两点我们可以看到,权、剩余权概念具有结构和内容的双重重要性。结构的重要性,是指它们在对法现象进行正面利益分析、财产分析所不可缺少的五个基本概念中占了两席。如果这种分析包括负面利益内容和负值财产内容,把义务概念纳入利益、财产分析范围,那也会在加上义务的全部六个基本概念中占两席,即三分之一。内容的重要性指它们指代的现象在现实生活中的重要程度,这点从本书列举的权、剩余权指代的范围广泛的法现象中可以看出来。所以,权、剩余权概念作为法学基本范畴完全符合现实重要性与理论、逻辑重要性相适应的原则。

六 对权利权力的财产内容的认识有待继续深入

评法权文写道:"法权理论……实际上仍有相当大一部分权利或权力与财产的关系没有得到证明。"法权说讨论权利、权力的财产内容,都是按基本权利的通常分类逐项进行的,面上应该基本覆盖到了,不知评法权文"仍有相当大一部分"是指哪些?按理,作者说到这里应择其要点做些列举，但可惜未直接列举。但从随后的行文看，作者还是有所指的。下面逐一回答评法权文的具体问题。

1. 评法权文批评道："仅仅根据人身权受到侵害依法能获得金钱赔偿，拿钱能够治病、有助于身体健康或延长生命之类现象就断定人身权都有财产内容，而且两者间能够转化、还原，未免过于大胆。"批评他人观点，关键处应使用直接引语，否则读者会怀疑批评者可能误解、扭曲原文、原意，自树"靶标"。评法权文对法权说生命权财产内容的描述恰好有将被批评者的原意做变形化处理和自树"靶标"的问题。法权说的权利理论实际上可概括为劳动创造权利说，特别注重直接或间接从劳动生产的角度论证权利的来源。对人身权利，不论是其中的身份权还是人格权，法权说都是如此加以论证的，其中较典型的说法是："姓名（名称）权、肖像权、名誉权、荣誉权等，它们本身就在不同程度上无形地凝聚着主体各种形式的体力、脑力的有效支出，或体现着主体为社会所做的贡献，而这就是他们各自人格权的'含金量'或它们的财产属性的形成根据"；"从社会平均水平上说，主体的体力、脑力支出愈多、愈有成效，为他人和社会作的牺牲或贡献愈大，其人格权的'含金量'就愈高，有了适当的实现形式，这些权利也就能按其本身的'含金量'的大小转化为以货币为代表的财产"；相关作品还以一个青年为例，认定"他的生命权的财产内容通常由这样几个方面构成：他生命的孕育、身体成长过程所耗费的衣食住的支出，他人进行和自我进行的生活关照（这也是一种劳动），他受教育所支出的费用，他受就业训练所支出的费用"，等等。[①] 如果说这个过程讲的是劳动成果向权利的转化，那么，还原不过意味着财物的损害赔偿或权利的有偿转让。另外，原文也没有"拿钱能够治病、有助于身体健康"之类的街头路边话语。所以，评法权文所批评的对象，根本不是法权说关于人身权利财产内容的观点和论据。

2. 评法权文这样批评法权论者："说政治权利有经济内容，无异于说行使政治权利就是为了捞取个人的经济好处"。不论是法律现象，还是其他客观现象或客观事物，都有某种属性，而且通常一种现象有多种属性。政治权利的经济属性是客观存在的，这点在《再论法理学的更新》一文中

[①] 童之伟：《再论法理学的更新》，《法学研究》1999 年第 2 期。

有详细证明。"政治是经济的集中表现";"政治同经济相比不能不占首位。不肯定这一点,就是忘记了马克思主义的最起码的常识。"① 其实,政治如何反过来决定经济,中华人民共和国成立以来70余年的政治与经济关系史给我们做了绝妙而鲜活的诠释。认为作为经济集中表现的政治的重要组成部分政治权利没有经济内容,显然是不正确的。

学者说出政治权利的经济属性,只是说出自己的认识,不能认为此举"无异于"推动或主张人们做什么不做什么。这就像面对柜台里的刀具,营业员对众人说,这刀很锋利。此时张三可能想买一把切肉,李四可能欲买一把用于花园整枝,王五可能想买一把行凶,而此时来了一警官,不由分说就把营业员铐起来带走,认定他说刀锋利"无异于"要顾客买去杀人。可以想见,法官和普通正常人通常都不会认同这警官的逻辑。评法权文又说,"人们行使被选举权,想方设法想要当选某个职务……不是也不可能是通过这个途径使自己的钱包鼓起来。"可问题是,谁说过当选某个职务就等于追求使自己私人的钱包鼓起呢?说出被选举权有经济内容等同于鼓励人们运用被选举权私人发财——这又是上面那种说不通的"无异于"逻辑在作怪!评法权文在这方面所举的一些例子,都是由这类怪怪的逻辑推导出来的。

3. 谈到权力强度,评法权文说:"对于权力来说也是一样:在相同条件下,有关公职人员威望和能力不同,权力行使的实际强度往往有很大的不同。这种常见的情形也是对权力强度由公共机关掌控的财产多寡决定的论点的有力批驳。"法权说总是在权力体量基础上谈权力强度的,有代表性的论点是:"国家机构、官吏、军队、警察、法庭的数量、质量等体现权力强弱的客观指标,都是同国家从社会抽取的财产的多少相对应的,也只能靠这些财产来维持;没有相应的财产做保障,法律赋予国家无论多少权力都是没有意义的。"② 在权力体量一定的情况下,权力集中程度决定权力强度,所以当时认为应"适当分散权力以降低权力的强度"。③ 评法权文所言"在相同条件下"是不是指在权力体量相同的条件下?如果是,那实

---

① [俄]列宁:《再论工会、目前局势及托洛茨基同志和布哈林同志的错误》,《列宁选集》(第4卷),人民出版社1960年版,第407页。
② 童之伟:《再论法理学的更新》,《法学研究》1999年第2期。
③ 童之伟:《法权中心说补论》,《法商研究》2002年第1期。

际上是基于法权说设定的前提在讨论问题，在这个前提下，"有关公职人员威望和能力"对于权力强度确实有一定程度的影响，但这不可能是"对权力强度由公共机关掌控的财产多寡决定的论点的有力批驳"，因为，评法权文实际上已经承认"公共机关掌控的财产多寡"是形成权力强度的基础性因素。如果评法权文所言"在相同条件下"不是指权力体量相同，那就意味着打算在包括权力体量差距巨大的情况下谈论"有关公职人员威望和能力"对权力强度大小的影响。此时，后者会显得太过于微不足道。这好比在超重量级拳手与超轻量级拳手比赛时，谈论后者的信心和技巧对于获胜的意义——在理论上的意义是正数，肯定略大于零，但不足以影响结局。评法权文此处显然是在拿一个相对次要的、偶然性很大的因素否定基础性的、决定性因素的地位和重要性。

评法权文最后还谈道："宪法观念……是维系社会整合，保持法治体系统一的重要因素，法权理论却几乎只字未提"。确实，未论及宪法观念的意义和功能是法权说早期的一个疏忽。对于评法权文这方面意见，法权论者一直记着，法权说也一直在尽力弥补中。

七　几点小结

本章在介绍法权说要点和同批评文字对比的基础上较系统地回应了评法权文的批评，下面再进一步谈几点感想，作为本章的小结。

1. 评法权文，尤其是其对法权说的批评内容，有力地促进了我对相关论题的思考，因此，如果说本书对法权说的内容有所充实，那首先应归功于评法权文的推动。法学的基础理论即法的一般理论，它的首要功能应该是合理而周延地解释各种法现象。合理最起码的要求是说得通，近情理，不用超学术超逻辑地强说硬撑。周延的要求是解释范围能够覆盖私法现象、公法现象和根本法（宪法）现象这现实的法律生活的三大组成部分（国际法性质不同，另当别论）。从这个意义上说，迄今为止，我国还没有可资运用的法的一般理论。

改革开放40多年来，我国出版了大量的法学基础理论教材和法理学教材，但都有不能合理、周延地解释公法和根本法现象的短板。现今以高等

第十一章　对实践法理学现象解释体系商榷意见的综合回应　❖　343

学校法理学教材为代表的中国当代基础法学研究成果中的主要理论元素，如关于法的概念、法的基本特征、法律关系、法的责任、未明言但实际上选用的核心范畴（和化的"权利"或以其为重心的"权利"义务），①基本上都重复了清朝末年和20世纪初至40年代的基础性话语，尽管充实了许多适应当今环境的文字阐释。但是，当今我国基础性法学最基本的概念仍然是20世纪上半叶确认和通行的和化的"权利"和以其为重心的"权利义务"，最基本的命题仍是早年从欧洲辗转传入中国，到20世纪20—40年代已成为通说的这样一些提法："现代法律基础的观念，在于权利，此不待烦言者也"；②"'法学者，权利之学也'"；③"法律为权利之规定，法律学为权利之学"；④"法律乃建立于权利并义务两者之上"；⑤"法学是权利义务之学"，等等。⑥ 而且，自1904年梁启超论及"近世各国法律不取义务本位说，而取权利本位说"，"以权利为法律之本位"之后，⑦ 法的"本位"问题的讨论在20世纪30年代即已经到达高潮，以至法"本位"迭出，由"权利本位"而"义务本位"，而"社会本位"等。⑧ 而且，改革开放40多年来，法学界似乎整体上刻意回避清朝末年和民国时期的主流学者和著作对至今仍然被视为研究前沿的"权利本位""义务本位""社会本位"等范式的基本内容所做的较系统论述，其中有代表性的出版物有前引张知本著作和20世纪30年代北京大学法律系的《法学通论》教材。⑨ 实际上，中国改革开放后关于权利义务和权利本位、义务本位、社会本位的论说，都只是延用和进一步发挥清末、民国法学话语的表现。

以权利义务为核心范畴，从权利义务角度解释所有这些"自罗马法以

---

① 参见《法理学》编写组《法理学》，人民出版社、高等教育出版社2010年版，第32—174页。
② ［日］牧野英一：《法律之进化与进步》，朱广文译，中华书局1928年版，第8页。
③ 李景禧、刘子松：《法学通论》，商务印书馆1935年版，第9页。
④ 欧阳谿：《法学通论》，上海会文堂编译社1933年版，第241页。
⑤ 龚钺：《比较法学概要》，商务印书馆1947年版，第164页。
⑥ 何任清：《法学通论》，商务印书馆1946年版，第119页。
⑦ 梁启超：《论中国成文法编制之沿革得失》，《饮冰室合集·文集》（第6册），中华书局2015年版，第1416—1417页。
⑧ 张知本：《社会法律学》，上海法学编译社1931年版，第54—63页。
⑨ 李景禧、刘子松：《法学通论》，商务印书馆1935年版，第49、193—220页。

来，世人所毫不致疑（原文——引者）之权利本位"主张，①都是萌芽于罗马私法、产生和适应于自由资本主义时代的法理论，在世界进入 20 世纪 30 年代后就基本失去了现实的法现象解释功能。因为，从那时起资本主义社会和社会主义社会的国家机构都在不同程度上介入经济生活，权力现象突出到了与权利平起平坐、甚至超越权利现象的程度。虽然罗马法的权利义务概念中的"权利"引入日语法学后变异为包括各种公共权力的"和化权利，""义务"也发生了相应改变，但在理论、逻辑上仍然于法学无补。这是世界历史性的法律生活格局变化，以和化的"权利"、"权利义务"和权利本位为核心的话语无法适应这种变化，故而以法权为核心的话语才出现并尝试适应新的法律生活模式。法学理论或法哲学研究领域也不可避免地由此开启了某种形式的竞争，和化权利义务复兴范式与法权说两种提法的对立，是上述竞争在汉语法学领域的具体表现。人们不妨加以观察比较，看哪种现象解释体系更能反映中外法律生活现实或法律实践。

在法权说实际遭遇冷冻式应对策略的学术背景下，任何质疑、批评法权说的学者和作品，都实际上参与和推动了和化的"权利"义务复兴范式向新的法学基础理论模式（不一定是法权说，此说只算应选者之一）的转型。改善法学基础理论是所有法学二级学科学者都不可回避的话题，因为大家都是其产品的消费者。法权说的提出者论证此说，起始时的动力其实是因为权利本位复兴范式不具有公法学和宪法学解释功能，他不得不寻找替代品。法学基础理论是所有法学者的公域，主要从事部门法学研究的学者做法理研究，相当于做法学公益。在这个意义上说，评法权文及其作者同此前率先关注和批评法权说的学者一样，②通过批评或评论客观上推动了法权说的成长，有助于中国法学基础理论的转型换代。对个人来说，是给笔者提供了宝贵的思考材料和得以进一步发挥见解的论题。

2. 有新概念新名词，才有新的学术思想，因此，中国法律学者应有勇气按理性的要求提出和接受新概念新名词，这是中国法学进步的重要条件

---

① 李景禧、刘子松：《法学通论》，商务印书馆 1935 年版，第 49、193 页。
② 这些学者和论著有：刘茂林：《也谈宪法学体系的重构——评社会权利分析理论之争》，《法学研究》1995 年第 5 期；赵世义、邹平学：《对〈用社会权利分析方法重构宪法学体系〉的质疑》，《法学研究》1995 年第 6 期；刘旺洪：《权利本位的理论逻辑——与童之伟教授商榷》，《中国法学》2001 年第 2 期。

之一。恩格斯说过:"一门科学提出的每一种新见解都包含着这门科学的术语的革命。化学是最好的例证,它的全部术语大约每20年就彻底变换一次,几乎很难找到一种有机化合物不是先后拥有一系列不同的名称的。"① 这话是对学术发展规律的精辟总结,有普遍的真理性。化学是这样,法学和其他任何学科在很大程度上也是这样。若构成一个学科理论模式的基本范畴中无一个实质性新概念,无一个新的基础性命题,所有的基本概念和基本命题都是一个世纪甚至更早以前的,那么,据此就足以判断其中不可能包含任何真正的学术新思想。

但是,一个学科的新概念,不仅其内容要反复提炼,语言载体的选择也难免有周折,特别是在没有新现象新实体命名规则的社会科学领域。在社科领域,碰到新名词,首先应该想到的是它到底是不是指代着新实体、新对象,如果答案是肯定的,那么,不论我们多么不习惯它,都应该正面看待它,因为,重要的是对象、实体的客观性,只要有客观性,它就可能是有关学科的"丑小鸭"。法学基础理论要转型,不仅要勇于提出和论证新的基本概念、基本命题,还要有勇气接受这些新东西。当笔者知道宪法、法律、政治、政策、方针、时间、政党、共产党、资本主义、社会主义、辩证法、唯物主义、唯心主义、革命、政府、原则、民主、自由、平等、义务、解放、科学、思想、资本、阶级等数量巨大的汉语名词来自日本时,② 笔者就感到当代中国法律学者自己提出新概念时和接受国人自己提出的新概念时可能都过于谨慎。

希望评法权文作者和读者能看到,从"总体权"到权、从"社会权利"到法权,从对义务没有做对应研究到形成义务分析模型中的义务系列的基本概念和次级概念,30余年的历史,正是以法权为核心的实践法理学范畴体系从和化权利义务现象解释体系中痛苦挣扎求新生的"涅槃"过程。相信时间会证明,这个过程绝对不是表面上看起来的那样混乱,而是包含着早应该来到的新的汉语法学现象解释体系的先声。

3. 如果将法权说比拟为一幅色彩斑斓的投影画面,那么,它的底色一

---

① [德]恩格斯:《资本论》英语版序言,《马克思恩格斯文集》(第5卷),人民出版社2009年版,第33页。

② 陈力卫:《东往东来:近代中日之间的语词概念》,社会科学文献出版社2019年版,第466—481页。

定是代表经济利益的色彩，这是可经验地感知的真实，绝对不是人们凭主观感受通常容易疑心的那样，是法权论者刻意把历史唯物主义应用到极致的结论。认识或承认这一点，对法律学者深化自己的研究非常重要。马克思在谈到一个心理学派的见解时评论道："它正确地猜测到了人们为之奋斗的一切，都同他们的利益有关"。① 对任何人和任何社会集团来说，在所有的利益中，最基本最重要的是经济利益，其他利益要么处在次要、更次要的位置，要么属于法律不保护也无法提供保护的利益，比如同爱、同友谊、同其他感受有关的人身的和精神的利益。

经济利益对法现象的全局性贯穿作用，可以用一幅在有底色的屏幕上投射不同色彩的光形成的五彩缤纷的画面来做比喻。根据加色模式（RGB模式），如果屏幕的底色是绿色，那么向上投射蓝（紫蓝光）光，叠加显示的是青色（绿蓝、水蓝）；向上投射红光，叠加显示的是黄色；向上同时投射蓝光和红光，叠加起来是白色；只有没有被投射任何其他色彩光线的地方，屏幕能保持原有的绿色，而对于一幅表意复杂的画面来说，能容许保持屏幕本色的地方客观上是不多的。对于看"门道"而不是看"热闹"的行家来说，他们应该能够透过不同色彩叠加后的画面，"看见"画面上被一种、两种甚至更多种色彩遮盖的底色。经验主义法学不讲究这些，但包括马克思主义法学在内的哲理法学将其看作独门绝技。所以，中国法学的研究者不能不重视这种看待法的现象世界的方法。

4. 期盼中国法学界能看到权利、权力识别实质标准的必要性和技术优势。基础性法学研究的前沿，始终会关注和研究最基本的法现象本身，然后是以它们为中心形成的场域、相互关系。或许，这类似于理论物理始终在寻找所谓基本粒子，在研究量子、光子、强子、原子核，而不研究更大的实体及其相互关系。种种常识表明，把研究集中在权利、义务或权利、权力，都是比较合理的，差别只在于哪一种选择更合理、更能再现或准确反映现实的法现象世界的真实图景。基于这种标准看问题，法学基础理论核心的内容是确认、研究最基本的法现象本身，其次是它们的相互关系（如果最基本现象在一个以上的话），再其次是研究数量略多的法现象及其

---

① ［德］马克思：《关于新闻出版自由和公布省等级会议辩论情况的辩论》，《马克思恩格斯全集》（第1卷），人民出版社1995年版，第187页。

相互关系。再往后，更多和复合型法现象本身及其内部关系以及它们与"基本""最"的关系等，虽然也可谓法理学，但那都是法理学的外围。如果不是在核心领域无力推进自己的研究或有一些应用性考虑，法学基础理论研究人员是不会太愿意做边缘性课题的。

　　从字面上看，权利义务复兴范式和法权说都重视"权利"，都承认"权利"是两个最重要的法现象之一，但它们也有两个重要差别：(1) 此权利非彼权利：权利义务复兴范式下的"权利"是包括权力（各种公共权力）的和化的"权利"，它在中国法律体系和法律制度中没有现实基础，属于无"实"之"名"；而且，由于它同时指称个人权利和公共权力两种对称、对立的法现象，因而不是反映基本的、细胞形态的法现象的概念，不足以充任法学基本范畴。法权说中的"权利"是不包括权力的汉语的"权利"，它以当代中国法律体系、法律制度中的"基本权利"和其他"权利"及其具体存在形式（法的权利、自由、个人正当特权和豁免）为现实基础，是反映基本的、细胞形态的法现象的概念。(2) 在最重要法现象的认定方面，权利义务复兴范式在和化的"权利"之外选择了义务，法权说在汉语的"权利"之外选择了权力。然而，这些都意味着要研究和区隔这些"权利""权力""义务"，搞清楚它们的区别，在理论、逻辑上把它们清楚分开。严格区分它们、认清它们的区别，是查明、解说它们间的联系的前提。就真实的法学史来看，区分权利与义务、权力与义务，虽然不能说容易，但从来不是很困难的问题。所以，真正的困难在于严格、系统、合理地区分权利与权力。我以为，这是一个数百年来中外法学界都没有解决好的第一号法学难题，它的存在严重影响了人们对权利和权力本身及其相互关系的认识。不能严格区分权利、权力，意味着法学研究无法精确锁定基本研究对象。

　　但是，是什么因素妨碍了严格、系统、合理地区分权利与权力呢？这"责任"原本只在于上文多有论及，那个能够起些作用，但又不能适应当代法学研究需求的权力"强制力"识别标准，即权力识别形式标准。但和化的"权利"出现并被引入汉语法学，进一步混淆了权利、权力概念。为了严格、系统、合理地区分权利与权力，推进法学的基础性研究，我主张法学研究、学习者以澄清和化的"权利"与汉语的"权利"的差别为前提和基础，尝试使用权利权力识别实质标准，即以权的财产属性和利益属性为基准区分权利、权力，不考虑强制性的有无。

参考文献

一 马克思主义创始人著作、权威性文献、法律汇编

《马克思恩格斯全集》第 16 卷，人民出版社 2007 年版。
《马克思恩格斯全集》第 1 卷，人民出版社 1995 年版。
《马克思恩格斯全集》第 5 卷，人民出版社 1958 年版。
《马克思恩格斯文集》第 5 卷，人民出版社 2009 年版。
《马克思恩格斯选集》第 1 卷，人民出版社 2012 年版。
《马克思恩格斯选集》第 2 卷，人民出版社 2012 年版。
《马克思恩格斯选集》第 3 卷，人民出版社 2012 年版。
《马克思恩格斯选集》第 4 卷，人民出版社 2012 年版。
《列宁全集》第 55 卷，人民出版社 2017 年版。
《列宁选集》第 4 卷，人民出版社 2012 年版。
《毛泽东选集》第 1 卷，人民出版社 1991 年版。
《中国共产党第二十次全国代表大会文件汇编》，人民出版社 2022 年版。
《中国共产党第十九次全国代表大会文件汇编》，人民出版社 2017 年版。
《中华人民共和国法律全编》，法律出版社 2023 年版。
于友民、乔晓阳主编：《中华人民共和国现行法律及立法文件》（上下卷），中国民主法制出版社 2002 年版。

二　中文著作、工具书

（汉）司马迁撰：《史记》，中华书局2008年版。
白鹏飞：《法学通论》，上海民智书局1928年版。
蔡尚思主编：《诸子百家精华》，湖南教育出版社1992年版。
常怡主编：《民事诉讼法学》，中国政法大学出版社2008年版。
陈共编著：《财政学》，中国人民大学出版社2020年版。
陈力卫：《东往东来：近代中日之间的语词概念》，社会科学文献出版社
　　2019年版。
程波：《中国近代法理学》（1895—1949），商务印书馆2012年版。
辞海编辑委员会：《辞海》，上海辞书出版社2019年版。
邓子基主编：《财政学》，中国人民大学出版社2014年版。
《法理学》编写组：《法理学》，人民出版社、高等教育出版社2010年版。
葛洪义：《法理学导论》，法律出版社1996年版。
公丕祥主编：《法理学》，复旦大学出版社2002年版。
龚钺：《比较法学概要》，商务印书馆1947年版。
郭道晖：《法的时代精神》，湖南人民出版社1997年版。
韩大元、胡锦光主编：《中国宪法》，法律出版社版2018年版。
何海波：《行政诉讼法》，法律出版社2011年版。
何华辉：《比较宪法学》，武汉大学出版社2013年版。
洪银兴、尚长凤编著：《公共财政学》，南京大学出版社2012年版。
侯欣一：《创制、运行及变异：民国时期西安地方法院研究》，商务印书馆
　　2017年版。
黄荣坚、许宗力、詹森林、王文宇编：《月旦简明六法》，（台北）元照出
　　版社2022年版。
戢翼翚、章宗祥、马岛渡、宫地贯道编译：《新编法学通论》，上海作新社
　　1903年初版。
江国华：《常识与理性：走向实践主义的司法哲学》，生活·读书·新知三
　　联书店2017年版。

姜明安主编:《行政法与行政诉讼法》,北京大学出版社、高等教育出版社2019年版。

姜士林等主编:《世界宪法全书》,青岛出版社1997年版。

匡小平主编:《外国财政制度》,中国财政经济出版社2011年版。

李景禧、刘子松:《法学通论》,商务印书馆1935年版。

李扬、张晓晶等:《中国国家资产负债表2020》,中国社会科学出版社2020年版。

龙宗智、杨建广主编:《刑事诉讼法》,高等教育出版社2016年版。

罗豪才:《为了权利与权力的平衡——法治中国建设与软法之治》,五洲传播出版社2016年版。

孟森:《孟森政法著译辑刊(中)》,中华书局2008年版。

孟森:《新编法学通论》,商务印书馆1910年版。

欧阳谿:《法学通论》,上海会文堂新记书局1947年版。

欧阳谿著、郭卫修编:《法学通论》,上海法学编译社1935年版。

彭诚信:《现代权利理论研究》,法律出版社2017年版。

钱香稻:《法学通论问答》,上海三民公司1930年版。

邱汉平:《法学通论》,商务印书馆1937年版。

上海商务印书馆编译所编:《大清新法令(1901—1911)》第4卷,商务印书馆2011年版。

沈宗灵主编:《法理学》,北京大学出版社2003年版。

沈宗灵主编:《法理学》,北京大学出版社2014年版。

沈宗灵主编:《法学基础理论》,北京大学出版社1998年版。

苏力:《道路通向城市——转型中国的法治》,法律出版社2004年版。

苏力:《法治及其本土资源》,中国政法大学出版社1996年版。

孙国华主编:《法学基础理论》,法律出版社1982年版。

汤维建主编:《民事诉讼法学》,北京大学出版社2008年版。

陶希圣:《法律学之基础知识》,新生命书局1929年版。

文正邦主编:《法哲学研究》,中国人民大学出版社2011年版。

《吴家麟自选集》,宁夏人民出版社1996年版。

夏勤、郁嶷编纂:《法学通论——朝阳大学法律科讲义》,朝阳大学出版部1919、1927年版。

夏勇：《中国民权哲学》，生活·读书·新知三联书店 2004 年版。
夏勇、李林等主编：《法治与 21 世纪》，社会科学文献出版社 2004 年版。
《宪法学》编写组：《宪法学》，人民出版社、高等教育出版社 2011、2020 年版。
徐步衡编译：《苏联法学原理》，上海三民图书出版公司 1950 年版。
许崇德主编：《中国宪法》，中国人民大学出版社 1989 年版。
杨广誉：《法学大纲》，北京撷华书局 1924 年版。
杨明洪主编：《财政学》，四川大学出版社 2018 年版。
杨廷栋：《法律学》，中国图书公司 1908 年版。
张光博：《法论》，吉林大学出版社 1986 年版。
张光博：《权利义务要论》，吉林大学出版社 1989 年版。
张光直：《中国青铜时代》，生活·读书·新知三联书店 1999 年版。
张文显主编：《法理学》，高等教育出版社、北京大学出版社 2007 年版。
张知本：《社会法律学》，上海法学编译社 1931 年版。
《中国大百科全书（法学）》，中国大百科全书出版社 1984 年版、2006 年版。
朱采真：《现代法学通论》，世界书局 1931 年版。
朱祖贻编著：《法学通论》，正中书局 1948 年版。

三　外文著作

（一）外文原著

1. 日文

岸本辰雄『法學通論』，明治大學出版部，1907，國立國會図書館影印本。
岸本辰雄『法學通論』，明治法律學校講法會，1890，国立国会図書館影印本。
奥田義人『法學通論』，東京法學院大學，1905，国立国会図書館影印本。
長穀部恭男『法律學の始発駅』，有斐閣 2021 年。
飯島喬平『法學通論』，早稻田大學出版部，1905，国立国会館図書影印本。
福沢諭吉『分権論』，慶應義塾出版社，1877，国立国会図書館影印本。
福沢諭吉『通俗民権論』，慶應義塾出版社，1878，国立国会図書館影印本。

富井政章『法学綱論』上卷，時習社，1887，国立国会図書館影印本。

岡村司『法學通論』，和佛法律學校明法堂，1899，国立国会図書館影印本。

岡田朝太郎『法學通論』（五版），中外印刷工業，1919，国立国会図書館影印本。

恵頓（ホウィートン）『万国公法』（6卷），丁韙良［ほか漢訳］，開成所翻刻［西周訓点］，1865，京都大学附属図書館影印本。

磯谷幸次郎『法學通論』，东京：日本法律學校編輯部，1896，国立国会図書館影印本。

加藤弘藏『立憲政體略』，東京谷三樓，1868，眾議院図書館影印本。

加藤弘之『國體新論』，稲田佐兵衛，1875，国立国会図書館影印本。

加藤弘之『人權新說』，山城屋左兵衛，1882，国立国会図書館影印本。

加藤弘之『真政大意（卷上）』，东京：谷山樓1870 刻本。

津田真一郎（又名津田真道）『泰西國法論』卷一，東京開成所，1868。

梅謙次郎『法学通論』，法政大学发行，1909，最高裁判所図書館影印本。

『美濃部達吉論文集』第4卷（公法と私法），日本評論社，1935，国立国会図書館影印本。

末川博『法學入門』，有斐閣雙書2014 補訂版。

牧児馬太郎『法学通論』，博文館，1889，国立国会図書館影印本。

平島及平『法學通論』，泰東同文局，1907，国立国会図書館影印本。

森泉章『法學』，有斐閣1993 年。

山田三良『法学通論』，明治大学出版部1919 年。

穗積陳重『法典論』，东京：東京哲學書院1890 年。

鵜沢總明『法學通論』，明治法律學校講法會，1903，国立国会図書館影印本。

田中成明『法學入門』，有斐閣2016 年。

伊藤真『法學入門』，日本評論社，2009 年。

伊藤正己、加藤一郎等：『現代法學入門』，有斐閣雙書2005 年。

永井和之、森光：『法學入門』，中央経済社2020 年。

織田萬『法學通論』，寶文館，1908，国立国会図書館影印本。

織田萬『法學通論』，寶文館，1917，国立国会図書館影印本。

織田萬『法學通論』，有斐閣，1902，国立国会図書館影印本。

織田萬『日本行政法論』，六石書房，1895，国立国会図書館影印本。

中村進午『法学通論』，巌松堂書店，1913，国立国会図書館影印本。

2. 英文

Attenborough, F. L. (edited and translated) *The laws of the earliest English kings.* Cambridge University Press, 1922.

Black Law Dictionary, Eighth Edition, a Thomson business, USA, 2004.

Blinder, Alan S. *Thoughts on the Laffer curve.* The supply-side effects of economic policy. Dordrecht: Springer Netherlands, 1981.

Callicott, J. Baird. *Beyond the Land Ethic: More Essays in Environmental Philosophy.* State University of New York Press, 1999.

Chen, Jianfu. From Administrative Authorization to Private Law. The Netherlands: Martinus Nijhoff Publishers, 1995.

Chrétien-Louis de Guignes. *Dictionnaire Chinois Français Et Latin.* Press of the Imprimerie Impériale de Paris, 1813.

Hakim, S., Clark, R. M., Blackstone, E. A. *Handbook on Public Private Partnerships in Transportation, Vol. II: Roads, Bridges, and Parking.* Springer International Publishing, 2022.

Headlam, James W. *Election by Lot at Athens.* London: C. J. Clay and Sons, Cambridge University Press Warehouse, 1891.

Kelsen, Hans. *General Theory of Law and State.* trans. Anders Wedberg. Harvard University Press, 1945.

Kuhn, Thomas S. *The Structure of Scientific Revolutions: 50th Anniversary Edition.* University of Chicago Press, 2012.

Laffer, A. B., Moore, S., Tanous, P., *The End of Prosperity: How Higher Taxes Will Doom the Economy——If We Let It Happen.* Simon and Schuster, 2009.

Lecky, Prescott. *Self-consistency, a Theory of Personality.* edited by John F. A. Taylor. New York, N. Y., Island Press, 1945.

Morrison, Robert. *A Dictionary of the Chinese Language*, Vol. I.-Part I. Macao: East India Company's Press, 1815.

Nozick, Robert. *Anarchy, state, and Utopia, With a New Foreword by Thomas*

Nagel. Basic Books, Inc., 2013.

Owens, T. J., Stryker, S., Goodman, N., *Extending Self-Esteem Theory and Research: Sociological and Psychological Currents.* Cambridge University Press, 2006.

Oxford Companion to Law, edited by Peter Cane, Joanne Conaghan. Oxford University Press, 2008.

Oxford Latin Dictionary. Oxford University Press, Ely House W. I, 1968.

Raz, Joseph. *The Concept of a Legal System*, An Introduction to the Theory of Legal System, Second edition. Oxford University Press, 1980.

Raz, Joseph. *The Roots of Normativity*, Edited by Ulrike Heuer. Oxford University Press, 2022.

Read, Colin. *The Rise and Fall of an Economic Empire: With Lessons for Aspiring Economies.* Springer, 2010.

Sanjeev, Gupta. *Income Inequality and Fiscal Policy: Agenda for Reform in Developing Countries Working Paper.* New York: Commissioned by the Group of 24 and Friedrich-Ebert-Stiftung, 2018.

Schuyler, Michael. A *short history of government Taxing and spending in the United States*, taxfoundation. org, February, 19, 2014.

Stroud's Judicial Dictionary of Words and Phrases, Fifth Edition. London: Sweet & Maxwell Ltd., 1986.

Tanzi, V., and Schuknecht, L. *Public Spending in the 20th Century: A Global Perspective.* Cambridge: Cambridge University Press, 2000.

Tarski Alfred. *Introduction to Logic and to the Methodology of Deductive Sciences.* New York: Courier Publications, Inc., 1995.

Tong, Zhiwei. *Right, Power, and Faquanism: A Practical Legal Theory from Contemporary China.* Trans. XU Ping. Leiden, Boston: Brill, 2018.

Townshend, Charles. *The Oxford History of Modern War.* Oxford: Oxford University Press, 2000.

Whitehead, Alfred N. *Process and Reality: An Essay in Cosmology.* New York: The Free Press, 1978.

（二）外文汉译著作

［德］黑格尔：《逻辑学》，杨一之译，商务印书馆1976年版。

［德］黑格尔：《哲学史讲演录》，贺麟、王太庆等译，商务印书馆2017年纪念版。

［德］康德：《法的形而上学原理》，沈叔平译，商务印书馆1991年版。

［俄］B.B.拉扎列夫主编：《法与国家的一般理论》，王哲译，法律出版社1999年版。

［俄］雅维茨：《法的一般理论——哲学和社会问题》，朱景文译，辽宁人民出版社1986年版。

［古罗马］查士丁尼：《法学总论——法学阶梯》，张企泰译，商务印书馆1989年版。

［美］阿尔文·托夫勒：《权力的转移》，吴迎春、傅凌译，中信出版社2006年版。

［美］保罗·萨缪尔森、威廉·诺德豪斯：《经济学》，萧琛译，商务印书馆2013年版。

［美］杰克逊·J·斯皮瓦格尔：《西方文明简史》，董仲瑜等译，北京大学出版社2010年版。

［美］劳伦斯·弗里德曼：《二十世纪美国法律史》，周大伟译，北京大学出版社2016年版。

［美］曼昆：《经济学原理》，梁小民、梁砾译，北京大学出版社2009年版。

［美］吴尔玺：《公法便览》，［美］丁韪良译，北京同文馆1877年刊印本之影印本。

［日］奥田义人等：《法学通论》，张知本编辑，湖北法政编辑社1905年版。

［日］冈田朝太郎：《法学通论》，熊元翰编，上海人民出版社2013年版。

［日］高柳贤三：《法律哲学原理》，上海大东书局1932年版。

［日］矶谷幸次郎：《法学通论》，王国维译，商务印书馆1902年版。

［日］加藤弘之：《人权新说》，陈尚素译，译书汇编社1903年版。

［日］梅谦次郎：《法學通論》，陈进第编辑，上海丙午社等1912年版。

［日］梅谦次郎：《法學通論》，陈进第编辑，上海丙午社等1912年版。

［日］梅谦次郎等：《法学通论》，胡挹琪编，集成书社1913年版。

[日]美浓部达吉:《公法与私法》,黄冯明译,商务印书馆1941年版。
[日]美浓部达吉:《公法与私法》,黄冯明译,商务印书馆1941年版。
[日]牧野英一:《法律之进化与进步》,朱广文译,中华书局1928年版。
[日]织田万:《法学通论》,刘崇佑译,商务印书馆1913、1926年版。
[意]弗朗切斯科·德·马尔蒂诺:《罗马政制史》(第1—2卷),薛军译,北京大学出版社2009、2014年中文版。
[英]哈利·波特:《普通法简史》,武卓韵译,周大伟校,北京大学出版社2022年版。
[英]罗素:《西方哲学史》上卷,何兆武、李约瑟译,商务印书馆1963年版。

四　中文期刊

陈灵海:《攻法子与"法系"概念输入中国》,《清华法学》2017年第6期。
《"法理学向何处去"专题研讨会纪要》,《法学研究》2000年第1期。
范铁权、孔祥吉:《革命党人戢翼翚重要史实述考》,《历史研究》2013年第5期。
郭道晖:《认真对待权力》,《法学》2011年第1期。
郭道晖:《试论权利与权力的对立统一》,《法学研究》1990年第1期。
郭晔:《追寻和感悟中国法学的历史逻辑》,《法制与社会发展》2018年第5期。
黄新雄:《论"行政法上权利义务内容"的识别及其对协议性质的影响》,《清华法学》2023年第3期。
景汉朝:《民事诉讼实践法学研究的创新方向与重点任务》,《中国法律评论》2023年第6期。
李步云:《法的内容与形式》,《法律科学》1997年第3期。
李步云:《法哲学的体系和基本范畴论纲》,《现代法学》2019年第1期。
李步云:《论人权的三种存在形态》,《法学研究》1991年第4期。
李玉麟:《回归中国的和制汉语词汇》,《北京第二外国语学院学报》1997年第1期。

梁慧星：《论企业法人与企业法人所有权》，《法学研究》1981年第1期。

梁治平：《"礼法"还是"法律"?》，《读书》1986年第9期。

刘茂林：《也谈宪法学体系的重构——评社会权利分析理论之争》，《法学研究》1995年第5期。

刘旺洪：《权利本位的理论逻辑——与童之伟教授商榷》，《中国法学》2001年第2期。

刘作翔：《法治社会中的权力和权利定位》，《法学研究》1996年第4期。

吕世伦：《马克思主义法哲学建设论纲》，《中外法学》1992年第4期。

吕世伦等：《权利与权力关系研究》，《学习与探索》2007年第4期。

吕世伦、张学超：《权利义务关系考察》，《法制与社会发展》2002年第3期。

秦前红：《评法权宪法论之法理基础》，《法学研究》2002年第1期。

屈文生：《和制汉语法律新名词在近代中国的翻译与传播》，《学术研究》2012年第11期。

沈宗灵：《权利、义务、权力》，《法学研究》1998年第3期。

王汉斌：《邓小平同志亲自指导起草一九八二年宪法》，《中国人大》2004年第16期。

王开国：《论国有企业法人所有权的确立与国家最终所有权的行使》，《经济理论与经济管理》1994年第3期。

文正邦：《有关权利问题的法哲学思考》，《中国法学》1991年第2期。

吴玉章：《法律权力的含义和属性》，《中国法学》2020年第6期。

徐显明：《中国法理学进步的阶梯》，《中国社会科学》2018年第11期。

徐祥民：《自然资源国家所有权之国家所有制说》，《法学研究》2013年第4期。

张光博：《法定权利义务是法学研究的重大课题》，《当代法学》1987年第3期。

张文显、于宁：《当代中国法哲学研究范式的转换》，《中国法学》2001年第1期。

赵世义、邹平学，《对〈用社会权利分析方法重构宪法学体系〉的质疑》，《法学研究》1995年第6期。

郑成思：《论知识产权的概念》，《中国社会科学院研究生院学报》1996年第1期。

周棉、王荣国：《清末新政与留日大潮的涌起》，《江海学刊》2014年第5期。

五　外文期刊

Borkowski, R., and Ostaszewski, K. M., *The Inflection Point of the Laffer Curve*. Hawaii University International Conference Arts, Humanities, Social Sciences & Education, Jan. 3-6, 2017.

Laffer Arthur. *The Laffer Curve: Past, Present, and Future*. Published by the Heritage Foundation, No. 1765, June 1, 2004.

Piketty, T., Li, Y., and Zucman, G. *Capital Accumulation, Private Property, and Rising Inequality in China, 1978-2015*. American Economic Review, vol. 109, no. 7, 2019.

六　中文文集和报纸

景汉朝：《在法治实践中提炼升华法学理论》，《中国社会科学报》2022年9月27日。

梁启超：《开明专制论》，载《饮冰室合集·文集第6册》，中华书局2015年版。

梁启超：《论强权》，载《饮冰室合集·专集第2册》，中华书局2015年版。

梁启超：《论中国成文法编制之沿革得失》，载《饮冰室合集·文集第6册》，中华书局2015年版。

支林飞：《纪然冰母子命案荒诞落幕》，《参考消息》2001年7月10日。

中共中央办公厅法规局：《中国共产党党内法规体系》，《人民日报》2021年8月6日。

《中共中央关于党的百年奋斗重大成就和历史经验的决议》，《人民日报》2021年11月17日。

中共中央马恩列斯著作编译局：《"资产阶级法权"应改译为"资产阶级权利"》，《人民日报》1977年12月12日。

七　外文报告

Bastagli, F., Coady, D., and Gupta S. Income Inequality and Fiscal Policy (No. 12/08R), Fiscal Affairs Department, IMF, June 28, 2012.

Brien, P., and Keep, M. *The public finances: a historical overview.* Briefing Paper, Number 8265, London: British House of Commons Library, 22 March 2018.

General Government Procurement (% Government Expenditures), Government at a Glance-OECD, OurWorldInData. org/government-spending · CCBY, 2017.

Government FinanceStatistics Manual 2014, *Includes bibliographical references and index*, International Monetary Fund, Washington, D. C., 2014.

Granger, H., Abramovsky, L., and Pudussery, J. *Fiscal Policy and Income Inequality: the Role of Taxes and Social Spending*, London: ODI Report, 2022.

IMF Fiscal Affairs Departmental Data, based on Mauro et al, OurWorldInData. org/government-spending · CCBY, 2015.

IMF Fiscal Affairs Departmental Data, based on Mauro et al, Source: International Monetary Fund (via World Bank), OurWorldInData. org/government-spending · CCBY, 2015.

International Monetary Fund (via World Bank), OurWorldInData. org/government-spending · CCBY.

"SNA 2008" namely "the System of National Accounts 2008," by EC, IMF, OECD, United Nations and World Bank, New York, 2009.

The Credit Suisse Research Institute (CSRI), *Global Wealth Report* 2022, Global Wealth Databook 2022.

The System of National Accounts 2008 ("SNA 2008"), EC, IMF, OECD, United Nations and World Bank, New York, 2009.

Total wealth by asset group, *World*, OurWorldinData. org/the-missing-economic-measure-wealth CCBY, 2014.

后　　记

《实践法理学的现象解释体系》是我完成的第二本法的一般理论的书，它主要讨论第一本书曾论及但没有给予足够研究的若干问题或当年未给予必要论证的几个观点。

我的主观期待，是此书作为《实践法理学》的续集，两者一起构成一个足以大体解释中外今古全部基本的法现象本身及其内部和外部联系的法理体系。毫无疑问，它同样与以和化的"权利'或和化的"权利义务"为核心范畴的法学出版物在内容、功能方面处于竞争状态。系统、周延、尽可能真实地从法观念上还原客观的法现象世界，是法的一般理论起码应有的功能。我相信这两本书提供的知识和理路，基本上能够做到这一点。在这方面，我已经准备好接受读者最严苛的审读和最严厉的学术批评。我把针对这两本书的学术批评、学术商榷视为对我研究工作的强有力支持。

一百多年来，汉语法学包括核心范畴在内的基本范畴都是间接从西语法学翻译引进或直接从日语法学引进的，其中直接从日语引进的部分，有些甚至都没有经过翻译，如19世纪60年代诞生在中国的汉语的"权利"一词传播到日本，经和化后从19世纪末年起逐渐返流汉语法学的"權利"或"權利",[①] 就是未经翻译的日语法学一度使用过的"權利"或"權利"一词。20世纪后期中国改革开放以来在法的一般理论建设方面的主要成就，是用马克思主义语言重新解说了原已引进的法学基本范畴或核心范畴

[①] 日语法学历史文献表明，日语法学"權利"和"權利"通用，一般早年都是用"權利"，当代一般用"權利"。

（主要是和化的"权利"或"权利义务"）以及与此密切联系的基础性学术命题。这很有必要，很有意义，只是还不够，因为汉语法学还一直没有真正属于自己的一般理论。"还没有"的最明显标志，是未能在汉语和当代中国法律体系、法律生活事实相结合的基础上"生产"出汉语法学自己的法的一般理论的基本范畴群。但是，实践法学七个基本范畴（即权利、权力、剩余权、法权、权、义务、法或法律）的证成，有望在汉语法学之法的一般理论领域形成全新的格局。当然，前提是这七个法学基本范畴，尤其是其中的权和法权，不会被证伪。不过，话又说回来，即使包括权、法权在内的七个基本范畴全部或部分被证伪，那也是一个进步，因为，这意味着减少了获得成功之前难免会发生的一次探索性错误。

本书之重点在于进一步证成已经提出的法学基本范畴和与其紧密相关的基础性命题，并扬弃和化的"权利"和以其为重心的"权利义务"范畴，以及阐明在汉语和中国法律体系的基础上发展出新的法的一般理论的必要性。

本书的几乎全部内容，都是在受聘于广东财经大学之后完成的。易言之，倘若仍然将其比拟为植物的话，它可谓播种、萌芽、生长、开花结果都在广东财经大学及其法学院。我在广州做教学研究心情比较好，每天的工作时间与三、四十年前一样长。不过，我决心从今年起，减少工作时间，增加疗养休闲娱乐和体育锻炼时间。这里的关键是要想透：不要以为你的工作有多重要；不要以为汉语法学一般理论研究缺少不了你；须知这个世界有你无你近乎毫无差别；你的存在与否只有你的家人和亲朋好友或多或少有些在乎。

在这第二本法的一般理论读物付梓前夕，我同样要怀着感恩的心情提到一些相关的事实。

本书全部十一章，都是以论文的形式在学术期刊发表过的。对于所有为这些文章的发表付出了劳动的编辑、主编，我要道一声感谢！我不一一道谢，以免犯挂一漏万式的错。道谢不是我顺口说出的客套话，因为，编辑和决定发表我的文章，往往不仅需要付出比较艰辛的劳动，更需要一些求真的勇气和担当，绝对不会是一件轻松愉快、毫无压力的工作。

感谢中国法学会宪法学研究会对本书一些重点研究专题的关注和给予的道义支持。

秦前红教授、杜承铭教授、冉克平教授和黄明涛教授为法权说、法权曲线的完善程度不同地贡献了宝贵意见。

我对日语法学有些方面的评论和提法，得益于同徐显明教授的微信交流。

徐汉民教授对本书书名的修改，提出了中肯意见并为本书所采纳。

我国著名律师、武汉大学兼职教授朱征夫博士为本书的顺利推出做出了宝贵贡献。

江利红教授、杨官鹏博士在日语阅读方面一如既往给了我诸多帮助。

昔日的学生、现在的好友童国栋、夏正林、侯猛、孙平、郭培东、孙煜华诸君对本书的形成给予了有力支持。其中孙平对此书的贡献仍然突出，没有他的帮助，法权曲线的数据和图形我拿不出来。

上海交通大学凯原法学院郭延军教授先后读过本书囊括的全部论文、文章的原稿，她提出过诸多建设性意见，且悉数为本书所采纳。童弘道细心英译了本书目录，还规范化地整理了本书参考文献的英文部分。

上海交通大学凯原法学院博士生刘爱茹同学，硕士生屈源盛、童玉惠同学帮我校对了全部文稿。

书稿出清样后我又多有修改，给许琳编辑增加了额外的负担。所以，我也要感谢本书编辑许琳副编审为本书及时、高质量地出版付出的辛劳。

童之伟

2024 年 3 月 15 日于广州